가덕도신공항

노무현의 꿈, 지방균형발전전략을 담다

가덕도신공항

노무현의 꿈, 지방균형발전전략을 담다

초판 1쇄 발행 2023년 09월 20일

지은이 김정호

펴낸이 김미희
펴낸곳 도서출판 열린아트
출판등록 2001년 7월 12일 제2-3376호
주소 서울 중구 서애로 27, 서울캐피탈 607호
전화 02-2269-8167
팩스 02-2269-8168
디자인 정준모, 고시영

ISBN 978-89-91758-25-4

가덕도신공항

**노무현의 꿈,
지방균형발전전략을 담다**

도서출판
열린아트

가덕도신공항, **기사회생의 역사**

··· **문재인** (제19대 대한민국 대통령)

2021년 2월26일 「가덕도신공항특별법」이 국회 본회의를 통과했습니다. 2022년 4월16일 '사전타당성조사 용역' 절차가 마침내 끝났습니다. 문재인 정부는 같은 달 26일 임기 마지막 국무회의에서 '가덕도신공항 건설 추진계획'을 의결하고, 임기를 10여 일 앞둔 같은 달 29일 '2022년 제1차 재정사업평가위원회'를 열어 '가덕도신공항 건설 사업 예타면제'를 의결했습니다. 이로써 가덕도신공항 건설이 국책사업으로 최종 확정됨과 아울러, 2030 부산 엑스포 유치 지원을 위한 조기 건설의 길이 가까스로 열리게 되었습니다.

가덕도신공항이 예정대로 2029년 12월 개항되면, 1,300만 동남권 주민의 오랜 숙원이었던 동남권 관문공항의 꿈이 드디어 실현됩니다.

동남권에서 나가는 해외여행이나 동남권으로 들어오는 외국 방문객의 여행 편의가 획기적으로 개선됩니다. 항공을 이용하는 역내 첨단 정밀산업의 항공 수출입 물류비용도 대폭 절감됩니다. 유사시 국가 관문공항인 인천국제공항의 대체 관문공항 또는 보조 관문공항으로서 역할을 수행할 수도 있습니다. 뿐만 아니라 한 도시에 공항, 항만, 철도가 결합되는 트라이포트 국제물류시스템이 완성됨으로써 미래 물류시장 판도를 바꾸는 명실 상부한 동북아 물류허브로 도약하게 될 것입니다.

또한 관문공항을 중심으로 마이스(MICE)산업과 물류산업이 더해지는 공항도시가 조성된다면 그 자체로 지역경제에 크게 기여할 뿐 아니라, 나아가서 인구 800만 명의 부울경을 단일 생활·경제권역으로 묶는 부울경 메가시티 구축의 핵심 동력이 되어 수도권과 맞설 수 있는 지역 경쟁력 강화와 균형발전을 이끌 수 있습니다.

동남권 관문공항의 꿈을 실현하기 위한 가덕도신공항 건설이 국책사업으로 확정되기까지 우여곡절이 많았습니다. 노무현 대통령의 국가균형발전 의지로 시작된 동남권 관문공항 추진계획은 이명박 정부와 박근혜 정부의 공약 파기로 연거푸 좌절을 겪었습니다.

이 책은 박근혜 정부의 김해신공항 결정으로 사망선고를 받았던 동남권 관문공항의 꿈을 어떻게 되살려냈는지, 그 기사회생의 과정을 꼼꼼히 기록한 일종의 백서입니다. 그 과정의 한복판에서 중심적인 역할을 했던 김정호 의원이 바쁜 의정활동 중에서도 많은 노력을 기울여 방대한 백서를 엮어주었으니 고맙기가 한량없습니다.

나는 2012년 대선 때 동남권 관문공항으로서 가덕도신공항 건설을 공약한 바 있었습니다. 2016년 4월 국회의원 총선에서는 "부산시민이 민주당 국회의원을 5명만 뽑아주면 박근혜 정부 임기 중에 신공항 착공을 이뤄내겠다"고 지지를 호소하기도 했습니다. 2017년 대선 때도 또다시 동남권 관문공항의 건설을 공약하여, 동남권 관문공항에 대한 의지를 거듭 밝혔습니다.

그러나 가덕도신공항의 결정적 전기를 마련한 것은 부울경 3개 광역단체장들의 합의로 구성한 '부울경 동남권 관문공항 검증단'이었습니다. 대통령이 공약한 일이지만 중대한 위법 사항이나 하자가 발견되지 않는 한 전임 정부의 정책 결정을 마음대로 뒤집을 수 없는 노릇이기 때문입니다.

김정호 의원이 단장을 맡은 부울경 검증단은 끈질기고 엄정한 검증으로 김해신공항 계획이 안전성에 중대한 결함이 있고, 24시간 관문공항의 역할을 하지 못하며, 김해시 지역의 소음피해를 해결할 수 없다는 사실을 밝혔습니다. 또한 김해신공항 계획이 공항시설법을 위반한 것이며, 사업비를 축소 계산함으로써 입지 선정 절차의 공정성에도 중대한 하자가 있다는 결정적인 사실을 밝혀냈습니다. 이 같은 부울경 검증단의 검증 결과는 후속 절차로서 중립적이고 객관적인 검증을 위해 국무총리 산하에 설치한 '김해신공항 검증위원회'에서도 그대로 받아들여졌습니다.

결국 부울경 검증단의 활약이 없었다면 국무총리 산하 검증위원회의 검증 절차까지 가지 못했을 것이고, 김해신공항에서 가덕도신공항으로 정책 전환도 볼 수 없었을 것입니다. 한편으로, 대구·경북 지역의 항공수요 문제는 지자체 간의 합의로 대구통합신공항의 이전건설이 결정됨으로써 별도로 해결의 가닥을 잡을 수 있었습니다.

동남권 관문공항을 오랫동안 발목 잡은 것은 강고한 수도권 중심주의였습니다. 가덕도신공항이 결정되기까지의 오랜 우여곡절은 대한민국을 지배하고 있는 수도권 중심주의와 균형발전 철학 간의 충돌의 역사이기도 합니다.

수도권 중심주의를 극복하기까지 많은 이들의 노력과 기여가 있었습니다. 먼저 1,300만 동남권 주민, 특히 800만 부울경 주민의 오랜 염원이 있었습니다. 또한 그 염원을 앞장서서 받든 경남의 김경수 지사, 부산의 오거돈 시장, 울산의 송철호 시장, 세 단체장의 흔들리지 않는 단합된 의지가 있었습니다. 세 분은 부울경 메가시티 구축에도 한마음이 되어주었습니다. 세 단체장이 모두 더불어민주당 소속이기에 가능한 일이었습니다. 특히 김경수 지사가 세 단체장의 단합을 잘 이끌어 주었습니다. 그 염원과 의지 위에서 부울경 검증단이 결정적인 역할을 해주었습니다.

마지막으로 국토부가 부울경 검증단의 검증 결과를 수용하지 않아 갈등이 야기되었을 때, 양측을 중재하여 국무총리 산하 검증위원회의 최종 검증 결과에 따르기로 하는 합의를 이끌어 내고, 객관적이고 중립적인 검증을 보장해준 이낙연 총리와 정세균 총리의 기여가 컸습니다. 최종적으로 국무총리 산하 검증위원회가 객관적이고 중립적인 검증으로 모든 논란을 불식시켜 주었습니다.

그 모든 분들의 노력에 깊은 경의와 감사의 마음을 전합니다.

가덕도신공항을 만든 결정적 장면들
- 김정호 의원의 집념과 끈기가 만든 부울경의 미래

··· **김경수** (전 경상남도 지사)

1. 가덕도신공항을 향한 첫걸음
- 문재인 대통령이 제시해 준 해법

"한 번 정해진 국책사업을 '결정적 하자(결함)'가 나온 것도 아닌데 어떻게 손바닥 뒤집듯 바꿀 수 있겠습니까? 아니면 김해공항 확장안을 결정할 때 영남권 5개 시·도 단체장이 합의를 했으니, 그때처럼 5개 단체장들이 공동으로 요구를 하든지, 적어도 그런 정도는 있어야 정부로서도 검토를 해 볼 수 있지 않겠습니까?"

김해을 국회의원 시절, 청와대를 찾아가 김해공항의 소음 문제 때문에 가덕도신공항을 다시 검토해 줄 수 없겠냐는 요청에 문재인 대통령은 이렇게 답을 주셨다. 대통령께서도 후보 시절 시민들에게 약속하셨던 사안이라 속으로야 가덕도신공항을 하고 싶은 마음은 굴뚝같았을 것이다. 원칙을 지키느라 약속을 지키지 못하고 있는 대통령의 답답함을 느낄 수 있었다. 그러면서 "명확한 법적 하자나 영남권 5개 시·도지사의 공동 요구가 있으면 검토할 수 있다."는 해법을 함께 제시해 준 것이다. 대통령께는 "답을 찾아보겠다."고 말씀드리고 청와대를 나왔다. 그 날부터 '동남권 신공항' 문제의 해법 찾기에 들어갔다. 가덕도신공항은 그렇게 시작되었다.

2. 반전의 계기가 된 2018년 지방선거와 김해을 보궐선거
- 바보 농부에서 '공항 전문가'로 변신한 김정호 의원

시작은 했지만 사면초가였다. 경남은 말할 것도 없고 부산에서도 가덕도신공항은 사실상 물 건너간 일이라는 생각이 팽배했다. 부산 경남조차 이런 상황인데 영남권 5개 시·도가 신공항에 대한 새로운 합의를 만들어 낸다는 것은 말을 꺼내기조차 어려운 상황임은 말할 나위도 없었다.

반전의 계기는 2018년 지방선거와 김해을 국회의원 보궐선거였다. 우여곡절 끝에 나는 경남도지사로 출마해 당선이 되었고, 부산시장, 울산시장도 더불어민주당 후보가 당선되었다. 내가 경남도지사에 출마하면서 공석이 된 김해을 보궐선거에서는, 봉하마을에서 노무현 대통령과 함께 일했던 김정호 전 비서관이 당선되었다. 천군만마를 얻은 것 같았다.

경남과 부산, 울산 3개 광역단체장은 당선 이후 처음 만난 자리에서 '24시간 운영 가능한, 안전하고 소음 피해를 최소화할 수 있는 제대로 된 동남권 신공항을 만들어야 한다'는데 뜻을 같이했다. 24시간 운영, 안전, 소음 3가지가 핵심이었다. 이전 정부에서 추진했던 김해신공항은 이름만 신공항이지 사실상 김해공항의 확장에 불과했다. 김해공항은 소음 문제 때문에 원래부터 24시간 공항 운영이 불가능했다. 공항이 24시간 운영되지 않으면서 갈수록 늘어나는 항공 여객과 화물을 감당할 수 없는 상황이 되었다. 특히, 주로 심야 시간을 이용하는 항공 화물은 사실상 포기할 수밖에 없었다. 그래서는 부울경을 부산항과 연계된 동북아 물류의 중심지로 만들어 '또 하나의 수도권'으로 육성해 나가겠다는 비전은 공염불에 불과했다. 가덕도에 무조건 공항을 만들자는 것이 아니라 대한민국의 제조업 중심지인 부울경에 첨단 산업을 키우고, 부산항과 연계한 해운-항공 복합 물류산업을 육성하기 위해서는 24시간 상시 운영되는 공항이 반드시 필요했다. '안전과 소음 피해 최소화'는 기본이었다.

이전 정부에서 결정한 김해신공항은 24시간 운영할 수도 없는 데다 안전하지도, 소음 피해를 막을 수도 없는 그야말로 최악의 결정이었다. 그럼에도 이미 결정된 국책사업이라 명확한 근거 없이는 사업을 중단할 수도 없었다.

김해신공항이라는 이전 정부의 국책사업 결정 과정에 결정적 하자는 없었는지, 가덕도신공항으로 변경하는데 지방선거에서 영남권 5개 시·도 단체장이 합의할 수 있는지를 시급히 확인해야 했다. 부울경 3개 시·도는 초기에 합의를 이끌어낼 수 있었지만 대구 경북의 동의를 받는 것은 사실상 불가능했다. 대구 경북은 대구 공항 이전에만 매달려 있었다. 특히 2016년 김해신공항 결정 당시 대구경북연구원의 연구 용역을 통해 김해신공항의 문제점을 이미 파악하고 있었다는 것이 뒤늦게 밝혀지기도 했다.

결국 '결정적 하자'를 찾는 수밖에 없었다. 문제는 공항 건설 분야가 대단히 전문적인 영역인 데다, 주무 부처인 국토교통부 뿐만 아니라 국방부, 환경부에 지방정부까지 관련되는 복잡한 사업이라는 점이었다. 김해 신공항 관련 용역 보고서만 해도 수천 쪽이 넘었다. 쉽게 할 수 있는 일이 아니었다. 실력도 중요했지만 집념과 끈기 없이는 해낼 수 없는 일이었다.

김해을 보궐선거에서 당선된 김정호 의원이 해결사를 자처하고 나섰다. 국회의원 선거 과정에서 도지사 후보인 나와 함께 김해시민들에게 김해신공항 소음문제를 해결하겠다고 단단히 약속도 한 터였다. 문재인 대통령과 오랜 인연을 갖고 있어 당선 후 청와대로 대통령을 찾아가기도 했다. 문 대통령은 김정호 의원에게도 '결정적 하자' 없이는 변경이 어렵다는, 고충과 해법이 함께 담긴 답변을 똑같이 주었다.

'결정적 하자'를 찾는 일에 김정호 의원이 팔을 걷어붙이고 나섰다. 부산과 경남, 울산은 김정호 의원을 실무적으로 뒷받침해 주었다. 이미 결정된 국책사업을 재검토하는 데 부담을 느낀 국토부는 당연히 협조적이지 않았다. 어려운 상황에서도 김정호 의원은 '실무추진단'을 이끌고 '결정적 하자' 이른바 스모킹 건에 조금씩 조금씩 접근해 들어갔다. 봉하마을의 친환경 농업을 책임지고 있던 '농군 정호'란 별명 대신 언젠가부터 '공항 전문가'라는 호칭이 국회의원 김정호 앞에 붙기 시작했다.

김정호 의원의 끈질긴 조사를 통해 김해신공항은 24시간 운영이 불가능한 것은 차치하고라도, 공항의 생명과 같은 '안전 문제'에 치명적인 결함이 있음이 드러나기 시작했다. 2002년 중국 민항기가 착륙 도중 추락한 사건이 동남권에 새로운 공항이 필요하다는 논의가 시작된 배경이었다. 김해신공항은 여전히 안전하지 않은 공항이었다. 그런 공항을 7조원

이상 들여가며 만든다는 것이었다. '결정적인 하자', 스모킹 건이 서서히 모습을 드러내기 시작했다.

3. 총리실 검증위원회 구성과 '김해신공항 근본적 재검토' 결론

문제는 그다음부터였다. 조사를 하면 할수록 김해신공항의 '결정적인 하자'는 분명해지고 있었지만, 청와대와 정부가 부울경의 문제 제기를 받아들이는 것은 다른 문제였다. 우리의 일방적인 주장으로 치부당할 수도 있고, 설사 받아들인다 해도 이전 정부 관계자들의 책임론으로 번지면 정쟁의 도구가 될 가능성도 있었다.

김정호 의원과 부울경 3개 광역단체장들이 모여 원칙을 정했다. 우리가 이 일을 하고 있는 이유는 과거의 잘잘못을 따지거나 정치적 책임을 묻기 위해서가 아니었다. 동남권에 '24시간 운영되는 안전하고 소음피해가 적은 새로운 공항을 만드는 것'이 목표였다. 그러니 무조건 제대로 된 공항을 만들 수 있는 방향으로, '일이 되게 하는 것을 목표로 하자'고 내부적인 입장을 정했다.

우선은 김정호 의원과 실무추진단이 밝혀낸 안전상의 치명적인 결함이 김해신공항을 재검토할 수 있는 '결정적 하자', 즉 스모킹 건이 될 수 있는지 정부 차원의 검증이 필요했다. 정부에 총리실 산하의 '검증위원회'를 제안했다. 당연히 국토부는 반발했고 총리실도 부담스러워했다.

부울경 3개 단체장과 김정호 의원은 물론 박재호 의원, 김영춘 전 해양수산부 장관도 합세해 총리실 검증위원회 설치를 위해 전방위로 움직였다. 김정호 의원의 노력으로 이미 안전상의 문제가 드러난 이상 김해신공항을 이대로는 추진하기 어려운 상황이었다. 김현미 국토부 장관과 이낙연 총리를 만나 '동남권 신공항 문제의 출구'가 필요한 상황임을 들어 '총리실 검증위원회'를 그 출구로 만들자고 설득했다. 검증 결과 부울경의 문제제기가 사실이면 당연히 김해신공항을 재검토하고 제대로 된 동남권 신공항을 만들어야 할 것이고, 사실이 아니라면 그 결과에 부울경도 깨끗이 승복해 더 이상 이 문제가 동남권 신공항의 발목을 잡는 일이 없도록 해야 할 것 아니냐고 강하게 주장했다. 실제로 출구가 필요한 상황이었다.

결국 이번에도 문재인 대통령이 물꼬를 터 주었다. 2019년 2월13일 부산을 방문한 문 대통령이 "이달 말 나오는 부울경 조사단의 조사 결과에 대해 영남권 5개 단체장들의 생각이 다르다면 부득이 국무총리실로 승격해 검증 논의를 결정해야 하지 않을까 생각한다."고 입장을 밝혔다. 그때부터 총리실 검증위원회 구성 논의를 본격적으로 시작할 수 있었다. 그럼에도 총리실 검증위원회에 대한 영남권 5개 단체장들의 이견을 조정하고, 국토부의 거센 반발을 잠재우는 데 꼬박 4개월이 더 걸렸다. 마침내 6월20일 김현미 국토부 장관과 부울경 3개 단체장이 공동으로 총리실 검증위원회 구성에 합의했다. 큰 고비 하나를 넘은 셈이었다.

고비를 넘기긴 했지만 갈 길은 아직 멀기만 했다. 검증위원회 구성과 활동, 검증 결과에 대한 판단을 어떻게 할지 등등 크고 작은 문제들이 산적해 있었다. 다행히 이낙연 총리가 적극적으로 나서주었고, 덕분에 어렵게 검증위원회 구성을 마칠 수 있었다. 그 이후에도 몇 번의 난관이 있었지만 검증위원회에서는 결국 '김해신공항 재검토'라는 결론을 도출해냈다.

그 과정에서 김정호 의원은 단연 발군이었다. 김해신공항 재검토의 스모킹 건이 될 수 있는 '안전상의 치명적인 결함'을 찾아낸 것은 물론이고, 총리실 검증위원회 구성을 위해서도 청와대와 총리실, 국토부와 같은 정부는 물론이고 더불어민주당 지도부와 부울경 지역 국회의원들까지 만나며 전방위로 뛰어다녔다. 검증위원회 구성 이후에도 김정호 의원은 마지막까지 긴장의 끈을 놓지 않았다. 각 분과의 검토가 제대로 이루어지고 있는지, 특히 스모킹 건을 찾아내야 하는 안전 분과의 활동은 최종 결론이 날 때까지 끝까지 꼼꼼하게 챙겼다. 진행 과정에 문제가 있으면 정세균 신임 총리뿐만 아니라 더불어민주당 당대표가 된 이낙연 전 총리까지 만나 검증위원회 활동이 정상적으로 진행될 수 있도록 협조를 요청했다.

결국 2020년 11월17일 총리실 검증위원회에서 '김해신공항에 대한 근본적 재검토'라는 최종 결론을 발표했다. 검증위원회가 내린 결론은 김정호 의원의 집념과 끈기가 만들어 낸 결과라고 해도 과언이 아니었다.

4. 수도권 중심주의의 편견과 오해를 이겨낸 '가덕도신공항특별법'

안전상에 치명적인 결함이 드러난 김해신공항의 대안으로 가덕도신공항이 급부상했지만 결정 과정이 순탄하지만은 않았다. 특히 수도권에 기반을 둔 중앙 언론과 대구 경북지역 정치인들의 몽니는 도를 넘고 있었다. 김해공항 국제선은 여객 수요만으로도 코로나19 이전에 이미 포화 상태라 당장 국제선 터미널 확장 공사가 시급한 상황이었다. 그럼에도 불구하고 일부 언론은 지방 공항을 싸잡아 '고추 말리는 공항' 운운하며 얼토당토않은 비난으로 부울경 주민들의 자존심을 상하게 하기도 했다. 산 넘어 산이었다.

부울경 지역주민들은 미국, 유럽 등 장거리 노선을 이용하기 위해서는 무조건 인천공항을 이용해야 한다. 부울경 주민들이 인천공항을 이용하기 위해 오고가는 비용만 해도 1년에 7,000억 원 이상이라는 연구 결과도 있었다. 제조업 중심지인 부울경에서 갈수록 늘어나는 항공화물은 99% 인천공항을 이용해야 했다. 동남권에 왜 24시간 이용 가능한 신공항이 필요한지 아무리 얘기해도 수도권 중심주의의 편견에 빠진 언론의 공세는 수그러들지 않았다.

그 모든 난관을 하나씩 극복해 나가면서 결국 2021년 2월26일 가덕도신공항특별법을 국회에서 통과시켰다. 2006년 노무현 대통령이 동남권 신공항을 공식화한 이후 15년 만에 만들어 낸 결실이었다.

특별법 통과 이후에도 가덕도신공항 건설 시기를 놓고 또 한 번의 홍역을 치러야 했다. 국토부의 미온적인 태도를 바꾸는 것이 무엇보다 중요했다. 2035년 완공이라는 국토부의 '한가한 계획'을 가지고는 2030년 부산 엑스포도, 부울경 물류 플랫폼도 공염불이 될 가능성이 높았다. 특히 2030년 엑스포 개최지를 놓고 사우디아라비아와 치열한 경쟁을 펼치고 있는 상황에서 가덕도신공항을 2035년에 완공하겠다는 것은 엑스포 유치 포기 선언이나 마찬가지였다. 새롭게 바뀐 정부에서도 이런 상황을 감안해 결국 2029년 완공을 목표로 하는 새로운 가덕도신공항 건설 계획을 내놓았다.

5. 수도권 공화국에 대한 경종, 기록은 역사다.

가덕도신공항을 제때에 완공하려면 아직도 갈 길도 멀고 넘어야 할 산도 적지 않을 것이다. 그러나 김해신공항 이외에는 대안이 없다고 꿈쩍도 않던 정부를 움직여 여기까지 온 것만 해도 믿기 어려운 결과라 하지 않을 수 없었다.

가물가물 꺼져만 가던 '가덕도신공항'이라는 등불을 살릴 수 있는 해법을 문재인 대통령이 처음 제시해 준 것이 첫 출발점이 되었다. 출발은 했지만 앞이 보이지 않을 정도로 험난한 길이었다. 김정호 의원의 집념과 끈기가 없었다면 그 어려운 고비들을 넘기 어려웠을 것이다.

김정호 의원이 그 과정을 꼼꼼히 기록한 이 책은 그 험난한 여정에 대한 '여행기'이자 그 여정에 함께 했던 사람들에게 헌정하는 '헌사'이기도 하다. 특히 그 여정에서 겉으로 이름이 드러난 사람들 이외에도 보이지 않는 곳에서 묵묵히 힘든 일을 마다하지 않았던 분들의 땀과 수고도 잊지 않고 책 곳곳에 담아놓고 있다. 이 자리를 빌려 그 분들에게 고마운 마음을 전하고 싶다.

또한 이 책은 갈수록 심화되고 있는 수도권 공화국에 대한 '경종'이기도 하다. 가덕도신공항과 함께 추진된 부울경 메가시티는 '수도권 일극체제'를 극복하기 위한 '몸부림'이었다고 해도 과언이 아니다. 그러나 이마저도 정권이 바뀌면서 좌초되었다. 가덕도신공항도 그렇지만 부울경 메가시티도 대한민국의 균형발전을 위해 반드시 가지 않을 수 없는 길이다. 가덕도신공항이 그랬듯이 부울경 메가시티도 지금은 궤도를 잠시 벗어나 있지만 머지않아 다시 제 궤도로 돌아오지 않을 수 없게 될 것이다. 수도권 집중을 해소하기 위해서 광역단체간 초광역 협력을 통해 힘을 모으는 것은 선택이 아니라 '필수'이기 때문이다.

그 모든 과정에 대한 생생한 기록을 남겨준 김정호 의원에게 감사드린다. 가덕도신공항과 부울경 메가시티에 대한 놀라울 정도로 상세한 기록이다. 가덕도신공항 추진 과정에서 보여준 김정호 의원의 집념과 끈기가 이 책을 가능하게 만든 원동력이 되었을 것이다. '기록은 역사'임을 이 책이 증명해 주리라 믿는다.

가덕도신공항 탄생의
감동적인 드라마

··· **최치국** (전 부산연구원 선임연구위원, 전 부울경 동남권 관문공항 검증단 부단장)

이 책은 가덕도신공항 추진의 소중한 기록이자 지역발전 방향을 제시하는 이정표이다. 이 책을 통해서 저자 김정호 국회의원의 정치인으로서 신념과 뚝심, 가덕도신공항에 대한 애정과 열정, 공항 전문가로서 면모, 지역발전에 대한 비전을 읽을 수 있다.

이 책은 김해공항의 한계에서부터 시작하여 그동안 역대 정부에서 추진한 동남권 신공항의 부침, 국토부의 김해신공항(확장) 계획 발표 이후부터 현재 가덕도신공항 추진단계까지의 세부 내용을 가감 없이 담고 있다. 특히 가덕도신공항 추진의 위기 때마다 공항 전문가들과 함께 대안을 찾고 대정부 정책을 선도한 내용은 한편의 감동적인 드라마를 보듯이 가슴 뭉클해진다. 이 책이 공항에 대한 전문적인 내용으로 기술되어 있어 조금 어렵게 느껴져도 시민들이 꼭 읽어야 할 이유다.

동남권 신공항 연구를 해온 사람으로서 정치인 중에 가장 존경하는 분을 말하라면 단연 김정호 의원이다. 그는 진실에 대한 소신을 이해관계로 타협하지 않는 사람이다. 지역 주민의 안전과 생활을 위협하고 법 제도에도 어긋나는 김해신공항(확장)을 정치적 타협의 대상으로 여기지 않았다. 최선책이 아니면 차선책을 선택해야 한다는 정치인들과도 달랐다. 개인의 이해관계를 따지지 않고 모든 역량을 다해 문제를 제기하고 대안을 제시했다. 나아가 어려운 순간마다 정치적 이해관계를 따지지 않고 부·울·경의 대변인으로 역할을 다했다.

이 책이 널리 많이 읽혀야 하는 이유가 또 있다. 그동안 동남권 신공항을 추진한 내용을 명확히 이해하고 공감할 때 제대로 된 가덕도신공항의 조기 준공이 가능할 것이다. 가덕도신공항은 부산 세계 엑스포 개최, 나아가 국토 동남권의 부울경 메가시티 구축 등을 가능하게 하여 국가 및 지역 발전을 견인할 것이다.

그동안 가덕도신공항 추진에 신명을 다해온 김정호 의원께 감사 말씀을 드리며, 앞으로도 국가와 지역발전을 위해 힘써주실 것을 부탁드린다.

가덕도에 뛰어든 정치인 김정호!
우공이산 신념이 만들어낸 가덕도신공항 2029년 개항

··· **이지후** (가덕도허브공항시민추진단 상임대표)

가덕도신공항 추진의 역사를 집대성하여 책을 편찬하신 김정호 의원님의 열정과 노고에 감사드립니다.

김정호 의원님(추진단장)과 함께 가덕도신공항 유치를 위해 지난날 치열히 싸워왔던 시민운동가로, 특별법 통과의 감동이 주마등처럼 스칩니다. 가덕도신공항은 동북아를 넘어 세계 물류의 중심이 될 대한민국의 백년지대계입니다.

이 책이 많은 분들에게 읽히고 자료로 사용되어 가덕도신공항의 성공적 개항을 여는 마중물이 되길 희망합니다.

목 차

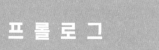

프 롤 로 그

1

내가 '김해신공항' 문제와 처음 맞닥뜨린 것은 2018년 봄, 김해을 국회의원 보궐선거를 앞두고서였다. 그 사연의 시작은 노무현 대통령의 귀향과 사별이었다.

2008년 2월25일, 대통령기록관리비서관을 끝으로 참여정부 5년 동안의 청와대 근무를 마치고, 귀향하는 노 대통령을 모시고 김해 봉하마을로 내려왔다. 15개월의 꿈결 같은 봉하 생활은 2009년 5월23일, 노 대통령이 세상을 등지면서 허망하게 끝났다. 전국 각지에서 수백만 명이 추도한 가운데 수원 연화장에서 화장하여 봉하마을 집 가까이 작은 비석, 너럭바위 밑에 안장했다. 49재까지 마치자 사람들은 봉하마을을 떠나기 시작했다. 그러나 나와 김경수는 떠날 수가 없었다. 대통령의 유업인 친환경 생태농업, 봉화산 숲 가꾸기, 화포천 생태하천 복원사업이 무無화되는 것을 그냥 내버려 둘 수 없었다. 붙잡는 사람도 없는데 내가 봉하지기를 자처했다. 하늘이 무너진 슬픔과 상처를 스스로 치유할 시간도 필요했다. 나만의 3년상喪을 치렀다.

나는 대통령의 빈자리가 커지지 않도록 억척스레 땀을 흘렸다. 화포천을 낀 봉화산 주변 마을로 친환경 작목반을 확대하고 친환경쌀 재배면적을 10배 이상 늘렸다. 친환경 쌀 전용 방앗간도 만들고 친환경 봉하쌀을 열성으로 팔았다. 전국에서 달려온 자원봉사자들이 봉화산 숲 가꾸기와 화포천 쓰레기 치우기에 힘을 보탰다. 화포천이 한국의 아름다운 100대 하천에 선정되었다. 국가습지보호구역으로 지정되고 국가하천으로도 승격되었다. 굽은 소나무가 선산을 지킨다 했는가…. 그렇게 10년 동안 친환경 생태농업과 생태마을 가꾸기에 전념했다. 노 대통령의 유업과 가치, 의리를 지켰다.

1979년, 나는 부산대학교 상대에 입학했다. 박정희 독재정권이 18년 동안 장기 집권하는 가운데 1972년 시작된 서슬 퍼런 긴급조치 시대가 계속되고 있었다. 급기야 박정희 정권은 김영삼 신민당 총재를 의원직에서 제명하고 YH 여공들의 야당 당사 농성을 강제진압하고 언론을 탄압하는 등 민주주의를 압살하고 있었다. 10월16일, 마침내 부산대학교 학생들이 침묵을 떨쳐내고 '유신철폐, 독재타도'를 외치며 대규모 학내시위를 벌였고 시내까지 진출했다. 나도 기꺼이 동참했다. 10월 부마항쟁과 10.26 박정희 시해 사건, 12.12 전두환 일당의 군부 쿠데타를 거쳐 5.18 광주학살을 겪으면서 한국 사회의 구조적 모순과 역사를 치열하게 공부하지 않을 수 없었다. 1985년, 학생운동을 하다 투옥되었다. 재판과정에서 피고인이 되어 노무현, 문재인 변호사를 만났다.

1987년 감옥에서 나와 곧바로 시민 사회 운동에 뛰어들었다. 1988년 총선부터 선거 때마다 노무현 변호사를 열심히 도왔지만 그뿐이었다. 나는 민주화운동을 경력으로 직업정치를 하겠다는 생각을 한 번도 해본 적이 없었다. 청와대에서 행정관, 비서관으로 근무할 때도 험지에 출마해야 한다는 압박이 없지 않았지만 손사래를 쳤다. 적성에 맞지 않았고 가족과 주변 사람들을 힘들게 하고 싶지 않았다. 대신 정치할 사람을 도왔다. 직업정치를 하지 않겠다고 작정한 만큼 퇴임 후 노무현 대통령을 평생 모시자는 제안을 기꺼이 받아들였다. 10년 동안 봉하마을을 지킨 이유였다.

● 2

그러던 내가 뒤늦게 현실정치에 직접 뛰어드는 것을 심각하게 고민하게 만든 두 가지 계기가 있었다. 하나는 대통령을 지키지 못한 자책감에 빠져있던 터에 박근혜 정권과 홍준표 경남도지사가 봉하마을의 친환경

생태농업마저 무산시키려는 정치보복을 노골적으로 자행한 것이 계기가되었다. 유업을 지켜내기 위해 무력하게 당하고 있을 것이 아니라 이길 수있는 힘이 필요했다. 그동안 내가 아닌 누군가 정치를 대신해주길 바라왔던 무책임과 소극성을 스스로 질타하지 않을 수 없었다.

2012년 대통령선거에서 문재인 후보가 민주당 대표로 나서게 되었다.이때 경남도지사 보궐선거도 같이 치렀다. 민주당 대선 후보 경선 과정에서김두관 도지사가 갑자기 사임하면서 공석이 되었기 때문이다. 결국 박근혜·홍준표 후보가 동반 당선되었고 봉하마을은 큰 위기가 닥쳐왔다.

박근혜 정부는 경기부양책으로 전국의 농지 10만 ha를 해제하여 택지나 공장부지로 개발하고자 했다. 농업진흥지역으로 지정되어 있던 봉하들판을 비밀리에 해제 대상에 포함시켰다. 마른하늘에 날벼락이었다.영농법인은 물론 봉하마을 주민들에게도 사전에 통보조차 없었다. 어처구니가 없었다. 노 대통령 덕분에 봉하들판의 지주와 농민은 자기 땅 한평 내놓지 않고 농어촌공사가 예산을 들여 경지정리를 대신해주었고 노대통령이 귀향한 뒤에는 친환경 벼농사를 위해 낙동강 원수를 끌어와 논마다 농업용수 공급까지 지원해주었다. 이미 국가가 예산을 투입하여 수리안전답으로 보존해야 할 가치가 있는 우량농지였다. 농지원부에 신청절차가 누락되어 단지 공부상 기재 누락, 행정상 실수였을 뿐이었다.

참 힘겨운 싸움이었다. 경남도는 농지심사위원회마저 개최하지 않고 서면심사, 졸속으로 의결했다. 명백한 절차상의 하자였고 노골적인 정치보복이었다. 나는 경남도지사를 대상으로 중앙행정심판소에 행정심판을 청구하고 행정소송까지 불사하겠다고 배수진을 쳤다. 다행히 김해와경남의 환경단체, 전국의 친환경 농업단체에서도 지지성명을 내고 연대투쟁에 나서주었다. 노무현 재단에서도 친환경 생태농업은 노 대통령의 유업이고 재단의 목적사업이므로 당사자로서 함께 나서주었다. 봉하들판의 농업진흥지역 해제 반대 싸움이 전국적으로 크게 번지자 농식품부 장관도 최종 승인을 주저, 보류했다.

그러나 싸움 상대는 농식품부와 경남도만이 아니었다. 봉하들판은 부재지주가 80%가 넘는다. 일찍이 봉하마을 입구에 본산공단이 들어섰고 봉하들판은 택지개발 예정지로 투기 바람이 몰아쳤던 곳이다. 이번에는 지주들을 중심으로 봉하들판의 농업진흥지역 해제와 개발을 요구하며 노골적으로 친환경 벼농사를 거부하고 집요하게 방해를 일삼았다. 소작하는 마을주민들마저 부화뇌동, 친환경 벼농사 짓는 것보다 땅값 상승을 기대하고 흔들렸다.

노 대통령의 서거 후 봉하마을은 민주 성지가 되었다. 대통령의 묘역뿐만 아니라 생태마을 가꾸기, 생태농업의 선진지 견학 대상이었다. 연간 100만 명 이상이 찾는 순례지가 된 봉하마을을 그들은 지워버리고 싶어 했다. 농업진흥지역을 해제하려는 것은 민주 성지를 송두리째 파괴하고자 하는 비열한 음모였고 명백한 정치보복이었다. 어떻게 하면 봉하들판을 지켜낼까? 유업인 친환경 생태농업을 어떻게 지속 가능하게 할까? 내가 처음으로 직업정치를 해야겠다는 고민의 시작이었다. 노 대통령의 유업인 봉하들판의 친환경 생태농업을 지키기 위해서, 절대 약자인 농민을 위해 권력이 필요하다는 고민이 깊어졌다. 권선징악도 꼭 하고 싶었다.

3

두 번째 고민의 계기는 2016~2017년 한겨울, 촛불항쟁이었다. 박근혜·최순실의 국정 농단에 대한 국민적 분노가 들끓어 여대야소 국회에도 불구하고 박근혜 대통령에 대한 탄핵소추가 의결되었고 헌법재판소에서 인용되었다. 파면이 확정되기까지 한겨울 추위에도 무려 1,700만 명의 시민들이 광화문 광장과 전국 곳곳에서 촛불을 들었다. 전 세계에서 유례가 없는 무혈 평화혁명이었다.

나도 몇 번이나 봉하에서 버스를 타고 올라가 광화문 집회에 참석했다. 1979년 부마항쟁과 1987년 6월항쟁의 현장을 숱하게 겪었지만, 이번처럼 깨어있는 시민의 조직된 힘이 얼마나 위대한지 실감하고 가슴 벅차오른 적이 없었다. 대한민국의 성숙한 민주주의에 온 세계가 깜짝 놀라고 경이롭게 바라봤다. 압축적인 산업화에 비약적인 민주화였다. 유쾌한 반란, 진정한 민주주의 혁명이었다. 아름다운 정치 기적이었다.

마침내 2017년 5월9일 대통령 보궐선거가 치러졌다. 민주당에선 문재인 후보가 재도전에 나섰다. 나도 2012년 대선과 달리 적극적으로 뛰었다. 영농법인 봉하마을 대표를 맡고 있는 상황에서 대선캠프에는 참가하지 않았지만 대통령 후보 농업특보를 맡아 외곽에서 농업 관련 단체와 인사들을 규합하고 농업정책과 공약을 뒷받침했다. 마침내 국민은 문재인을 선택했다. 문 대통령은 당선되자마자 인수위도 없이 곧바로 취임했다.

2017년 4월, 홍준표 경남도지사는 대선 출마를 위해 중도 사퇴했고 경남도지사는 권한대행 체제가 되었다.[1] 대통령이 바뀌었지만 봉하들판은 농업진흥지역 해제 대상에서 보류되어 있을 뿐 특별히 달라질 것이 없었다. 2018년 지방선거를 앞두고 있었다. 다시는 노무현 대통령처럼 반역의 세력들에게 포위되어 흔들리지 않아야 했다. 문재인 대통령의 개혁을 지켜내기 위해 어떻게든 부울경 지방자치단체장을 많이 당선시켜 중앙정부를 뒷받침하는 것이 절실히 요구되었다. 일그러진 경남도정을 민주화

---

[1] 당시 자유한국당 대선후보로 선출된 홍준표 경남도지사는 공직 사퇴시한을 3분 남긴 2017년 4월9일 밤 11시57분 사임통지서를 경남도의회 의장에게 제출했다. 이에 따라 도지사 보궐선거를 실시하기 위해 남은 절차인 홍 지사 사퇴 사실의 경남도선관위 통보는 통보시한인 이날 밤 12시까지 이뤄지지 않았다. '꼼수 사퇴'였다. 결국 도지사 보궐선거는 무산됐고, 류순현 권한대행 체제가 시작됐다.

하기 위해서도 이길 수 있는 도지사 후보가 필요했다.

2016년 경남 김해을 국회의원 선거에서 노무현 대통령의 마지막 비서관 김경수가 두 번의 도전 끝에 전국 최다 득표로 당선되었다. 김경수 의원은 청와대와 봉하마을에서 나와 함께 노 대통령을 모시며 동고동락했던 사이다. 김해갑 지역의 민홍철 국회의원도 재선에 성공, 함께 노무현 대통령의 고향 김해를 지켜내고 있었다. 김해는 자연스레 경남의 민주 성지가 되었다. 반드시 지켜내야 할 경남의 자존심이었다,

2018년 지방선거를 앞두고 민주당 경남도지사 후보로 거론되는 분들이 있었지만, 거론되는 새누리당 후보에 비해 인지도가 낮고 지지율도 미치지 못했다. 김경수 의원이 물망에 오른 도지사 후보 여론조사에서 여야 통틀어 1등으로, 유일하게 이기고 있었다. 나는 김경수 의원에게 출마 의사를 물어보았다. 김경수 의원은 "문재인 대통령의 국정 수행을 뒷받침하기 위해 경남도지사를 되찾아와야 한다는 점은 100% 공감하지만, 본인이 주자로 나서는 것은 적절하지 않다"고 얘기했다. "국회의원에 당선된지 2년밖에 되지 않았고, 유권자에게 철새 정치하지 않겠다, 김해를 떠나지 않겠다고 약속했고, 더구나 국회의원으로서 청와대와 당을 연결하는 가교역할도 매우 필요하고 중요하기 때문에 도지사 출마는 고려하고 있지 않다"고 입장을 밝혔다.

다른 대안을 찾아보자고 했다. 창녕 출신인 박원순 서울시장을 삼고초려 했으나 3선 도전으로 방향을 잡으면서 물거품이 되었고 또 다른 창녕 출신 박영선 의원을 설득해보았으나 이마저 무산되었다. 민주당은 이제 사실상 경남도지사 탈환을 포기하느냐, 아니면 필승 카드인 김경수 의원을 차출하느냐 하는 마지막 선택지만 남았다.

지방선거는 점점 코앞으로 다가오고, 당 지도부는 전략적 판단을 내

리지 않을 수 없었다. 지역 민심은 김해와 경남발전을 위해 집권 여당의 실세인 김경수 의원이 도지사 선거에 출마해야 한다는 쪽으로 모아졌다. 김경수 의원도 달리 선택의 여지가 없었다. 민심의 지지와 당의 강력한 요구에 마침내 결단을 내렸다. 선당후사, 문재인 정부의 성공과 민주당의 승리를 위해 예비 후보자들도 김경수 후보로 합의 추대하여 힘을 보탰다.

김경수 의원이 의원직을 사퇴하고 도지사 후보로 나서게 됨에 따라 김해을 국회의원은 공석이 되어 보궐선거가 확정되었다. 김경수 의원이 내게 물었다. "(자신은) 도지사 출마라는 시대의 요청, 독배를 받들었는데 김해을 보궐선거를 위해 무엇을 할 것이냐?", "설사 도지사를 탈환한다 하더라도 김해을 국회의원을 잃는다면 반쪽의 승리 아니냐?"며 나에게 연대책임, 사실상 출마를 요구했다.

나는 주저 없이 "도지사 탈환은 물론 김해을을 지키는 데 무슨 역할이든 다하겠다. 보궐선거 후보 경선에 불쏘시개 역할이라도 하겠다."고 말했다. 김해을에도 출마하려는 예비후보들이 이미 있었지만 선거일 한 달을 앞두고 촉박한 시간에 당내 경선 절차는 물리적으로 불가능했다. 거론된 세 후보자를 대상으로 진행한 비공개 시민여론조사에서 내가 경쟁력이 높은 것으로 확인되었고 당 지도부는 나를 전략공천했다. 나는 사전 준비 없이 급작스레 선수로 출마하게 되었다. 노무현과 문재인의 운명처럼 김경수와 김정호의 운명도 이렇게 엮였다. 문재인 정부 개혁을 뒷받침하고, 경남도지사 선거 승리와 김해을 국회의원을 지켜내기 위해 내가 직업정치에 나서게 된 두 번째 계기였다.

노 대통령을 지켜드리지 못했던 문재인 비서실장을 운명처럼 정치에 나서게 했던 것도, 마지막 비서관 김경수가 국회의원에 도전하고 경남도지사 선거에 출마한 것도, 내가 뒤늦게 출마한 것도 모두 노무현 대통령의 정치적 유산과 가치가 훼손되는 시대의 역주행을 막기 위해서였다. 대한민국의 위기를 극복하려는, 민주주의를 지키려는 절실한 마음이 있는 사람이 결국은 나서야 한다는 깨우침이었다.

이런 계기로 직업정치인으로서 나서게 된 내가 제일 먼저 직면한 공적 역할이 김해신공항의 객관적 검증과 제대로 된 동남권 관문공항 건설이었다. 2018년 보궐선거에 당선되어 지금까지 24시간 안전한 관문공항 건설에 몰두해 왔다. 그동안 고군분투의 연속이었다.

모든 것이 '계란으로 바위 깨기'와 같이 쉽지 않았지만, 무엇보다도 김해시민들, 부울경 시·도민들의 한결같은 염원과 지지 덕분에 잘못된 국책사업을 끝내 바로잡을 수 있었다. 가덕도신공항특별법도 여야 합의로 통과시켰다. 2029년 말까지 개항하겠다는 국토부의 입장이 실행될 수 있도록 감시와 견제의 고삐를 늦추지 않고 있다. 이제 와서 돌이켜보니 최소한의 소임은 다한 것 같아서 뿌듯하고 스스로 대견하다. 지금까지 소신껏 일할 수 있도록 지지하고 성원해주신 시민 여러분께 새삼 감사드린다.

4

이 책을 써야겠다는 마음을 먹은 때는 가덕도신공항특별법이 통과된 직후였다. 2021년 2월26일 국회 본회의장에서 전자 표결은 잠시였지만 결과발표를 기다리는 동안 숨이 막힐 지경이었다. 김해신공항 검증을 거쳐 총리실 최종 판정 과정이 주마등처럼 스쳐 지나갔다. "땅, 땅, 땅" 김상희 국회부의장이 의사봉을 두드리는 소리에 정신이 번쩍 들었다. 동료 의원들의 축하 인사마저 아득하게 들렸다. 그리고 책을 써야겠다는 생각이 섬광처럼 떠올랐다.

2018년 보궐선거로 국회에 입성하자마자 김해신공항 검증이라는 고난의 행군을 시작했고 4년 동안 가덕도신공항으로 방향을 전환시키기 위해 혼신의 힘을 다했다. '월화수목 금금금', 주경야독이었다. 한 고비 한 고비 넘길 때마다 죽을힘을 다했다. 마치 살얼음판을 건너는 심정이었다. 늘 시작이었고 간단하지 않은 우여곡절이 이어졌다. 김해신공항 검증에 서부터 가덕도신공항으로 방향 전환하기까지 사실관계를 객관적으로 정리하고 비하인드 스토리까지 가감 없이 진실을 담아내는 역사의 기록을 남겨야겠다고…. 더불어 내가 노무현 대통령의 마지막 기록관리비서관으로 봉직했던 경험도 자연스레 매듭을 지어야겠다고….

내 어릴 적 별명은 대동여지도를 그린 '고산자'였다. 추자도에서 태어난 섬 소년이었던 나는 유독 지리부도를 끼고 지냈다. 섬 바깥 세상을 동경하며 지도책에서 지명 찾기가 내가 제일 즐기던 놀이였다. 커서도 여행을 참 좋아했다. 고산자 선생이 백두산을 7번, 전국을 두 번이나 도보 답사하며 대동여지도를 완성했던 그 끈기와 집념도 본받고 싶었다.

그래서 보궐선거에 출마할 때, 김정호의 대동여지도를 선거캠프 벽면에 대형 걸개그림으로 사용했다. 지도를 배경으로 큼지막하게 '노무현을 지킨 사람', '문재인을 지킬 사람', '김경수와 일할 사람'이라고 슬로건을 내걸었다. 내가 10년간 봉하마을에서 친환경 생태농사를 지으면서 노 대통령의 유업을 묵묵히 지켜왔던 뚝심 이미지와 일맥상통했다.

이때부터 내 핵심공약은 '김해신공항 근본적 재검토', '동북아 물류 플랫폼 구축', '부울경 메가시티 건설'이었다. 초보 국회의원 후보가 내건 공약치고는 담대했다. 제대로 된 동남권 신공항을 건설하고 이를 기반으로 부산-진해 신항만, 유라시아대륙철도와 아시안하이웨이 기종점 등 육·해·공 트라이포트를 활용하여 동북아시아 물류 플랫폼 조성과 부울경 초광역 단일경제권 구축, 이를 뒷받침하기 위한 '부울경 메가시티'라는 큰 경제지도를 그렸다. 거기에 우리 김해와 부울경의 미래 먹거리가 달렸다고 생각했기 때문이다.

● 5

이 책은 총 7장의 본론과 3장의 보론으로 구성했다. 이 책의 주요 내용과 성격은 내가 2018년 보궐선거로 국회에 입성한 이후 6년간 가장 집중했던 이슈인 '김해신공항 검증과 가덕도신공항 건설'이라는 의정활동을 총정리한 정책보고서이다. 김해공항이 김해신공항, 가덕도신공항으로 전환되는 과정을 소상히 담은 공항 백서이고 동북아 물류 플랫폼과 부울경 메가시티 비전을 그린 미래 전략서에 가깝다.

그렇다고 재미없고 딱딱한 학술논문은 아니다. 김해공항 확장 계획은 국토부가 '김해신공항 건설'이라는 결정을 내려 밀어붙이던 국책사업이었다. 그러나 아무리 국가가 한번 결정한 것이라도 국민의 생명과 안전에 관련된 것이라면 객관적으로 검증해야 하고 잘못된 것이라면 반드시 바로잡아야 한다는 교훈을 담아낸 이 책은 그 과정을 드라마틱하게 그려낸 다큐멘터리이다. 김해공항을 둘러싼 여러 정치세력의 입장은 물론 국토부의 항공정책 담당자와 학계, 업계 등 항공산업 관련자들의 이해관계와 그 이면의 정치적 소용돌이를 가감 없이 담은 한편의 대하소설이기도 하고 치열하게 맞섰던 나와 양심 있는 학자, 시민들의 에세이이기도 하다.

앞으로 이렇게 소모적인 일이 다시는 없기를 희망하지만, 이후에도 없지 않을 것이다. 그럴 때 이 책이 맞서는 이들에게 힘이 되는 길잡이가 되었으면 좋겠다. 나아가 우리나라 공항과 항공산업, 물류산업 발전과 메가시티 건설에 유용한 경험자산, 지식자산이 되길 바란다.

1장에서는 김해공항의 현주소를 살펴봤다. 2002년 4월, 김해 돗대산에 충돌한 중국 민항 사고기의 공개된 블랙박스를 통해 사고 원인을 짚어보고, 군사공항으로 출범한 김해공항의 태생적 한계와 안전하지 않고 이미 포화상태인 김해공항의 현황과 구조적 문제점을 다루었다.

2장에서는 역대 대통령의 동남권 신공항에 대한 공약과 의사결정의 번복, 그리고 그 정치적 배경과 의도를 따져보았다. 김해공항의 사고 재발 방지와 급증하는 항공수요를 감당하기 위한 동남권 신공항 건설의 필요성과 실현 방안에 대한 노무현 대통령의 고민과 모색을 정리하였다. 이명박 대통령 집권 이후 K-2 이전을 위한 정략적 백지화, 박근혜 대통령의 교묘한 꼼수로서의 김해신공항 결정과 대구경북통합신공항 지시 등도 살펴보았다.

3장에서는 국토부와 당시 여당이 '신의 한 수'라고 자화자찬했던 'ADPi 남부권 신공항 입지 선정을 위한 사전타당성 연구용역 결과'(김해신공항, V자 활주로)와 기재부의 'KDI 예비타당성 연구용역 결과'(수요와 시설 규모 및 공사비 축소와 전체 사업비 확대)에 대한 김해신공항반대시민대책위와 부울경 동남권 신공항 TF의 검증 결과를 꼼꼼하게 살펴보았다.

4장에서는 국토부가 이미 추진하고 있던 '김해신공항 기본계획 수립을 위한 연구용역'에 대해 ADPi 사타 결과 및 KDI 예타 결과와 비교 검토하여 국토위 국정감사에서 지적한 내용과, 예결특위에서 집중적으로 제기한 문제점, 그리고 부울경 시·도지사가 독자적인 부울경 검증단을 구성하여 스모킹 건을 찾는 본격적인 검증과정과 결과를 상세히 다루었다.

5장에서는 국무총리실 산하 '김해신공항 검증위원회' 구성과 '국토부 기본계획 및 부울경 검증보고서 내용을 재검증'하여 총리실이 '최종 판정'을 내린 과정을 담았다. 특히 안전분과위원회의 분과보고서 채택을 둘러싼 보이콧 사태와 매우 극적이었던 재검증과 최종 판정 과정을 비하인드 스토리까지 역사적 기록으로 상세히 담았다.

6장에서는 총리실 검증위가 김해신공항에 대해 '근본적 재검토'라는 최종 판정을 내리고 국무회의에서 김해신공항 기본계획 용역을 중단, 백지화시키고 가덕도신공항으로 전환하는 과정을 다루었다. 가덕도신공항특별법 통과 과정과 주요 법안 내용을 담았고, 그 이후에도 끊임없이 딴지를 걸었던 국토부와 중앙언론, 대구경북 정치권의 견제 논리를 조목조목 비판적으로 살펴보았다. 가덕도신공항특별법이 여야합의로 통과되었음에도 국토부는 집요하게 부울경의 염원을 짓밟았다. 윤석열 인수위의 지침을 받은 사타 결론으로 끝까지 어깃장을 놓았다. 그 내용도 객관적으로 담았다.

7장에서는 가덕도신공항 건설로 육·해·공 트라이 포트의 가장 핵심적인 마지막 퍼즐에 포커스를 맞추었다. 20년 동안 막혔던 동남권 신공항의 물꼬가 터지고 마침내 돌고 돌아서 가덕도신공항으로 방향을 잡았다. 이제야 동북아 물류 플랫폼 구축의 실마리를 풀게 되었고 국제자유물류도시 구상과 '생존연대'인 부울경 메가시티를 실질적으로 꿈꿀 수 있게 되었다. 가덕도신공항은 최소 30년 간의 부울경 미래를 내다보는 장기 발전전략의 화룡점정이다. 육·해·공 트라이포트 기반의 동북아 물류 플랫폼을 구축하고, 부울경 초광역 경제권 구축과 단일 경제·생활권으로서 부울경 메가시티 건설과정을 다시 설계하고 실행계획을 전망해보았다.

비록 지난 20대 대선과 제8회 전국동시지방선거에서 패배하여 출범을 3개월 앞두고 부울경 특별연합이 무산되었지만 '생존연대'인 부울경 메가시티 꿈을 결코 포기할 수 없다. 산 물고기는 물을 거슬러 오르고 큰 새는 바람을 거슬러 날며, 강물은 바다를 결코 포기하지 않는다.

보론은 3장으로 정리했다. 장마다 상당히 깊이 있는 내용을 다루었지만 본론이 길어져서 별도로 분리했다. 본론을 이해하는데 필요한 개념이나 현황과 흐름을 파악하는데 참고가 될 것이다.

보론 1장에서는 이 책의 핵심 키워드인 트라이포트와 메가시티 발전을 다루었다. 먼저 항공화물운송과 공항의 변천, 육·해·공 트라이포트와 공항복합도시 성장사 일반을 정리하였다. 우리나라 수도권 초집중과 부울경 공동화 등 지방소멸 위기의 현황을 짚어보고, 그 국가균형발전의 대안으로서 세계 각국에서 진행되고 있는 메가시티 다극화 방안을 검토하였다.

보론 2장에서는 한국의 항공산업과 공항의 역사를 시대별로 살펴보았다. 항공산업과 공항의 발전이야말로 압축적으로 고도 성장해왔던 한국경제의 상징이었음을 확인할 수 있다.

보론 3장은 하늘을 날고픈 인간의 꿈을 실현하고자 했던 비행기의 진화와 공항 발전의 역사를 정리했다. 기후위기시대의 항공기와 미래 공항의 모습도 그려보았다.

6

이 책을 김해을 지역의 1만 5천 더불어민주당 당원들과, 두 번이나 국회의원으로 일할 기회를 준 28만 경남 김해을 지역 유권자와, 56만 김해시민들에게 바친다.

이 책은 내가 국회의원으로서 6년 동안 심혈을 기울여 왔던 핵심사업을 결산한 정책보고서이자 미래 비전을 담은 발전 전략서이다. 뿐만 아니라 내 인생의 2모작 자전적 에세이, 드라마틱한 대하소설이면서 잘못된 국책사업을 바로잡았던 승리한 역사의 기록이기도 하다.

부울경 검증단장을 맡았던 초기에는 김해시민 중에 "김해신공항을 빨리 추진하지 왜 반대해서 착공을 지연시키느냐"고 타박하는 분들이 적지 않았지만, 이제는 안전하고 소음피해가 없는 가덕도신공항으로 옮겨 가는 것이 우리 김해지역에 무슨 실익이 있냐고 묻는다. 나는 동북아 물류 플랫폼, 국제물류도시를 우리 김해에 유치할 수 있는 여건이 이제야 마련되었다고 대답한다.

또 묻는다 "그게 되겠나?" 나는 답한다. "물론입니다. 가덕도신공항이 개항되는 2030년 즈음엔 김해시 칠산서부동과 가락동 일대에 육·해·공 트라이포트 기반의 동북아 물류 플랫폼과 유라시아대륙철도 화물터미널 건설 논의가 활발하게 진행될 수밖에 없습니다. 나아가 행정통합이 다시 추진되고 메가시티 종합청사가 들어서는 경제자유구역과 국제자유무역지역도 구체화 될 것입니다. 그곳 외엔 넓은 부지가 없습니다. 메가시티 중심도시 100만 김해시의 발전 방향입니다. 결코 포기할 수 없는, 스마트 복합물류와 첨단 가공산업이 융복합된 동북아 물류 플랫폼이 김해발전의 견인차가 될 것입니다. 여럿이 함께 꾸면 꿈은 이루어집니다. 생존을 위한 연대, 부울경 메가시티, 그 중심으로 김해가 우뚝 설 것입니다. 기필코 이루어냅시다."라고.

이 책을 내는 데 도움을 준 분들을 자랑하지 않을 수 없다. 먼저 서울 여의도 의원회관에서 일하는 보좌진들이다. 손낙구 선임보좌관은 1987년 6월항쟁 때 부산에서 만나 지금까지 특별한 인연을 이어오고 있다. 풍부한 현장경험과 탁월한 식견, 학문적 성실함으로 광범위한 자료를 모으고 박사논문 쓰듯 꼼꼼하게 초고를 정리했다. 요로결석이 두 번이나 올 정도로 심혈을 기울였다. 언제든 밥 친구를 마다하지 않아 더욱 고맙다. 제일 오랫동안 보좌해온 김명진 보좌관과 학구파 염승화, 김석태 비서관이 국회 산업통상자원중소벤처기업위원회, 민주당 탄소중립위원회 활동을 뒷바라지한다고 애써줬다. 의원실 살림살이 맡으면서 짬짬이 교정을 봐준 장인정 비서관, 이규리 비서관도 수고 많이 해주었다.

김해을 지역 사무실에서 당원과 지역위원회 각급 조직을 챙긴다고 늘 애쓰는 윤태성 사무국장 겸 수석비서관과 지역구와 의원회관 간에 정책과 공약을 연결하는 하광식 사무차장 겸 선임비서관, 일정기획과 지역 메시지를 담당하는 최제석 비서관, 각종 홍보와 영상에 이어 후원회 사무국장을 맡아온 도재민 비서관, 후원회 회계와 총무를 맡고 있는 최선윤 비서관도 수고가 많았다. 이분들의 도움이 없었다면 바쁜 와중에 책을 집필할 엄두도 못 내었을 것이다. 기꺼이 원팀으로 잘 뒷받침해주어 고맙고, 감사하다.

김기영 씨, 평생의 반려자로 가족들의 수호천사로 당신이 있었기에 내가 봉하 지킴이는 물론 정치인으로서 인생 2모작을 잘 할 수 있다. 항상 웃는 얼굴로 지역구 유권자를 챙기는 가녀린 당신이 애처롭고 안쓰럽다. 이 지면을 빌려 고마운 마음 전한다. 가정적이지 못하고 사생활이 없는 아빠를 도우려 애쓰는 딸 하늬와 사위 감용, 듬직한 아들 한별이에게도 미안하고 고맙다는 마음 전한다.

1장

—
한계,
김해공항

1장
한계,
김해공항

1. 예견된 참사, 2002년 중국 민항기 충돌 사고

2002년 4월15일 오전 11시21분17초, 오전 중국국제항공 소속 129
편 보잉 767-200ER 여객기가 김해국제공항에서 4.6km 떨어진 돗대산 중
턱204m에 충돌한 뒤 추락하였다. 사고기는 형체를 알 수 없을 정도로 전
파, 전소되었고 탑승 인원 166명 중 2명의 부조종사를 포함 129명한국인 111
명, 중국인 18명이 숨지고 기장 등 37명이 다쳤다.[2]

블랙박스, 예견된 참사

사고에 이르기까지의 상황을 블랙박스를 토대로 재구성해본다. 사
고기는 중국 베이징 공항과 한국 부산 김해공항 간을 운항하는 국제선 정

---

[2] 이하 사고 경과와 원인은 정부의 중간 조사 결과 발표(2002.11.25.)와 건설교통부 항공사고조사위원회 편, 『항공기
사고조사 보고서 : 공항접근(CFIT)사고 中國國際航空公司(CA) 129편 B767-200ER B2552, 김해, 돗대산 2002. 4.
15』 2005(이하 『사고조사 보고서』로 줄임) 및 보도자료 "건설교통부, 중국국제항공공사 김해사고 관련 조사결과 발
표"(2005.5.6.)에 기초하였다.

기여객 항공기였다. 이날 현지 시각으로 오전 8시37분경 베이징공항을 출발했고 낮 11시30분께 김해공항에 도착할 예정이었다. 서해 상공을 지나 김해공항 활주로 입구까지 계기비행으로 정상적으로 운항했다. 김해 접근관제소 관제사와 항공기 조종사들이 최초로 교신한 것은 이날 오전 11시6분이었다. 사고기 조종은 기장과 제1 부조종사, 제2 부조종사가 담당하고 있었다.

당시 김해공항 주변은 비와 안개로 시정이 나빴으며, 낮고 짙은 구름으로 덮인 매우 흐린 날씨였다. 구름 높이 1,000피트, 시정거리 4,000미터의 기상 상황을 보이고 있었고 활주로의 풍향은 남풍으로 바다에서 육지로 시속 10노트 이상 불고 있었다. 11시8~9분 사이에 관제사가 사고기의 접근 범주를 두 차례에 걸쳐 묻자 제2 부조종사가 찰리C급이라고 답변하였고, 관제사는 선회 접근이 필요한 활주로 18R을 착륙 활주로로 지정했다.

11시16분경부터 착륙을 위한 본격적인 선회비행이 시작되었다. 조종실음성기록장치CVR의 녹취록에 의하면 이 과정에서 "고도를 700으로 하강" "활주로가 보이면 보고하라" "활주로가 보인다" 등의 대화가 관제소와 사고기, 기장과 부조종사 사이에 각각 오갔다. 11시18분44초에 관제사가 주파수 변경을 지시하였으나 통신을 담당하는 제2 부조종사는 이를 복창하지 않고 이때부터 약 1분20초 동안 관제탑과 사고기 사이에 교신이 안 되었다.

11시18분53초에 제2 부조종사가 "내가 조종한다"라고 말하면서 자동조종장치를 풀고 수동으로 비행하였다. 11시20분01초에 관제사가 사고기를 비상주파수로 호출하여 다시 교신이 연결되었을 때 사고기는 활

43

〈그림 1〉 사고기의 이탈 항로

사고여객기
이탈항로
김해시

신어산
돗대산

동원
아파트

남해고속도로

김해공항

남해지선고속도로

사고여객기
착륙예정 항로

서
낙
동
강

을숙도

김포

남해

사고기항로

김해

동아일보 2002.4.16.

〈그림 2〉 사고기의 주요 통신 기록

21:12 제1부조종사 당겨당겨!
21:12 제1부조종사 복행 하시오
21:10 제1부조종사 아니오, 안보이는데요
21:09 기장 활주로 봤니?
20:59 제1부조종사 비행하기 힘들어지는데
20:54 기장 활주로를 찾는데 도와줘
20:24 제1부조종사 선회하고, 너무 늦지 않도록
20:17 기장 내가 조종할께
20:13 제1부조종사 바람이 너무 세다. 조종하기 힘든데
20:01 제1부조종사 활주로끝과 나란함
20:00 기장 활주로끝과 나란한 지형을 보았나?
19:43 제2부조종사 고도700
19:34 제1부조종사 선회합시다
19:03 제2부조종사 활주로 AR 선회
18:57 기장 됐다. 700유지, 고도 주의해
18:53 제1부조종사 내가 조종한다. 해당 선택
18:48 기장 디스컨넥트 좌측선회

찰리(C)급: 착륙 허가
찰리(D)급: 착륙 불허

추락지점

돗대산

공항위치서
4,259km 날아감

델타(D)급

델타(C)급

선회지점:
공항서 3,149km 지점

김해공항
활주로

18:41 상근관제사
CCA129, 관제탑이다
서쪽으로 8R 선회하라

18:48 기장
활주로가 보인다

연합뉴스

연합뉴스 2002.5.6.

주로 18R 끝과 나란한 지점 부근을 비행하고 있었다. 11시20분02초에 기장이 "타이밍Timing"이라고 말함으로써 3선회 시간의 측정을 시작하였으며, 15초가 지난 20분17초에 기장이 "내가 조종할게"라고 말하고 조종하기 시작했다.

　11시20분22초에 3선회 지점 선정을 위한 시간 측정이 완료[20]되었지만 기장은 정상적인 3선회를 시작하지 못하였고, 11시20분25초부터 8초 동안 관제탑으로부터 착륙 허가가 발부되었으나 이때에도 3선회를 시작하지 못하였다. 11시20분37초에 항공기의 기수방향이 351도인 상태에서 정상보다 지연된 3선회를 시작하였다.[3]

---

3)　기장이 11시20분37초에 3선회를 시작한 사실은 『사고보고서』 102쪽에 기록되어 있다.

사고기는 선회 접근을 시작하여 3선회 시작 전까지 접근 범주 C의 최대속도140노트를 초과하여 150~160노트의 속도로 비행함으로써 선회 접근 구역을 벗어났고 활주로를 시야에서 놓쳤다. 이에 기장은 11시20분 54초에 부조종사에게 "활주로를 찾는데 도와줘"라고 요청하였다. 제1 부조종사는 20분59초에 활주로를 확인하였다는 응답 없이 "비행하기 힘들어지는데"라고, 21분02초에는 "고도에 주의하고"라고 말하였다. 또 21분09초에 기장이 다시 "활주로 봤나?"라고 묻자 1초 후 "없는데…안 보입니다"라고 하였다.

11시21분12초에 제1 부조종사가 "복행하시오"라고 말하였으나 기장은 복행하지 않았다. 이어서 21분15초에 제1 부조종사가 구름 사이로 전방의 장애물을 확인하고 "당겨! 당겨!"라고 외쳤으며, 이에 기장이 상향 조작을 하였으나, 이미 때가 늦어 항공기는 11시21분17초에 돗대산에 충돌하였다.

사고 원인, 조종사의 과실과 경험·훈련 부족

사고조사는 국제민간항공조약ICAO 부속서 13 규정에 의거하여 사고발생국인 대한민국 정부 주관으로 실시되었으며 중국 정부CAAC는 항공기 등록국 및 운영국의 자격으로, 미국 정부NTSB는 항공기 설계국 및 제작국의 자격으로 사고조사 과정에 참여하였다. 사고조사를 담당한 건설교통부 항공사고조사위원회는 2002년 11월25~26일 공청회 및 중간 조사 결과 발표에 이어 사고 발생 3년여 만인 2005년 5월7일 사고원인 관련 최종 결과를 발표했다. 이에 따르면 중국국제항공 129편 김해추락 사고는 '사고에 작용하였거나, 거의 확실하게 작용하였던' 다음의 4가지 복합적인 요인에 의해서 항공기가 공항 인근 돗대산에 충돌하여 발생하였다.

▨ 사고원인 관련 조사결과 Findings Related to Probable Causes

1. 129편 운항 승무원들은 선회 접근과 관련된 대형항공기(B767-200)의 착륙 기상 최저치를 숙지하지 못하고 선회 접근을 수행하였으며, 접근 브리핑 시 중국국제항공공사의 운항 및 훈련 매뉴얼에 수록된 브리핑 항목 중 실패접근 관련 사항 등을 포함하지 않았다.

2. 운항 승무원들은 승무원자원관리를 미흡하게 운영하였으며, 활주로 18R로 선회 접근을 실시하는 동안 상황인식을 상실하여, 기장이 의도했던 시기에 3선회를 실시하지 못하고 지연되어 항공기가 선회 접근구역을 벗어났다.

3. 운항 승무원들은 활주로 18R로의 선회 접근 중 활주로를 시야에서 잃어버렸을 때 복행 Missed approach을 실시하지 않아 공항 인근의 높은 지형 장애물山에 충돌하였다.

4. 항공기 추락 약 5초 전, 제1 부조종사가 기장에게 복행할 것을 권고하였으나, 기장은 이에 대하여 반응하지 않았으며 제1 부조종사도 복행을 하지 않았다.

사고조사위원회는 이외에도 '항공 안전을 저하시킬 잠재성을 가지고 있는' 위험 관련 조사 결과 17건, '항공 안전의 강화를 위한 요소, 쟁점을 해결하거나, 모호한 사항들을 명백하게 할 수 있는' 기타 조사 결과 33건을 추가하여 조사보고서에 수록하였지만 핵심은 위의 4가지였다.

사고조사위원회가 발표한 4가지 복합적인 사고원인을 꿰뚫는 핵심은 '조종사들의 과실과 경험 부족, 부실한 훈련'이었다. 이를 구체적으로 살펴보자.

| 조종사 과실 1, 선회비행 경험 전무, 실패접근절차 어기고 과속 |

사고기 조종사 1명과 부조종사 2명 중 누구도 김해공항 선회 접근 후 착륙한 경험이 전무하였다.[4) 중국국제항공공사에서 767 기종의 선회 접근 훈련은 베이징 공항만을 대상으로 모의 비행 장치에서 수행되었고, 김해공항의 활주로 18R로의 선회 접근에 대한 훈련을 수행한 적이 없었다. 중국국제항공공사가 김해공항을 특수공항으로 분류하지 않아 운항 승무원들은 별도의 교육이나 절차를 밟지 않았으며, 운항 승무원들이 사용한 계기접근 차트에도 공항 북쪽의 높은 지형이 표시되어 있지 않았다.[5)

국제민간항공기구와 항공기 제작사는 항공기의 중량에 따른 착륙접근 속도로 A에서 E까지 접근 범주의 등급을 나누는데 접근범주별로 선회에 필요한 반경에 차이가 있고, 선회소요반경에 따라 기상최저치(구름 높이, 가시거리 등)가 다르다. 난이도가 높은 선회 접근에서는 안전을 위해 더 높은 기상 최저치를 적용한다. 중국국제항공공사의 B767 운항 승무원 훈련 매뉴얼에 의하면 선회 접근 시에는 접근 범주 델타(D)의 최저치 또는 예상되는 선회 접근 속도와 관계있는 최저 표준을 사용하도록 하고 있다. 이에 따르면 대형항공기인 사고기(B767-200)의 접근 범주는 델타(D)급이었다.

사고 당일 김해공항 기상 상황은 델타(D)급 선회 접근 최저치 미만이어서 대형기의 착륙이 불가능하였다[6). 이 경우 관제사는 '김해기지 국지

---

4) 기장과 부조종사 2명은 이 비행에 대해 유효한 자격증명을 갖고 규정 및 절차에 따른 훈련을 받았고 기장과 제1 부조종사는 김해공항에 북풍이 불 때 바다 쪽으로 3~4번 착륙한 경험이 있었다. 그러나 남풍이 불 때 선회 접근 후 북쪽에서 착륙해 본 경험은 3명 모두 전무하였다(『사고조사 보고서』, 20~22, 82, 109, 141쪽).

5) 『사고조사 보고서』, 103, 111, 139, 144쪽.

6) 사고 당시 김해공항의 기상은 구름 높이 약 1,000피트, 시정 4,000m로 선회 접근 시 C급 착륙제한치(구름 높이 700피트, 시정 3,200m 이상)는 벗어나지 않았지만 D급(구름 높이 1,100피트, 시정 4,800m 이상)은 착륙이 허

절차' 제8장 제8절 1호의 규정 18에 따라 그 항공기를 체공시키거나 다른 공항으로 비행하도록 지시해야 했다. 그런데 사고 10여 분 전 관제탑에서 "129편의 접근 범주는 무엇인가"라고 묻자 선회 접근 시 대형항공기의 착륙 기상 최저치를 숙지하지 못한 사고기의 조종사들은 델타ᴰ급이 아닌 찰리ᶜ급으로 보고하여 착륙 허가를 받았고, 접근 범주 'C'의 선회 접근 속도를 초과하여 접근 범주 'D'속도로 비행하여 결국 사고로 이어지는 원인을 제공하였다.

실패접근Missed Approach이란 항공기가 공항에 정상적인 착륙을 위해 접근할 수 없는 상황에서 조종사가 수행하는 조작을 말하는데, 조종사는 실패접근 지점에 도달하면 실패접근절차에 명시된 고도에서 즉시 기수를 상승시켜야 한다. 중국국제항공공사의 운항 승무원 훈련 매뉴얼과 사고기 제작사인 보잉사의 운항 승무원 훈련 교범에서는 운항 승무원이 브리핑을 통해 실패접근절차가 포함된 모든 접근 관련 정보를 검토하도록 규정하고 있다.[7]

그러나 기장과 제1 부조종사가 선회 접근을 위해 실시한 브리핑 내용 중에는 실패접근절차가 포함되지 않았고 운영 기준의 기상 최저치, 선회 접근 범주, 선회 접근 절차, 정확한 업무 분장이나 승무원 간 협조 절차 등도 언급하지 않는 등 규정을 제대로 이행하지 않아 위험에 대처하지 못했다.[8]

| 조종사 과실 2, 선회 시점 놓치고 복행도 하지 않아 |

운항 승무원들이 활주로 18R로 선회 접근을 수행한 경험이 없었기

가되지 않는 상황이었다.

7) 「사고조사 보고서」 74~75, 100~106쪽.

8) 「사고조사 보고서」 104쪽.

때문에 적절한 승무원 상호 협력이 더욱더 중요하였지만, 적절한 접근 브리핑을 수행하지 않아 상호 협력이 원만히 이루어지지 않았다. 관제탑과의 교신 중단 등 다른 사람의 실수를 지적하지 않았다. 상호 협력이 와해하여 장애물의 위험성 등에 대한 상황인식을 상실하였으며 너무 늦어버린 시점에서야 위험한 상황을 인지하였다.[9]

기장이 의도했던 선회 접근 절차는, 활주로 36L의 최종 접근로에서 활주로를 육안으로 확인한 후, 45도 왼쪽 방향으로 선회하여 20초를 비행한 뒤, 우측 선회하여 활주로와 평행한 방향으로 진입하고, 활주로 북쪽 말단과 평행한 지점을 통과한 후 20초를 측정하여, 3선회 및 4선회를 실시하여 착륙하는 것이었다.[10]

그러나 45도 좌회전 당시 비행을 담당했던 제1 부조종사는 기준보다 적은 5.3도~최대 19.9도의 경사각으로 선회함으로써 선회하는 시간이 지연되어 활주로와의 평행거리를 제대로 확보하지 못했다. 여기에 강한 남풍까지 영향을 미쳐 접근 시단Threshold과 평행한 지점 부근을 지날 때 배풍 경로downwind leg에 진입하였고 배풍 폭도 정상보다 좁았다. 기장은 11시20분02초에 3선회 지점 선정을 위한 시간 측정을 시작하였지만 20초의 측정 시간이 완료되고, 또 이후 착륙 허가가 발부되어 9초간 지속되는 동안에도 정상적인 3선회를 하지 못하였고 최종적으로 선회 접근 구역을 벗어났다. 그 결과 공항에서 3.148㎞ 떨어진 선회지점을 훨씬 벗어나 구름 속으로 4.259㎞까지 날아갔다.

9) 『사고조사 보고서』 106~109쪽
10) 『사고조사 보고서』 101쪽.

국제민간항공기구ICAO의 '항공기 운항 절차'와 '중화인민공화국 민용항공총국령'에서 선회 접근을 하는 조종사는 활주로나 그 주변 정황을 육안으로 식별할 수 없는 상태가 되면 즉시 복행復行, 재이륙해야 한다고 규정하고 있다.[11] 그러나 기장은 이를 지키지 않은 채 장애물을 발견한 후에야 뒤늦게 기기를 조작함으로써 사고를 피할 수 있는 마지막 기회마저 놓치고 돗대산에 충돌하고 말았다. 제1, 2 부조종사도 시간 측정의 완료 시점에 대한 확인 및 활주로 또는 시각 참조물 등이 시야에서 보이지 않았을 때 기장에게 미리 복행하라는 적극적인 조언을 하지 않았고, 이에 대한 문제 제기도 없었으며, 기장은 제1 부조종사가 복행할 것을 권고했을 때조차도 즉시 적극적으로 복행 조작을 하지 않았다.

구조적 위험, 북측 산봉우리 장애물 존치로 남풍 시 시계비행과 선회 접근 비행절차 불가피

사고조사위원회는 중국국제항공 129편 참사가 주로 조종사들의 과실과 경험 미숙에서 비롯된 것이라고 결론지으면서도, 이들이 북풍을 안고 바다 쪽에서 착륙하는 데에는 별 어려움이 없었을 것이라고 지적하고 있다. 즉 남풍이 불어 바다 쪽에서 착륙할 수 없고 선회 접근 비행을 해야 하는 상황에서 조종사들의 과실과 경험 미숙이 치명적인 사고로 이어졌다는 의미이다. 문제는 공항에서 북쪽으로 가까운 직선거리에 자리 잡은 산들을 통째로 깎아내거나 들어내지 않는 한 곡예비행과도 같은 위험천만한 선회 접근 비행이 계속될 수밖에 없고, 사고는 언제든 다시 일어날 수 있다는 점이다. 이런 점에서 이 사고는 예고된 참사였고 김해국제공항

---

11) 『사고조사 보고서』 41, 103쪽.

이 태생적으로 안고 있는 구조적 위험성이 적나라하게 드러난 충격적 참사였다.

비행기는 반드시 맞바람을 안고 착륙해야 하는데, 김해공항 주변에는 1년 중 3, 4월 환절기부터 태풍이 마지막으로 지나가는 8월 사이에 수시로 남풍이 불기 때문에 북쪽에서 착륙할 수밖에 없다. 그런데 북쪽에 해발 631m 높이의 신어산을 비롯한 산악지대가 자리 잡고 있으니 북쪽에서 정상적인 비행절차에 따라 계기비행이 불가능하고, 서서히 안정적으로 급강하면서 착륙할 수 없다.

어쩔 수 없이 남쪽 낙동강 하구 앞 바다 쪽에서 활주로를 따라 북상하여 활주로 남단을 눈앞에 둔 지점에서 비행기를 좌측으로 45도 선회해 20초를 더 날아간 뒤 다시 오른쪽으로 45도 선회, 활주로를 오른쪽에 두고 평행하게 북상한다. 비행기가 활주로 북측 끝단과 만난 지점에서 20초를 더 날아간 뒤 이번에는 180도 우측 선회해 기수를 남쪽으로 돌려 남풍을 맞으면서 하강, 북측 활주로 끝단에서 남쪽 방향으로 착륙한다. 만약 고도로 거리를 제대로 맞추지 못하면 착륙을 포기하고 재상승하는 '복행'을 해야 한다. 곡예비행도 이런 곡예비행이 없다.[12]

현행 항공법구, 공항시설법과 국제민간항공기구ICAO 규정에 따른 착륙 절차는 비행기가 활주로 끝단 15km 밖, 360m 고도에서부터 3도 각도로 서서히 활강하며 활주로에 착륙하게 되어있다. 비행기가 활강을 시작한 구간의 진입표면에는 항공기와 저촉할 수 있는 일체의 고정 장애물산이나 건물 등이나 이동 장애물다른 비행기나 조류 등이 없어야 한다. 만일 저촉되는 장애물이

12) 송문석, "130명의 원혼이 서린 김해 돗대산의 비극을 아는가?", CIVIC news, 2020.11.29.

있다면 제거해야 한다. 김해공항이 민간공항이었다면 공항 건설 당시 장애물인 북쪽의 산들을 깎아 만들었거나 애당초 공항 입지로 배제되었을 것이다.

그러나 군사공항이었고 군 작전상 북쪽의 산악지대를 엄폐물로 삼아 의도적으로 남북 방향으로 활주로를 만들었다. 군사공항이기 때문에 남풍 시 착륙 방향이 북쪽에서 활주로로 접근할 수밖에 없고, 활주로 여건에 맞추어 악조건인 북쪽 산악지대를 피해 남쪽에서 진입하여 급격한 선회비행을 그것도 계기 유도 없이 조종사가 시계비행 하도록 비행절차를 수립한 것이다. 공군의 군사공항으로 출발한 김해공항에 민간공항이 더 부살이하고 있는 상황은 지금도 변함이 없다. 뒤늦게 공항시설법에 따라 활주로 방향을 바꿀 수 없는 실정인 것이다. 말 그대로 태생적 한계이다.

더구나 곡예비행에 가까운 선회 접근법을 문제없이 해낸다고 해도 남풍이 불 때 김해공항에 모든 비행기가 착륙할 수 있는 것도 아니다. 북풍이 불 때 바다 쪽에서 바로 진입해 착륙할 때와는 다르게 선회 접근 때에는 기상 조건에 따른 비행기의 크기별 접근 범주가 훨씬 엄격하게 적용되기 때문에, 대형 여객기나 대형 화물기는 웬만큼 날씨가 좋지 않으면 착륙이 허용되지 않는다. 위험하기 때문에 회항이 불가피 하다. 따라서 공항의 기능이 대단히 제한적일 수밖에 없다.

이 문제를 어떻게 풀 것인가? 이것은 1976년 김해국제공항 개항 이래 최대 참사인 중국국제항공 129편 돗대산 충돌 사고가 남긴, 여전히 풀기 쉽지 않은 숙제였다.

2. 태생적 군사공항, 민간공항으로 부적합

김해국제공항의 주소지는 부산광역시 강서구 공항진입로 108이다. 1978년 행정구역 개편 이전까지는 경남 김해군 대저읍이었다. 1969~1973년 사이 이곳에 공군기지가 건설되었고 이때 길이 2,743m 폭 45m 활주로가 만들어졌으며, 1976년 부산 수영비행장에 있던 부산국제공항이 이곳으로 옮겨와 김해국제공항으로 명칭을 변경하여 개항하기 이전까지 군용 비행장으로 사용되고 있었다.

공군기지에 민간공항이 '셋방살이'

김해공항에는 지금도 공군 제5공중기동비행단이 주둔하며 수송기와 조기경보기, 공중급유기 등 20여 대를 운영하고 있고 2018년에는 공군 기동정찰 사령부가 추가로 이전해 왔다. 제5공중기동비행단은 대표적인 '양륙揚陸 공항'으로 전시에 증원되는 대규모 부대의 병력과 장비, 군수물자가 이동하는 허브 기지다. 또 유사시에는 미국 본토와 일본의 7개 유엔사 후방기지에서 함정으로 이동한 전력이 부산항에 내리면, 가까운 거리에 있는 김해기지까지 육로로 이동해 수송기 편으로 전방에 투입된다. 반대로 육상의 병력과 장비가 항공편으로 빠져나갈 때도 김해기지를 거친다.[13] 그 간 몇 차례 김해공항 공군기지 이전 논란이 있었지만, 이 같은 군사적 중요성 때문에 현실화되지 못했고 앞으로도 이전 가능성은 극히 낮다.

김해공항은 현재 군과 민간이 함께 사용하고 있지만 정확하게는 공군이 소유한 군사공항에 민간공항이 '셋방살이'를 하는 셈이다. 항공기의

---

13) 「한국일보」 2016.6.22., "김해공군기지는 이전? 군 "미군 증원 요충지"".

눈과 귀로 불리는 관제권도 공군이 갖고 있다.

　개항 당시에는 길이 2,743m 폭 45m의 활주로 한 개였으나 2000년에 길이 3,200m 폭 60m의 제2 활주로가 준공되어 현재는 큰 활주로는 민간 항공기가, 작은 활주로는 공군이 각각 사용하고 있다. 김해공항의 국제선 여객은 코로나19 팬데믹 직전인 2019년 기준 951만 명으로 인천공항7,058만 명에 이어 우리나라 2위를 기록했다. 반면 김포공항의 국제선 승객은 427만 명으로 김해공항의 절반에 못 미쳤다. 국제선 노선도 김해공항15개국, 40개 노선, 600회/주이 김포공항3개국, 5개 노선, 196회/주보다 3~8배가 많다. 그러나 김포공항의 긴 활주로가 3,600m, 짧은 활주로가 3,200m인 데 비하면 김해공항 활주로는 훨씬 짧다. 더구나 김해공항의 두 개 활주로 간격이 210m로 국제기준에 비해 너무 가까워 두 활주로를 동시에 사용하기도 어렵다.

'북새통', 비행 금지 시간과 부족한 '슬롯'

　김해공항은 불과 수십 미터 거리에 아파트 단지를 비롯한 주거지역이 있어서 상당수 주민이 항공기 소음으로 인한 불편을 겪고 있는데 그 규모가 2023년 1월부터 변경된 고시 기준으로 49.20㎢, 가옥 수 4만 9,164호, 4만 5,102세대, 9만 6,658명에 달한다.[14]

　이에 따라 김해공항은 야간 시간대 운항을 제한하는 커퓨타임Curfew Time의 적용을 받기 때문에 하루 24시간 중 비행기가 운항할 수 있는 시간

---

14)　행정구역상으로는 김해시가 13.87㎢, 4만 5,209호, 4만 1,088세대, 9만 131명으로 면적은 작지만 피해 가옥·세대·인구의 대부분을 차지하고 있다. 부산시는 35.33㎢, 3,955호, 4,014세대, 6,527명이다. 국토교통부는 2023년 1월1일부터 항공기 소음측정 단위를 웨클(WECPNL)에서 엘디이엔(Lden)으로 변경하고 새로운 소음 단위를 적용한 소음 대책 및 소음인근지역을 발표하고 있다.

은 17시간^{06:00~23:00}이다. 그나마도 군사공항이기 때문에 이 시간을 군용기와 민간 항공기가 나눠 쓰고 있다. 그뿐 아니라 17시간 내내 쉬지 않고 비행기가 뜨고 내릴 수도 없다. 왜냐하면 김해공항을 비롯해 인천·김포·제주·대구·청주공항은 특정 시간당 항공기의 이·착륙 횟수를 제한하는 '슬롯Slot'이 지정되어 있기 때문이다.

국토교통부^{이하 필요에 따라 국토부로 줄임} 산하 운항시각정책위원회에서는 국제항공운송협회IATA 기준에 근거하여 해당 공항이 갖춘 활주로나 계류장 등 각종 설비, 세관 검사·출입국 검사·검역·수하물 처리 시설 등 여객 처리 시설, 관제 등 수용 능력을 고려해 시간당 뜨고 내릴 수 있는 비행기의 총 대수를 정하는데 이를 '슬롯Slot'이라 한다.[15] 쉽게 말하면 한 시간 안에 비행기가 뜨고 내릴 수 있는 최대 횟수로서 그 공항의 수용 용량이라 할 수 있는데, 슬롯이 많다는 것은 그만큼 공항의 수용 능력이 크다는 얘기다.

김해국제공항의 시간당 총 슬롯은 2022년 기준 26회이다. 인천공항 70회, 김포공항 41회, 제주공항 35회에 비하면 매우 부족한 형편인데, 이마저도 공군과 나눠 사용해야 한다. 주말이나 공휴일에는 공군이 훈련 등 군용기 운항을 하지 않기 때문에 26회 전체를 민간 항공기가 사용한다. 그런데 주중 평일^{월~금}에는 공군이 시간당 평균 8회를 훈련 등 군용기 운항에 사용하기 때문에 민간 항공기는 18회만 사용할 수 있다.[16] 또 관제권을 공군이 갖고 있어서 항공사들이 필요로 하는 시간대로 조정하기가 힘들어 외국 항공사들이 취항을 기피하는 경우가 많다.

---

15) 국토교통부령 제830호, "운항시각 조정·배분 등에 관한 규칙"
16) 총 슬롯 26회는 2018년에 결정된 것으로 최근 10년 동안(2012~2022) 동안 김해공항 시간당 슬롯은 두 차례 늘어났다. 즉 2015년에는 주중 평일 16회 → 17회, 주말 22회 → 23회로, 2018년에는 주중 평일 17회 → 18회, 주말 23회 → 26회로 증대하였다.

부족한 슬롯을 공군과 민간이 나눠 써야 하는 김해공항은 아래 보도 기사에 나타나듯이 말 그대로 '북새통'이다.

김해공항 인근 서낙동강에 나왔습니다. 김해공항은 군사공항입니다. 여기서 군용기는 실제로 얼마나 자주 이륙하는지, 민간 항공기는 얼마나 자주 뜨는지 시간당 이륙 횟수를 직접 확인해 보겠습니다.

오전 10시가 지난 시각, 베트남행 항공기에 이어 말레이시아행 항공기와 중국행 항공기, 그리고 국내선 두 편이 3분 간격으로 잇따라 활주로를 이륙합니다.

뒤를 이어 군용기가 뜨는데, 이륙 거리가 짧고 고도도 낮습니다. 잠시 뒤 국내선과 국제선 항공기가 뜨고 나면, 곧바로 또 군용기가 이륙합니다. 다음 비행기도, 그다음 비행기도 모두 군용기입니다.

군용기가 활주로를 이용하는 동안, 민항기는 대기해야 합니다. 이런 식으로 번갈아 가며, 한 시간 동안 민항기 15편, 군용기 6편이 이륙했습니다.

김해공항에는 활주로가 두 개 있지만, 활주로 사이 간격이 좁아, 두 개를 동시에 사용할 수 없습니다.

야간 이·착륙이 금지된 김해공항은, 하루 운항 시간 17시간을 군용기와 민항기가 나눠 쓰고 있습니다. 때문에 피크시간 때 활주로엔 이륙하려는 비행기들로 북새통입니다.[17]

---

17) 『부산MBC』 2020.1.20., "김해공항 혼잡도 최대 200배".

계기이·착륙 곤란, 북쪽 산악지대 작전상 존치

군사공항이라는 김해공항의 태생적 특성이 잘 드러나는 것은 공항 북쪽의 산악지대라 할 수 있다. 남북 방향으로 나란히 뻗은 김해공항 활주로의 남쪽은 바다를 향해 있고 북쪽으로는 활주로로부터 5.2㎞ 거리에 돗대산381m, 8.4㎞ 거리에 신어산631m을 비롯하여 산악지대가 아주 가까운 거리에 켜켜이 자리 잡고 있다.[18] 일반적인 경우라면 비행기가 착륙하기 위해 활주로에서 15km 떨어진 곳에서 360m 높이에서부터 3도 각도로 서서히 활강하기 시작하는데, 이 진입표면에 저촉되는 높은 산이나 고층 빌딩은 항공기의 이·착륙을 방해하는 주요 고정 장애물이기 때문에 공항이 들어서기에 적합하지 않다. 그러나 김해공항은 애초에 북한과의 교전 상황을 상정하여 군사적 목적으로 건설되었기 때문에 오히려 이 같은 지형 조건이 공군기지를 방어하기 좋은 환경이라 판단하여 북쪽의 산들을 제거하지 않고 작전상 엄폐물로 존치하고 활주로를 남북 방향으로 만들었던 것이다.

국제민간항공기구ICAO는 1955년 항공기가 공항에서 안전하게 접근하고 출발하기 위해 안전 운항을 저해하는 주변 장애물의 높이 제한을 설정하였고, 우리나라도 이를 반영하여 군공항은 군사기지 및 시설보호법에, 민간공항은 공항시설법에 그 기준을 정하고 있다. 김해공항은 군공항이면서도 민간항공도 동시에 사용하는 군민 공항 성격을 띠고 있지만 안전 운항을 저해하는 장애물을 그대로 유지함으로써 언제 사고가 날지 모

---

18) 항공법의 기준으로 한 김해공항 주변의 제한표면(고도 제한) [진입표면] 장애물은 돗대산, 신어산 이외에도 주동리(거리 6.4㎞ / 해발고 371m), 절터골(9.1㎞ / 430m), 금동산(15km / 400m)이 있다. 또 [원추표면] 장애물은 사구(5.1㎞ / 120m), 미마리(5.4㎞ / 160m), 덕포동(5.6㎞ / 260m) 등 3곳이다. 8곳은 모두 활주로 북쪽이며, 남쪽은 평야지대로 장애물이 없다. 출처 : 건설교통부, 「제3차 공항개발 중장기 종합계획 수립조사 최종보고서」 제2권, 2005, 642쪽.

르는 살얼음판을 걸어왔다고 할 수 있다.

북쪽 산악지대가 문제인 것은 바람이 어느 쪽으로 부느냐에 따라 비행기의 이·착륙 방향이 수시로 바뀌기 때문이다. 비행기는 정면에서 불어오는 바람을 맞으며 이륙하고 착륙하는 것이 정석이다. 그래야 이륙할 때 양력揚力을 얻기 좋고 공기가 많이 흡입돼 엔진의 추진력을 높일 수 있고, 착륙할 때 앞바람이 항공기의 속도를 떨어뜨려 제동거리를 줄일 수 있다. 계절에 따라 밤낮에 따라 바람의 방향이 수시로 바뀔 수 있기 때문에 그에 맞춰 바람을 안고 뜨고 내릴 수 있는 쪽으로 이·착륙 방향도 바뀔 수밖에 없다.

남풍 시 위험한 '특수공항', 외국 항공사 운항 기피

평상시 김해공항에는 북쪽에서 바다 쪽으로 북풍이 불기 때문에 착륙하려는 비행기는 남쪽 다대포 앞바다에서 낙동강 쪽으로 드넓은 김해평야를 바라보며 북풍을 안고 장애물 없이 활주로를 향해 여유 있게 접근하여 착륙한다. 이 경우 조종사는 다른 공항과 마찬가지로 지상에 설치된 ILS계기착륙장치에서 제공하는 정보가 나타나는 계기를 보면서 그에 따라 착륙하기 때문에계기비행,[19] 설사 악천후 등으로 시계 제로 상황이라 하더라도 안전하게 착륙할 수 있다. 이것을 계기접근 착륙이라 한다.

그러나 계절풍으로 남풍이 불 때는 전혀 상황이 달라진다.[20] 착륙하

---

19) 계기착륙장치(計器着陸裝置, Instrument Landing System)는 공항 부근의 지상 시설로부터 지향성 유도전파를 발사해 비행기가 자동으로 고도 및 위치를 잡을 수 있도록 도와줌으로써 시야가 나쁠 때에서도 안전하게 활주로까지 유도하는 시스템이다. 1947년 국제민간항공기구(ICAO)에서 국제 표준 시설로 채택했다.

20) 김해공항에는 3, 4월 환절기부터 태풍이 마지막으로 지나가는 8월 사이에 남풍이 자주 부는 데, 2016년 김해신공항 사전타당성조사 용역을 맡았던 프랑스의 ADPi가 이용했던 김해공항 기상 관측의 풍향 데이터에 따르면 김해공항은 연중 83%의 기간에는 북풍이, 17%의 기간에는 남풍이 분다(국토교통부, 한국교통연구원, 『영남권

려는 비행기는 저공으로 진해 쪽에서 김해 시내 쪽으로 접근하다가 돗대산 이전 지점에서 급격하게 시계방향으로 180도 빙 돌아서 활주로 북쪽에서 남쪽 방향으로 착륙해야 한다. 이것을 선회 접근旋回接近, Circling Approach이라 한다. 다른 공항 같으면 남풍이 강하게 불 때 처음부터 북쪽에서 접근하면 되는데, 김해공항의 경우 활주로 북쪽에 산들이 켜켜이 있어서 바로 진입할 수 없기 때문에 남쪽에서 선회 접근을 할 수밖에 없다. 더구나 활주로와 산악지대의 거리가 너무 가까워서 선회 접근 과정에서도 급선회할 수밖에 없다.

또 활주로 북쪽이 산악지대로 둘러싸여 있어 ILS의 설치 운용이 불가능하기 때문에 조종사가 눈으로 지형을 보고 조종하는 시계비행視界飛行, Contact Flight 방식으로 활주로에 착륙해야 한다. 따라서 남측진입 활주로로 착륙하는 것에 비해 난이도가 높고 안전성이 크게 떨어질 수밖에 없다. 특히 야간이나 기상 상태가 좋지 않을 때 주변 지형에 어두운 조종사가 북측진입 활주로로 착륙하는 것은 매우 위험하다.

이 때문에 김해공항은 항공기 이·착륙 등 운항에 특별한 주의가 필요한 특수공항Designated Special Aerodromes으로 지정되었다. 2022년 현재까지 전 세계 2만여 개 공항 중 0.1%인 24개가 특수공항으로 지정되어 있는데,[21] 해당 공항에 취항하려는 항공사는 공항에 대한 사전 연구를 거쳐 경력이 많은 조종사만을 투입해야 한다. 김해공항은 북쪽과 동쪽의 산악지형 때문에 특수공항으로 지정되었는데, 조종사들도 운항하기에 가장 꺼려지는 위험한 공항으로 꼽고 있다. 현직 조종사에 따르면 북쪽 산악지대

신공항 사전타당성 검토 연구 최종보고서』, 2016, 529쪽).

21) 국토교통부, 『고정익항공기를 위한 운항기술기준(국토교통부고시 제2022-572) 별표』, 2022,128쪽.

중 가장 위협적인 산은 돗대산으로, 활주로 북쪽 끝에서 비행기로 약 2분 만에 도달할 수 있을 정도로 가깝다.[22)]

---

22) 신지수, "인천공항처럼 멋진 신공항 동남권에도 있었으면!", 『다이나믹부산』 제201909호, 2019.9.1., 30쪽. 후술하는 2002년 4월 15일 중국 민항기 사고는 바로 남풍이 부는 날 악천후 속에 비행기가 김해공항 북측 활주로를 향해 선회 접근하던 중 돗대산과 충돌하여 발생하였다.

3. 지역거점공항, 과포화 상태로 운영

과포화 1, 시설 규모 태부족

김해공항 전체 부지 651만 9천㎡197만 평 중 43.3%를 공군이 소유하고 나머지 약 370만㎡를 한국공항공사가 사용하고 있다. 김해공항 민간 항공기 사용 면적은 제주공항350만㎡보다는 약간 넓지만 김포공항844㎡의 절반, 인천공항5,667㎡의 15분의 1 수준이다.[23] 활주로 2개로 가능한 항공기 운항 횟수는 연간 11만 8천 회로 군용기를 포함하면 15만 2천 회 수준인데, 인천50만 회·김포25만 회·제주18만 9천 회 공항에 비해 상당히 떨어진다. 코로나19 팬데믹 직전인 2019년 기준 김해공항의 연간 실제 항공기 운항 횟수는 11만 1,276회로 처리 능력의 94.3%를 기록하여 92.8%17만 5,366회를 기록한 제주공항과 함께 사실상 포화 상태에 이르렀다. 반면 인천공항은 80.8%40만 4,104회, 김포공항은 56.1%1만 4,022회를 기록했다.

계류장apron, 繫留場, 駐機場 면적은 약 40만㎡로 동시에 세워둘 수 있는 항공기소형 제외는 40대 수준이다. 제주공항45만㎡, 40대과는 비슷한 수준이고, 김포공항122만㎡, 85대과 인천공항541만㎡, 208대에 비해서는 크게 부족하다. 주차장 면적은 19만㎡, 동시에 주차할 수 있는 자동차 대수는 6,759대이다. 제주공항14만㎡, 3,175대보다는 주차 용량이 크고, 김포공항35만㎡, 1만 1천 대과 인천공항141만㎡, 3만 3천 대에 비해서는 적다.

---

23) 국토교통부 통계누리 참조. 2021년 기준이며 이하 특별한 언급이 없는 경우 국토교통부 통계누리에 근거하였다.

과포화 2, 처리 능력의 1.5배로 운영

김해공항의 여객 터미널 넓이는 10만 9,974㎡로 1,899만 명을 수용할 수 있는데 국내선은 3만 7,935㎡에 1,269만 명, 국제선은 7만 2,039㎡에 630만 명을 수용할 수 있다. 터미널 규모와 처리 능력이 인천공항106만 2,906㎡, 7,700만 명, 김포공항16만 7,628㎡, 4,020만 명, 제주공항12만 5,867㎡, 3,175만 명에 비해 부족하다. 2019년 김해공항의 연간 여객 수는 1,693만 명으로 터미널의 처리 능력 대비 89.2%를 기록했다.

특히 코로나19 팬데믹 직전 국제선 이용 여객은 2018년 988만 명, 2019년 959만 명이고 국제선 이용을 위한 김해~인천공항 간 환승 전용 내항기 이용객이 2018년 46만 명, 2019년 50만 명이었던 점을 고려하면 이미 처리 능력의 1.5배가 넘어 과포화 상태이다. 이에 따라 2021년 8월부터 국제선 여객 터미널을 현재보다 1만 7,768㎡ 늘리는 시설확충사업이 시작되어 2024년 3월 완공 예정이다. 이 사업이 마무리되면 연간 수용능력이 200만 명 증가하여 총 830만 명을 수용할 수 있게 된다. 하지만 이미 1천만 명을 넘은 국제선 여객 수를 감당하기엔 역부족이다.

화물 터미널 넓이는 2만 8,063㎡로 35만 2천 톤을 처리할 수 있다. 국내선은 9,685㎡에 19만 4천 톤, 국제선은 1만 8,378㎡에 15만 8천 톤을 처리할 수 있다. 제주공항1만 7,830㎡, 33만 5천 톤과 비교하여 면적은 1.6배지만 처리 능력은 비슷하다. 반면 인천공항34만 8,228㎡, 478만 톤의 면적과 처리 능력은 김해공항의 12.4배와 13.6배, 김포공항11만 9,551㎡, 121만 5천 톤은 4.3배와 3.5배 규모이다. 2019년 기준 김해공항의 화물 처리 실적은 17만 1,953㎡로 처리 능력의 48.9% 수준이며, 국내선은 28.6%5만 5,452톤인데 비해 국제선은 73.7%11만 6,501톤, 수화물 포함로 포화 상태에 가깝다.

과포화 3, 운항 실적 급증

2000년대 초반 김해공항 항공기 운항 횟수는 연간 6만 회가 넘었으나 2004년 KTX 경부선 개통 이후 2006년까지 5만 회 초반대로 줄었다. 2008년 저비용항공사LCC 취항 이후 다시 6만 회 수준으로 회복되었고 이후 국제선 운항 노선의 증가에 힘입어 2012년에는 7만 회, 2015년엔 8만 회, 2016년엔 9만 회, 2017년부터는 10만 회를 넘어서 2019년 11만 1,276회로 사상 최대 기록을 수립했다.

국내선은 2000년대 초반까지 공항이 들어선 도시 대부분을 오가며 연간 5만 회 안팎을 운항하였다. 그러나 2004년 KTX 개통 이후에는 제주, 김포, 인천, 양양공항 외의 노선은 중단되었고 2009년부터는 양양공항도 중단되었다. 운항 횟수도 2004년부터 3만 회대로 급감한 뒤 2013년부터 4만 회대를 회복하였다. 반면 국제선 운항 횟수는 2002년 처음으로 연간 1만 회를 넘어선 뒤 2007년 2만 회, 2012년 3만 회, 2015년 4만 회, 2016년 5만 회, 2018년 6만 회를 넘어섰고 2019년 6만 4,161회로 최대 기록을 수립했다.

2000년 초반 900만 명을 넘어섰던 김해공항 이용객은 경부선 KTX가 개통된 2004년부터 700만 명대로 감소하였다. 2008년 부산을 기반으로 하는 에어부산이 설립되는 등 저비용항공사 진출이 늘면서 2010년 800만 명대로, 2012년 900만 명대로 회복된 데 이어 2014년 처음으로 1천만 명을 넘어섰다. 2018년에는 1,700만 명을 기록하며 사상 최대 실적을 달성했다. 여기에는 꾸준히 증가해 온 국제선 이용객의 기여가 컸다.

1장 | 한계, 김해공항

국제선 이용객은 국내선에 비해 상대적으로 적어 2000년대 초반까지도 100만 명대에 머물렀다가 2005년부터 200만 명을 넘어섰고, 2008년 저비용항공사 진출이 늘면서 2014년에는 521만 명을 기록하며 국내선 517만 명 이용객을 추월하였다. 이후 꾸준히 증가하여 2016년에 800만 명을 넘어섰다. 2018년에는 987만 명으로 개항 42년 만에 1천만 명에 육박하는 역대 최고 실적을 기록했다. 국제선 여객 증가율은 2018년까지 최근 10년간 연평균 12.9%씩 증가했다. 2000년대 초반 700~800만 명이던 김해공항 국내선 이용객은 2004년 경부선 KTX 개통 이후 400만 명대로 떨어졌다. 2010년부터 다소 회복되어 400~600만 명 수준을 넘나들다 2017~2019년에 들어서야 700만 명 수준을 회복했다.[24]

김해공항 화물 수송실적은 2000년대 초반 20~21만 톤 수준이었으나 이후 꾸준히 줄어 2009년에는 절반 수준인 10만 5천 톤까지 감소하였다. 여기에는 2000년 17만 톤이던 국내선 화물이 KTX 개통 등의 영향으로 2009년 6만 톤으로 급감한 영향이 컸다. 국제선 화물은 2000년부터 4~6만 톤 사이를 오르내리다가 2015년 8만 8천 톤으로 2016년 이후에는 12만 톤으로 급증하였다. 이는 2015년부터 김해공항 취항 LCC 항공사가 2개에서 4개로 늘고 화물 수송량도 2014년 1만 5천 톤에서 2015년 3만 2천 톤으로, 2016년에는 다시 6만 3천 톤으로 급증한 것이 주요하게 작용하였다. 이에 따라 화물 총수송실적은 2016년부터 코로나19 팬데믹 직전인 2019년까지 17~18만 톤 수준으로 다소 회복되었다.

---

24) 이상 김해국제공사 여객 실적은 다음 자료에 근거함. 1988~2010년 : 『2010년 국가주요교통통계』 국가교통DB센터, 2011~2017년 : 부산시 보도자료 "김해공항 슬롯증대, 영남권 하늘 길 넓어질 전망", 2018.1.11., 2018~2021년 : 국토교통부 통계누리 "국내 공항시설 현황" 각 연도. 2019년 김해공항 이용객 수는 169만 명(국제선 959만 명, 국내선 734만 명)으로 미세하게 조정되었으나 코로나19 팬데믹의 영향으로 2020년 724만 명(국제선 115만 명, 국내선 608만 명), 2021년 886만 명(국제선 2만 명, 국내선 884만 명)으로 급감했다.

[표 1] 김해국제공항 시설·처리 능력·운항 현황

(2021년 기준)

시 설	소재지	부산 강서구 공항진입로 108
	부지(㎡)	6,518,572(민항 3,697,435 군 2,821,137)
	활주로(m)	3,200×60(민항) 2,743×46(군)
	계류장(㎡)	404,782
	여객 터미널(㎡)	109,974(국내선 37,935 국제선 72,039)
	주차장(㎡)	190,262
	화물 터미널(㎡)	28,063(국내선 9,685 국제선 18,378)
	항행안전시설	36L : ILS(CAT-II) 36R : ILS(CAT-I) 18R/18L : 선회 접근(비정밀)
	커퓨타임	23:00~익일 06:00
	슬롯	민항 : 주중 평일 18회, 주말 26회 군 : 주중 평일 8회
처 리 능 력	운항횟수(년)	152,000(민항 118,000, 군 34,000)
	동시주기(대)	43(일반 40 / 소형 3)
	동시주차(대)	6,759
	여객(만명)	1,899(국내선 1,269, 국제선 630)
	화물(만톤)	35.2(국내선 19.4, 국제선 15.8)
	운항항공기	[2019년] B737, B767, B787, A319, A320, A321, A330, A220 [2021년] B738, A320, A321, A220, A21N
운 항	운항실적(회/년)	[2019년] 111,276(국내선 47,115 국제선 64,161) [2021년] 57,694(국내선 57,492 국제선 202)
	운항노선	[2019년] 국내선 4개 도시 / 국제선 15개국, 40개 도시 [2021년] 국내선 3개 도시 / 국제선 1개국, 1개 도시
	여객(천명/년)	[2019년] 16,931(국내선 7,340 국제선 9,591) [2021년] 8,859(국내선 8,839 국제선 20)
	화물(톤/년)	[2019년] 171,953(국내선 55,452 국제선 116,501) [2021년] 36,010(국내선 35,784 국제선 226)

자료 : 국토교통부 통계누리, 한국공항공사

4. LCC 중심, 단거리 국제공항

허울뿐인 국제공항, 장거리 노선 전무

김해국제공항의 국제선은 가파르게 성장해 왔다. 국제공항협의회 ACI는 연간 이용객 수를 기준으로 1,500만 명이 넘으면 중규모 공항으로, 2,500만 명이 넘으면 중대형 공항으로 분류한다. 김해공항 이용객 수는 2014년 처음으로 1천만 명을 넘어선 데 이어 코로나19 팬데믹 직전 3년 동안2017-2019년 매년 1,600~1,700만 명대를 기록함으로써 중규모 공항으로 발돋움했다. 김해공항발 국제선의 취항 국가와 도시도 2004년 8개국 17개 도시에서 2009년 10개국 25개 도시, 2014년 12개국 32개 도시, 2019년 15개국 40개 도시로 증가하였다.

그런데 내실은 명실상부한 국제공항의 위상을 갖추기에는 한계가 뚜렷하다. 우선 김해발 국제선 노선이 꾸준히 증가했지만, 미주나 유럽을 오고 가는 장거리 노선은 없다. 일반적으로 장거리 노선은 비행 거리 기준 5,000㎞ 이상, 비행시간 기준으로는 7시간 이상 노선을 말한다. 2017년 9월 기준 김해공항 국제선은 12개국 41개 도시를 주 1,158회 왕복 운항하였는데 이 가운데 2,500㎞ 미만 단거리 노선은 일본, 중국, 홍콩 등 28개로 주 884회76.3% 운항하였고, 2,500~3,000㎞ 중거리는 하노이, 사이판, 괌, 방콕 등 13개 노선이 주 274회23.7% 운항하였다.[25] 반면 미주, 유럽, 남아시아 등 장거리 국제선 취항은 현재 전무한 실정이다. 목적지도 단출하기 짝이 없다. 괌과 사이판, 블라디보스토크 노선을 제외한 모든 노선이

---

25) 독일 뮌헨을 오가던 유럽노선은 2014년이 마지막 운항이었고, 미주노선도 2015년에 캘리포니아주 오클랜드 노선을 끝으로 더 이상 운항하지 않았다. 핀란드 국적항공사 핀에어는 2020년 김해공항에서 헬싱키를 오가는 유럽노선 신규취항을 계획했지만, 코로나19로 연기했고 2022년 7월에는 러시아-우크라이나 전쟁으로 다시 무기한 연기했다.

일본, 중국, 동남아에 몰려 있다. 대형화물기 장거리 국제노선도 없다.

위험한 국제공항, 대형·외국 항공사 기피

장거리 국제노선이 운항되려면 활주로 길이나 폭이 대형항공기의 이·착륙을 수용할 수 있어야 하고, 커퓨타임 없이 자유로워 24시간 이용할 수 있어야 하며, 무엇보다도 안전해야 한다. 그러나 활주로가 대형항공기 특히 대형화물기가 운항하기엔 짧고, 커퓨타임 때문에 심야 이·착륙이 빈번한 국제선 운항이 어렵고, 북쪽 산악지대 때문에 안전성이 떨어져 대형 여객기와 대형화물기일수록 운항을 기피한다.

이에 따라 대한항공이나 아시아나항공은 물론이고 외국 항공사들도 김해공항 장거리 국제노선 운항을 꺼리고 있다. 그 결과 김해공항은 단거리 노선을 위주로 하는 LCC의 각축장이 되고 있다. 더구나 공항의 국제선 시설 수용 능력을 이미 초과한 가운데 LCC만 늘어나면서 출발과 도착 지연 사례가 급증, 김해공항은 불편한 공항이란 인식이 팽배해져 공항의 경쟁력을 떨어뜨리고 있다.

국제선의 경우 LCC 국적항공사는 2019년 한 해 동안 3만 7,001회를 운항하고 571만 2,887명을 수송하며 전체 운항 횟수의 58%, 여객 수송의 60%를 차지하였다. 이어 외국 항공사가 운항 횟수 23%, 여객 수 25%를, 국적 대형 항공사는 운항 횟수 19%, 여객 수 16%를 각각 기록했다. LCC 진출 초기인 2010년과 비교하면 LCC의 운항 횟수는 29배, 여객 수는 35배로 급증하였다. 국내선 여객 수송2019년에서도 LCC는 운항 편수의 61%, 여객 수의 66%를 차지하여 대형 항공사의 두 배 가까운 실적을 기록하였다.

장거리 국제노선이 없다 보니 미주나 유럽노선을 이용하기 위해서는 인천공항이나 나리타, 홍콩, 싱가포르 등 외국 공항을 경유해야 한다. 영남권 이용객의 40% 이상이 인천공항을 경유하고 있으며, 김해공항 이용객 중 외국 공항을 경유해 중·장거리 노선을 이용하는 비율도 일본 나리타공항 13.2%, 홍콩 창이공항 14.7%, 말레이시아 쿠알라룸푸르공항 17.4%에 달한다.[26]

부산연구원이 2000년부터 매년 실시해 온 항공수요조사 결과에 따르면 영남지역에서 불가피하게 인천공항을 이용하는 승객은 2018년 기준 약 560만 명에 달한다. 이로 인해 부담하는 추가 비용은 연간 약 7,200억 원에 달한다. 지역 주민은 이러한 막대한 비용을 지불하면서도 자동차나 기차로 왕복 약 10시간이 걸리는 인천공항을 이용하고 있지만, 관광이나 비즈니스 목적의 외국인이 인천공항을 이용해서 지역에 와주길 바라는 것은 무리다.[27]

대형 화물기 운항 불가, 국제항공화물 처리 1.2% 불과

짧은 활주로, 위험하기 짝이 없는 북쪽 산악지대, 24시간 운영이 불가능한 커퓨타임 등 김해공항의 태생적 한계는 부산, 울산, 경남과 대구·경북 등 영남권과 세계를 직접 연결하는 화물 길을 막아버렸다. 처음부터 이랬던 건 아니다. 2000년 초까지 김해공항은 일주일에 평균 100톤, 주로 일본에서 배로 운송해 온 화물을 미국 LA까지 실어 날랐으나 인천공항이 개항한 이후 특히 미주와 유럽으로 오가는 대형 화물기의 정기화물 국제

26) 이은진, "김해신공항, 동남권 관문공항 될 수 없다", 『BDi정책포커스』 제351호, 2019.1.28., 14쪽.
27) 최치국, "동남권 관문공항의 해답 찾기", 『부산발전포럼』 vol. 176, 2019, 22쪽.

항공노선은 사라졌다. 현재는 일본, 중국, 동남아를 오고 가는 중·단거리 여객기 화물칸을 이용한 화물 수송이 그 명맥을 유지하고 있을 뿐이다.

김해공항을 통한 장거리 국제화물 수송이 어려워지자 수출입 화물은 400㎞ 거리에 있는 인천공항을 통하는 수밖에 없다. 부산연구원 조사에 따르면 2019년 기준으로 우리나라 수출입 항공화물 중 17.9%가 영남권과 전남, 제주 등 김해공항 영향권에서 발생한다. 그러나 전국 화물 중 김해공항에서 처리하는 화물은 고작 1.2%에 불과하고 영남권과 전남, 제주를 포함한 김해공항 영향권에서 발생한 화물 중에서도 4.2~4.3%만 김해공항에서 처리되었다.[28] 이에 따라 영남권 수출입 기업들은 유류비나 인건비와 같은 추가 비용을 부담해야 할 뿐 아니라,[29] 적기에 제품을 수송하기 어려운 수송 구조 때문에 지속적으로 불이익을 받을 수밖에 없다.

1극체제, 화물도 여객도 인천공항 독차지

인천공항 1극체제는 우리나라의 고질적인 수도권 1극체제의 또 다른 모습이자 중요한 원인의 하나라고 할 수 있는데, 극단적인 인천공항 쏠림 현상은 OECD 주요 국가에 비해서도 지나친 것으로 나타나고 있다. 외국의 경우에도 허브 공항이 제2 도시 공항에 비해 수송 분담 비율이 대체로 높지만, 우리나라와 같은 극단적인 쏠림 현상은 없고 오히려 화물은 제2 도시 공항의 분담 비율이 높은 경우도 존재한다. 인천공항 대비 김해공

---

28) 이은진, 박현정, 『2020 부산권 국제항공화물수요 조사분석』 부산연구원, 2020, 19~21쪽.

29) 2018년 부산시 자료에 따르면 김해공항 국제화물 노선 부족으로 인해 인천공항을 이용할 수밖에 없는 영남권 기업들이 추가로 부담해야 하는 물류비용은 연간 230억 원에 달한다(부산광역시 신공항추진본부, "김해공항 중장거리 노선개발 필요성", 박재호 의원실 토론회 자료집, 『김해공항 중장거리 노선 신설 현황과 과제』 2018, 12쪽).

항의 국제선 화물 및 여객 비중은 0.4%와 13.0%에 불과하다. 이에 비해 독일은 16.2%와 58.0%, 영국은 6.7%와 30.7%, 스페인은 29.1%와 86.1%이다. 심지어 일본은 나리타공항과 간사이공항 대비 처리 비율이 165.3%와 54.6%, 이탈리아는 피우미치노공항 대비 제2 도시 공항 처리 비율이 352.5%와 9.0%로 제2 도시 공항의 화물 분담 비율이 훨씬 높다.[30]

공항은 국제 운송을 담당하는 교통시설로서 인적 교류뿐만 아니라 기업이나 산업의 입지에 영향을 주는 세계화 시대의 중요한 기반 시설이다. 특히 김해공항은 대한민국 제2 도시의 공항이자 컨테이너 물동량 세계 6~7위의 부산항 인근에 자리 잡고 있어 대단히 중요한 위상을 갖고 있다. 그러나 여객과 화물운송을 위한 장거리 국제노선이 운항되지 못하고 부산항과의 시너지 효과를 내지 못한 채 사실상 인천공항 1극체제로 운영됨에 따라 고급 서비스산업과 첨단산업은 지역이 아닌 수도권에 집중될 수밖에 없는 구조적 원인이 되고 있다.

30) 이은진, "김해신공항, 동남권 관문공항 될 수 없다", 『BDi정책포커스』 제351호, 2019.1.28., 14~15쪽.

2장

대안,
동남권 신공항

2장
대안,
동남권 신공항

1. 노무현 대통령, 동남권 신공항 추진 지시

2002년 돗대산 충돌 사고, 안전한 신공항 요구 봇물 터져

2002년 김해 돗대산에 중국 민항기가 충돌한 참사가 발생하기 전에도 1990년대 초반부터 부산시와 부산상공회의소를 중심으로 김해공항의 문제점과 시설 포화에 대비하여 신공항 건설을 추진해야 한다는 움직임이 있어 왔다. 부산시는 〈1992년 부산도시기본계획〉에서 '현재의 김해공항은 빈번한 기상 변화 및 지형 등의 악조건으로 인해 이전이 불가피'하기 때문에 '부산시 강서구 명지동 남쪽 해상을 매립하여 신공항을 건설하는 계획을 장기 대안으로 추진 검토한다'고 밝혔다.[31] 이에 발맞춰 부산상공

---

[31] 부산직할시, 『21세를 향한 부산도시기본계획 1992』 1992, 190쪽. 보도에 따르면 중앙 정부에서도 1980년대 말부터 부산신공항 건설이 검토되었다. 1987년 대통령선거 때 노태우 후보가 부산표심을 겨냥하여 '부산신공항' 건설을 공약했고, 교통부는 1989년 3월 발표한 '고속전철 및 신국제공항 건설계획'에서 4,000m 활주로 2본 건설 안을 제시했다(『시사저널』 2020.10.13., "부·울·경 민심 폭발시킨 동남권 관문 공항의 희망고문史"; 『국제신문』 2021.3.1., "34년 전부터 추진 … 노태우, 4㎞ 활주로 2본 결재"). 하지만 이후 부산신공항 건설사업은 더 이상 진행되지 않았다.

회의소도 신항만과 근접한 낙동강 하구의 수심이 얕은 해상을 후보지로 거론하였다.

2002년 중국국제항공 129편 김해 돗대산 충돌 사고를 계기로 김해 공항의 위험성이 확인되었고 안전한 국제공항이 필요하다는 인식과 움직임은 더 활발해졌고 부산을 넘어 경남과 경북권으로 확산되었다. 2005년 10월에는 부산·울산·창원·대구·경북 등 영남권 5개 광역자치단체가 '동 남권 신공항 건설을 위한 공동 건의문'을 채택하여 청와대, 총리실, 건설 교통부에 보내는 등 공동행동에 나섰다. 2006년 5월에는 영남권 5개 상 공회의소가 '동남권 신국제공항 건설 공동 건의문'을 채택하며 공동보조를 취하기 시작했다.

김해공항 이전을 통한 신공항 추진론이 공통적으로 지적하는 김해 공항의 문제점은 크게 3가지로 요약될 수 있다.

첫째, 위험한 공항이다. 돗대산과 신어산 등 공항 북쪽에 장애물이 8 개소나 되어 남풍이 불 때 선회 접근 착륙의 위험성이 크고, 대형항공기의 운항이 제한된다. 둘째, 24시간 운영이 불가능한 공항이다. 도심에 자리 잡고 있어 항공기 소음 때문에 심야 이·착륙이 안 되어 중·장거리 국제노 선 신설이나 증편에 제약이 크다. 셋째, 군사공항이다. 군 항공기 이·착륙 및 훈련 일정에 맞추어 민간 항공기의 운영 시간이나 운항 횟수슬롯를 제한 하고 관제권도 공군이 갖고 있기 때문에 공항 수용 능력이 제한돼 있고 외 국 항공사들이 취항을 기피한다.[32] 이밖에 활주로 길이가 3,200m에 그친

---

32) 부산상공회의소, 『2021 동남권 관문공항 추진 백서』 2022, 122쪽.

점도 중·장거리용 대형항공기가 취항하기 어려운 요인이다.

신공항의 성격은 안전하면서도 미주와 유럽 장거리 노선이 취항할 수 있도록 24시간 운영할 수 있는 입지 조건을 갖출 수 있는 공항으로, 대체로 동남권 또는 남부권 관문공항으로 표현되었다. 관문의 사전적 의미는 '국경이나 요새 따위를 드나들기 위하여 반드시 거쳐야 하는 길목'이며, 관문공항關門空港, Gateway airport이란 한 국가에 입국하기 위해서는 반드시 통과해야 하는 공항으로 일반적으로는 우리나라를 대표하는 인천국제공항을 가리킨다. 따라서 부산·울산·경남 및 대구·경북의 동남권 또는 남부권을 가기 위해서는 반드시 통과해야 하는 공항이라는 의미로 동남권 또는 남부권 관문공항이라는 표현을 사용하였다.[33]

부산시를 중심으로, 나아가 영남권이 공동보조를 취하며 신공항 추진 움직임은 10여 년간 지속적으로 이어졌고 정치권과 정부에 꾸준히 건의하기도 했지만 중앙 정부는 요지부동이었다. 1994년에 발표된 〈제1차 공항개발 중장기 기본계획1995~2000〉에서는 기존 공항을 확장하여 2010년까지 수요를 처리하는 것으로 정책을 수립했다. 2000년 발표된 〈제2차 공항개발 중장기 기본계획2000~2005〉에서도 신공항 건설계획은 제외하고 김해공항 2단계 확장계획만 제시했다.

---

33) 다만 국토교통부에서 공항 정책 마련을 목적으로 5년 단위로 수립하는 공항개발 중장기 종합계획에서 각 공항의 역할과 기능을 구분하기 위해 등급을 나눈 공항 위계 구분에서는 인천공항을 '중추공항'으로 분류하고 있어 관문공항과 중추공항을 유사한 의미로 사용하기도 한다. 이런 맥락에서 동남권 신공항은 유사시 인천공항을 대체할 수 있는 제2 관문공항 또는 제2 중추공항으로 표현되기도 하였다. 한편 동남권은 부산·울산·경남지역만을 가리킬 때도 있지만 대구·경북을 포함한 영남권을 통칭하는 의미로도 사용되었다. 남부권은 대구·경북을 포함한 영남권을 가리키는 경우도 있고 전남, 제주를 포함한 약 150㎞ 권역을 통칭하기도 했다.

노무현 대통령, 신공항 공식 검토 지시

김해공항을 대체할 신공항 문제를 국가 의제로 격상시킨 것은 노무현 전 대통령이다. 노 전 대통령은 당선 직후인 2003년 1월 부산상공회의소에서 열린 부산·울산·경남지역 상공인 간담회 때 신공항 건설 건의에 "적당한 위치를 찾겠다"고 답변했다. 당시 신문 기사를 보자.

"남부권 신공항 건설부지 물색 나서겠다"
盧·지역 상공인 간담회 현안 요구에 긍정적 답변

노무현 대통령 당선자는 29일 오후 2시 부산상공회의소 국제회의장에서 부산·울산·경남지역 상공인 100여 명이 참석한 가운데 가진 '부산·울산·경남지역 상공인 간담회'에서 신공항, 신항만, 주가지수선물 등 지역 주요현안 건의에 대해 대체로 긍정적인 답변을 내놓았다.

노 당선자는 "부산·경남·울산과 일부 경북·호남 등 남부권의 항공수요 증가에 대처하고 대륙횡단철도 기종점으로서의 역할을 담당하기 위해 가덕도 일부 부지와 가덕도 앞바다 매립지에 신공항을 건설해 달라"는 건의에 대해 "지금부터 부지 물색에 나서겠다"고 밝혀 신공항 추진이 가시화할 전망이다.

노 당선자는 "해양부 장관 시절 부산시와 함께 '바다에 뜨는 공항' 건설을 추진해 현재까지 연구가 진행되고 있으나 기술적으로 어려우면 바다를 매립하는 방법, 내륙에 대체 부지를 찾는 방법 등을 강구하겠다"고 말해 가덕도 및 앞바다 매립지가 유력 후보지로 떠오를 것임을 시사했다.

노 당선자는 그러나 부지와 관련, "문제는 위치 선정인데 고속전철이 생기면 이로 인한 승객수요 변동 등을 감안해야 할 것"이라며 신중한 입장을 보였다. [34]

---

34) 「부산일보」 2003.1.30., "'남부권 신공항 건설 부지 물색 나서겠다' - 盧·지역 상공인 간담회 현안 요구에 긍정적 답변".

노 대통령은 2006년에는 한발 더 나아가 신공항 추진에 대한 정부 차원의 검토를 공식화했다. 노 대통령은 2006년 12월 27일 낮 부산에서 부산지역 기업인, 시민단체 등 300여 명이 참석한 가운데 부산 북항 재개발 종합계획 보고회를 열었다. 이 자리에서 신정택 부산상공회의소 회장이 부산을 비롯한 울산·창원·대구·경북 등 남부권 5개 상공회의소 명의로 남부권 신국제공항 건설을 공식 건의한 데 대해 노 대통령은 "지금까지 이 문제를 비공식적으로 여러 가능성을 검토해 왔지만, 이렇다 할 결론을 못 냈다"며 "이제 책임 있는 정부 부처가 공식 검토를 하도록 하겠다"고 밝히고, "이 자리에 와 있는 이용섭 건설교통부 장관에게 하명하겠고, 지금부터 공식 검토해서 가급적 신속하게 어느 방향이든 해보도록 하자"고 말했다. 신공항 건설이 현직 대통령의 입을 통해 처음으로 '국가사업'이 되는 순간이었다.

노 대통령의 검토 지시로 2007년 11월에 나온 건설교통부의 1단계 용역 결과에서는 '남부권 신공항 항공수요 및 영남권 기존 공항시설 포화 시기 등을 감안한 결과 신공항 건설 시기 등에 대한 적극적인 검토가 필요하다'고 판단하였다. 반면 기존의 정부 입장이었던 김해공항 확장안에 대해 '공항의 운영 효율을 높이기 위한 공항 확장 시 소요되는 공사비용^{장애물 제거비} 등이 과다한 것에 비하여 기존 공항의 용량 확대 및 운영 효율성의 효과는 그리 크지 않은 것'으로 진단하였다. 아울러 입지 및 타당성 등을 구체적으로 검토하기 위한 2단계 용역을 실시하기로 하였다.[35] 중앙 정부 차원에서 기존 김해공항 확장안을 부정하고 신공항 건설론에 힘을 싣는 첫 용역 결과가 나온 것이다.

35) 건설교통부, 『제2관문공항(남부권 신공항) 건설여건 검토 연구』 2007.11; 건설교통부 보도자료, 2007.11.15., "남부권신공항 내년도에 입지 및 타당성 용역 실시".

2. 이명박 대통령, 동남권 신공항 백지화

2007년 12월 제17대 대통령선거에서 당선된 이명박 대통령은 후보 시절 '동남권에 새로운 공항을 만들어 대구, 경북, 부산, 울산, 경남의 인구 및 물류 이동에 새로운 전기를 만들겠다'며 동남권 신공항 건설을 대선 공약으로 발표하고 대선 공약집에도 실었다.[36] 이명박 정부 출범 직후인 2008년 3월 국토해양부국토연구원가 2007년 11월의 1단계 용역을 바탕으로 신공항 건설의 타당성 및 입지 조사 연구를 위한 2단계 용역에 착수했다.[37] 같은 해 9월에는 이 대통령 주재로 제2차 국가균형발전위원회를 열어 광역경제권별 30대 선도 프로젝트를 선정하고 여기에서 동남권 또는 대구·경북권에 동북아 제2공항 건설을 포함시켰다.

2009년 용역 결과, 신공항 필요하나 입지 선정 유보

2009년 12월 국토해양부의 2단계 용역이 마무리되었다.[38] 이 용역은 신공항 건설의 필요성을 인정한 1단계 용역2007년 11월 결과와 신공항 건설을 추진하던 초기 이명박 정부 정책의 연장선에서 동남권 신공항 건설 후보지에 대한 검토를 거친 뒤 압축된 후보지에 대한 타당성을 조사 분석하였다.[39]

---

36) 『경북매일』 2007.7.6., "대구 첨단 국가산단 조성 - 동남권 신공항·K-2 이전 국가사업 추진"; 『제17대 대통령선거 한나라당 권역별 정책공약집』 2007, <대구·경북>편 16~17쪽 및 <부산·울산·경남>편 16~17쪽.

37) 기획재정부 보도자료, 2008.9.10., "광역경제권 발전을 위한 선도프로젝트 추진방안 확정".

38) 2008년 2월29일 정부 조직 개편에 따라 건설교통부는 폐지된 해양수산부의 해양 관련 업무, 행정자치부의 지적(地籍) 업무를 통합하여 국토해양부로 개편되었다.

39) 자세한 내용은 국토해양부, 『동남권 신공항 개발의 타당성 및 입지조사 연구 - 최종보고서 -』, 2009.12 참조.

먼저 대구·경북 15개, 경남 13개, 부산 6개, 울산 1개 등 총 35개 대상 후보지를 선정하였다. 기존에 거론되던 곳, 각 지자체가 추천한 곳, 접근이 용이한 지역, 독립 2본 활주로를 갖추는 공항 최소면적 확보가 가능한 곳 등을 검토한 결과였다. 1차로 ICAO에서 예비 후보지 평가항목으로 사용하고 있는 9개 기준장애물, 공역, 기상 조건, 접근성, 소음, 개발계획, 확장성, 지형지질, 공공 지원시설을 준용하여 5개 예비후보지를 선정하였다. 다음으로 전문가 및 지자체 의견수렴을 통한 지역 선호도 조사와 후보지별 입지로서의 결함 여부를 조사한 후 경남 밀양과 부산 가덕 두 곳을 정밀후보지로 결정하였다.

타당성조사는 밀양, 가덕 두 후보지에 대한 총사업비와 편익, 경제성, 파급효과 등을 분석하는 방식으로 이루어졌다. 계획 및 설계비, 건설비, 운영 및 유지보수비, 잔존가치, 예비비 등으로 구성된 총사업비는 각각 가덕 9조 8천억 원, 밀양 10조 300억 원으로 분석되었다. 김해공항의 용량 초과로 발생하는 불편함이 해소되고 국제선의 경우 인천공항 등 타 공항을 거치지 않아 발생하는 물류비용 절감 효과 등을 종합한 편익 분석에서는 가덕 3조 2,190억 원, 밀양 3조 3,640억 원의 편익이 발생하는 것으로 집계되었다.

완공 후 30년 동안 신공항 건설사업의 수요와 편익을 측정하고 이에 따른 경제적 수익률을 화폐 가치화하여 계산한 비용에 따른 편익 비율 B/C은 가덕 0.70, 밀양 0.73으로 두 곳 모두 경제적 타당성은 미흡한 것으로 조사되었다. 후보지를 구별하지 않고 개략적인 정성적 분석으로 이루어진 파급효과 분석에서는 동남권 신공항 건설을 통해 국토균형개발 유도, 교통접근성 향상, 수출입 물류비용 절감, 문화관광 활성화 기여, 국제선 공항 이용 시간 단축 등의 효과가 있는 것으로 파악되었다.

결론에 해당하는 '정책건의' 항목에서는 향후 동남권 지역의 항공수요 증가에 따라 기존 공항은 용량의 한계에 도달할 것으로 분석되고 적정 개항 시기가 2027년경으로 판단되는 만큼, 적기에 신공항 개발을 수행하여 경쟁력 있는 공항을 개발하고 장래 국내·외 항공수요 및 항공 동향 변화에 따른 소요 분석으로 단계별 시설투자의 최적 시점의 검토가 필요하다고 지적하였다.

아울러 동남권 입지 선정은 과열 유치경쟁으로 지역갈등이 첨예할 것으로 예상되고 고도의 전문성을 요하는 대규모 국책사업인 만큼 입지 평가위원회를 구성하여 입지 평가 기준의 타당성을 확보할 필요가 있다고 제안하였다.

이처럼 2009년 용역에서는 신공항 건설의 필요성을 재확인한 가운데 대상 후보지를 가덕과 밀양 두 곳으로 압축하여 기초적인 타당성 분석을 한 뒤 결론은 내리지 않고 입지평가위원회를 구성하여 결정할 것을 제안한 것으로 요약된다.

2011년 입지 선정 용역, 불붙은 유치경쟁과 지역갈등 격화

2009년 용역 결과는 겉으로는 동남권 신공항 건설의 필요성을 인정하면서 대상 후보지를 두 곳으로 압축하여 구체화하는 모양새를 띠고 있었다. 이전까지 신공항 건설을 위해 한목소리를 내오던 영남지역 5개 시·도 및 상공회의소와 사회단체 등이 이후부터 가덕을 지지하는 부산지역과 밀양을 지지하는 나머지 대구·경북·경남·울산으로 나뉘어 경쟁하고 갈등하는 국면으로 전환되는 계기가 되었다.

수만 명의 대중 집회, 수백만 명의 서명운동 등을 동원한 양쪽의 치열한 각축은 정부의 최종 결정이 발표된 2011년 3월까지 첨예하게 전개되었는데 이 과정에서 각자가 주장하는 신공항 최종입지별 장단점을 국회입법조사처의 정리에 따라 살펴보면 대략 다음과 같다.[40]

먼저 가덕도의 경우는 해상공항으로 24시간 운영이 가능하고, 지형물의 장애가 적어서 공항 운영에 유리하며, 부산신항만과 연계한 물류·여객수요의 창출이 가능하다는 점이 장점으로 제시되었다. 경남 밀양 하남의 장점으로는 상대적으로 영남권의 중간지에 위치하여 수요를 집결할 수 있다는 점, 모든 지방자치단체로부터 접근이 용이하다는 점이 부각되었다.

반대로 각 후보지의 단점들도 제시되었다. 가덕도의 경우, 현 김해국제공항과 공역이 중첩하는 점, 산을 절토하는 비용보다 바다를 매립하는 비용이 더 비싸다는 점, 그리고 영남권 하부에 위치함으로 인해 대구·경북권의 수요를 포함할 수 없다는 단점이 지적되었다. 밀양의 단점으로는 최대 항공수요를 창출할 만한 배후도시가 없고, 소음에 영향을 받는 인구가 많아 대규모 민원이 예상되며, 산악지형으로 인해 많은 절토 비용이 소요된다는 점이 지적되었다.

대선 공약 파기, 신공항 백지화

국토해양부는 2010년 7월18일 항공·교통·지역개발·환경 등 관련 전문가 20명의 전문가들로 위원회를 구성하였다. 이후 8개월 동안 분과별 회의 12회, 전체회의 9회 등 총 21차례 회의를 열어 국토연구원에서

---

40) 김송주, "동남권 신공항 건설의 추진현황과 쟁점", 국회입법조사처, 『이슈와 논점』 제196호, 2011.2.9.

실시한 타당성 및 입지 조사 연구 용역 결과를 검토하였다. 또한 공항 운영, 경제, 사회·환경의 3개 분야별 평가항목, 가중치, 평가방법 등을 마련하고, 81명의 평가단 풀Pool을 선정하였다.

하지만 최종 후보지 발표가 임박하면서, 후보지 지자체 간의 갈등은 당시 집권당이었던 한나라당 내 해당 지역 정치인 간 이전투구 양상으로 변질되어 여당 내부에서 '원점 재검토' 의견까지 나왔다. 여기에 결과 발표 며칠 전부터 여권에서 신공항 추진을 사실상 백지화시켰다는 설이 나오면서 정부가 대선 공약 파기 수순을 밟아온 것이라는 진단이 급속히 퍼졌다.

2011년 3월30일 입지평가위원회는 "가덕 밀양 두 후보지 모두 불리한 지형 조건으로 인해 환경훼손과 사업비가 과다하고 경제성이 미흡해 공항 입지로 부적합하다"며 동남권 신공항 백지화를 발표하였다.[41] 이어 열린 총리 주재 관계 장관 회의에서 동남권 신공항은 더 이상 추진하지 않기로 결정했다.[42] 이튿날 이명박 대통령이 자신의 대선 공약인 동남권 신공항을 백지화하기로 결정한 데 대해 국민들에게 사과했다. 2006년 12월27일 노무현 대통령이 현직 대통령으로서는 처음으로 국가 차원에서 신공항 추진을 공식 검토하기로 한 지 4년 3개월 만에 또 다른 현직 대통령이 자신의 공약마저 뒤집고 백지화하는 순간이었다.

---

41) 위원회는 두 후보지가 경제성·공항운영·사회환경성 등 3개 평가분야별 총점 100점에 선정 기준인 50점에 미치지 못한 밀양 39.9점, 가덕도 38.3점을 받았다고 발표하였다(국토해양부 보도자료, 2011.3.30., "동남권 신공항 두 후보지 모두 부적합").

42) 국토해양부 보도자료, 2011.3.30., "동남권 신공항 더 이상 추진하지 않기로".

2장 대안, 동남권 신공항

영남권 5개 시·도는 2005년 10월 제4차 국토종합계획에 신공항 건설을 국책사업으로 추진할 것을 요청하는 '동남권 신공항 건설' 추진 건의문을 함께 정부에 전달한 이래 줄곧 공동 행보를 취해 왔다. 국책사업으로 추진되는 공항 건설은 중앙 정부로부터 막대한 사업비를 지원받게 될 뿐만 아니라, 건설수요 창출과 같은 단기효과는 물론 공항 운영에 따른 고용 창출 효과, 접근성 향상에 따른 물류비용 절감 효과, 신공항 이용자들의 비용 절감 효과, 외국인 방문 증가 효과 등 장기 파급효과를 누릴 수 있다. 따라서 5개 시·도의 공동 행보는 신공항 건설을 통해 지역경제를 활성화하겠다는 공통의 이해관계를 기반으로 하였다.

그런데 세부적으로 들어가면 어디에 신공항을 건설할 것인지에 대한 지역 간 이해관계에 차이가 컸다. 1990년대 초부터 부산을 중심으로 추진해 오던 신공항 건설 움직임이 2002년 중국국제항공 129편 돗대산 충돌 사고를 계기로 수면 위로 부상하였고, 노무현 대통령이 부산지역의 건의를 받아들여 국가사업으로 공식 검토하게 된 과정은 앞에서 말한 바 있다. 이후 이명박 정부 들어 동남권 신공항 입지 선정 절차가 진행되면서 각 지자체가 중앙 정부에 신공항 후보지를 제출하도록 요청받은 2008년 말이 지나면서 각 지역이 선호하는 후보지가 구체화 되게 된다. 부산은 가덕도, 대구·경북·경남·울산은 밀양 하남으로 의견을 모아가고 있었다.

이 중에서 대구·경북의 움직임은 주목해 볼 필요가 있다. 먼저 대구·경북은 대구공항 이전 문제가 현안으로 걸려있었다. 일제 강점기 때 일본군 비행장으로 만들어진 대구공항은 한국전쟁 발발 이후부터 한국과 미국의 공군기지로 사용되었고 현재도 제11전투비행단의 기지K-2 공군기지이자, 한국 공군의 핵심 전력인 F-15K가 이·착륙하고 있는 군사공항이다. 1961년부터 국내선이 취항하는 민간공항으로 사용되기 시작했고 1996년 대구와 오사카를 연결하는 국제선이 취항하기 시작하면서 2002년 이용객 수 227만 명을 기록할 때까지 점진적인 활황세를 보여 왔다.

하지만 2004년 KTX 개통과 2008년 세계 금융위기의 직격탄을 맞은 뒤인 2009년 이용객 수는 103만 명으로 반 토막 났다. 2002년 214만 명이던 국내선 이용객은 100만 명 미만으로, 2007년 31만 명이던 국제선 이용객은 10만 명 미만으로 줄어 위기를 맞았다.[43]

더구나 도심 한가운데 자리 잡은 탓에 극심한 소음과 재산권 침해 등의 문제로 대구시민들의 불만이 오랫동안 누적되어왔다. 공항 인근 주민들이 2004년에 '항공기 소음피해 대책 주민연대'를 구성해 손해배상 청구 소송을 제기했고, 2007년에는 K-2기지 이전 주민비상대책위원회 발족하여 공군비행장 이전 운동을 본격화하였다. 군기지와 공항을 이전한다면 도심 속 노른자위 땅인 부지를 개발할 수 있기 때문에 대구시도 적극적인 의지를 갖고 있었다.

---

43) 곽종무. "KTX 개통이 대구지역 경제에 미친 파급효과", 대구경북연구원, 2009, 30쪽; 한국항공진흥협회 기술정보실, 『2009년 항공수송동향분석』 2010, 13, 28쪽.

한편 1999년에 고시된 정부의 〈제2차 공항개발 중장기 기본계획 2000~2020〉 때까지 대구·경북지역은 전국 7개 권역 중 경북권에 속해 있었다. 그런데 2006년에 고시된 〈제2차 공항개발 중장기 종합계획2006~2010〉에서는 공항의 권역을 7개에서 4개로 개편하였고, 대구·경북은 부산·울산·경남이하 부울경과 함께 동남권에 속하는 것으로 조정되었다.[44]

대구·경북지역의 신공항 입지 선택에는 이 같은 군기지 및 대구공항 이전의 필요성, 공항 권역의 동남권으로의 개편, 영남권 5개 시·도의 신공항 추진 공동보조 등의 요인이 복합적으로 작용하였다. 더구나 2008~2009년에는 대구경북경제자유구역이 지정되고 대구·경북 첨단의료복합단지 유치에 성공하면서 이들 지역과 가까운 곳에 신공항을 건설해야 대구·경북의 낙후된 경제를 활성화할 새로운 성장 동력을 육성하는 데 유리하다는 점도 고려되었다.

동남권 안에 허브 공항이 두 개 건설될 수 없기 때문에 부산의 가덕도신공항 추진 움직임은 일찍부터 대구·경북의 견제 대상이었다. 대신 대구·경북은 영천 등 경북 남부지역이나 밀양 등 경남 동부지역을 후보지로 선호하였다. 대구시와 경상북도는 1996년에 경북 영천에 공동 국제공항을 건설하여 오랜 숙원이었던 대구공항을 이전하기로 합의하고 건설교통부에도 건의하였으나 외환위기와 2001년 대구공항이 국제공항으로 승격되면서 실현되지 못한 적이 있다.[45] 대구와 안동, 부산, 울산 등 주요 도시 간의 공간거리 합계가 가장 적다는 점에서 영천은 동남권 신공항 후보지

---

44) 건설교통부 고시 제2006-493호 〈공항개발 중장기 종합계획(2006~2010)〉, 『관보』 제16386호, 2006.11.24., 22~23쪽.

45) 『매일신문』 1996.11.5., "대구·경북 국제공항 공동추진".; 『매일신문』 2005.1.18., "영남권 허브 공항 건설 문제, 어떻게 돼 가나".

로도 주요하게 거론되었다.[46]

　　이외에 경주, 청도, 포항, 영덕 등도 검토 대상에 오르내렸지만 시간이 갈수록 밀양으로 집중하는 흐름을 탔다. 밀양은 영남 주요 도시에서 1시간 거리라는 접근성이 가장 중요한 명분이 되었지만, 실질적인 이유는 대구·경북의 신공항 필요성을 만족시키면서도 부산의 가덕도를 견제하기 위해 경남이나 울산과 연대할 수 있는 고리가 되었기 때문이다. 2009년이 되면 대구·경북은 밀양을 최적지로 결정하고 '부산가덕' 대 '대구·경북·경남·울산밀양'의 구도를 만들어 압박 강도를 높이며 신공항 갈등의 긴장을 한껏 고조시켰다.

　　나아가 밀양신공항을 영남권을 넘어 충청, 호남을 포괄하는 남부권 신공항으로 격상시키려 하였다. 대구·경북지역 정치인들은 공공연히 신공항 건설계획을 재추진함과 동시에 충청과 호남을 아우르는 방향으로 신공항을 건설하여야 한다는 발언들을 하였고, 이에 발맞춰 시민단체들은 '남부권신공항범시도민재추진위원회' 등을 구성하면서, '남부권 신공항'이라는 단어를 공식화하였다. 이들은 2011년 말부터 2012년까지 남부권 신공항 재추진 선언 및 정책토론회 등을 개최하여 2012년 4월 지방선거의 핵심 이슈로 부각하려 하였다. 밀양 유치를 지지하는 시민단체는 호남권 시민단체들의 밀양 유치 지지를 얻기도 했고, '남부권 신공항 재추진 정책토론회'에 충청권의 자유선진당 중앙당 지도부를 초청하여 지지를 끌어내려는 움직임을 보여주기도 하였다.[47]

---

46) 『영남일보』 2005.10.21., "입지 어디가 적당한가"; 『영남일보』 2007.2.26., "남해안 아닌 내륙 중립지역 건설돼야".

47) 이진수·이혁재·조규혜·지상현, "갈등의 공간적 구성: 동남권 신공항을 둘러싼 스케일의 정치", 『한국지역지리학회지』 제21권 제3호, 2015, 484쪽.

신공항 백지화로 K-2 이전도 물거품

그런데 앞서 살폈듯이 대구·경북의 신공항 추진에는 군기지와 대구 공항의 이전 문제가 연계되어 있었다. 당시 분위기를 전한 언론보도를 보자. 신공항을 둘러싼 지역 간 각축이 한창이던 2009년 3월23일 K-2 이전 대구시민추진단공동의장 노동일 경북대 총장, 이인중 대구상의 회장은 대구시민회관에서 김범일 대구시장과 지역구 국회의원, 시의회 의장 등 정치인과 주민 등 1,500명이 참가한 가운데 'K-2 이전 대 시민 설명회 및 다짐 대회'를 열었다. 보도에 따르면 이날 축사에서 지역구 국회의원인 유승민 의원은 "영남권 신공항에 K-2 기지를 함께 옮기는 방안이 유력한 대안으로 떠오르고 있다"고 말했다.[48] 또 이 내용을 보도한 지역신문은 이튿날 사설에서 "유 의원이 밝힌 방안은 지역에 일거양득의 시너지 효과를 가져올 수 있는 대안이다. 만약 K-2가 동남권 신공항으로 이전하면 대구·경북은 해외로 뻗어갈 수 있는 신공항의 혜택을 누리는 것과 더불어 엄청난 면적의 K-2 부지를 지역의 국제도시화를 위해 활용할 수 있게 된다"고 썼다.[49]

이 같은 움직임은 즉각 경쟁상대인 부산지역으로부터 '대구 K-2 군공항을 밀양으로 이전하게 되면 소음피해로 24시간 운영이 불가능한 신공항이 될 것'이며, '허브 공항은 뒷전이고 대구지역의 소음을 다른 지역으로 전가하려 한다'는 비판을 받았다.[50] 이에 대구시와 유승민 의원, 국방부 등이 나서서 사실무근이라 밝히며 진화해야 했다.[51]

---

48) 『영남일보』 2009.3.24., "동남권 신공항에 K-2이전 유력".

49) 『영남일보』 2009.3.25., "K-2이전 신공항과 연계하는 것이 맞다".

50) 『부산일보』 2009.4.13., "허브 공항 뒷전 지역민원 잇속만", 2009.4.13.; 『부산일보』 2009.4.14., "대구 K-2군공항 밀양 후보지 이전 땐 신공항 24시간 운영 불가능".

51) 『경남신문』 2009.4.15., "대구 K-2군공항 밀양 안온다"; 『영남일보』 2009.4.16., "신공항 다툼에 대구 끌어들이는 속셈은"

실제로 대구·경북지역의 오랜 숙원이었던 K-2 이전 문제는 동남권 또는 영남권 신공항이 추진되는 기간에는 신공항과 연계되어 해결될 것이란 기대감 속에 진전이 없는 상태였다. 그러나 최종적으로 이명박 정부가 신공항 백지화를 발표함에 따라 '밀양신공항'도 성사되지 못하자, K-2 이전 문제는 아무런 진전이 없는 상태로 남게 되었다. 이 같은 양상은 수년 뒤 신공항 입지 갈등이 재현된 박근혜 정부 때도 동일한 양상으로 반복되게 된다.[52]

---

52) K-2 이전은 이명박·박근혜 정부의 대선 공약이지만 별다른 진전이 없다가 2013년 4월5일 '군공항 이전 및 지원에 관한 특별법'이 제정되면서 다시 탄력이 붙는 듯했다. 특별법에는 공항 이전·건설비용을 지자체가 현재의 공항 부지를 개발해 마련하는 기부대양여 방식으로 조달하는 규정이 담겼다. 하지만 영남권 신공항 입지 갈등 국면에서 표류하다가 김해공항 확장안 발표 후 20일이 2016년 7월 11일 박근혜 대통령이 대구공항 통합 이전 추진을 발표하면서 새로운 국면을 맞게 된다.

3. 박근혜 대통령, 김해공항 확장과 대구통합신공항 지시

18대 대선 공약, 박근혜 vs 문재인의 가덕도신공항

중앙 정치무대에서 꺼진 신공항의 불씨를 다시 살려놓은 것은 2012년 18대 대통령선거였다. 선수를 친 건 민주통합당 문재인 후보였다. 11월27일 부산시 사상구 괘법동 서부 터미널 유세에서 '부산이 육·해·공이 함께 어우러지는 물류 중심의 기능을 할 수 있도록 가덕도에 동남권 신공항을 유치하겠다'고 공약했다. 사흘 뒤 부산을 찾은 박근혜 후보는 같은 장소에서 열린 유세에서 신공항과 관련 '최고의 전문가들이 공정하고 투명한 절차를 거쳐서 부산 가덕도를 최고 입지로 객관적인 평가를 내린다면 당연히 가덕도에 신공항을 건설하겠다'고 공약했다.

이와 관련 당시 언론보도에서는 문재인 후보는 대구·경북에서 얻을 수 있는 '표의 총량'에 한계가 있다는 점 때문에 부담이 덜하여 선명하게 가덕도신공항을 공약한 반면, 대구·경북을 의식하면서 부산·경남 표도 얻어야 하는 박근혜 후보는 최대한 애매모호한 표현을 사용했다는 해석이 나왔다.[53]

---

53) 『내일신문』 2012.12.11, "[박-문 정책비교, 이슈 따라잡기 ⑥동남권 신공항] 신공항만 뜨면 영남 '삐걱'". 당시 새누리당의 박근혜 후보 대선 공약집에는 지역 균형발전의 8대 핵심 정책의 하나로 '신공항 건설'이라는 표현이 등장하지만 어디에 신공항을 건설할지에 대해서는 언급하지 않았다. 민주통합당의 경우 부산선대위가 12월10일 부산 공약 13가지를 발표하면서 가덕도 동남권 신공항을 첫 번째로 명시했지만, 중앙 공약집에서는 신공항 건설이 포함되지 않았다.

어쨌든 18대 대선에서 박근혜 후보가 당선됐고, 대통령직인수위 활동 과정에서 가덕과 밀양을 후보지로 지지하는 지역 간 각축이 다시 치열하게 재현되었지만, 인수위의 태도는 모호한 공약만큼이나 그 진의를 알기 어려웠다. 인수위가 최종적으로 선정한 140개 국정과제에서도 신공항은 제외되었다. 대신 2013년 4월 국토교통부가 대통령에게 보고한 업무계획에서 향후 계획이 공표되었는데 '지역 주민들의 공항 이용에 불편이 없도록 수요 증가에 대비하여 기존 공항시설 확장 또는 객관적 검증을 거쳐 신공항 추진을 검토'하며 이를 위해 2013년 6월부터 이듬해 7월까지 항공수요 조사·예측을 실시한다는 내용이었다.[54] 선거 때 거론했던 '가덕도'는 물론 '동남권'이나 '영남권'이라는 표현도 사용하지 않은 채 신공항 추진을 전제하지도 않았으며 조사 결과에 따라 기존 공항시설을 확장할지 신공항을 추진할지 결정하겠다는 것이다.

2014년 8월 발표된 영남지역 항공수요조사 결과에서는 김해공항의 수요가 연평균 4.7%씩 빠르게 증가해 2030년엔 2013년의 2.2배인 2천162만 명에 달하고, 특히 국제선 수요는 6.1%씩 증가해 2013년의 2.9배에 달할 것으로 예측되었다. 이에 따라 김해공항은 2023년부터 포화 상태에 이를 것으로 예측하였는데 이는 4년 전 이명박 정부 때 조사보다 4년 앞당겨진 것이다. 반면 대구·울산·포항·사천 등 영남권의 나머지 4개 공항의 활주로 용량은 장래 수요에 비해 충분할 것으로 조사되었다. 김해공항의 항공수요 증가 이유는 2009년 이후 저비용항공사LCC의 급성장으로

항공료가 낮아지고 운항 편수가 증가하는 등 항공시장이 급변하고 있기 때문으로 분석되었다.[55]

동남권 신공항을 건설할 만큼 항공수요가 충분한 것으로 해석되는 최종 용역 결과가 나옴에 따라 입지별 경제성을 따져보는 사전타당성 검토 용역에 착수할 차례였다. 하지만 사전타당성 검토를 둘러싼 국토교통부와 영남권 5개 시·도 단체장들 간 의견 조율로 시간이 지체되었고[56] 2015년 2월27일에야 한국교통연구원과 프랑스의 파리공항공단엔지니어링ADPi에 용역을 발주하였다. 부산과 나머지 영남권 4개 지역 간 갈등이 다시 반복되는 가운데 1년 4개월여 만인 2016년 6월21일 용역 결과가 발표되었다. 결론은 김해신공항이라 이름을 붙인 김해공항 확장안이었다.

김해공항 확장안의 핵심은 기존 활주로에서 서쪽으로 40도 기울어진 위치에 V자 형태로 3,200m 길이의 활주로를 신설하고 새로운 관제탑과 국제선 터미널, 신규 접근 도로·철도를 건설하여 2050년까지의 영남권 장기 항공수요 4천만 명국내선 1천200만 명, 국제선 2천800만 명에 대한 처리용량을 갖추도록 하는 것이다. V자형 활주로를 갖추게 되면 남풍이 불어 북쪽에서 착륙해야 할 때 신규 활주로를 착륙 전용으로 사용하여 기존 활주로를 이용한 착륙 절차가 없어지므로 선회 접근 착륙 시의 안전 문제를 해결할 수 있고, 활주로 신설에 따른 소음피해 가구는 1,000가구 미만에 그친다는 것이다.

---

55) 자세한 내용은 국토교통부, 한국교통연구원, 『영남지역 항공수요 조사 연구』 2014.8. 참조. 이 수요조사에서 국내선 분야는 한국교통연구원이, 국제선 분야는 프랑스 파리공항공단(ADP, Aeroports De Paris)이 각각 담당하였다.

56) 2015년 1월19일 5개 시·도지사는 ① 신공항의 성격·기능·규모 등은 정부가 외국 전문기관에 의뢰하여 결정토록 일임, ② 용역 기간은 1년을 초과하지 않도록 함, ③ 5개 시도는 용역 결과를 수용하며 유치경쟁 등을 하지 않도록 함 등 3개 항을 내용으로 하는 합의서를 체결하였다.

국토교통부와 ADPi는 밀양과 가덕도에 각각 활주로 1개와 2개를 짓는 방안과 김해공항에 활주로 1개를 추가하는 방안 등 5가지 최종안을 놓고 항공 안전, 경제성, 접근성, 환경 등 공항 입지 결정에 필요한 제반 요소를 종합적으로 고려하여 현재의 김해공항을 확장하는 방안이 최적의 대안이라는 결론을 내렸다고 밝혔다.[57]

김해신공항 V자 활주로, 신의 한 수가 아닌 꼼수

김해공항 확장안이 발표되자마자 수많은 논란이 제기되었다. 먼저 김해공항 확장안은 국토부와 부산시 등이 2002년부터 2009년까지 6차례에 걸쳐 실시한 용역에서 북쪽 산악지대와 군공항이라는 태생적 한계에서 오는 안전 문제와 소음 확대, 막대한 비용 문제 등으로 모두 실효성이 없는 것으로 결론이 난 것과 배치되기 때문이다. V자형 활주로가 신설되어도 북쪽의 험준한 산악지형 탓에 100% 계기착륙장치[ILS]를 사용한 자동비행이 가능할지 장담할 수 없다는 점에서 '위험한 김해공항의 확장안'이 될 수 있다는 우려도 컸다. ADPi 예측만으로도 소음피해 가구가 기존보다 2.5배로 늘어나고, 김해공항에 덧씌워졌던 24시간 운영이 불가능한 '반쪽짜리 공항'의 오명을 벗어날 수 없다는 점도 논란거리였다.

평가 기준이 객관성을 상실했다는 지적도 나왔다. ADPi는 밀양에 신공항을 건설할 때 절개할 산을 2개로 잡았는데 2011년 MB정부 때 밝혔던 27개의 산 절개는커녕 대구·경북지역에서 항공학적 검토를 적용했을 때 적용한 4개의 산 절개보다 훨씬 적은 것이다. 또 항공기 운항 안전의

---

57) 자세한 내용은 국토교통부, ADPi "영남권 신공항 사전타당성 검토 연구 최종보고회 관련 브리핑", 2016.6.21. ; 국토교통부, 한국교통연구원, 『영남권 신공항 사전타당성 검토 연구 최종보고서』 2016 참조.

2장 | 대안, 동남권 신공항

필수 항목인 고정 장애물을 독립적인 평가항목으로 두지 않은 반면 밀양에 유리한 접근성을 매우 중요하게 평가했다는 것이다. 홍콩의 책랍콕공항이나 싱가포르의 창이공항 등 해안 매립은 공항 건설의 대세임에도 가덕 평가항목에서 매립의 문제점을 과도하게 지적하고 있다는 것이다. 이때문에 'TK 세력이 주장해 온 밀양신공항을 밀어주려다가 지역 여론과 부산시민의 극렬한 반대에 부딪히면서 갑자기 김해공항 확장안을 들고나온 것'이라는 해석이 나왔다.[58] 국토교통부는 V자 활주로를 신의 한 수로 자화자찬을 했지만 '침대에 사람을 맞추는' 말도 안 되는 꼼수에 불과했다.

이 같은 논란을 포함하여 알려지지 않았던 더 많은 의문점이 이 책 뒷부분에서 살펴볼 2018년 이후 김해신공항 검증과정을 통해 규명되게 된다.

이명박 vs 박근혜 신공항 백지화 과정의 공통점

2002년 중국국제항공 129편 돗대산 충돌 사고로 김해국제공항의 위험성과 문제점이 세상의 주목을 끌었고 2006년 노무현 대통령이 공식 검토를 지시하면서 신공항 건설이 국가사업으로 추진되기 시작했다. 그러나 이후 이명박 박근혜 정부를 거치면서 두 차례 백지화되었다. 신공항에 관한 한 이명박 박근혜 정부는 판에 박은 듯 똑같은 길을 걸으면서 공약 파기와 백지화라는 같은 결론에 다다랐다.

---

58) 『부산일보』 2016.6.22., "신공항 또 백지화… 기만당한 '20년 염원'" 한편 ADPi 측이 사전타당성 검토 용역 중간 보고 때까지 김해확장안이 검토되지 않다가 뒤늦게 추가됐다는 의혹도 제기되었는데 이에 대해 장 마리 슈발리에 ADPi 수석엔지니어는 인터뷰를 통해 "처음 35개 후보 때부터 포함됐다"며 "지난 2월 중간보고회 때 기존 공항의 확장도 검토되느냐는 지자체 관계자의 질문에 분명히 '그렇다'고 답변한 사실이 있다"고 밝히고 있다(『연합뉴스』 2016.6.22. <인터뷰> ADPi 수석엔지니어 "김해공항 확장안, 한국행 직전 확정").

대통령선거 기간 동안 이명박, 박근혜 두 사람은 똑같이 신공항 건설을 공약으로 발표하였다. 한 사람은 대구에서, 다른 사람은 부산에서 발표했고 표현도 조금씩 차이가 있었지만, 영남권 표를 의식한 대선 공약이었다는 점은 같았다. 대통령에 당선되고 나서 집권 1, 2년 차까지 신공항 공약을 파기하지 않고 추진하는 모양새를 갖췄다.

대신 이명박 대통령은 '입지평가위원회', 박근혜 대통령은 '사전타당성조사'를 통해서 최종 결론을 내리겠다고 했고, 집권 3년 차에는 그 절차를 진행하였다. 집권 3년 차가 다 가도록 신공항 입지를 둘러싸고 영남 지역이 두 쪽으로 갈라져 치열한 각축을 벌인 점도 같았다.

[표 2] 이명박 박근혜 정부의 신공항 건설 공약 백지화 진행 과정

구분	이명박 정부	박근혜 정부
[대선시기] '신공항' 공약	2007.7 '영남권 신공항 건설하겠다' 공약	2012.11 '가덕도에 동남권 신공항' 공약
[집권 1–2년차] 신공항 공약 유지	2008.9 신공항 건설을 선도프로젝트의 하나로 발표 2009.12 2단계 용역 결과 '후보지로 가덕·밀양 압축' → 입지평가 추진하겠다	2013.4 '항공수요조사 거쳐 기존 공항 시설 확충 또는 신공항 추진하겠다' 발표 2014.8 항공수요조사 결과 '영남권 항공 수요 충분' → 사전타당성조사 추진하겠다
[집권 3년차] 신공항 백지화 수순	2010.7 입지평가위원회 활동 시작	2015.2 사전타당성조사 용역 발주
[집권 4년차] 신공항 백지화 발표	2011.4 입지평가위 '가덕·밀양 부적합' 결정 → 신공항 백지화 발표	2016.6 사전타당성조사 결과 → 가덕·밀양 '경제성 부족', 김해공항 확장안 발표

집권 4년 차에 둘 다 대선 공약을 파기하고 신공항 백지화를 발표했다. 이명박 대통령은 가덕과 밀양 두 후보지가 모두 부적합하다는 결론을 내세우며 '더 이상 신공항을 추진하지 않겠다'며 공약을 지키지 못한 데 대해 직접 사과까지 했다. 반면 박근혜 대통령은 가덕과 밀양 두 후보지가 부적합하다며 김해공항 확장안을 결론으로 내세우고 '이것이 신공항'이라고 했다. 사과도 하지 않았다.

4. 동남권 신공항의 정치학

노무현 대통령의 첫 공식 검토 지시 이후 이명박·박근혜 두 대통령의 대선 공약화와 백지화를 거치면서 나타난 동남권 신공항과 영남권 정치 지형의 상관관계를 주목해 볼 필요가 있다.

2002년 이후 주요 선거 결과를 담은 [표 3]와 [표 4]에서 알 수 있듯이 영남지역은 2018년 지방선거 이전까지 한나라-새누리당으로 이어지는 보수정권의 주요한 지지기반이자 보루였다. 심지어 부산 출신 노무현 대통령이 당선될 때 영남지역 득표율은 25.8%로 전국 득표율 48.9%에 비해 13.1%p 낮았다. 반면 이명박·박근혜 후보가 당선될 때는 전국에 비해 영남이 13.6%~17.3%p 더 높았다. 2010년 무소속으로 당선된 김두관 경남도지사를 제외하고 모든 시·도지사를 한나라-새누리당이 휩쓸었으며, 국회의원 의석도 부울경 40석 중 3~5석 정도를 민주당 계열 또는 민주노동당이 상징적으로 차지했을 뿐 절대다수를 한나라-새누리당에서 독식했다. 더구나 대구·경북지역 27석은 아예 '깃발만 꽂으면 당선'되는 한나라-새누리당의 아성이었다.[59]

TK와 PK의 균열, 전국 선거 결과 좌우

그런데 한 발 더 들어가 보면 한나라-새누리당은 영남지역 가운데서도 대구·경북을 기반으로 하는 TK 정치세력이다. 노무현 대통령 당선 당시 경쟁자였던 이회창 후보는 영남에서 69.4%를 득표했는데 대구·경북의

---

[59] 2016년 국회의원 총선, 2017년 대통령선거, 2018년 지방선거부터 일정한 변화를 보이는 영남지역 선거 결과에 대해서는 뒤에서 다루겠다.

득표율은 75.5%로 부울경^{65.3%}보다 10.2%p 높았다. 이명박·박근혜 후보가 당선될 때는 영남에서 각각 62.4%와 68.9%를 얻었는데 부울경보다 대구·경북이 14.9%p~19.3%p 높았다. 국회의원 총선이나 지방선거에서도 TK 정치세력으로서의 한나라-새누리당의 득표 양상은 유사하게 나타났다.

박근혜·문재인 후보가 맞붙었던 2012년 대선을 기준으로 보면 영남권 유권자는 1,058만 명으로 전국 유권자의 26.1%를 차지한다. 영남권과 정치적 쌍벽을 이루는 호남은 그 절반에 못 미치는 413만 명_{광주 112만 명,} _{전남 153만 명, 전북 148만 명}이다. 호남의 413만 명은 대구·경북을 합친 것_{418만 명}과 비슷하다.[60] 그런데 부울경은 641만 명으로 호남이나 대구·경북의 1.5배 수준이다. 민주당 계열 후보는 호남에서, 한나라-새누리당 후보는 대구·경북에서 절대적 지지를 얻어온 현실에서 본다면 영남권 전체가 비슷한 양상으로 한나라-새누리당 후보를 지지하느냐, 아니면 정치적 균열로 부울경에서 민주당 계열 후보의 지지세가 약진하느냐는 해당 지역뿐만 아니라 전국적 선거 결과를 바꿔놓을 수 있는 중대한 변수가 될 수도 있는 것이다.

양자구도로 치러진 2012년과 2022년 대선에서 박근혜·윤석열 후보는 부울경에서 상대 후보인 문재인·이재명 후보와의 격차를 각각 114만여 표^{22.8%p}와 98만 표^{19.5%p} 차이로 여유 있게 벌렸다. 전국 평균 기준 박 후보는 108만 표^{3.6%p}를, 윤 후보는 불과 25만 표^{0.8%p}를 상대 후보보다 더 얻어 당선되었으니 부울경에서 격차를 크게 벌리지 못했다면 결과가 달라졌을 수도 있는 것이다. 반면 2017년 대선 때 문재인 후보는 부울경

---

60) 박재일, "신공항의 정치학, '공항전쟁'은 정권투쟁", 『신동아』 2016년 8월호, 127쪽.

에서 홍준표 후보를 따돌리고 최다 득표했을 뿐 아니라 홍준표·안철수 후보의 득표를 합친 것[49.0%, 251만 표]과의 격차를 11.2%p, 57만 표로 좁혔다. 박근혜 대통령 탄핵과 3자 구도 등과 함께, 직전 선거 때 문 후보 자신의 득표와 2022년 이재명 후보의 득표에 비해 득표율 차이는 절반 수준으로, 표 차이도 51~58% 수준으로 줄이는 부울경에서의 선전으로 당선되었다는 해석이 가능하다.

동남권 관문공항, TK 정치세력의 딜레마

그런데 동남권 또는 영남권 신공항을 부산이 원하는 가덕에 건설할 것인지, 아니면 대구·경북과 경남·울산이 일정 기간 공동으로 지지했던 밀양에 건설할 것인지 하는 문제는 상대적으로 한나라-새누리당 지지세가 강했던 영남지역 안에서도 이해관계가 크게 엇갈리는 이슈가 아닐 수 없었다. 만약 영남권 5개 지역이 합의하여 단일안을 만들었다면 상황이 달랐겠지만, 일찍부터 가덕도신공항을 주장한 부산에 대해 나머지 4개 시·도의 정서는 '물구덩이[가덕도]보다는 맨땅[밀양]이 낫다', '먼 가덕도보다 가까운 밀양이 접근성이 좋고 지역발전에 유리하다'는 정서를 공유하며 대립하였다.[61] 또한 TK지역을 중심으로 경남·울산 나아가 호남과 충청 일부까지 끌어들인 '밀양 연합'의 장기간에 걸친 '압박'에도 불구하고 가덕도에 동남권 관문공항을 건설해야 한다는 1990년대 초 이래 부산지역의 '집념'은 한결같았다.[62]

---

61) '물구덩이보다 맨땅이 낫다'는 표현은 2014년 8월 당시 홍준표 경남도지사가 신공항 가덕도 입지를 반대하며 처음 사용하였는데(『매일신문』 2014.8.27., "홍준표 "가덕 물구덩이보다 밀양 맨땅이 낫다""), 이후 밀양 입지를 찬성하는 문구로 오르내렸다.

62) 신공항을 둘러싼 '밀양옹호연합'과 '가덕옹호연합' 또는 '동남권', '영남권', '남부권' 등 스케일을 동원한 입지 갈등은 이윤경, "동남권 신공항의 정책변동에 관한 연구: 정책옹호연합모형과 양면게임이론의 결합모형을 중심으로", 『행정논총』 제52권 제3호, 2014; 이진수·이혁재·조규혜·지상현, "갈등의 공간적 구성: 동남권 신공항을 둘러싼

TK 정치세력으로서는 선거 때마다 대구·경북에서 예상되는 높은 득표율을 발판으로 부울경까지 승리를 거두는 전략을 구사하지만, 집권 기간에 동남권 신공항 입지 결정과 같이 민감하고 파급력이 큰 정책으로 영남권의 정치적 균열이 생겨 지지세가 크게 이탈할 경우 다음 선거가 어려워지는 딜레마에 빠질 수밖에 없다. 그뿐 아니라 가덕과 밀양이라는 후보지를 합칠 수도 없고 절충할 수도 없으며, 10조 단위가 넘는 예산이 드는 만큼의 많은 수요를 감안해야 하기 때문에 두 곳 다 선택할 수도 없다는 점에서도 딜레마였다.[63]

　　이명박·박근혜 후보가 동남권 또는 가덕 신공항을 대선 공약으로 내건 것은 대구·경북만이 아니라 영남권 전체 특히 부산지역의 지지를 겨냥한 것이었다. 그런데 당선 후 두 정부 모두 가덕과 밀양 중 한쪽을 선택할 경우 영남의 다른 지역에서 상당한 지지를 잃게 될 것이 확실해지자 딜레마에 빠졌다. 이에 두 정부는 판에 박은 듯이 같은 경로를 밟으며 대선 공약을 번복하고 갈등의 중재자로서의 중앙 정부의 역할도 회피하면서 백지화 선언을 통해 한쪽의 극단적인 반발을 막으려 했다. 이명박 정부가 선택을 포기하는 방식이었다면, 박근혜 정부는 김해공항 확장안을 넣어서 제3의 선택을 하는 모양새를 갖추려 했다.[64]

　　스케일의 정치", 『한국지역지리학회지』 제21권 제3호, 2015를 참조.

63)　이윤수, "끝나지 않은 딜레마: 영남권 신공항 선정 갈등", 『지방행정연구』 제33권 제2호(통권 117호), 2019, 144쪽.

64)　이윤수, "끝나지 않은 딜레마: 영남권 신공항 선정 갈등", 『지방행정연구』 제33권 제2호(통권 117호), 2019, 145쪽.

민주당의 진심, 가덕도신공항

반면 대구·경북에서 표의 확장성에 한계가 있는 민주당으로서는 부산·울산·경남에서 지지율을 높일 수 있는 정책 방향을 추구하는 것이 정치적 맥락으로 볼 때 합리적이었다. 민주당의 노무현 대통령과 2012년 대선당시 문재인 후보의 가덕도신공항 추진 의지 표명이 대표적이다. 2016년 4월 국회의원 총선에서도 당시 문재인 부산선대위명예위원장은 "부산시민이 더불어민주당 국회의원을 5명만 뽑아주면 박근혜 정부 임기 중에 신공항 착공을 이뤄내겠다"며 선명한 가덕도신공항 공약을 발표하고 부산선거판의 핫이슈로 급부상시켰다.[65] 실제로 그해 총선에서 민주당은 부산에서 5명이 당선되었다. 그뿐만 아니라 경남에서 민주당 3명과 정의당 1명, 울산에서 진보정당 계열 무소속 2명 등 부울경 의석 40개 중 야권이 11개 의석을 차지하는 큰 성과를 거뒀다.

더불어민주당은 여세를 몰아 당선된 부산지역 민주당 의원 5명이 가덕도신공항 유치에 총대를 멘 가운데 지도부도 공개적으로 지원사격에 나서는 등 사실상 가덕도 유치전을 적극 벌여 나갔다. 반면 새누리당은 대구·경북과 부산지역 의원 간 입장 차가 극명하게 갈리면서 난감한 상황에 직면했다. 심지어 부산의 새누리당 재선의원은 "부산·경남PK에서는 '대구·경북TK이 모두 해 먹는다'는 일종의 'TK 패권 경계론'이 강해 신공항까지 TK로 가져가면 갈등이 폭발할 수 있다. 가뜩이나 이번 총선에서 부산이 야당에 5석이나 내어준 상황을 감안할 때 신공항이 TK로 넘어가면 PK 여권은 큰 타격을 받을 것"이라고 공개적으로 경고하였다.[66]

---

65) 『부산일보』 2016.4.1., "밋밋한 부산 선거판 '신공항' 뜨자 후끈".

66) 『연합뉴스』 2016.6.1., "가덕도냐 밀양이냐…여야, 신공항에 들썩이는 영남민심 촉각".

결국 2016년 6월 박근혜 정부는 최종적으로 신공항 백지화를 발표하고 김해신공항 확장 절차에 착수했지만, 이것으로 동남권 신공항 이슈가 소멸된 것은 결코 아니었다.

박근혜 정부로서는 당장 정치적 기반인 대구·경북 지역에서 밀양신공항을 통해 K-2 공군기지를 이전하려던 희망이 좌절된 데 대한 반발을 해결해야 했다. 김해공항 확장안 발표 후 20일 만인 2016년 7월 11일, 박 대통령은 청와대 수석비서관 회의를 주재한 자리에서 정부 내에 TF를 구성해서 지자체 및 주민들의 의견을 반영하고 대구공항의 군과 민간공항 통합 이전이 조속히 될 수 있도록 추진하라고 지시하게 된다.

부산에서 시작된 동남권 또는 영남권 신공항 건설 요구가 수많은 우여곡절을 거쳐 실종되고 '김해공항 확장'으로 귀결되는 과정에서는 영남권 5개 광역단체의 합의가 마치 필수 불가결한 전제인 것처럼 돼왔다. 그러나 대구통합신공항 건설은 부울경의 동의나 영남권의 합의는커녕 아무런 사전 절차도 없이 대통령의 말 한마디로 결정되었다. 더구나 애초 영남권 5개 시·도 지사의 합의에 따르면 영남권 신공항은 1개였는데, 박근혜 대통령의 결정으로 2개가 돼버렸다. 따지고 보면 이때 이미 영남권 5개 시·도의 합의는 파기된 것이라 할 수 있고, 위험하고 시설 포화 상태에 다다른 김해공항을 대신할 관문공항의 건설에 대해 '영남권 합의'라든가 다른 지역의 동의가 전제돼야 한다는 식의 논리는 설 자리를 잃어버린 셈이다.

어쨌든 박근혜 정부는 '김해공항 확장안이야말로 동남권 신공항'이며 '대선 공약 파기가 아니라 실천'이라는 논리로 사과도 하지 않고 동남권 신공항 논란의 종지부를 찍었다고 주장했다. [67] 당시 국토교통부 장관은 김해공항 V자 활주로 신설은 '콜럼버스의 달걀'과 같은 발상이라고, 새누리당 의원은 김해신공항 결정은 '신의 한 수'라고 표현하며 장단을 맞췄다. [68] 그러나 박근혜 대통령 자신이 탄핵당하면서 조기 실시된 대선과 탄핵 여진 속에 치러진 지방선거에서 중앙과 부울경 권력 교체가 이루어지면서 동남권 신공항 이슈가 이전과는 완전히 다른 양상으로 부활하게 되니 아이러니가 아닐 수 없다. [69]

2017년 3월10일 박근혜 대통령이 탄핵되고 그해 5월9일 대통령선거가 실시되어 더불어민주당 문재인 후보가 당선되었다. 이듬해 6월 제7회 전국동시지방선거에서는 영남지역 5개 시·도지사 중 대구·경북을 제외한 부울경 시·도지사에 더불어민주당 후보가 모두 당선되었다. 앞서 국회의원 의석수의 약진에 더하여 영남권 정치 지형에 일대 변화가 이루어진 것이다. 이에 따라 동남권 신공항 문제는 이전과는 다른 정치적 조건과 맞물려 소용돌이치게 된다.

---

67) 『연합뉴스』 2016.6.22., "朴대통령, '김해신공항론'으로 공약파기 논란 정면돌파".

68) 『조선일보』 2016.6.23., "김해 V자 활주로 콜럼버스의 달걀"; 『울산신문』 2016.6.27., "김해 신공항 '신의 한수' 조속 추진돼야".

69) 아이러니는 또 있다. 이때 재추진되기 시작한 대구공항 통합 이전 사업은 2022년 대선에서 TK기반의 정치세력이 재집권하면서 국비 지원, 활주로 등 공항의 시설과 규모, 공항의 위상, 건설 시기를 둘러싸고 가덕도신공항과 사사건건 충돌하는 양상으로 나타나기 시작한다(『부산일보』 2022.12.15., "예, 형님" 한마디에… TK신공항, 국비 받아 먼저 지을 판"). 이에 대해서는 뒤에서 살펴보겠다.

[표 3] 역대 대통령선거 영남지역 득표 현황

(2002-2022)

구분		전국	영남	부울경	대구경북	부산	울산	경남	대구	경북
16대 ('02.12)	유권자수	34,991,529	9,636,278	5,764,831	3,871,447	2,786,142	729,645	2,249,044	1,827,162	2,044,285
	투표수	24,561,916	6,807,006	4,080,159	2,726,847	1,969,093	506,322	1,604,744	1,288,909	1,437,938
	노무현	12,014,277	1,753,275	1,201,172	552,103	587,946	178,584	434,642	240,745	311,358
	(%)	48.9	25.8	29.4	20.2	29.9	35.3	27.1	18.7	21.7
	이회창	11,443,297	4,724,185	2,665,575	2,058,610	1,314,274	267,737	1,083,564	1,002,164	1,056,446
	(%)	46.6	69.4	65.3	75.5	66.7	52.9	67.5	77.8	73.5
17대 ('07.12)	유권자수	37,653,518	10,060,097	6,065,837	3,994,260	2,843,063	806,423	2,416,351	1,896,866	2,097,394
	투표수	23,612,880	6,499,318	3,811,168	2,688,150	1,759,252	518,586	1,533,330	1,263,678	1,424,472
	이명박	11,492,389	4,052,944	2,142,268	1,910,676	1,018,715	279,891	843,662	876,719	1,033,957
	(%)	48.7	62.4	56.2	71.1	57.9	54.0	55.0	69.4	72.6
	정동영	6,174,681	669,661	496,907	172,754	236,708	70,736	189,463	75,932	96,822
	(%)	26.1	10.3	13.0	6.4	13.5	13.6	12.4	6.0	6.8
	이회창	3,559,963	1,190,435	766,710	423,725	346,319	90,905	329,486	228,199	195,526
	(%)	15.1	18.3	20.1	15.8	19.7	17.5	21.5	18.1	13.7
18대 ('12.12)	유권자수	40,507,842	10,583,368	6,406,635	4,176,733	2,911,700	886,061	2,608,874	1,990,746	2,185,987
	투표수	30,594,621	8,183,960	4,900,609	3,283,351	2,213,405	692,433	1,994,771	1,581,840	1,701,511
	박근혜	15,773,128	5,640,263	2,997,310	2,642,953	1,324,159	413,977	1,259,174	1,267,789	1,375,164
	(%)	51.6	68.9	61.2	80.5	59.8	59.8	63.1	80.1	80.8
	문재인	14,692,632	2,508,551	1,882,858	625,693	882,511	275,451	724,896	309,034	316,659
	(%)	48.0	30.7	38.4	19.1	39.9	39.8	36.3	19.5	18.6
19대 ('17.5)	유권자수	42,479,710	10,929,210	6,635,950	4,293,260	2,950,224	941,093	2,744,633	2,043,276	2,249,984
	투표수	32,672,175	8,392,312	5,116,710	3,275,602	2,252,709	741,362	2,122,639	1,574,376	1,701,226
	문재인	13,423,800	2,646,998	1,934,652	712,346	872,127	282,794	779,731	342,620	369,726
	(%)	41.1	31.5	37.8	21.7	38.7	38.1	36.7	21.8	21.7
	홍준표	7,852,849	3,256,019	1,714,577	1,541,442	720,484	203,602	790,491	714,205	827,237
	(%)	24.0	38.8	33.5	47.1	32.0	27.5	37.2	45.4	48.6
	안철수	6,998,342	1,281,361	791,699	489,662	378,907	128,520	284,272	235,757	253,905
	(%)	21.4	15.3	15.5	14.9	16.8	17.3	13.4	15.0	14.9
20대 ('22.5)	유권자수	44,197,692	10,993,369	6,673,627	4,319,742	2,921,510	942,210	2,809,907	2,046,714	2,273,028
	투표수	33,760,311	8,387,414	5,032,912	3,354,502	2,180,178	728,390	2,124,344	1,596,806	1,757,696
	윤석열	16,394,815	5,382,549	2,903,739	2,478,810	1,270,072	396,321	1,237,346	1,199,888	1,278,922
	(%)	48.6	64.2	57.7	73.9	58.3	54.4	58.2	75.1	72.8
	이재명	16,147,738	2,686,576	1,923,160	763,416	831,896	297,134	794,130	345,045	418,371
	(%)	47.8	32.0	38.2	22.8	38.2	40.8	37.4	21.6	23.8

주: 투표자수는 무효표를 제외한 유효투표자수임

[표 4] 역대 대통령과 영남지역 시·도지사 및 정당별 국회의원 의석수

(2004~2023)

구분	대통령	시·도지사					국회의원				
		부산	울산	경남	대구	경북	부산	울산	경남	대구	경북
2004	노무현	안상영 (한나라)	박맹우 (한나라)	김혁규 (한나라)	조해녕 (한나라)	이의근 (한나라)	한나라 17	한나라 3	한나라 14	한나라 12	한나라 14
2005											
2006		허남식 (한나라)	박맹우 (한나라)	김태호 (한나라)	김범일 (한나라)	김관용 (한나라)	열린우리 1	열린우리 1			
2007								국민통합 1	열린우리 2 민주노동 1		무소속 1
2008	이명박						한나라 11	한나라 5	한나라 13	한나라 8	한나라 9
2009											
2010		허남식 (한나라)	박맹우 (한나라)	김두관 (무소속)	김범일 (한나라)	김관용 (한나라)	민주 1		민주 1 민주노동 1	친박연대 3	친박연대 5
2011							친박연대 1 무소속 5	무소속 1		무소속 1·	무소속 1
2012											
2013	박근혜			홍준표 (새누리)			새누리 16	새누리 6	새누리 14	새누리 12	새누리 15
2014											
2015		서병수 (새누리)	김기현 (새누리)	홍준표 (새누리)	권영진 (새누리)	김관용 (새누리)	민주 2		민주 1 무소속 1		
2016											
2017	문재인			권한 대행			새누리 12	새누리 3	새누리 12	새누리 8	새누리 3
2018							더민주 5	무소속 2	더민주 3	무소속 2	
2019		오거돈 (더민주)	송철호 (더민주)	김경수 (더민주)	권영진 (자유한국)	이철우 (자유한국)				더민주 1 무소속 1	
2020							무소속 1 새누리 15	무소속 1 새누리 5	민주노동 1 새누리 12	새누리 11	새누리 13
2021				권한 대행							
2022		박형준					더민주 3	더민주 1	더민주 3		
2023	윤석열 (국민의힘)	박형준 (국민의힘)	김두겸 (국민의힘)	박완수 (국민의힘)	홍준표 (국민의힘)	이철우 (국민의힘)			무소속 1	무소속 1	

주 : 1) 회색칸은 한나라당-새누리당-국민의힘 계열 정당이며, 친박연대·국민통합과 무소속 일부도 포함
　　　2) 흰색칸은 열린우리당-통합민주당-더불어민주당 계열 정당이며, 민주노동당·정의당과 무소속 일부도 포함

3장

검증 1,
KDI의 김해신공항
예비타당성조사

3장
검증 1,
KDI의 김해신공항
예비타당성조사

1. '김해신공항'과 운명적 대면

도전, 김해신공항과의 첫 대면

충분한 준비 기간 없이 국회의원 보궐선거에 출마하게 되었고 시간에 쫓기면서 정책과 공약을 준비했다. 정책 자문 교수들과 지역의 중요한 현안들을 검토하고 파악했다. 처음으로 맞닥뜨린 문제가 김해신공항이었다. 김해신공항 저지 김해시민대책위 류경화 위원장과 이광희 김해시의원, 최치국 박사로부터 그동안 김해신공항 건설을 반대해 온 활동 상황과 문제점에 대해 설명을 들었다.

소음피해가 심각하다는 거야 김해시민이라면 평소 누구나 실감하던 것이지만, 웨클이니 데시벨이니 하는 소음평가 단위부터 처음 듣는 단어였다. 장애물 제한표면, 장애물 평가표면 등 생소한 전문용어에다 공항시설법이니 군사기지보호법이니 하는 관련 법령도 평소에는 관심조차 두지 않았던 것이었다. 선거를 코앞에 두고 이해나 제대로 할 수 있겠나 조바심이 생겼다. 그러나 피할 수도 없고 부닥칠 수밖에 없었다.

박근혜 정부가 결정한 김해공항 확장 사업의 문제점을 파악하고 대안을 찾기 위해서는 비행기 자체나 공항 운영, 항공산업까지 전문적이고 포괄적인 내용을 알아야 했다. 낮에는 유권자들을 만나 선거운동을 하고 밤에는 TV 선거방송, 정책토론에 대비해서 늦게까지 틈틈이 지역 현안과 김해공항 관련 공부를 했다. 주경야독이었다.

공항 관련 전문가인 최치국 박사의 설명을 몇 차례 청해 듣고 관련 자료를 열심히 공부하고 또 파고들었다. 최치국 박사는 부산발전연구원에서 오랫동안 교통 전문가, 특히 공항 전문가로 내공이 깊었다. 나를 아마추어 공항 전문가로 조련해준 나의 스승이었다. 내가 부울경 검증단장을 맡았을 때 부단장으로 실질적으로 부울경 김해신공항 검증단을 함께 이끌어주었다. 그가 없었다면 가덕도신공항의 미래도 열어낼 수 없었을 것이다.

진퇴양난, 문 대통령의 공약과 국책사업 변경

2017년 대선에서 문재인 후보는 유사시에 인천공항을 대체할 수 있는 동남권 관문공항의 건설을 공약으로 내걸었다. 문 후보는 선거 과정에서 '박근혜 정부 당시 갑자기 김해공항 확장으로 결정된 것은 타당성에 입각한 결정이 아니라 정치적 고려 때문에 선회한 것 아닌가 하는 의문이 있다. 정권 교체가 이루어진다면 이 부분을 다시 살펴보겠다'며 김해공항 확

장 결정 과정 재검토 의사를 피력했다.[70]

대선 공약에서는 '급증하는 항공수요에 부합한 수용 능력 확보와 인천공항의 재난 발생 시 대체공항 기능이 가능한 관문공항으로서의 동남권공항 건설'을 제시했다. 실행방안이라 할 수 있는 '동남권 관문공항 개발계획 수립(김해공항 확장안 포함)' 항목에서는 '2017년 기본계획 수립으로 관문공항 개발의 문제점 및 대책을 강구'하며, '김해공항 확장으로 결정된 정책 과정을 검토하고, 적절한 경우 김해공항을 관문공항 기능으로 확장'하겠다는 내용을 담았다. 또 장기적으로 동남권 신공항과 부산신항만, 유라시아 철도의 연계 수송을 통해 육·해·공 글로벌 복합 교통망Tri-port을 구축하고 관문공항과 공항복합도시를 연계 개발하겠다고 공약하였다.[71]

다만 문 후보는 김해신공항 전면 재검토에 대해서는 '민감한 문제'라며 국책사업의 연속성을 인정했고,[72] 2017년 5월 집권 뒤에도 국토교통부가 김해공항 확장안을 계속 추진했다. 청와대도 별다른 개입을 하지 않았다. 이에 대해서는 정권이 바뀌었다고 정식 절차를 거친 국책사업을 근거 없이 뒤집으면 정책의 일관성과 예측 가능성이 훼손되고, 해당 부처는 책임 추궁을 피하기 어렵다는 점이 작용한 것이라는 해석이 나왔다.[73]

결국 관건은 두 가지였다. 하나는 이른바 김해신공항이 '급증하는 항공수요에 부합한 수용 능력 확보와 인천공항의 재난 발생 시 대체공항 기능이 가능한' 동남권 관문공항에 부합하느냐이다. 다른 하나는 김해공

---

70) 『부산일보』 2017.1.5., "2017 대선주자 인터뷰 - 문재인 전 더불어민주당대표".

71) 문재인 후보 국민주권 부산선거대책위원회, "제19대 대통령선거 더불어민주당 문재인 후보 부산광역시 공약", 2017.4.11.

72) 『부산일보』 2017.1.5., "2017 대선주자 인터뷰 - 문재인 전 더불어민주당대표".

73) 『시사IN』 제690호, 2020. 12.8., "새로운 공항을 둘러싼 정치와 비전의 드라마".

항 확장으로 결정된 정책 과정에 사업을 재검토할 만큼의 큰 문제가 있었느냐 없었느냐이다.

민심, 63.01%… 국회 입성과 국토위 배정

63.01%. 2018년 경남 김해을 국회의원 보궐선거에서 내가 얻은 득표율이었다. 정말 과분한 지지였고 어깨가 한없이 무거웠다. 당선되자 여기저기서 관심도 뜨거웠다. 언론들은 "'노무현의 마지막 비서관'이라 불리는 김경수가 자신보다 노무현·문재인 두 대통령과 더 가깝다고 소개한 김정호 후보가 당선됐다"며 인터뷰를 요청해 왔다. 틀린 얘기는 아니었고 나 자신도 선거 과정에서 '노무현을 지킨 사람, 문재인을 도울 사람, 김경수와 일할 사람'을 구호로 내세웠으니 당연한 일이라 생각했다. 그런데 언론의 질문에서 빠지지 않는 게 정부의 김해공항 확장 추진에 대한 입장과 향후 계획이었다.

나는 '선거 과정에서도 여러 차례 밝혔듯이 소음피해에 대한 근본적 해결책이 없는 김해공항 확장은 원점에서 재검토해야 하며, 24시간 운항할 수 있고 안전하며 소음피해가 없는 동남권 관문공항을 건설해야 한다'고 이야기했다. 또 '잘못 결정된 국책사업은 바꿀 수 있어야 하며, 동남권의 이번 지방선거와 보궐선거의 결과는 잘못 결정된 김해신공항에 대한 재검토를 바라는 민심이 표로 모아진 것이며, 정부와 국토부도 민심을 존중할 것이라 확신한다'고 말했다.[74]

그래도 마음은 천근만근이었다. 확신의 문제가 아니라 실제로 결정

---

74) 『연합뉴스』 2018.6.14., "[인터뷰] 김해을 보선 김정호 "김해신공항 원점서 재검토"";『Ohmynews』 2018.6.20., "김정호 "국민들이 선거로 보수정당 탄핵한 것"";『노컷뉴스』 2018.6.20., "문대통령 축하 전화 "니 생각보다 잘하데?""

된 국책사업의 방향 전환을 이끌어 내야 하기 때문이었다. 상임위는 국토교통위원회에 배정되기를 희망했다. 옛말에 호랑이를 잡으려면 호랑이굴로 들어가라 하지 않았던가. 다행히 희망대로 부울경에서 나와 박재호 의원이 국토교통위원회에 배정되었다.

2018년 7월23일, 20대 국회 하반기 원 구성 후 첫 국토교통위원회 전체회의가 열렸다. 국토교통부로부터 주요 현안 보고를 받는 자리였다. 첫 번째 상임위 회의에서부터 김현미 국토부 장관에게 거두절미하고 김해신공항에 대해 추궁했다. "정부가 추진하는 김해신공항은 활주로나 터미널 및 계류장 등 시설 확충 규모로 봤을 때 현재의 김해공항 수준을 크게 벗어나지 않는 것으로 보이는데, 동남권 관문공항이 아니라 단순한 지방 거점공항에 불과한 것은 아닙니까?" "ADPi 사전타당성조사 과정에서 소음피해에 대한 현장 조사를 하지 않은 점, V자 활주로 북서쪽 산 6,600만㎥ 규모의 장애물 절취를 하지 않아도 된다는 결정이 당시의 항공법을 위반한 것이 아닙니까?"

주 질의 7분, 보충 질의 5분, 추가 질의 3분의 15분 내외 질의응답만으로는 시간이 턱없이 부족했다. 김해공항 확장안과 관련한 총 13가지 사항에 대한 서면 질의서를 제출하였다. 김 장관과 국토부는 늘어나는 항공 수요와 중·장거리 국제노선 취항이 가능한 영남지역 거점공항을 만들려고 하며, 항공법 위반 사실은 없다는 등 고장 난 레코드판 돌아가듯이 기존 입장을 되풀이하는 답변을 내놓았다.

8월이 되면 국회는 각 상임위와 예산결산특별위원회에서 정부의 이전 연도 예산집행에 대한 결산 심사를 진행한다. 나는 국토교통위원회의 예산결산심사소위원회 위원으로서 8월22일 소위원회 회의에서 국토교통부 소관 결산 심사를 하게 되었다.

상임위원회 전문위원이 작성한 회의 안건 자료 중 김해신공항과 관련하여 '기본계획 수립용역 수행 과정에서 지자체와 주민, 전문가들과 소통을 강화하고 객관성을 유지해 신속히 진행될 수 있도록 해야 한다'며 '주의' 조치 의견이 초안으로 올라왔다. 이에 나는 기본계획 수립 최종보고서 제출 기한이 8월 초에서 연말로 150일 연장된 점, 정책 결정 과정에서의 위법성과 공정성, 소음피해, 안전 문제 등 지역에서 제기한 문제점을 충분히 반영할 필요가 있다는 점을 들어 '주의'가 아닌 '시정' 요구로 격상시켜 변경할 것을 주장하였고, 이를 관철시켰다.[75]

8월28일 국회 국토교통위 전체회의에서는 국토교통부 산하기관 업무보고에 출석한 국토교통부 진현환 항공정책관을 상대로 '김해신공항 입지 선정과 예비타당성조사 과정에서 국방부나 공군과 협의하지 않았다' '국토부 계획대로 40도 각도의 활주로를 추진할 경우 군사기지 및 군사시설보호법에 따른 고정 장애물인 산지 절취량이 5억 5,000만㎥에 달한다'는 사실을 지적하였다. 또 '시설 포화 상태에 다다른 김해공항 국제선 청사 2단계 확장공사를 조속히 서두를 것'을 주문하였다.

---

75) 국회 예산결산특별위원회의 <시정요구 유형별 적용기준>에 따르면 '주의'는 위법 또는 부당한 사실이 있으나 그 정도가 경미한 경우 향후 동일한 사례가 재발하지 않도록 해당기관이나 책임자에게 주의를 줄 필요가 있는 경우에 요구하는 조치이다. 반면 '시정'은 위법 또는 부당한 사실이 있어 이를 바로잡기 위하여 추징, 회수, 원상복구, 사업추진방식 변경 등의 조치가 필요한 경우에 요구하는 조치이다. '시정'은 '주의'에 비해 위법 또는 부당한 사실의 정도가 심하여 보다 적극적인 조치가 필요할 경우에 해당한다.(국회예산결산특별위원회, 『주요업무 가이드』 2018, 148쪽).

2. 부울경 시·도지사의 교체와 동남권 신공항 TF

2018년 부울경 지방정부의 교체와 동남권 신공항 TF 구성

문재인 정부가 출범한 지 1년 남짓 지난 2018년 6월에 치러진 제7회 전국동시지방선거에서 부울경 시·도지사 모두 더불어민주당 후보가 당선되었다. 당시 오거돈 부산시장 후보는 '가덕도신공항 재추진'을 제1공약으로 내걸어 신공항 문제가 선거의 최대 이슈로 부상한 가운데 당선되었다. 김경수 경남지사 후보는 선거 과정에서 '김해신공항은 관문공항이 될 수 없고 소음이나 안전성 조사도 제대로 하지 않은 채 결정된 것이기 때문에 결정 과정을 면밀히 검토해야 한다'고 밝혔다.

부울경 시·도지사들은 당선된 지 20여 일 만인 6월26일 울산도시공사에서 만나 '동남권^{부울경} 상생 협약문'을 발표하고 문재인 대통령의 공약인 동남권 관문공항에 걸맞은 신공항 건설을 위해 부울경 공동의 태스크포스^{이하 동남권 신공항 TF 또는 부울경 TF}를 구성하기로 하였다. 동남권 신공항 TF^{공동단장 민홍철·박재호 의원}는 신공항의 역할과 소음·안전성 등 해결 대책, 결정 과정의 타당성 등을 검토하여 그 결과를 부울경 시·도지사에게 보고하는 임무를 띠고 전문가 9명으로 구성되었다.

동남권 신공항 부울경 TF는 6월29일 첫 회의를 시작으로 4차례 자체 회의를 포함하여 50여 일 동안 국토교통부가 김해신공항 추진 근거로 삼는 김해신공항 사전타당성조사 보고서와 예비타당성조사 보고서를 집중적으로 검토했다. 그리고 8월21일 경부고속철도 울산역 회의실에서 부울경 시·도지사, 나와 민홍철·박재호 의원 등이 참가한 가운데 김해신공항 결정과정 검토결과 보고회를 열었다.

김해신공항 추진의 3가지 문제점

보고회에서 TF는 크게 3가지 점을 지적했다.[76] 먼저 문재인 대통령의 대선 공약은 급증하는 항공수요에 부합하는 수용 능력 확보와 인천공항의 재난 발생 시 대체공항 기능이 가능한 관문공항으로서의 동남권 공항 건설인 데 비해, 사전타당성·예비타당성조사^{이하 필요에 따라 사타, 예타로 줄임}는 김해공항을 관문공항이 아닌 한 단계 낮은 위상의 거점공항을 전제로 계획됐다는 점이다. 2016년 6월 사전타당성조사 결과 발표에서 김해공항을 확장하여 영남권 거점공항의 역할을 수행하게 하겠다고 했을 뿐만 아니라, 계획된 비행시간 제한^{23시~06시}, 비행절차, 활주로 규모와 축소된 항공수요 등에서 관문공항 육성 의도가 없었음이 드러났다는 것이다.

김해신공항의 정책 결정 과정을 검토한 결과 관련 법을 위반하고 합의사항을 지키지 않은 점도 지적되었다. 김해공항은 군 공항이고 활주로를 추가로 신설해도 기존 활주로를 공동으로 사용해야 하므로 군사기지 및 군사시설 보호법에 따른 비행안전구역 기준을 적용해야 하나 이에 대한 검토가 이루어지지 않아 법을 위반했다는 것. 또 김해공항은 군과 함께 민간공항으로 이용되고 있으므로 당시 항공법 82조^{현, 공항시설법 42조}에 따른 장애물 제한표면을 검토해야 했으나 이를 이행하지 않았다는 것.[77] 그리고 5개 시·도 합의로 결정한 과업 지시서 준거기준인 항공법, ICAO 기준 등에 따른 검토를 하지 않아 합의사항을 준수하지 않았다는 것이다.

---

76) 자세한 내용은 동남권 신공항 TF, "김해신공항 결정과정 검토 결과(김해신공항 사전타당성 및 예비타당성 조사보고서 중심)", 2018.8.21. 참조.

77) 1961년 제정된 항공법은 2017년 3월30일부터 항공사업법, 항공안전법, 공항시설법으로 분법(分法)되어 시행되었다.

김해신공항의 사전타당성 용역 계획안을 검토한 결과에서도 지적된 것이 많았다. 신공항의 필수조건인 안전·소음·확장 등에 대한 조사와 분석이 제대로 이뤄지지 않았고, 현재 김해공항의 시설 및 운영 기준보다 못한 기준으로 분석하여 안전 문제와 소음 영향, 향후 확장성 등에 대한 문제가 발생할 수 있다고 우려되었다. 안전 문제의 경우 신설 활주로 진입표면에 저촉되는 장애물은 절취가 필요한 것으로 확인됐으며, 소음 문제는 현장 조사 미실시 등으로 소음 영향이 축소되고 왜곡되었다. 김해 시내 소음 영향권에 있는 신설 아파트푸르지오, e-편한세상 등 약 2,000세대 등이 조사 대상에 포함되지 않았다는 점도 지적하였다. 확장 문제는 현황과 다른 과다한 슬롯SLOT, 시간당 항공기 이·착륙 횟수 기준을 적용해 수요 증가에 따른 확장계획이 제시되지 않았다는 점도 문제였다.

결론적으로 부울경 TF는 김해신공항 건설이 대선 공약인 동남권 관문공항 기능을 수행할 수 없고, 관련 법 위반 및 과업지시서 미준수 등으로 안전, 소음, 확장 등 신공항의 기본요건을 갖추지 못한 계획으로 판단하였다. 이에 따라 정부에게 정책을 변경하여 안전한 24시간 동남권 관문공항 건설 방안을 강구할 것을 제안하였다. 이날 부울경 시·도지사는 부울경 TF의 보고 내용을 채택하고 이를 바탕으로 빠른 시일 내에 국토교통부와 긴밀한 협의를 진행하기로 하였다.

평행선, 동남권 신공항 부울경 TF - 국토부 실무회의

그 결과 8월29일 경남 김해의생명센터에서 '동남권 신공항 추진 부울경 TF, 국토부 실무회의'를 개최하게 되었다. 이날 회의에는 국회 국토교통위 소속인 나와 박재호 의원부산 남구을, 그리고 최치국 박사 등 동남권 신공항 부울경 TF 8명, 손명수 항공정책실장 등 국토부 및 용역사, 자문단 8명을 비롯한 관계자 30명이 참석하여 진행되었다.

동남권 신공항 추진 부울경 TF-국토부 실무회의(2018.8.29., 경남 김해의생명센터). 가운데가 필자.

먼저 동남권 신공항 부울경 TF 측에서 8월 21일 부울경 시·도지사가 채택한 '김해신공항의 결정 과정 검토 결과'를 제출하고 핵심 내용을 간추려 설명했다. 아울러 올 연말까지로 예정된 '김해신공항 타당성 평가 및 기본계획 수립 보고서'에 공항 소음 문제, 안전대책, 공항 확장성, 군사공항과 민간공항의 충돌 여부 등에 대한 부울경의 의견을 검토, 반영해줄 것을 국토부에 요구했다. 앞으로 진행될 국토부의 타당성 평가 과정에서 동남권 신공항 부울경 TF가 포함된 제3의 검증단을 꾸릴 것도 요구했다.

다음으로 국토부 쪽에서 동남권 신공항 부울경 TF의 검토 결과에 대한 입장을 설명하였다. 김해신공항은 관문공항 역할을 충분히 수행할 수 있다, 사전타당성조사에서 항공법과 국제기준을 적용하였고 과업지시서도 준수하였다, 군공항 관련 법은 공군과 실무협의체 구성을 통해 기본계

획 수립과정에서 적용방안을 논의 중이다, 대체로 이런 내용이었다.[78]

이어서 쟁점 상호토론과 자문단의 의견 제시 순으로 진행되었는데 안전과 소음 등 핵심 쟁점에 대해서는 대부분 견해 차이가 큰 가운데 논의 과정에서 몇 가지 공감대가 형성되기도 했다. 먼저 사전타당성조사에서 3,800만 명으로 추계했던 김해신공항의 여객수요를 예비타당성조사에서 2,800만 명으로 1,000만 명 줄인 것에 대해 부울경 TF가 문제를 제기했고 국토부도 이를 받아들여 3,800만 명으로 추계하고 이에 맞게 터미널과 계류장 등의 시설을 설계해야 한다는 데 공감했다. 미국과 유럽 등 중·장거리 노선 취항 확대에도 양측의 이견이 없었다.

그동안 국토부가 답변하지 않거나 정확한 사실을 확인해 주지 않았던 사항 일부를 인정한 것도 성과였다. 김해공항은 공군비행장으로서 '군사기지 및 군사시설 보호법'상 군사공항인 데도 예비타당성조사에서 군 당국과 사전 협의를 하지 않았다는 점, 진입표면에 저촉되는 장애물 절취와 제거에 대해서 사전타당성조사에서 검토하지 않았다는 점에 대해서 인정하였다. 소음피해 부분도 사업타당성조사에서 경남 양산 방향은 조사했지만, 정작 김해 서북쪽 V자형 활주로는 하지 않았다고 인정하였고 기본계획 수립과 전략환경영향평가에서 정확히 조사하겠다는 답변을 받았다. 이날 회의는 비공개로 진행되었기 때문에 내가 별도로 김해시청에서 그 결과를 기자들에게 브리핑하였다.

회의에서 정책 결정 과정의 문제점들이 속속 확인된 만큼 김해신공항 결정 과정에 대한 종합적인 재검토가 불가피하다는 생각이 더 확고해

---

78) 자세한 내용은 국토교통부 보도참고자료, 2018.8.22., ""김해신공항의 문제점[동남권 신공항 TF 합동보고회]" 보도 관련" 참조.

졌다. 그러나 제3장에서 살펴봤듯이 9월6일 기본계획 수립용역 중간보고
회에서 국토부는 큰 틀에서 김해공항 확장을 기존 계획대로 강행하겠다
는 의지를 분명히 함에 따라 이전과는 다른 차원의 대응이 불가피한 상황
으로 전개되었다.

3. 김해신공항은 꼼수

감출 수 없는 사실, KDI의 예비타당성조사 용역 결과

공항개발사업 시행 절차는 먼저 항공수요 검증을 거쳐 정부 방침이 결정되는 데 이때 기존 공항시설을 정비 또는 확충하는 것인지, 아니면 신공항을 건설하는 것인지가 구분된다. 공항 확충이라면 곧바로 '예비타당성조사 → 기본계획 수립 및 고시 → 기본·실시설계 → 공사 → 준공'의 절차를 밟는다. 신공항 건설의 경우 '(후보지 선정을 포함한)사전타당성조사 → 최적 입지 선정' 단계를 거친 후 공항 확충 절차와 같이 '예비타당성조사 → 기본계획 수립 및 고시 → 기본·실시설계 → 공사 → 준공'의 절차를 밟는다.[79]

이미 신공항 건설로 결정되어 타당성조사를 거쳤는데 기존 공항 확충 성격의 김해공항 확장이라는 '기이한' 결론을 내려 과연 신공항인지 논란이 이어졌지만, 이를 신공항 건설로 규정한 박근혜 정부는 다음 단계인 국가재정법에 따른 예비타당성조사에 착수하였다. 2016년 7월부터 약 9개월 동안 한국개발연구원KDI이 조사한 끝에 2017년 4월 국토교통부가 그 결과를 발표하였다. 그 내용을 간추리면 다음과 같다.

첫째, 김해신공항 건설사업의 내용은 김해공항 서편에 항공 승객 연 3,800만 명 처리를 목표로 활주로, 국제선 터미널, 계류장 등 공항시설과 신규 국제선 터미널에 접근하기 위한 도로·철도 접근교통망을 건설하는 것이다.

---

79) 국토교통부, "공항개발사업 시행 절차", 2015.

둘째, 총사업비는 5조 9,600억 원으로 ADPi 제시액보다 1조 7,900 억 증가했다. 주요 항목으로는 활주로·터미널 건설 등 공사비가 2조 8,600억 원, 보상비 1조 800억 원, 접근 도로와 철도 등 교통시설 1조 500 억 원, 예비비와 설계비 등 기타 9,700억 원이다.

셋째, 비용 대 수익 비율B/C은 0.94로 1.0을 넘기지 못했으나 경제성, 정책성, 지역 균형발전을 종합적으로 검토하는 AHP 분석에서 0.507로 0.5 이상이 나왔으므로 사업 타당성이 확보되었다.[80]

예비타당성조사가 종료됨에 따라 국토부는 다음 단계인 공항개발 기본계획 수립용역을 발주하고 2026년 개항을 목표로 차질 없이 사업을 추진하겠다고 밝혔다.

KDI 예타 팩트체크 1, 항공수요 1,000만 명 축소

한편 이 당시 예비타당성조사 결과는 2쪽짜리 보도참고자료를 통해 핵심 내용이 발표되었고 자세한 내용은 두 달이 지난 뒤 보고서가 공개됨 에 따라 알려졌다.[81] 보고서가 공개되자 몇 가지 논쟁점이 형성되었다.[82]

먼저 KDI는 김해공항의 항공수요를 2050년 기준 2,856만 명국제선 1,943만 명, 국내선 913만 명으로 책정했다는 점이다. 동남권 신공항 입지 타당성

---

80) 국토교통부 보도참고자료 2017.4.10., "영남권 관문공항 "김해신공항 건설사업" 추진 본격화".

81) 기획재정부의 2017년도 예비타당성조사 운용지침 제44조에 따르면 예비타당성조사 수행기관은 기획재정부 장관이 예비타당성조사 결과를 각 중앙관서의 장에게 통보한 시점부터 원칙적으로 2개월 이내에 예비타당성조사 최종보고서를 발간하고 기획재정부 장관에게 제출하여야 한다. 또 예비타당성조사 결과 보고서와 수요 예측 자료 등 예비타당성조사 결과에 관한 자료를 홈페이지 등을 통해 공개하여야 한다.

82) 이하 공개 당시 시점에서 제기된 주요 논점은 다음을 참조. 『노컷뉴스』 2017.7.21., "정부 예타 보고서, 김해신공 항 수요 천만 명 축소 논란"; 『국제신문』 2017.7.22., "김해공항 예측수요 1,000만 명 축소 타당성 있나"; 『국제신 문』 2017.7.22., "항공·터미널 수요 엇박자…내달 발주 기본계획 틀어져"; 『국제신문』 2017.7.22., "김해공항 예 측수요 1000만 명 축소 타당성 있나".

조사 때 프랑스 ADPi사가 추산한 3,800만 명이나 지난해 국토부의 사전 조사 예측치 3,200만 명보다 400만 명에서 최대 1,000만 명이나 적은 수치다. 항공수요는 활주로, 계류장과 광역교통망 등의 확장 규모를 결정하는 기준이 된다는 점에서 김해공항이 확장되더라도 관문공항 기능을 뒷받침할 시설을 갖추지 못할 것이란 우려가 제기되었다. KDI 보고서는 김해공항 여객수요가 폭발적으로 성장하기 이전인 2008년부터 2012년까지 법무부 출입국 통계자료를 활용한 것으로 알려졌고, 보고서 스스로도 공항 전환수요나 잠재수요를 반영하지 않았다는 언급을 덧붙인 것으로 미뤄 예측 정확도에 한계가 있는 게 아니냐는 지적도 나왔다.

KDI는 항공수요를 1,000만 명 축소하면서도 여객 터미널은 3,800만 명 규모로 산정하였고 국제선 터미널의 경우 항공수요인 1,900만 명이 아닌 2,800만 명으로 제안했다. '국토부의 요청에 따랐다'고 각주를 달았으나 항공수요와 다른 규모의 터미널 계획은 납득하기 어렵다는 지적이 나왔다. 터미널을 항공수요 3,800만 명 규모로 짓는다면 활주로, 계류장, 광역교통망 계획도 그에 맞춰 건설해야 하고 그에 따라 사업비 규모도 달라져야 한다. 만약 터미널을 제외한 나머지에 대해서는 2,800만 명 규모로 사업비를 추산했다면 일관성도 잃었을 뿐 아니라 3,800만 명 처리를 목표로 하는 신공항이라는 발표 자체가 성립하기 어렵다.

KDI 예타 팩트체크 2, '산봉우리 6,600만㎥ 깎아야' 명시

KDI는 보고서에서 '사전용역에서 김해공항 활주로 신설에 따라 절취가 필요한 저촉 장애물이 거의 없는 것으로 돼 있으나 국내 기준항공법을 적용하면 저촉 장애물이 발생할 수 있다'고 명시했다. 구체적으로 새롭게 조성되는 활주로 진입표면에 위치한 금음산, 경운산, 임호산 등지의 6,600만㎥의 산봉우리가 절취 대상이며 절취 비용을 포함할 경우 총사업비 2조 649억 원이 증가할 것으로 추산하였다.[83] 하지만 국토부가 항공학적 검토에 따라 비행 안전을 해치지 않는다고 판단될 경우 장애물의 존치가 가능한 것으로 의견을 제시했기 때문에 KDI는 총사업비에 절취 비용을 포함하지 않았다.

다만 KDI는 정책제언에서 항공법 제82조 등에 따르면 장애물 제한 표면을 초과하는 장애물은 항공 안전을 고려하여 제거해야 하는 등의 검토가 필수적인 사항으로 제시하고 있다는 점을 상기시키면서, 추후 기본계획 및 설계단계에서 세부적인 '항공학적 검토'를 수행하고 그 결과에 대한 항공학적 검토위원회 의결을 통하여 장애물 제거 여부를 다시 판단할 필요가 있다고 제시하였다.

총사업비는 두 차례 바뀐 것으로 나타났다. 애초 ADPi의 추산치는 4조 1,700억 원이었다. 국토부가 ADPi의 사업계획서를 토대로 국내 지침에 맞춰 추산한 총사업비는 6조 6,595억 원까지 치솟았다. 이때 경제성이 0.81로 떨어진다. 결국 KDI는 경제성B/C을 높이기 위해 총사업비를 5조 8,431억 원으로 낮춰 0.94라는 결과치를 제시하였다. 그러나 실제 들어갈 수밖에 없는 사업비를 경제성 분석 결과를 끼워 맞추기 위해 축소한 것이라면 향후 어떻게 그 비용을 조달할 것이냐 하는 문제가 과제로 나올 수밖에 없다.

---

83) KDI 공공투자관리센터, 『2017년도 예비타당성조사 보고서 : 김해 신공항 건설사업』, 2017, 237~238쪽. KDI는 <표 Ⅲ-129>의 수정안에 장애물 절취 비용을 포함하여 추정한 총사업비를 <표 Ⅲ-130>으로 제시하고 있는데 수정안과의 금액 차이를 계산하면 2조 649억 7백만 원이다.

'옷에 몸을 맞추는' 김해신공항 기본계획

국토교통부는 2017년 8월 포스코건설을 대표사로 하는 컨소시엄을 용역업체로 최종 선정하고 '김해공항 건설 및 운영계획 수립을 위한 기본 계획 수립용역'에 착수하였다.[84] 입찰공고 당시 과업지시서에 따르면 이 용역은 개발예정지역 기술 분야에 대한 조사, 항공 및 접근교통망 수요 분석, 공항시설과 접근교통시설 건설 및 운영계획 수립, 공사 시행계획, 총사업비 산정, 타당성 분석, 사전재해영향성검토, 문화재지표조사, 공항 건설 사업의 타당성 평가 및 기본계획 보고서 작성 등을 주요 내용으로 하였다.

국토부는 같은 해 9월8일 착수보고회를 개최하고 나서 정확히 1년 뒤인 2018년 9월6일 중간보고회를 열어 그간 검토된 수요·소음 규모 예측 결과와 활주로 방향 및 길이 등에 대한 중간보고서를 공개하였다. 주요 내용은 다음과 같다.[85]

먼저 보고서는 2017년 예비타당성조사에 사용된 예측모형을 기반으로 분석한 결과로 2056년 기준 2,925만 명(국제선 2,006만 명, 국내선 919만 명)의 항공 승객이 김해공항을 이용하리라고 예측했다. 그러나 영남권 대표 공항으로서 관문 기능 수행을 위해 여객 터미널, 유도로 계류장 등 공항시설은 향후 확장성 등을 고려하여 연간 3,800만 명 처리가 가능한 규모로 계획을 수립하겠다고 밝혔다. 공항시설을 3,800만 명에 맞춰 건설하겠다

---

84) 컨소시엄은 포스코건설(60%)과 이산(15%), 수성엔지니어링(15%), 삼보기술단(10%)으로 구성되었으며 용역 금액은 34억 3천만 원, 계약기간은 2018년 8월3일까지 1년간이다.

85) 국토교통부 보도자료 2018.9.6., "김해신공항 기본계획 수립용역 중간보고회 개최"; 『부산일보』 2017.9.7., "소음피해 축소·활주로 길이도 고수… 논란 불보듯"; 『국제신문』 2019.9.17., "신활주로 짧아… 최소 3.5km 필요, 항공기 좌선회 소음·안전 미봉책" 참조. 기본계획 수립 용역 착수는 문재인 정부 출범(2017.5.10.) 이후에 시작된 일이다.

는 것이지만, 예비타당성조사 결과 발표 때 논란이 됐던 항공수요 축소 문제는 그대로 유지한 것이다. 국제선 터미널 규모는 사전타당성 때의 33만 6,000㎡ 보다 축소된 29만 5,094㎡가 제시됐다.

활주로와 관련해서는 ADPi가 제안했던 기존 활주로에서 서쪽 40도 방향 V자형 활주로 신설 계획을 재확인했다. 기본계획 수립과정에서 김해시 등에서는 11자형, 동쪽 55도 V형 등을 제안했으나 보고서는 안전 문제와 환경 문제를 이유로 부정적인 입장을 밝혔다. 신설될 한 개 활주로의 길이는 3.2㎞ 폭은 45m로 제시했는데 이 정도 길이면 장거리 노선김해↔뉴욕, 11,300㎞ 취항과 A380·B787 등 최신예 항공기 이·착륙이 가능하다는 설명이다. 3.2㎞ × 45m 활주로를 만들면 장거리 노선 취항과 대형항공기 이·착륙이 가능하다고 주장한 셈이다.

억지, 안전 위협 산봉우리 깎지 않겠다는 국토부

중간보고서는 또 활주로 운영 등급을 CAT-I에서 CAT-II제주공항 또는 CAT-III김포·인천공항로 상향하는 방안을 검토하기로 했다고 밝혔다.[86] V자형 활주로를 신설했을 때 오봉산·경운산·임호산 등 산봉우리를 제거할지에 대해 세부적인 항공항적 검토가 필요하다는 예비타당성조사의 제언과 관련해서는 '신규 활주로에 대한 장애물 간섭 여부를 검토한 결과 안전에 문제없이 비행절차 수립이 가능한 것으로 검토되었다'는 입장이다. 활주로 신설 시 공항시설법상 장애물 제한표면에 저촉되는 고정 장애물은 반드

---

86) CAT는 '카테고리(Category)'를 말하는데 전파, 등화 등 항공기 운항을 지원하는 항행안전시설 성능에 따라 착륙이 가능한 가시거리와 결심고도를 등급화(Category)한 것으로 CAT-I~III로 분류한다. CAT 등급이 높을수록 착륙 시정거리가 줄어들고 결항률도 낮아지는 등 안전한 공항 서비스를 제공한다는 뜻이다.

시 절취해야 한다. 그런데 실정법을 지키지 않고, 비행절차 수립 시 안전에 문제없다고 둘러대고, 항공 안전에 장애가 되는 산봉우리를 그대로 두겠다면서 활주로 운영 등급을 높이겠다는 서로 충돌하는 방안을 내놓은 것이다.

김해공항 확장은 그렇지 않아도 심각한 소음피해를 더 악화시킬 수밖에 없는데 중간보고서는 소음피해를 줄이기 위해 이륙 후 좌측으로 22도 선회하는 방안을 내놓았다. 이럴 경우 75웨클 이상의 소음 가구 수가 부산은 1,118가구이고 김해는 전혀 없으며, 70웨클 이상~75웨클 미만 소음 가구 수가 6,035가구에서 2,999가구로 줄어든다는 설명인데 활주로 신설로 증가하는 소음 가구 규모에 대해서는 부산시 및 경상남도의 추산과 차이가 크다. 이주단지 조성과 피해 가구 보상, 저소음 항공기 운용 권장 등의 방안도 덧붙였다.

이밖에 원활한 접근교통 체계 구축을 위해 에코델타시티 연결도로를 비롯해 철도 직결노선부전~마산선 선로 신설·동대구 등 직결 운영과 환승노선부전~마산선 EDC역(건설 중)에서 터미널까지 셔틀열차 운영 사업 등이 제시됐다. 하지만 영남권 관문공항으로서의 명확한 공항 위계 설정, 화물 터미널 확충, 에어시티 조성 등 지역사회의 요구에 대해서는 언급되지 않았다.

중간보고 개최 후 국토교통부는 '김해신공항의 현재 입지와 관련한 문제 제기에 대해 지역의 요구를 수용해 재검토 수준으로 기본계획 용역에 포함하여 검토하는 등 이견을 해소해 가면서 연내 기본계획을 마무리할 계획'이라는 입장을 밝혔다.

중간보고 내용은 일부 지엽적인 내용을 제외하고는 큰 틀에서 예비타당성조사 때 제시한 것과 별 차이가 없었다. 기존 김해공항의 한계점을 그대로 안고 출발함으로써 안전하고 24시간 운영할 수 있는 관문공항을 건설하는 길과는 거리가 너무 멀었다. 예비타당성조사에 이어 기본계획 수립용역도 '옷에 몸을 맞추는' 격으로 진행되어 중간보고 내용이 공개되자마자 많은 논란과 반론이 쏟아졌고 하나하나 검증되기 시작했다.

최종적으로 국토교통부는 김해신공항 기본계획 수립과 관련한 모든 업무를 중단하였고, 기본계획 수립안은 최종적으로 고시되지 못하였으며 보류 중이던 '김해신공항 전략환경영향평가 용역'은 타절打切·중도 포기하였다.[87] 이제 김해신공항 부울경 검증단의 치열한 활동 끝에 김해신공항 건설사업이 공식적으로 폐기되기까지의 김해신공항 검증과정의 우여곡절을 가감 없이 깊이 들어가 본다.

---

87) 국토교통부 보도자료, 2021.3.30., "국토부, 가덕도신공항 추진 본격화". 한편 김해신공항 기본계획 수립용역 최종보고회는 2019년 1월15일 국토교통부 내부 행사로 진행되었다(「부산일보」, 2019.1.16., "김해공항 확장안 최종 용역보고회 개최").

4장

검증 2, 국토부의 김해신공항 기본계획

4장
검증 2,
국토부의 김해신공항
기본계획

1. 부울경 검증단의 격상과 본격적 검증

바보 농부와 '에어포트 김'

2018년 8월 말, 보궐선거에 당선되자마자 곧바로 의정활동이 시작되었고 석 달이 숨 가쁘게 지나갔다. 지난 90일을 가만히 뒤돌아보았다. 한마디로 김해신공항 원점 재검토에 전력투구한 하루하루였다. 그 덕인지 어느덧 나에게 '공항 전문가'라는 타이틀이 붙었다. 한 언론은 올봄까지만 해도 김해 봉하마을에서 친환경 벼농사를 짓고 있던 바보 농부가 국회 등원 2개월여 만에 공항 전문가로 변신해 국토교통부 관료들을 날카롭게 몰아붙이고 있다고 보도했다.

민주 김정호 의원 '공항 전문가' 변신

김해신공항 문제 날 선 지적
국토교통위·실무회의 활약

더불어민주당 김정호(경남 김해을) 의원은 올 봄까지만 해도 김해 봉하마을에서 땅을 팠다. 청와대 기록관리비서관을 지낸뒤 2008년 노무현 전 대통령을 따라 봉하마을로 내려왔고, 노 전 대통령 서거 후에도 유업을 받들어 11년째 생태농업에 천착했다.

하지만 요즘 김 의원에게서는 흙냄새를 전혀 맡을 수 없다. 등원 2개월여만에 공항 전문가로 변신해 국토교통부 관료들을 날카롭게 몰아붙이는 모습이 눈에 띈다.

지난 6월 보선에서 당선이 확정되자 박수 치는 더불어민주당 김정호 의원. 앤합뉴스

그는 상임위를 국토교통위로 정하고 거의 매일 의원회관에서 야근을 하면서 김해신공항(김 의원은 '김해공항 확장'이라고 표현한다)에 따른 소음, 안전성 문제를 깊이 파고 들었다. 특히 당국이 활주로 진입표면 장애물에 대한 조사를 제대로 진행하지 않아 항공기 이착륙 과정에서 치명적인 위험이 될 수 있다는 점을 밝혀냈다.

지난 29일 김해에서 열린 '신공항 추진 부·울·경 TF'와 국토부 사이의 실무회의에서 국토부 측도 이를 인정한 것으로 알려졌다. 김 의원은 이 자리에서 국토부 측에 기본계획 수립 때 소음·안전성·확장성 등 3대 이슈에 대한 재검토와 부·울·경 TF의 검증단 참여를 요청했고, 현재 그 결과를 기다리고 있다.

만일 국토부가 이를 수용하지 않을 경우 김 의원에게는 또다른 무기가 있다. 그는 국토위 예결소위 위원이다. 국토부가 요청한 김해신공항 실시설계비 등을 상임위 차원에서 손 볼수 있는 것이다. 이래저래 국토부는 김 의원의 눈치를 보지 않을 수 없다.

김 의원은 30일 "신공항은 문재인 대통령의 공약인 '24시간 운영 가능한 관문공항'이 아니면 결코 수용할 수 없다"고 목소리를 높였다. 김 의원은 부산대 경제학과 재학 중 학생운동을 하다 노 전 대통령, 문 대통령과 인연을 맺었다. 운동권에서 농업인으로, 이제는 국토교통 문제에 박식한 '선량'으로 변신을 거듭하고 있다.

박석호 기자 psh21@

부산일보 2018.8.31

4장 | 검증 2, 국토부의 김해신공항 기본계획

국토교통위원회 회의장에서도 동료의원들은 농담 반 진담 반으로 나를 '에어포트 김'이라고 불렀다. 발언 기회가 주어지면 공항 관련 얘기부터 꺼냈다. 내가 발언신청을 하면 정부 관계자들은 이번에는 무슨 문제를 제기하나 싶어 바짝 긴장하며 그 끈질김에 고개를 설레설레 저었다. 그러나 질의가 거듭될수록 나의 진정성 있고 객관적인 문제 제기에 고개를 끄덕끄덕 수긍하기 시작했다.

실제로 상임위를 국토교통위로 정한 뒤 거의 매일 의원회관에서 야근하면서 휴일도 없이 김해공항 확장에 따른 소음, 안전성 문제를 깊이 파고 또 파고들었다. 의정활동과 지역의 부울경 TF 활동을 병행하면서 끊임없이 논의하였고, 모르는 것은 전문가들에게 물어보고 담당 관료들의 대면보고도 수없이 받았다.

젊은 시절 사법고시나 행정고시를 준비하느라 정말 열심히 공부하던 선후배와 동료들이 있었고 그중에는 합격의 기쁨을 누린 사람도 더러 있었다. 당시 나는 민주화운동에 헌신하고자 하였고 감옥 생활까지 했다. 젊은 날의 나는 고시 공부는커녕 취업을 위한 공부도 하지 못했다. 그런데 지금 불 꺼진 의원회관에 홀로 남아 늦은 밤까지 공항 문제와 씨름하고 있다. 내가 이 나이에 무슨 영광을 누릴 거라고…. 불현듯 이런 생각이 들기도 했다.

고립무원… 돌파구 모색

그런데 공항 문제를 파면 팔수록, 국토부와 때로는 협의하고 때로는 언쟁하고 심지어 언성 높여 싸워가며 돌파구를 찾고자 할수록 상황은 절대 녹록지 않다는 판단이 들었다. 이른바 김해신공항이라 불리는 김해공항 확장안은 박근혜 정권에서 국토교통부가 공항 전문가들을 앞세워 정치적으로 결정한 것이었다. 그런데 정권이 바뀐 지금도 국토교통부 관료들은 문재인 대통령과 국토부 장관을 설득하며 완강하게 버티는 상황이었다. 시간은 국토부의 편이었고 그들은 요지부동이었다.

문재인 대통령이 임명한 김현미 국토부 장관이 이끄는 국토부 항공정책실을 상대로 김해신공항의 기본계획 수립용역 내용에 대해 3개월 동안 집중적으로 추궁했으나 김 장관과 국토부는 꿈쩍도 하지 않았다. 국토부는 김해공항 확장안에 불과한 김해신공항의 기본계획 수립용역을 계속 추진했다. 나와 부울경 의원들의 추궁에 대해 국토부는 '부울경 지역 주민들의 요구를 반영하겠다' '소음피해를 줄이겠다' 'V자 활주로는 안전하다' '항공법 위반 사실은 없다' '중장거리 국제노선 취항이 가능한 동남권 관문공항을 만들겠다'고 둘러대며 고장 난 레코드판 돌아가듯이 기존 입장을 되풀이했다.

김해신공항 건설계획은 영남권 5개 광역단체장이 합의하여 국제컨설팅 용역을 추진한 결과에 따라 입지를 선정하고 국토부가 적법한 절차를 밟아 진행하고 있는 국책사업이라는 것이 이들의 논리였다. 이 계획을 뒤집을 만큼의 문제가 없으니, 정부가 추진하는 사업에 대해 집권 여당인 민주당 의원들이나 부울경지역 지방정부에서 더 이상 문제를 제기하지 말고 정치적으로 수습하여 신공항 건설에 매진할 수 있게 지원해야 한다는 것이다.

국토교통부 관료들만의 문제가 아니었다. 국회에서 다른 의원들과 얘기를 나누어보면, 비수도권 지역의 절박한 사정에 둔감한 수도권 국회

의원들 상당수도 인천국제공항 허브화에 적극 찬성하고 있고, 김해공항 확장안에 대해서도 지방 거점공항 수준이면 되지 굳이 막대한 재정을 들여서 또 하나의 허브 공항을 건설할 필요가 있느냐 하는 생각을 하고 있었다. 이미 절차가 진행 중이니 명백한 위험 사항이 확인되지 않는다면 굳이 번복하고 원점에서 다시 시작하는 것은 적절하지 않다고 생각하는 의원들이 더 많았다. 고립무원, 뾰족한 돌파구가 필요했다.

'스모킹 건', 문 대통령과 독대

보궐선거에 당선되었지만 등원하자마자 공항 문제에 몰두한다고 문재인 대통령으로부터 축하 난을 받고도 답례 인사조차 못 했다. 김해신공항 공부가 어느 정도 되고 부울경 TF의 입장이 정리되자 당선 인사를 핑계로 대통령 면담을 신청했다. 휴일이라 관저로 찾아갔다. 차담은 한 시간이었다. 대통령이 회의실로 들어왔다. 반가운 인사가 끝나자마자 나는 본론을 꺼냈다.

" 부울경 TF에서 국토부의 김해신공항 기본계획 용역의 중간보고를 검토한 결과, 김해 방향 V자 활주로는 5개의 산을 깎아야 하는데 그대로 존치토록 하는 게 국토부의 계획입니다. 이는 공항시설법 위반이고, 산을 그대로 둔다면 악천후에 안전하지 않고 김해 시내를 관통하게 되어 소음 피해는 확대되고 사업비는 4조 7천억 원보다 최소한 두 배 정도 더 들 수밖에 없습니다. 여전히 비행 금지 시간은 7시간이나 있고 활주로 길이가 3,200m로 짧아서 대형 비행기, 특히 대형 화물기는 이·착륙이 위험해서 미국, 유럽 등 장거리 국제 항공노선 취항은 한계가 있습니다." "국토부 안대로 김해신공항을 추진하면 24시간 안전한 동남권 관문공항은 불가능하며, 사실상 포기하는 것입니다. 부디 대선과 총선공약을 지킬 수 있도록 근본적인 재검토를 해주십시오."라고 간곡하게 설명하였다.

대통령은 여느 때처럼 경청하였다. 그리고 무겁게 입을 열었다. "아무리 잘못된 결정이라도 지난 정부가 적법절차를 거쳤는데 새 대통령이라고 손바닥 뒤집듯이 말 한마디로 바꿀 수 없지 않나? 명백한 법적 하자나 국민의 생명과 안전에 문제가 있다는 물증이 있지 않은 한, 심증만 가지고 원점에서 다시 시작하는 것은 착공 시기만 지연될 뿐 명분과 실익도 없지 않겠나?" 낮은 목소리로 반문하였다.

민주주의, 법치주의자로서 평소 소신을 이야기한 것이지만 나에게는 뚜렷한 명분과 물증, 스모킹 건 확보가 필요하다는 언질로 들렸다. 건방지지만 확인하듯 대통령께 되물었다. "보궐선거로 국회에 처음 들어온 제가 무슨 수로 결정적 물증을 찾겠습니까? 스모킹 건을 확보하는 것은 조사든 수사든 권한이 있는 대통령께서 최종적으로 하셔야 할 일 아닙니까?"

대통령은 조금 언성을 높였다. "아무리 잘못을 바로잡는다고 근거도 없이 절차를 지키지 않고 대통령 마음대로 지시하라는 말이냐? 여태까지 민주당 소속 장관도 설득하지 못하고, 국토부가 김해신공항 확장안이 큰 문제가 없다는데 제왕적 대통령이라도 되라는 말이냐?"

그리고 나서도 영남권 5개 시·도지사의 정치적 합의의 필요성 등 몇 가지 얘기가 더 오갔지만 '스모킹 건'에서 더 이상 대화가 진전되기 어려웠다. 오랫동안 고락을 같이해 온 존경하는 선배이자 동지였다. 누구보다도 지역 실정을 잘 알고 있는 대통령이고 절차적 민주주의를 중시하는 자타가 공인하는 합리적인 인권변호사 출신 대통령이다. 아무리 친하다고 한들 온정주의는 씨알도 안 먹히고 아무리 힘센 자가 겁박을 한다 해도 소신을 굽힐 분이 아니다. 무거운 침묵이 흘렀다.

내가 먼저 말문을 열었다. "스모킹 건, 결정적인 물증은 확보하지 못해도 방증은 수집해 보겠습니다. 부울경 시·도의 독자적인 검증단을 구성해서 최선을 다해 검증작업을 해보겠습니다. 그러나 지금까지 국토부의 태도로 보아 부울경 검증 결과를 수용하지 않을 것입니다. 그러면 평행선인데 우려대로 지역 간 갈등만 되풀이되고 착공 시기만 늦어질 뿐입니다. 최종적으로 대통령께서 공정한 판정을 내려주십시오."

대통령은 대답하지 않았다. 오랫동안 대통령을 지켜본 결과 침묵하는 것은 대체로 부정적인 판단일 때, 굳이 더 말을 하지 않는다. 그것은 상대에 대한 배려였고 한 번 더 꼼꼼히 따져보기 위해서였다. 대통령의 한결같은 진심이었고 사람을 대하는 태도였다. 벌써 1시간이 훌쩍 지났다. 작별 인사를 하고 자리에서 일어났다. 청와대 정문을 나서는 내 마음은 무거웠다. 유일한 돌파구는 스모킹 건이었다.

9회 말 투아웃… 마지막 기회

TV나 언론 기사를 보다 보면 범죄나 사건을 해결하는 데 결정적 역할을 하는 확실한 증거를 가리켜 스모킹 건Smoking Gun이라는 말이 종종 등장한다. 직역하면 '연기가 피어나는 총'이란 의미인데, 범죄 현장의 용의자 총에서 연기가 피어난다면 이는 명백한 범행 증거가 된다는 점에서 유래했다고 한다.

김해신공항을 원점에서 재검토할 수밖에 없는 스모킹 건을 찾아내는 것이 관건이었다. 관련 법령 위반이나 공항 안전에 심각한 문제가 있다는 확실한 물증을 찾아내지 못한다면 지루한 공방은 계속되고 시간만 허비한 채 여론까지 악화되면 그대로 추진될 수밖에 없는 상황으로 몰릴 것이다. 생각하면 할수록 등골이 서늘해지는 느낌이었다. 9회 말 투아웃 상황, 마지막 기회였다.

2018년 8월 초 그동안 김해공항 소음피해 해결을 위해 힘써온 부울경지역의 민·관·정이 총망라된 김해신공항 반대 범시민대책기구 결성을 추진하기로 하였다. 김해신공항 저지를 위한 움직임의 조직화·공론화와 함께 김해신공항 추진과정의 위법성을 제대로 파악하고 법률적 대응을 추진하기로 하였다.

국토부 항공정책실은 9월6일 기본계획 수립용역 중간보고에서 부울경 검증단과 공동 검증 수준의 협업체계를 마련해 지역의 요구를 수용해 재검토 수준으로 이견을 해소하겠다는 태도를 보였지만, 그간 지역에서 우려하던 안전과 소음 등 핵심 쟁점들에 대한 대책 없이 기존 안을 밀고 가겠다는 의지를 분명히 밝혔다. 수요 예측과 용량 계획 등은 오히려 후퇴하였다. 이 상황을 어떻게 돌파할 것인가?

회동, 부울경의 독자적인 검증단 구성과
총리실 판정위 설치 요청

2018년 9월9일 부울경 시·도지사들을 초대하여 김해에서 점심을 함께했다. 이 자리에서 나는 대통령의 입장과 의견, 특히 스모킹 건을 찾아내지 않으면 원점 재검토는 불가능하다는 내용을 공유했다. 그리고 8월29일 동남권 신공항 부울경 TF와 국토부의 실무회의 결과와 9월6일 기본계획 수립용역 중간보고회 결과도 보고했다. 국토부와 좁혀지지 않고 있는 김해신공항 건설의 소음 대책, 안전성, 확장성 등의 쟁점들에 대해서도 공정하고 객관적으로 검토할 검증기구의 필요성을 제기하였다. 부울경 시·도지사들이 이에 공감하였다. 그 결과 다음과 같이 크게 세 가지 내용의 합의사항을 도출하였다.

첫째, 부울경은 기존 '동남권 신공항 TF'에서 발전된 형태의 '실무검증단'을 구성한다. 가능한 추석 이전에 소음 등 환경, 공항시설, 수요 예측, 비행절차 수립, 관련 법률 검토 등 5개 분야 전문가 10여 명으로 구성한다.

둘째, 실무검증단은 향후 국토부 항공정책실, 기본계획 수립 용역회사 등과 5개 분야별 쟁점 사항을 함께 검토하고 협의한다. 상호 간 입장을 공유하고 쟁점 사항에 대한 의견을 조정한다. 셋째, 부울경 시·도지사는 국무총리 면담을 추진해 총리실 산하의 검증위원회 구성 및 중재 등 적극적인 역할을 요청한다. 검증위원회 구성 과정은 국토부 장관과도 함께 협의하여 '검증위원회'가 내린 결정에 부울경과 국토부가 모두 협조하기로 한다.

이날 제안된 총리실 산하에 판정위원회 성격의 검증위원회를 설치하는 방안은 경우에 따라서는 동남권 신공항 문제가 해결될 수 있는 전환점이 될 수 있었다. 부울경과 국토부가 김해신공항의 문제점에 대해 공동으로 검증하기로 한 것은 분명 이전보다 진전된 것이지만, 양측의 견해가 끝내 평행선을 달릴 경우 자칫 더 큰 갈등과 혼란의 불씨가 될 수 있었다.

따라서 총리실 산하 검증위원회에서 최종 판정을 내리고 여기에 모두 승복하는 방식으로 결론을 내리기로 하면 혼란을 막고 말 그대로 최종적인 매듭을 지을 수 있을 것이라 기대할 수 있었다. 총리실의 중요한 역할 중 하나가 국정 현안 조정인 만큼 마땅히 해야 할 일이기도 했다. 이에 나는 부울경 시·도지사들과 가능한 한 빨리 이낙연 국무총리를 만나 총리실 검증위원회 구성을 요청하기로 하였다.

나중에 '부산·울산·경남 동남권 관문공항 검증단'으로 정식 명칭이 정해지고 그 규모도 30명 안팎으로 불어난 실무검증단은 동남권 신공항 부울경 TF를 확대 개편한 조직이다. 5개 분야로 압축된 김해신공항 추진의 문제점을 제대로 검증하는 것이 가장 중요한 임무였다. 이를 바탕으로 국토부와의 공동 검증에서 부울경이 의견을 내고 필요할 경우 조정할 수 있도록 내용을 준비하며, 총리실에 검증위원회가 설치되면 국토부와 이견을 보이는 쟁점에 대한 부울경의 입장을 제출할 책임도 맡게 된다.

검증단의 구성과 활동 개시

내가 이 막중한 검증단을 책임질 검증단장을 맡게 되었다. 아니, 내가 총대를 메겠다, 자임했다. 검증단장으로서 먼저 해야 할 일은 검증단 조직을 꾸리는 일이었다. 검증단의 검증과정은 때에 따라서는 부울경 100년 역사를 좌우하는 일이며 동남권의 미래 100년을 결정지을 수 있는 중차대한 임무라 할 수 있다. 하지만 국토부와 기본계획을 수행하는 용역사 컨소시엄을 상대로 '다윗과 골리앗'의 싸움이었다.

전문가와 자문단, 그리고 실무를 책임질 분들을 동시에 모시는 것은 쉽지 않았다. 시간도 오래 걸렸다. 공항 관련 전문가들은 이미 국토부와 어떤 수준이든 관계를 맺고 있었다. 국토부의 각종 용역을 수행하고 있거나 향후에 불이익을 받을까 봐 지레 고사했다. 그나마 비공식적으로 자문해주는 경우는 다행이었다. 더구나 9월 하순부터는 국회의원이 되고 나서 처음 맞이하는 국정감사 시즌이 시작되기 때문에 서울과 김해를 오가며 없는 시간을 쪼개 써야 했다.

먼저 부울경 시·도지사 특보단과 협의하여 검증단에서 실무를 담당할 행정팀을 구성하고, 각 시도의 중간지점인 김해지역에 검증단이 활동할 공간을 마련하기로 하였다. 각 시도 연구원과 협의하여 5개 검증 분야에 대한 용역도 서둘러 추진하였다. 1주일에 2~3차례씩 회의를 거듭한 끝에 10월 중순을 지나면서 김해 중소기업비즈니스센터에 사무실과 회의실 등 공간이 확보되고 검증위원과 자문위원으로 참여할 인사들도 윤곽이 잡혔다.

특징적인 것은 검증계획이 구체화 될수록 필요한 인원이 자꾸 늘어났다는 점이다. 초기에는 5개 분야에 각 2명씩 10명 규모를 예상했으나, 논의를 거듭할수록 20명으로 늘다가 결국 30명 안팎의 규모로 구성하기로 하였다. 특히 국토교통부와 이견을 보이는 분야별 쟁점에 대해 꼼꼼하게 검증하기 위하여 실력 있는 전문가들을 영입하는 데 공을 들였다. 그 결과 부울경은 물론 수도권을 포함한 전국의 공항 전문가들을 망라하여 검증단을 구성할 수 있었다.

최종적으로 논의된 조직 체계는 검증단장과 부단장 외에 크게 전문가 검증팀과 전문가 자문팀 그리고 행정지원팀의 3팀을 두기로 했다. 행정팀 중심으로 다섯 차례 회의를 열고 한 달여간의 활동 성과를 모아 10월23일 검증단 자문팀 간사와 행정팀 연석회의를 열어 최종 점검을 마쳤다. 10월26일 드디어 검증단 구성을 완료하였다. 단장 김정호, 부단장 최치국을 비롯해 분과별 전문가 검증팀, 자문팀, 행정지원팀 등 총 31명으로 꾸려졌다. 예상되는 회유와 협박 등을 고려해서 검증단 명단은 단장과 부단장만 공개하고 전문가 명단은 공개하지 않기로 했다. 본격적인 검증 활동을 위한 인적 물적 기반이 갖춰진 것이다.

검증단은 2019년 1월15일 개편을 통해 31명에서 29명으로 인원을 조정하였는데 이를 기준으로 하면 검증팀 8명, 자문팀 11명, 행정지원팀 8명이다조직도 참조.[88]

〈그림 3〉 부산·울산·경남 동남권 관문공항 검증단 조직도

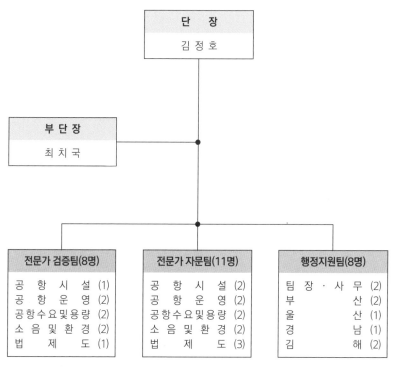

※ 2019.1.15. 기준

---

88) 항공 기술 관련 전문가 집단이 한정된 상황에서 검증단 참여 사실이 공개될 경우 전문가들과 국토부의 관계가 나빠질 수 있다는 점을 우려해 검증단 참여 전문가들의 명단은 공개하지 않았다.

2. 검증의 기준과 절차, 방식

최종 판정, 국토부와 부울경 미합의 시 총리실 판정 요청

검증은 모두 다섯 단계를 거쳐 진행하기로 하였다. 1단계는 국토교통부에 요청할 검증 항목과 내용을 설정하는 단계이다. 2단계는 국토교통부에 김해신공항 기본계획 보고서 초안과 검증단의 검증 항목과 내용에 대한 답변 자료를 요청하는 단계이다. 3단계에서는 국토교통부가 제출한 자료에 대한 검증작업을 거치고, 4단계에서는 국토교통부 자료에 대한 검증보고서를 발간하고 검증 결과를 부울경 시·도지사에게 보고해 공식화한다. 5단계는 국무총리실 산하에 검증위원회를 설치하고 평가 및 동남권 신공항의 정책 방향을 결정한다.

검증단은 가능한 한 연말까지 검증을 완료할 계획을 세웠지만, 국토교통부가 기본계획 용역 내용을 변경하거나 자료를 적기에 제출하지 않을 경우 이듬해까지 검증을 계속하기로 했다. 검증단의 검증 결과를 국토교통부가 수용하지 않거나 양측이 합의에 이르지 못할 경우, 이미 결정한 대로 국무총리실에 동남권 관문공항 검증위원회를 설치하여 국토부의 입장과 부울경 검증단의 검증 결과에 대해 최종 판정을 요청하기로 하였다.

1단계 : 검증 기준 및 대상과 항목 설정

1단계는 2018년 10월 26일 부울경 검증단 구성을 완료하고 11월 13일 제1차 전체회의에서 검증의 방향과 대상 항목 및 내용 등 검증계획을 설정하기까지의 기간이다. 2018년 10월 30일 검증단 구성원 17명이 모여 준비된 3개 분야 공항시설, 공항 운영, 소음 및 환경에 대한 검증계획 초안을 발표하였고,

11월6일 한 차례 더 사전 준비 회의를 거쳐 11월13일 검증단 31명 중 29명이 참석한 가운데 제1차 전체회의를 열었다.

국토부의 김해신공항 정책 결정 과정이 공정하고 적절했는지, 김해신공항이 관문공항의 기능을 수행할 수 있는지를 판단하는 것이 검증의 방향이자 목표였다. 이를 위해 김해신공항의 항공수요조사 – 사전타당성조사 – 예비타당성조사 – 기본계획 수립 등 정책 결정의 전 과정을 종합적으로 검토하기로 하였다. 이 과정에서 영남권 5개 시·도지사의 합의 사항을 준수하였는지, 관련 법규와 국제기준을 제대로 지켰는지도 따져 보기로 했다.

또한 김해신공항의 관문공항 기능 수행 여부를 판단하기 위해 지난 9월6일 중간보고서에 부울경지역의 요구를 수용, 명시한 대로 ① 여객 처리 능력 3,800만 명 가능, ② 북미, 유럽 등 중·장거리 국제노선 취항, ③ F급 대형항공기(화물기 포함) 운항, ④ 비행안전을 위한 정밀계기 이·착륙이 가능한 카테고리CAT Ⅱ 이상의 비행절차 수립, ⑤ 최종적으로 동남권 관문공항 기능과 역할을 수행할 수 있게 하겠다는 약속을 검증기준으로 삼아 국토부의 김해신공항 기본계획(중간보고)안이 이를 충족하는지 검증을 진행하기로 했다.[89]

이 같은 김해신공항 기본계획 검증의 방향과 기준을 바탕으로 5개 분야별 쟁점을 중심으로 세부 검증 대상과 항목을 구체화하여 검증을 진행한 뒤 이를 종합하여 검증 결과를 도출해 나가기로 했다.

---

89) 한편 국토교통부는 기본계획 수립용역 중간보고(2018.9.6.) 이후 기존 안 '활주로 40° + 항로 22"[중간보고]을 개선하여 신설 활주로 각도를 미세 조정하고, 남동쪽으로 200m 이동하는 '활주로 43.4° + 항로 17"[개선안] 방안을 마련하여 10월26일 필자에게 보고하였다. 국토교통부는 소음감소, 안전성, 논란 해소, 환경성 등을 위해 개선안을 마련하였다고 밝혔는 바, 검증단에서는 이 개선안도 검증 대상에 포함하였다. 검증단의 문제 제기에도 불구하고 2018년 12월 말 기본계획 최종보고 안이 국토부에 제출됨에 따라 검증도 최종보고 안을 대상으로 진행되었다.

2단계 : 검증 자료의 확보

2단계는 검증에 필요한 자료를 확보는 단계로 2018년 11월13일 제
1차 전체회의에서 설정한 검증 항목과 내용에 따라 국토교통부에 자료를
요청한 때부터 시작하여 대략 그해 연말과 이듬해 초까지의 기간이다.

국토부가 부울경 검증단에서 요청한 1차 자료를 제출한 것은 11월
22일이었다. 이튿날 행정팀과 자문팀 연석회의를 열어 그 내용을 검토한
결과 검증에 필수적인 기본계획안 종합보고서 초안은 누락한 채 쟁점 사항
관련 세부 자료만 제출되었다. 제출된 세부 자료를 살펴본 결과 안전, 소
음, 활주로 배치계획, 접근 절차, 수요 분석, 소음분석 등의 내용으로는 검
증을 진행하기에 충분하지 못하였다. 또 '이미 확정'되었어야 하는 활주로,
유도로, 비행절차 등은 여전히 가변적인 상태로 제출되었다.

이에 부울경 검증단에서는 국토부에 기본계획안 초안 제출을 다시
요구했다. 동시에 효율적인 검증을 위해 국토부 기본계획의 분야별 세부
쟁점 담당 책임자와 검증단이 직접 만나 정확한 내용을 설명하고 궁금한
사항을 묻고 답할 수 있는 자리를 제안하였다. 그 결과 12월5일 국토부 -
검증단 합동 검토회의가 열리게 되었다. 이에 검증단은 11월29일과 12월
3, 4일 잇따라 만나 검토회의에서 다룰 내용과 추가로 요청할 자료 목록
을 세밀하게 준비하였다. 국방부·한국공항공사·한국교통연구원 등 관련
기관에도 필요한 자료 제출을 요청하였다.

이어진 12월5일 검토회의에서 검증단은 국토부가 제출한 1차 자료
검토 결과를 바탕으로 사실관계나 출처, 산출방식 등을 질의하고 기본계
획 내용의 확정 여부를 확인했다. 또한 필요한 검증자료를 1주일 안에 추

가로 제출해달라고 요청했고 국토부도 이를 수용했다. 다만 기본계획 용역 종합보고서는 연내에 완료된 후 제출하겠다는 입장이었다. 12월10일 검증단은 행정팀 회의를 열고 지금까지 제기된 추가자료 수요를 종합하여 국토부에 2차 자료 요청 공문을 발송하였다.

12월 14, 17, 18일 개최한 행정팀과 자문팀 연석회의에서는 국토부가 제출한 2차 자료를 검토하고, 누락된 자료는 추가 제출을 요청하였다. 또 12월11일부터 공개되어 주민설명회가 시작된 국토부의 김해신공항 전략환경영향평가서 초안에 많은 허점이 드러남에 따라 이를 검토하여 주민설명회 중지와 보완을 요청하는 공문을 발송하였다.

12월19일 단장인 나와 최치국 부단장, 행정팀, 자문팀이 참가한 회의에서는 지금까지 제출된 국토부 자료와 분야별 검증 리스트를 점검하였다. 여러 차례 자료 제출을 독촉하였다. 내가 국토부 제2차관을 만난 자리에서도 미제출자료 제출을 요청하여 어느 정도 필요한 자료가 확보되었지만, 검증 결과를 도출하기에는 여전히 부족하였다. 결정적으로 기본계획 종합보고서 초안이 여전히 제출되지 않아 애초 계획대로 연내 검증을 마무리하기에는 무리라는 판단이 들었다.

12월 하순에 접어들면서 미흡한 검증자료는 계속 확보해나가되, 현재까지 확보한 자료에 근거한 검증 내용을 정리하는 작업 즉 2단계와 3단계 검증작업을 동시 진행하는 쪽으로 방향을 잡았다.

3단계 : 자료 및 현장 검증과 최종 검증보고서 작성

2018년 12월24일 성탄절 이브에 검증단 사무실이 있는 경남 김해

중소기업비즈니스센터 4층에 오거돈 부산시장, 김경수 경남지사, 김석진 울산 행정부지사와 검증단 등 50여 명이 모였다. 검증단 출범 후 약 2개월 동안 진행된 검증 결과를 부울경 시·도지사에게 보고하기 위해서다.

이날 나는 검증단장 자격으로 현재까지 제출된 국토부 1, 2차 자료를 검토한 검증단의 잠정적인 판단을 보고하였다. 보고 내용은 김해신공항 건설계획은 ● 여객 처리 및 운항 능력 축소로 관문공항 기능을 수행할 수 없고, ● 활주로 계획은 길이와 용량이 부족하고 장래 확장성이 없으며, ● 장애물 저촉, 항공학적 검토 미실시, 민군 공항의 한계로 안전성을 확보하지 못했고, ● 수요 축소에 따른 소음 영향 축소 평가, 평강천 유로 변경, 에코델타시티EDC 조성계획 차질 등 전략환경영향평가 내용이 부실하다는 점 등을 담았다. 보고받은 시·도지사들은 그간 검증단의 노력을 평가하고, 국토부 자료 제출 지연으로 아직 검증 결과를 도출하지 못한 항목에 대한 추가 작업을 잘 마무리해 달라고 당부하였다.

12월28일 검증단은 얼마 전 김해공항으로 이전해 온 공군공중기동정찰사령부를 방문했다. 김해공항은 공군이 소유하고 관제권까지 갖고 있는 군사공항인데, 김해신공항도 군사공항이기 때문에 군사기지법 적용이 불가피하다는 게 검증단의 판단이다. 검증단의 김해공항 공군기지 방문은 10월17일 제5공중기동비행단 방문에 이어 두 번째로 신공항의 군사기지법 적용 여부, 군용기 운항 실태, 군용기의 활주로 이용 및 관제 절차 유지 등에 대한 현장 실태 파악에 주력하였다.

해가 바뀌고 국토부 기본계획 최종보고안 자료가 확보되면서 검증 속도가 빨라졌다. 2019년 1월9일 검증단 20명이 참가한 가운데 열린 전체회의에서는 일단 1월 내 검증 결과 도출을 목표로 세웠다. 또 1주일 후에 2차 검증 결과를 부울경 시·도지사에게 보고하기로 하였다.

1월16일 울산시청 7층 상황실에서 부울경 시·도지사, 나와 민홍철·박재호 의원, 검증단 등 50여 명이 참가한 가운데 2차 검증 결과 보고회를 열었다. 이날 나는 국토부가 중간보고 이후 검증단의 소음과 안전성 등의 문제 제기를 받아들여 신설 활주로 각도를 미세 조정하고, 남동쪽으로 200m 이동하는 활주로 43.4° + 항로 17° 선회이륙방안을 제시하였으나 이를 검증단에서 다시 검증한 결과 장애물 저촉으로 안전성을 확보하기 어려운 것으로 나타났다고 보고하였다.

또 ● 국토부는 V자형 활주로 신설 후 시간당 슬롯SLOT 증대 효과가 60회에 달한다고 하였으나 검증 결과 47회에 그치며, ● 부지의 여건상 활주로의 확장이나 추가 건설이 불가능하고, ● 2023년부터 적용되는 엘디이엔Lden으로 소음 영향 평가 단위를 변경할 경우 소음피해 가구 수가 많이 증가한다는 점 등 추가 검증 결과도 보고하였다.

부울경 검증단으로부터 2차 검증 결과 보고를 받은 부울경 시·도지사는 공동 입장문을 내고 '국토부의 김해신공항 추진계획은 기존 공항의 확장에 불과하며 동남권 관문공항이 될 수 없다'고 밝히고 국토부에 김해신공항 기본계획을 전면 백지화하고 제대로 된 동남권 관문공항으로 정책 변경을 요구하였다. 또한 국토부 장관이 이 요구를 수용하지 않을 경우 국무총리에게 공정하고 객관적인 최종 판정을 요청할 것이라고 밝혔다.[90]

90) "김해신공항에 대한 검증결과 부·울·경 시·도지사 공동 입장문"(2019.1.16.)

부울경 검증단의 검증은 막바지 단계로 접어들고 있었지만, 국토교통부와의 협의는 순탄하지 않았다. 국토부는 부울경 검증단의 여러 차례에 걸친 문제 제기를 수용하지 않고 연말에 김해신공항 기본계획을 애초 계획대로 완료하였다. 1월15일에는 국토부 내부 행사로 기본계획 수립용역 최종보고회를 열었고, 검증단의 부울경 시·도지사 2차 보고와 시·도지사 공동 입장문이 발표된 1월16일에 국토부는 '당초 계획대로 올해 상반기 중 기본계획 고시를 목표로 하고 있다'며 고시 절차 추진 방침을 밝혔다.[91]

국토부와 원만한 합의가 어렵다는 것은 총리실 판정위원회 설치를 통해 국토부 기본계획 안과 부울경 검증 결과를 전면 재검토하는 과정을 추진할 수밖에 없다는 것을 의미했고 그러자면 검증작업을 빨리 마무리해야 했다. 23일과 30일에는 검증단 전체가 참여하는 두 차례 워크숍을 열었다. 그동안 진행해 온 부울경 검증 내용을 종합하여 검증 결과를 도출하기 위해서였다. 부울경 싱크탱크에서 진척시켜온 용역 결과, 검증단의 분야별 검증 내용 등이 검토되었고 핵심 쟁점에 대한 정확한 근거를 재확인하고 지나치게 전문적인 용어를 알기 쉽게 풀어쓰는 문제 등 다양한 논의가 이어졌다. 그리하여 1월 말에 부울경 검증 결과의 대부분이 도출되면서 3단계가 마무리되었다.

4단계 : 검증 결과 시·도지사에 보고, 공식화

4단계는 부울경 검증단의 최종 검증 결과 보고서를 작성하여 부울경 시·도지사에게 보고하고 공식화하는 단계이다. 검증단은 2월부터 3월

---

91) 국토교통부 보도해명자료, 2019.1.16, "김해신공항 기본계획은 당초 계획대로 상반기 중 고시를 목표로 하고 있습니다"

초까지 다섯 차례에 걸쳐 5개 분야별로 보고서 초안을 작성한 집필진 참여 아래 내용을 검토하고 수정 보완하였다. 3월13일에는 검증단 구성원 전체가 참여하는 최종 워크숍을 열고 검증 결과 최종보고서를 마무리하고 이후 대응 방안을 논의하였다.

　　뒤에서 다루겠지만 이 시기에 김해신공항 추진을 둘러싼 정세는 미묘하게 변화할 것 같으면서도 변하지 않고 있었다. 결정적으로 2월13일 문재인 대통령이 취임 후 처음으로 동남권 관문공항에 대한 입장을 밝히면서 김해신공항 문제의 총리실 이관 가능성을 언급한 것이 도화선이 되었다. 또 3월8일 개각 때 그동안 김해신공항을 완강하게 추진해 오던 김현미 국토부 장관을 교체하였다. 그런데 후임에 최정호 전 국토부 차관을 내정했으나 인사청문회 과정에서 부동산 투기 의혹이 불거져 3월31일 중도 하차하고 김 장관이 유임되었다.

　　4월이 되자 더 이상 부울경 검증단의 검증 결과 보고와 공식화를 미룰 수 없다는 판단이 섰다. 드디어 4월24일 부산시청에서 부울경 시·도지사 최종보고회를 열었다. 그동안 부울경 검증단이 6개월 동안 두 차례 부울경 시·도지사 보고회를 포함 총 42차례 회의와 간담회, 토론회 등을 거쳐 진행해 온 검증 결과를 보고하였다자세한 검증 결과와 보고 내용은 뒤에서 다루겠다. 그러나 이에 대해 국토교통부는 '일방적 발표로 국민에게 혼란을 초래한 점 등에 대해 안타깝게 생각한다'며 부울경의 검증 결과를 수용할 의사가 없음을 분명히 하였다.[92]

---

92)　국토교통부 보도참고자료 2019.4.24., 『부울경 동남권 관문공항 검증단』의 김해신공항 기본계획(안) 검토의견에 대한 국토부 입장은 이렇습니다."

5단계 : 총리실 이관을 위한 공론화와 여론전

이제 다음 단계는 총리실의 최종 판정을 이관하기 위한 여론전과 정치적 노력이었다. 먼저 5월27일 부울경 검증단은 국회에서 대국민 보고회를 열었다. 이날 보고회는 김영춘, 김정호, 김해영, 민홍철, 박재호, 서형수, 이상헌, 윤준호, 전재수, 제윤경, 최인호 의원 등 부울경 국회의원 11명과 동남권 관문공항 검증단이 공동으로 주최·주관하였다. 부산·경남지역에 내린 기습폭우로 비행기가 결항하는 등 악천후에도 불구하고 오거돈 부산광역시장, 김석진 울산광역부시장, 김경수 경남도지사, 부울경 광역의회 의장단과 자치단체장을 비롯해 동남권 관문공항 건설을 간절히 염원하는 800여 명의 부울경 주민들을 비롯해 1천여 명이 국회의원회관 대회의실을 뜨거운 열기로 가득 채워주었다.

이해찬 당대표, 이인영 원내대표, 박광온·박주민 최고위원, 조정식 정책위의장 등 더불어민주당 지도부도 참석하여 깊은 관심을 보여주었다. 이날 나와 부울경 국회의원들은 사전에 이해찬 당대표를 만나 검증 결과를 설명하고, 당 차원에서 총리실 검증기구 설치를 지원해달라고 요청하였다.

6월부터는 부울경 검증단이 직접 지역 주민들을 만나 검증 결과를 설명하기 시작하였다. 부울경 동남권 관문공항 검증단과 (사)동남권관문공항 추진위원회 공동주최로 '부울경 동남권 관문공항 검증 결과 정책 투어'를 6월12일 사하구를 시작으로 8월 말까지 부산시 12개 구에서 개최하였다. 나와 최치국 부단장이 번갈아 가며 검증 결과 보고를 맡아 국토부의 기본계획 안대로 김해신공항이 건설되면 부울경 시·도민이 심각한 소음피해와 안전사고, 그리고 환경파괴의 피해자가 될 수 있다는 점과 제대로 된 관문공항을 만들기 위해 무엇을 해야 할지에 대해 조목조목 설명하였다.

(왼쪽)대국민 보고회 포스터 (오른쪽) 이해찬 당대표에게 검증 결과를 설명하는 필자

국회에서 열린 대국민 보고회(2019.5.27.)
첫 줄 오른쪽부터 민홍철 의원, 김정호 의원, 김경수 경남지사, 오거돈 부산시장

　'PK부·울·경 3총사가 똘똘 뭉쳐 검증단을 꾸리고 활동한 끝에 김해신공항 문제를 총리실로 끌어올렸다.' 2019년 6월20일 마침내 부·울·경 시·도지사와 김현미 국토부 장관이 김해신공항 검증 총리실 이관에 합의

4장 | 검증 2. 국토부의 김해신공항 기본계획

하자 한 중앙언론사가 보도한 내용이다.[93] 실제로 그랬다. 이들 '삼총사'
는 당선된 뒤부터 김해신공항 검증을 위해 한 몸처럼 움직였고 1년 만에
총리실 이관의 성과를 만들어 냈다. 그러나 총리실 이관은 끝이 아니라 새
로운 시작이었다.

93) 『중앙일보』 인터넷판, 2019.6.20., "서울 온 'PK 삼총사', 신공항 재검토 총리실로 끌어 올렸다"

사진 위부터 부산시 사하구(6.12), 해운대구(7.31), 남구(8.30)에서 개최된 검증단 정책투어 장면(출처 : 각 구청 홈페이지)

4장 | 검증 2. 국토부의 김해신공항 기본계획

3. 주요 검증 내용

부울경 검증단, 김해신공항 기본계획의 검증 경과

나는 김해신공항 부울경 검증단 활동과 더불어 2018년 국토교통위원회^{이하 국토교통위}, 2019년 예산결산특별위원회^{이하 예결특위} 등 국회 상임위원회에서도 김해신공항 검증을 위한 의정활동에도 주력했다. 부울경 검증단을 구성하고 제1차 회의를 통해 본격적인 활동을 시작하기 전까지, 그 기간은 2018년 국토교통위 국정감사를 준비하고^{8~9월} 감사를 진행했던^{10월} 시기와 일치하였다. 국회의원이 되고 첫 국정감사인 만큼 긴장도 되고 많은 피감기관과 다양한 주제를 소화해야 해서 준비할 것도 많았다. 그중 국토교통부를 상대로 김해신공항 추진의 문제점을 파헤치는 데 주안점을 두었다.

2019년에는 국회 예결특위 위원으로 선임되었다. 국토교통위에는 국토교통부 장관만 출석하지만, 예결특위에서는 모든 부처의 예산과 관련한 사업을 심의하기 때문에 국무총리를 비롯해 모든 부처 장관이 출석한다. 따라서 김해신공항과 관련하여 국토부 장관뿐만 아니라 국방부, 환경부 등 관련 부처 장관과 국무총리에게도 질의할 수 있었다. 하반기에는 부울경 검증단 활동이 마무리되고 총리실 검증위원회 구성이 논의되고 있던 시점이었다. 그래서 검증과정에서 드러난 사실을 재확인하거나 이를 바탕으로 정책 변경의 필요성을 설득하고 납득시키고자 노력하였다.

2019년 정기국회에서는 나는 첫 번째 대정부 질문자로 선정되어 김해신공항 백지화와 제대로 된 동남권 관문공항의 필요성을 역설하기 위해 많은 준비를 하였다. 그런데 고민이 생겼다. 늘상 김해신공항에 대해 문제를 제기해왔던 김해 출신 초선의원보다는 수도권의 중진의원이 하면 설득력과 효과가 더 있겠다는 생각이 들었다. 마침 인천시장을 지낸 3선의 송영길 의원이 인천국제공항 건설과 운영을 비롯해 공항 문제에 대해 잘 알고 있었고, 일찍이 부울경 동남권에도 관문공항이 꼭 필요하다고 적극적인 관심과 지지를 해주고 있었다. 그래서 나를 대신해 대정부 질문을 맡아주기를 부탁하였고, 송의원은 흔쾌히 수락했다.

9월30일 대정부 질의에서 송의원은 김해신공항이 단순히 활주로 1개를 확장한 것일 뿐 안전하지도 않고, 소음피해가 늘어날 수밖에 없으며, 확장성도 없어 결코 관문공항 역할이 불가능하다고 지적하였다. 또한 인천국제공항은 이미 포화상태이고 유사시 대체공항도 필요하며, 동남권의 폭증하는 중장거리 국제여객과 특히 항공화물 수요를 해결하기 위해 제대로 된 관문공항이 있어야 한다는 것을 객관적이고 과학적으로 역설하였다. 본인의 지역구 현안이 아님에도 대승적 차원에서 대정부 질문을 맡아준 송 의원이 고마웠다.

부울경 검증단의 검증 활동은 물론 나의 첫 국정감사를 비롯한 의정활동, 그리고 총리실 검증위원회에 대한 대응 등을 중심으로 무엇을 검증하였는지를 살펴보겠다. 우선 김해신공항이 과연 관문공항인지 아니면 김해공항의 확장에 불과한지에 대해 집중적으로 검토했다. 다음으로 김해신공항 검증에서 가장 중요한 안전 문제에 대해 공항시설법상 장애물 제한표면에 저촉되는 장애물이 있는지, 절취해야 한다면 절취량과 공사비는 얼마나 드는지를 최대한 세세하게 따져보았다. 그동안 별로 다루지 못했던 착륙 중 복행하는 실패접근절차의 수립 불가에 대해서도 살펴본다. 그리고 김해공항을 확장하는 데 소음피해는 오히려 줄어든다는 국토부의 발표가 과연 맞는지, 활주로 신설에 따른 생태환경 피해 실태는 어떠한지에 대해서 검증한 내용을 속속들이 살펴보겠다.

1) 김해신공항, 관문공항 기능과 역할 가능한가?

- 항공수요 축소 및 시설 규모와 운항 능력 부족, 특히 활주로 길이가 짧고 비행 금지 시간^{7시간 커퓨타임}과 슬롯 부족으로 관문공항 역할 불가능
- 공항의 위계도 단거리 LCC 위주의 지역거점공항 수준에 불과

국회 입성 후 처음 열린 국토교통위 회의에서 나는 김현미 국토교통부 장관에게 김해신공항의 성격과 기능에 대한 견해를 묻는 것으로 첫 질의를 시작하였다.

- **김정호 위원** ; 국토부가 규정한 김해신공항의 성격이 무엇입니까? 동남권 관문공항입니까, 단순한 지방 거점공항입니까?
- **국토교통부 장관 김현미** ; 제가 전국적 공항계획을 죽 살펴보니까요, 관문공항이라고 하는 용어가 첫 번째인지 두 번째인지 공항계획에 한 번 사용되고 그 이후로는 거점공항으로 체계를 단순화한 것으로 알고 있습니다.
- **김정호 위원** ; 거점공항이라 하면 지금 현재 김해공항 수준에 불과한 것이지요?
- **국토교통부 장관 김현미** ; 지금보다 훨씬 커지지요. 활주로도 하나 더 늘어나게 되고 활주로의 성능도 개선되기 때문에 충분히

거점공항으로서의 역할을 할 수 있다고 생각합니다. [94]

문재인의 관문공항 vs 박근혜의 거점공항

2017년 5월 취임한 문재인 대통령의 대선 공약은 급증하는 항공수요에 부합한 수용 능력 확보와 인천공항의 재난 발생 시 대체공항 기능이 가능한 관문공항, 육·해·공 트라이포트Tri-port 구축을 위한 관문공항으로서의 동남권 공항 건설이었다. 하지만 박근혜 정부 때 진행된 사전타당성조사2016.6와 예비타당성조사2017.4에서 김해신공항 건설계획은 거점공항 위계를 전제로 수립되었다. 위의 2018년 7월23일 국토위 회의에서 김현미 장관이 '김해신공항은 거점공항'이라고 답변한 것도 그 연장선이라 할 수 있다.

관문공항과 거점공항의 차이를 이해하기 위해서는 공항 건설계획의 상위계획으로 5년마다 수립하고 있는 '공항개발 종합계획'에서의 공항 위계位階를 살펴봐야 한다. [95] 건설교통부현 국토교통부는 제2차 종합계획에서 우리나라 공항의 위계를 중추공항 – 관문공항 – 지역거점공항 – 지방공항으로 나누었다. 중추공항은 우리나라를 대표하는 동북아 중추공항으로 인천공항이 해당된다. 관문공항은 국제적 중추 기능은 없으나 권역 거점 역할을 담당할 수 있는 대규모 공항으로 김포·김해·제주공항이 해당된다. [96]

---

94) 국회사무처, 『제362회 국회 국토교통위원회 회의록』 제1호, 2018.7.23.

95) 제1, 2차에서는 공항개발 중장기 기본계획이라는 명칭을 사용하다가 제3차부터 공항개발 중장기 종합계획으로 바뀌었다. 제6차에서는 공항개발 종합계획으로 바뀌어 '중장기'라는 기간 개념도 제외되었다.

96) 건설교통부, 『제2차 공항개발 중장기 기본계획(2000~2020)』 2000.12, 『관보』 제14692호, 2000.12.30., 13~14쪽.

제3차 종합계획에서는 관문공항 개념이 사라지고 김해공항은 김포·제주공항과 함께 국내선 간선망 및 일부 중·단거리 국제선 수요 처리 기능과 권역의 거점 역할을 담당하는 '대형 거점공항'으로 위계가 바뀌었다.[97] 다시 제4차 종합계획 이후부터는 대형 거점공항의 개념이 사라지고 김해공항은 김포·제주·청주·무안·대구공항과 묶여 국내 간선노선 및 중·단거리 국제노선 수요 처리를 담당하는 '거점공항'으로 격하되었다.[98]

정리하면 관문공항은 거점공항보다 위계가 더 높은 공항으로서 권역 거점 역할을 담당할 수 있는 대규모 공항이다. 국내 간선노선 및 중·단거리 국제노선 수요 처리를 담당하는 '거점공항'과는 뚜렷하게 구별된다. 여기에 문 대통령의 대선 공약을 결합하면 동남권 관문공항은 ① 급증하는 항공수요에 부합한 수용 능력을 확보한 대규모 공항, ② 동남권의 거점 역할을 담당하는 공항, ③ 국내선은 물론중·단거리 국제노선 수요 처리를 담당하는 거점공항과 달리 중·장거리 국제노선 운항이 가능하여 인천공항의 재난 발생 시 대체공항 기능이 가능한 공항, ④ 육·해·공 트라이포트 구축을 위한 관문공항을 뜻한다고 할 수 있다.

또한 동남권 관문공항 건설 논의의 출발점이 2002년 김해 돗대산 충돌 사고라는 점과, 중·장거리 국제노선이 가능해지려면 24시간 운항이 전제되어야 한다는 점을 감안하면 안전하고 24시간 운영이 가능한 공항이라는 의미도 내포돼있다고 할 수 있다.

---

97) 건설교통부, 『제3차 공항개발 중장기 종합계획(2006~2010)』 2000.12, 『관보』 제16386호, 2006.11.24., 23~24쪽.
98) 국토해양부, 『제4차 공항개발 중장기 종합계획(2011~2015)』 2011.1, 34~35쪽. 2021년 8월 고시된 제6차 종합계획에서도 김해공항은 거점공항의 위계를 유지한 채 가덕도신공항 개항과 연계하여 기능을 재검토하는 것으로 발표되었다(국토교통부, 『제6차 공항개발 종합계획(2021~2025)』 2021.8, 23쪽.

포장지만 관문공항, 실속은 지방거점공항

국토교통부가 김해신공항을 거점공항이 아닌 관문공항으로 규정한 것은 2018년 기본계획 수립용역에서다. 즉 9월6일 기본계획 중간보고에서 '대규모 수요 처리3,800만 명 및 영남권 관문공항 구현'을 계획 수립의 기본방향으로 제시하였고, 12월18일 최종보고에서는 '지역과 상생·발전하는 새로운 관문공항'으로서의 비전과 이를 실현하기 위한 3대 목표세계와 연결하는 공항, 여객 중심의 안전한 공항, 지역과 함께하는 공항를 제시하였다.[99]

그렇다면 김해신공항은 거점공항에서 관문공항으로 위계 등급이 바뀐 것일까? 그러기 위해서는 활주로·유도로·계류장·터미널 등의 공항시설, 여객수요, 운영 시간, 취항할 수 있는 국제노선의 수 등 공항의 기능도 모두 업그레이드되어야 하는데, 과연 그런가? 이를 규명하기 위해 검증단에서는 사전타당성2016.6. — 예비타당성2017.4. — 기본계획2018.12. 단계별로 공항의 기능을 구성하는 주요 항목을 비교 분석하였다. 그 결과 기본계획 단계에서 제시된 공항 기능은 사전타당성조사 때에 비해 대부분 대폭 축소된 것으로 나타났다.

연간 여객수요는 28% 축소3,762만 명 → 2,701만 명되었고, 시간당 슬롯은 19% 축소74회 → 60회되었으며, 항공노선은 16% 이상 축소101개 → 85개되었다. 새벽 1시 제한적인 출발과 새벽 5시 조기 도착을 포함하여 20시간이던 공항 운영 시간은 17시간으로 축소되었다. 계류장 40% 축소76대 → 46대, 화물터미널 57% 축소20,000㎡ → 8,600㎡ 등 공항시설도 대부분 축소되었고, 평행유

---

99) 국토교통부, 『김해신공항 건설사업 타당성 평가 및 기본계획 중간보고』, 2018.9.6., 16쪽; 국토교통부, 『김해신공항 건설사업 타당성 평가 및 기본계획 종합보고서(안)』, 2018.12.28., 6-17. '세계와 연결하는 공항'의 구체적 내용은 3,800만 명의 항공수요 및 항공기 28만 회 운항 그리고 부산-뉴욕 노선 등 장거리 노선 취항을 수용할 수 있는 적정 국제공항 시설을 갖춘 공항이라 설명하고 있다.

도로 설치 계획은 실종되었으며, 일괄 건설 예정이던 여객 터미널은 단계별 건설로 바뀌었고 규모도 26% 축소336,000㎡ → 248,000㎡되었다[표 5] 참조.

[표 5] 김해신공항 사전타당성, 예비타당성, 기본계획의 공항 기능 관련 비교표

구분		사전타당성 (2016.6, ADPi)	예비타당성 (2017.4, KDI)	기본계획 (2018.12)	사전타당성 대비 기본계획
공항 기능	위계	거점공항	거점공항	관문공항	위계 강화 (명목상)
	운영	제한적 지연 출발, 조기 도착 운영 (1시 출발, 5시 도착)	17시간 (06시~23시)	17시간 (06시~23시)	운영 시간 축소
	노선	101개	74개	85개 *	노선 축소
활주로	규모	3,200m×45m	3,200×60m	3,200m×45m	–
	등급	CAT-Ⅰ	검토 없음	CAT-Ⅱ**	등급 향상 (명목상)
	슬롯	74회	60회	60회	슬롯 축소
유도로 (서편)	규모	평행유도로 설치	평행유도로 설치	평행유도로 미설치	미설치
	등급	E급	F급	C급	등급 축소
계류장	규모	76대 (C52, E22, F2)	55대 (C41, E12, F2)	46대 (C37, E8, F1)	규모 축소
터미널	여객	336,000㎡ (일괄건설)	236,220㎡ (2단계 건설)	248,000㎡ (2단계 건설)	규모 축소
	화물	20,000㎡	20,000㎡	8,600㎡	규모 축소 (대폭)
여객수요 (2046년 기준)	합계	3,762만 명	2,764만 명	2,701만 명	수요 축소 (1,061만명 축소)
	국제	2,883만 명	1,862만 명	1,800만 명	
	국내	879만 명	901만 명	901만 명	

주 : * 국토부 기본계획은 수요 3,800만 명일 경우 노선 수 85개를 제시, 2,701만 명에 대한 노선 수는 미제시
　　** 부울경 검증 결과 ICAO 기준 실패비행접근절차 수립 시 CAT-Ⅰ 곤란
자료 : 국토교통부, 『영남권신공항 사전타당성 검토 연구』, 2016; KDI, 『김해신공항 건설사업 예비타당성조사』, 2017;
　　 국토교통부, 『김해신공항 건설사업 타당성 및 기본계획 종합보고서(안)』, 2018.

　　　명목상 관문공항으로 공항 등급을 상향하는 것처럼 내세웠지만, 실제로 관문공항으로서 갖춰야 할 기능과 필수 요건은 이전의 거점공항을

전제로 수립한 것보다 대폭 후퇴한 것이다. 비유하자면 안에 들어있는 상품의 질은 더 나빠졌는데 포장지만 '거점공항'에서 '관문공항'으로 바꾼 격이다.

공항은 앞으로 얼마나 많은 이용객과 항공기가 드나들지에 따라 규모와 기능이 달라진다. 이에 따라 김해신공항이 과연 관문공항인가를 판단하기 위해 김해신공항이 수용할 수 있는 이용객과 항공기의 규모를 결정하는 여객수요와 활주로 길이에 대해 별도의 검증을 실시하였다.

항공수요 3,800만 → 2,800만 명으로 의도적 축소

2016년 사전타당성조사 때 김해신공항은 '2050년이 되면 연간 약 3,800만 명의 이용객이 몰린다'는 전제로 출발했다.[100] 2018년 9월 기본계획 중간보고 때만 해도 국토교통부는 검증단과 3,800만 명의 여객수요를 지키기로 합의했다. 그러나 그해 12월 최종보고에서는 2050년 여객수요가 2,813만 명이라고 제시했다. 공항의 위계에 따르면 관문공항이란 '대규모 공항'을 말한다. 그런데 3,800만 명이 이용하는 거점공항 계획에서 1,000만 명이 줄어든 계획의 공항을 관문공항이라 할 수 있을까. 어불성설이다.

대선 공약에서 말하는 '급증하는 항공수요에 부합한 수용 능력을 확보'한 공항은 더더욱 아니다. 단적으로 기본계획에서는 2030년 김해신공항의 여객수요를 2,205만 명으로 예측했는데, 이는 2016년 국토교

---

100) 국토교통부(ADPi)는 2050년 영남권 항공 이용객 수요는 (국제선 2,800만 명 + 국내선 1,200만 명)인데, 대구공항을 계속 운영한다는 것을 전제로 김해신공항의 이용객 수를 3,800만 명으로 로 예상하였다(장 마리 슈발리에 외, "영남권 신공항 사전타당성 검토 연구 최종보고회 관련 브리핑", 2016.6.21., 5쪽).

통부의 제5차 공항개발 종합계획2016~2020의 김해공항 여객수요 예측치 2,214만 명보다 적은 수치이다. 화물 수요 예측도 마찬가지다. 기본계획의 2035년 기준 국제선 화물 연간수요는 4.9만 톤으로 제5차 공항개발 종합계획 상 화물 수요의 약 43%에 불과하다. 관문공항을 내세운 김해신공항의 여객과 화물 수요가 기존의 거점공항인 김해공항보다 적을 것이라는 모순된 예측치를 내놓은 것이다.

더구나 제5차 계획의 수요 예측에서는 2025년이 되어야 김해공항 국제선 여객이 1,000만 명을 넘어설 것이라고 봤지만, 김해공항 국제선 여객은 이보다 7년이나 빠른 2018년에 이미 1,000만 명 시대를 열었다. 제5차 계획도 급증하는 항공수요를 따라잡지 못했는데, 국토부의 김해신공항 기본계획은 그보다 더 낮은 수요를 예측했으니 항공수요에 부합하는 관문공항은커녕 그 자체가 납득하기 어려운 예측이 아닐 수 없다.

기재부의 KDI 예비타당성조사 용역과 국토교통부의 기본계획 수립 용역에서 김해신공항 항공 수요 예측이 2,800만 명으로 줄어든 이유는 크게 두 가지이다.

첫째, 전국 평균은 물론 김해공항의 연평균 증가율보다 현저히 낮은 장래 항공 수요 증가율을 적용하여 항공 수요를 축소하였다. 기본계획에서는 2027년부터 2056년까지 김해신공항의 항공 수요 연평균 증가율 1.2%국내선 0.6%, 국제선 1.6%를 적용하였다. 이는 국토부의 법정계획인 제3차·제4차·제5차 공항개발 중장기 종합계획에서 적용한 연평균 증가율전국공항 평균 3.5~4.6%, 김해공항 2.5~4.3%보다 현저히 낮다. IATA의 세계항공시장 성장률 2042년까지 예측치 4.5%에 비해서도 매우 낮다. 특히 최근 급증해 온 김해공항의 국제선 수요 증가 추이를 고려하지 않은 것이다. 김해공항의 국제선

수요의 연평균 증가율은 최근 5년 17.15%, 최근 10년 13.56%, 최근 20년 12.37%에 달했다.

기본계획이 2035년 기준 김해신공항 국제선 화물수요를 4.9만 톤으로 예측하였으나, 이는 제5차 공항개발 중장기 종합계획상 거점공항인 현 김해공항 화물수요 예측치 11.5만 톤의 43%에 불과하다. 이처럼 국가 법정계획과 김해공항 국제선의 수요 증가율보다 낮은 증가율을 적용하여 항공 수요를 축소하였고 수요 예측의 타당성을 상실한 것이다.

둘째, 예타와 기본계획에서는 국제선 수요를 지역별 발생량을 근거로 하는 패널회귀모형에 따라 산출하였다. 그러나 주 3회 미만 운항노선을 제외하고, 실적치를 반영하지 못한 모형을 사용하여 객관성을 상실하였다. 이에 따라 그동안 인천공항을 이용해오던 중장거리 국제여객 수요가 김해신공항으로 전환되는 수요를 최소화하였고, 김해신공항이 건설되면 서西일본, 극동極東러시아, 북北중국의 동북 3성 등에서 유발될 항공 수요를 아예 반영하지 않았다.

결과적으로 ADPi가 예측했던 김해신공항의 국제여객 수요 예측분은 3,800만 명이었는데, 기재부의 예타 결과에서 2,800만 명으로 축소되었고 이것은 국토부의 기본계획 최종보고서에서도 그대로 반영되었다. 이렇게 김해신공항의 국제여객 수요에서 축소시킨 1,000만 명은 대구경북통합신공항의 국제여객 수요로 고스란히 늘려주려 했다는 의심을 거둘수가 없다.

한편 김해신공항은 V자 활주로 신설에도 불구하고 활주로 길이가 짧고 남풍 시 북측 활주로는 사용할 수 없다. 이에 따라 대형화물기가 운항하지 못해 인천공항에서 전환되는 화물 수요는 물론 인근 일본, 중국, 러시아 등에서 새로 유발되는 수요를 아예 반영조차 하지 않았다.

3,000m V자 활주로 1본 신설, 38% 용량 증가로 관문공항 불가

항공기가 추진력을 얻는 원리는 기온과 밀접한 관계가 있다. 기온이 높아지면 활주로 부근의 공기 밀도가 떨어져 항공기가 빨아들이는 공기량과 압축량이 줄어든다. 이 때문에 항공기가 이륙할 수 있는 충분한 추진력을 얻기 위해서는 더 오래, 더 멀리 달려야만 하는 것이다. 그래서 지구온난화로 급격한 기온 변화가 예상되는 미래의 활주로 길이를 정할 때도 그만큼 기온 변수가 중요하다.

실제로 국토부는 2016년 인천공항 제3활주로를 설계할 때, 2040년경에는 공항의 평균기온이 지금보다 4℃가량 올라갈 것으로 전망하면서 이를 활주로 길이에 반영했다.[101] 반면 국토교통부가 김해신공항 새 활주로 길이로 3,200m를 제시한 것은 인천공항과 달리 장래 온도 상승분을 제대로 반영하지 않았다는 게 부울경 검증단의 판단이다.

활주로 길이는 여객 수나 항공기에 싣는 화물의 중량과도 밀접한 관계가 있다. 국토부 예규 '비행장시설활주로 설계 매뉴얼'에서는 국가의 관문공항, 수요가 충분한 공항, 경제적으로 문제가 없고, 주변 공항에 대한 경쟁력을 확보하고자 하는 공항에서는 당연히 최대이륙중량을 기준으로 하여 활주로 길이를 결정하는 것이 바람직하다고 규정하고 있다. 그러나 수

---

101) 국토교통부 홈페이지 "국토교통상식 - 항공기가 활주로에서 이륙하는 데 필요한 거리는 얼마일까요?" 2010.1.14. 등록.

요가 충분하지 않은 공항, 지형이나 장애물 여건상 확장이 제한되는 공항 및 경제적 여유가 없는 공항 등에서는 최대이륙중량보다 적은 중량으로 운영하는 방안을 검토할 수 있다고 규정하고 있다.[102]

전자는 인천공항이나 각 권역의 관문공항에, 후자는 거점공항 또는 일반공항으로 분류되는 소규모 지방공항에 적용되는 것이라 할 수 있다. 그런데 국토교통부는 16개 항공기 기종에 대해 최대이륙중량의 99.6~93.3%까지 제한하여 적용한 후 활주로 길이를 3,200m로 산정하였다. 관문공항이 아니라 거점공항을 염두에 둔 것이다.

부울경 검증단에서 관문공항에 적용하는 최대이륙중량을 기준으로 분석한 결과로는 16개 중 13개 항공기가 3,200m 이상의 활주로 길이가 필요한 것으로 나타났다.[103] 문제는 여기서 그치지 않는다. 뒤에서 살펴보겠지만, 국토부가 기본계획의 3차 수정안에서 제시한 신설 활주로 시단 이설로 새 활주로 길이는 3,000m로 줄어든다.

장래 온도 상승을 감안하고 최대이륙중량을 적용하여 최종적으로 산정한 동남권 관문공항의 활주로 길이는 최소 3,700~3,800m 수준이다.[104] 그런데 김해공항은 서낙동강, 남해고속도로, 군사시설, 대한항공 테크센터에 막혀 활주로 길이를 추가로 연장하거나 공항시설을 확장하는 것이 불가능에 가깝다.

---

102) 국토교통부 예규 제208호, 비행장 시설(활주로) 설계 매뉴얼, 부록-30(제2.1).

103) 부산시·울산시·경상남도, 『국무총리실 김해신공항 검증위원회 김해신공항의 동남권 관문공항 적정성 검증을 위한 부울경 최종 검증보고서』, 2020.2, 100쪽.

104) 한편 2020년 2월 총리실 검증위에 제출한 부울경 의견서에서는 활주로 길이 3,500m 안도 제시되었다(부산시·울산시·경상남도, 『국무총리실 김해신공항 검증위원회 김해신공항의 동남권 관문공항 적정성 검증을 위한 부울경 최종 검증보고서』, 2020.2, 100쪽).

활주로 길이가 충분하지 않으면 중·장거리 국제노선 취항에 상당한 제약을 가져올 수밖에 없다. 심야 시간 운항도 현 김해공항과 마찬가지로 제한되어 24시간 공항 운영이 불가능하므로 유사시에 중·장거리 국제노선 운항이 많은 인천공항의 기능을 대체하기도 어렵다. 최대이륙중량이 제한되는 활주로 설계로는 화물 항공운송에 중대한 장애로 작용할 수 있어 육·해·공 트라이포트 구축을 위한 관문공항 기능도 담당하기 어렵다.

또한 새 활주로를 민간만 사용한다던 애초 발표와 달리 군용기와 공동으로 사용하고[105] 관제권도 공군이 갖는 것으로 밝혀졌다.[106] 김해공항을 확장해서 신공항의 이름을 붙인다 해도 군사공항의 성격은 변하지 않는 것이다. 이는 곧 활주로 용량 감소로 이어질 수밖에 없어 새 활주로 건설에 따른 연간 용량 증대 효과는 38% 수준에 머무른다.

결론적으로 김해신공항 계획은 관문공항이 아니다. 현 김해공항의 증가하는 수요를 처리하기 위해 공항시설을 개선하는 수준의 지역거점공항 확장 사업에 불과하다는 것이 부울경 검증단의 최종 검증 결론이다. 또 인천공항은 개항 이후 새 활주로 건설을 포함하여 4단계에 걸쳐 시설 확충을 거듭했지만 이를 '인천신공항' 사업으로 추진하지 않았다. 김해신공항 건설사업이 아니라 김해공항 확장 사업으로 성격을 규정하는 것이 적절하다는 판단이었다.

---

105) 『국제신문』 2018.12.7., ""김해 제3활주로 공군도 쓸 계획" 파문"; 김해신공항 검증위원회, 『김해신공항 검증위원회 검증보고서』 2020.11.17., 250~251쪽.

106) 공군사령부가 국방위 민홍철 의원에게 제출한 2019년 국정감사 자료에 따르면 '전체 김해공항 관제권은 비행 안전 및 군사작전에 제한이 발생하지 않도록 신공항 건설 이후에도 군에서 보유하는 것이 타당'하다고 밝히고 있다.

2) 활주로 진입표면에 저촉되는 고정 장애물 존치해도 착륙 시 안전한가?

- 남풍 시 기존의 북측 활주로 착륙접근절차 급선회비행, 시계비행 불가피하여 돗대산 충돌위험 상존하고
- 신공항 V자 활주로 장애물 제한표면에 저촉되는 5개 산악 장애물 존재하지만 제거하지 않아 충돌위험 방치, 공항시설법 위반

항공기의 이륙과 착륙, 체공 선회 등의 안전을 확보하기 위해 공항과 그 주변의 일정한 공간에는 장애물이 없어야 한다. 장애물이 있어서는 안 되는 공역空域의 최저한도를 정하기 위해 만든 각종 가상의 표면을 장애물 제한표면OLS, Obstacle Limitation Surfaces이라 한다. 공항에 활주로를 새로 만들기 위해 계획을 세울 때는 공항시설법구 항공법과 시행령, 국토부 예규에 따라 공항 또는 비행장 주변 지역에 항공기의 이륙과 착륙에 지장을 주는 장애물이 없도록 장애물 제한표면을 검토하고 절취切取 즉 잘라내야 한다.[107]

동남권 신공항 논의는 2002년 중국 민항기 돗대산 충돌 사고로 본격화되었는데, 김해공항은 북측의 산악 때문에 정상적인 비행절차를 진행하지 못하고 남풍 시 선회비행, 시계비행 할 수밖에 없는 '특수공항'이었다. 그래서 외국 국적항공사가 운항을 기피하는 '위험한 공항'이기 때문에, 그러나 북측 산악을 절취하지 못하는 군사공항이기 때문에 신설 공항을 건설하여 아예 이전하려고 했다. 따라서 항공기 착륙 시 진입표면에 안전 운항을 위협하는 고정 장애물의 존재 여부와 제거 문제는 가장 중요

---

107) 공항시설법 제4조, 제24조, 제34조, 제42조와 공항시설법 시행령 제4조, 제31조 그리고 국토교통부 예규 제 157호 장애물관리업무 매뉴얼 참조.

하다. 그래서 부울경 검증단 활동이나 국회 국정감사 등 의정활동 과정에서도 '안전하지 않다', '공항시설법 위반이다'라고 따졌던 것이다. 결론은, 김해신공항은 안전하지 않았다. 항공기가 착륙하기 위해 진입하는 과정에 공항시설법상 장애물 제한표면에 저촉되는 고정 장애물이 5개 존재했고 이는 반드시 절취하여야 했다.

장애물 제한표면 검토 안 해, 국토부 시인

먼저 김해공항 확장안이 결정될 때부터 2018년 기본계획 수립용역 중간보고까지를 점검해보았다. 우선 2016년 국토교통부(ADPi)의 사전타당성조사에서는 신설 김해 방향 V자 활주로에 대한 장애물 제한표면OLS을 뜻밖에도 검토하지 않았다는 사실을 확인했다. 반면 2017년 기재부KDI의 예비타당성조사에서는 장애물 제한표면 검토를 통해 김해 시내의 오봉산, 임호산, 경운산, 황새봉, 금음산 등 5개의 산악 장애물을 최소한 6,600만㎥ 잘라내야 한다고 분석하였다.

그러나 국토부의 반대에 부딪혀 추가 의견으로만 적시하고 향후 사업 추진과정에서 더 상세한 검토가 필요하다고 제시하였다. 더 놀라운 것은 2018년 국토교통부의 기본계획 수립용역 중간보고에서도 공항시설법상 의무 사항인 장애물 제한표면OLS 검토를 하지 않고 장애물 평가표면(OAS)과 위험물충돌모델CRM 분석 결과를 바탕으로 장애물 절취 없이도 V자 활주로 신설이 가능하다는 입장을 유지하였다.

국토교통부는 애초에 사전타당성조사 당시 김해 방향 V자 활주로에 대한 장애물 제한표면OLS 검토를 시행했다고 주장하였다. 그러나 보고서에 사진이나 자료 등 결과물이 존재하지 않는다는 사실이 밝혀지면서 결국 미검토 사실을 시인하였다.

장애물 존치 근거인 항공항적 검토 말 바꿔 :
"했다 → 안 했다 → 필요 없다"

예비타당성조사에서는 구 항공법 제82조 제1항 제2호에 따라 '항공학적 검토 결과를 검토위원회에서 의결한 후 국토교통부 장관이 비행안전을 해치지 않는다고 결정하는 경우에는 장애물을 제거하지 않아도 된다'고 주장하였다. 그러나 국토교통위 국정감사 때 나에게 제출한 자료를 보면 김해공항 관련 항공학적검토위원회는 구성된 적이 없었고 항공학적 검토를 진행한 적도 없었다. 국토부 장관이 항공학적 검토에 대한 어떤 결정도 내린 바가 없었다. 국토부가 거짓말을 해 온 것이 확인된 것이다.

그리고 국토부가 말하는 항공학적 검토는 구 항공법 제82조 제1항 제2호의 단서 조항에 담긴 내용으로, 김성태 의원이 대표 발의한 개정안이 2015년도 본회의에서 통과되어 신설된 것이다.[108] 그런데 이 조항의 입법 취지는 이미 고도 제한을 받는 기존 공항 주변에 고도 제한 범위 내에서 건물 등을 신축하고자 할 때 항공학적검토위원회의 항공학적 검토를 받아 이를 허용하기 위한 것이다. 이 조항의 취지는 애당초 신설 공항 건설 시, 그것도 진입표면의 장애물 존치 여부를 결정할 수 있는 법적 근거가 전혀 될 수 없다는 법제처의 유권해석마저 내려지자 국토부는 종전의 입장을 재빨리 바꾸었다. 이번에는 기본계획 용역에서 별도의 항공학적 검토 절차도 필요하지 않고, 비행절차 수립 시 장애물 평가표면OAS 검토와 위험물충돌모델CRM만으로 장애물을 존치할 수 있다고 주장했다.

---

108) 국회 의안정보시스템에 따르면 2014년 8월7일 김성태 의원 등 10인이 발의한 항공법 일부개정법률안(의안번호 1911341)은 국토위 대안에 반영되어 2015년 5월29일 본회의를 통과하였고 2016년 6월23일부터 시행되었다.

〈그림 4〉 김해공항 확장 시 항공기 이·착륙 경로 저촉 산악 장애물

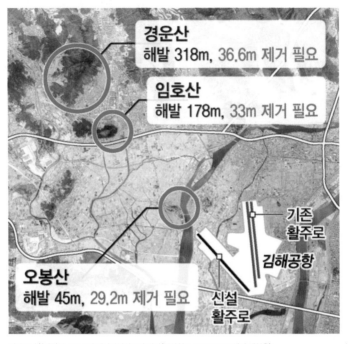

자료 : 기획재정부, 2017년 예비타당성조사 결과(부산일보 2019.1.10.에서 재인용)

드러난 스모킹 건 1, 공항시설법 위반

국토교통부가 장애물 제한표면OLS 검토 없이 비행절차 수립 방안으로 실시한 장애물 평가표면OAS이나 위험물충돌모델CRM 분석만으로 장애물 존치를 결정한 것은 공항시설법을 지키지 않은 것이다. 또한 국토교통부가 장애물 검토 기준의 근거로 내세운 항공안전법 제78조도 신설 활주로 계획 단계가 아니라 이후 공항 운영 단계에 적용되는 조항으로, 장애물 제한표면을 저촉하는 고정 장애물 존치를 허용하는 근거가 될 수 없었다. 국토교통부는 김해공항의 신활주로 장애물 존치 근거의 하나로 인천·무

안공항도 안전한 이·착륙에 필요한 비행절차 수립이 가능해 장애물을 절취하지 않고 운영하고 있다고 밝혔으나, 확인 결과 두 공항에는 진입표면에 장애물이 전혀 없는 것으로 확인되었다. 상황이 바뀔 때마다 국토부는 새로운 주장을 내놓았지만, 근거는 부족했고 신뢰감은 갈수록 떨어졌다.

결국, 검증과정에서 활주로를 새로 만들 때는 항공기의 이륙과 착륙을 방해하는 모든 장애물을 제거해야 한다는 공항시설법의 규정은 예외 없이 지켜야 한다는 사실만 재확인했을 뿐이었다. 나는 2018년 10월29일 국토교통부 종합감사에서 김해공항 활주로를 신설하면서 산악 등 장애물 6,600만㎥를 깎지 않고 그대로 방치하기로 한 것은 법을 지키지 않은 것이고, 비행안전을 담보할 수 없다는 사실을 지적하였다. 결국 그렇게 찾으려 했던 스모킹 건이 드러나기 시작했다. 공항시설법 위반, 첫 번째 스모킹 건이었다.

드러난 스모킹 건 2, 사업비 축소와 순위 조작

그런데 문제는 단지 공항시설법 규정을 지키지 않은 것만이 아니었다. 기재부의 예비타당성조사에서는 오봉산, 임호산, 경운산, 황새봉, 금음산 등 5개의 산 중 6,600만㎥를 깎아내는 데는 약 2조 1천억 원이 들 것으로 추정하였다. 2016년 당시 박근혜 정부가 동남권 신공항을 백지화하고 김해공항 확장안을 대안으로 제시한 근거 중 하나가 김해신공항 건설비용이 밀양4.53조 원, 가덕7.47조 원보다 적은 4.17조 원 수준이라는 점이었다. 장애물 절취 비용을 포함할 경우 총사업비는 50% 이상 폭증한다. 김해신공항을 밀어붙이기 위해 막대한 비용이 드는 장애물 절취를 하지 않는 것으로 사업비를 축소했다는 합리적 의심을 살 수밖에 없는 대목이다.

더불어 10월 10일 국정감사 질의 때 내가 제기한 김해공항 내 민간항공사의 항공기정비MRO센터 이전 비용 5천억 원 누락 의혹도 같은 맥락이다.[109]

2조 원이 넘는 천문학적 규모의 장애물 절취 비용과 민간항공사의 항공기정비센터 이전비 5천억 원은 기본계획과 실시설계 등 향후 절차를 진행하는 과정에서도 뜨거운 감자로 부각될 수밖에 없다. 사업비 축소는 ADPi가 김해신공항을 가장 경제성이 있다고 1위로 선정한 이유였다. 사실상 순위 조작일 뿐 아니라 김해공항 확장안의 추진 자체를 불가능하게 만들 아킬레스건이자 두 번째 스모킹 건이었다.

3) 실패접근절차, 복행 시 안전한가?

- 기존 남북 방향 활주로든 신설 V자 활주로든 실패접근절차 수립 불가 : 복행 시 금정산 - 승학산 충돌위험

김해공항은 처음부터 공군비행장이었다. 애당초 군사공항으로 건설할 당시부터, 북한과의 교전 상황을 상정하여 공항 관련 법과 상관없이 군 작전상 의도적으로 북쪽의 산악지대를 엄폐물로 두고 남북 방향으로 활주로를 건설했다. 그래서 남풍이 불 때 항공기가 북쪽으로 돌아서 들어와 시계비행을 통해 착륙할 수밖에 없게 하였다. 그렇기 때문에 특히 야간이나 기상 상태가 좋지 않아 시계가 불량할 경우에는 위험하다. 2002년 중국 민항기 돗대산 충돌 사고는 남풍이 불 때 북측으로 선회하는 시계비행

---

109) 질의내용은 ADPi가 작성한 김해신공항 건설계획안대로 시공할 경우 활주로와 새 유도로를 조성하기 위해서 대한항공 항공기 정비 센터를 서쪽으로 옮겨야 하고 그 공사에 5,000억 원의 추가 비용이 든다는 것이다. 국회 사무처, 『2018년도 국정감사 국토교통위원회 회의록』 2018.10.10. 참조.

을 하다 발생한 것이다. 악천후 때 김해공항의 북쪽에서 시계비행으로 착륙하는 게 얼마나 위험한지를 보여준 참극이자, 안전한 동남권 관문공항 건설 논의의 출발점이었다.

남풍 시 V자 신설 활주로를 착륙 전용, 복행 시 승학산 충돌위험

그렇다면 국토부가 추진하는 김해신공항은 이 문제를 어떻게 해결하겠다는 것이었을까? V자형 활주로를 추가로 건설하여 북풍이 부는 평상시에는 기존 남북 활주로는 착륙 전용으로, 김해 시내 방향 신설 V자 활주로는 이륙 전용으로 사용하며, 여름철과 같이 풍향이 남풍으로 바뀌게 되면 남북 활주로는 이륙용, 서쪽 V자 활주로는 착륙용으로 사용하도록 한다는 것이다. 또한 착륙 시 시계비행을 없애고 야간비행이나 악천후에도 안전하게 착륙할 수 있도록 정밀계기 비행방식만을 사용하겠다는 것이다. 이렇게 되면 돗대산과 관계없이 안전한 이·착륙이 가능하도록 비행 절차를 수립할 수 있게 되어 북쪽의 산악 장애물로 인한 위험성 문제를 근본적으로 해결한다는 것이다.

그러나 국토교통부의 이 같은 방안에 대해서는 앞에서 살펴봤듯이 많은 의문이 제기되었다. 우선 공항시설법에 따라 새 활주로에 착륙할 때 항공기 안전을 위협하는 5개 산봉우리 6,600만㎥를 잘라내야 한다는 지적이 나왔다. 국토교통부의 남풍 시 시계비행 폐지 방침에 대해 국방부공군는 군용기의 경우 군 작전상 시계비행 폐지를 끝까지 반대하였다. 이에 따라 국토교통부는 시계비행절차를 살리는 것으로 입장을 바꾸고, 2020년 6월 말에 이를 총리실 검증위에 통보했다는 사실이 드러났다.[110]

---

110) 『부산일보』 2020.7.15., "김해신공항 '돗대산 충돌 위험' 바뀐 게 없다"

더 심각한 문제는 착륙 실패 시 재이륙하는, 즉 복행復行, go-around하는 실패접근절차 수립 때 나타나는 것으로 검증되었다. 기존 김해공항에서는 북풍이 불 경우 기존 3,200m 활주로 착륙에 실패해 재이륙하는 복행 시 활주로 왼쪽 방향으로 선회左旋回하는 비행절차를 채택하고 있었다. 그런데 V자형 활주로가 신설되면 새 활주로에서 이륙하는 항공기와 충돌할 위험이 있다. 이에 따라 국토교통부는 2018년 12월 기본계획 안에서 북풍 시 실패접근절차를 우(右)선회로 변경하는 방안을 제시했다.[111]

또 새 V자 활주로와 구 11자 활주로를 오가는 비행기의 통로인 남측 연결 유도로와 이·착륙하는 비행기 간 충돌을 우려해 기존 활주로36방향 활주로와 신설 활주로14방향 활주로 모두 착륙 시작점을 활주로에서 200m 앞으로 내는 시단 이설始端 移設, Runway displaced threshold 계획을 반영하였다.[112] 활주로 시단을 200m 이설한다는 것은 착륙하는 항공기가 본래 활주로 시단보다 200m 더 진행하여 착륙한다는 뜻이기 때문에 자칫 착륙 후 활주로를 이탈over-run하는 사고 가능성이 높아진다. 그리고 착륙에 실패하여 재이륙하는 경우 전방 또는 선회 방향의 장애물과 더 근접할 가능성도 높아진다. 더구나 이것은 활주로 길이가 3,200m가 아니라 3,000m임을 의미한다.

이에 대해 동남권 관문공항 부울경 검증단에서는 구 활주로 시단 이설은 실패접근 시 돗대산이 더 가까워져 장애물 회피를 더욱더 곤란하게 할 것이며,[113] 북풍 시 실패접근 변경안은 금정산, 상계봉, 까치산, 백두산 등 4개의 장애물과 충돌할 위험이 크다고 지적하였다.[114] 신활주로 시단 이설 역시 실패접근 시 승학산이 더 가까워져 장애물 회피를 더 곤란하게

---

111) 국토교통부, 『김해신공항 건설사업 타당성 평가 및 기본계획 종합보고서(안)』 2018.12.28., 9-30.

112) 국토교통부, 『김해신공항 건설사업 타당성 평가 및 기본계획 종합보고서(안)』 2018.12.28., 6-215.

113) 부산시·울산시·경상남도, 『국무총리실 김해신공항 검증위원회 김해신공항의 동남권 관문공항 적정성 검증을 위한 부울경 최종 검증보고서』 2020.2, 61쪽.

114) 동남권 관문공항 검증단, 『김해신공항 계획(안) 타당성 검증 보고서』 2019.5, 178쪽.

할 것이라 우려하였다.[115]

국토교통부는 2019년 12월 기존 기본계획안을 수정하여 신설 활주로의 경우 착륙시단 이설은 하지 않은 상태에서 비행절차를 수립한다고 제시하였다. 책임 있게 제시한 기본계획안을 검증과정에서 수정하는 것도 문제지만, 수정안으로 해결될 수 없다는 게 더 큰 문제였다. 2020년 4월 20일 총리실 산하 김해신공항 검증위원회의 1차 시뮬레이션 결과, 북풍 시 구 활주로 착륙 실패 후 재이륙하는 비상 상황이 발생하면 금정산과 충돌한다는 아찔한 결과가 나왔다.[116]

당황한 국토교통부는 기존 활주로 시단 이설은 상승률과 남측 유도로 운용 효율성 등을 종합적으로 고려해 확정할 예정이라며 한발 물러섰다. 2차 수정안이었다. 이어 6월 최종 수정안에서 기존 활주로의 경우 시단 미이설과 서측 평행유도로 신설안을 들고나왔고, 신설 활주로는 200m 시단 이설을 최종적으로 결정했다.

이에 동남권 관문공항 부울경 검증단은 국토부로부터 최종안의 상승각, 선회율 등 입력값을 받아 자체 검증을 벌였는데 남풍이 부는 날 새 활주로에서 착륙 실패 후 재이륙할 때 남동쪽의 부산 승학산해발 521.3m 일대 장애물 4개소와 충돌한다는 충격적인 결과가 나왔다. 충돌의 원인은 '200m 시단 이설'에 따라 활주로 길이가 3,200m에서 3,000m로 짧아졌기 때문이며, 충돌을 피하려면 승학산의 5분의 1 정도를 잘라내야 하는 것으로 분석되었다.

---

115) 부산시·울산시·경상남도, 『국무총리실 김해신공항 검증위원회 김해신공항의 동남권 관문공항 적정성 검증을 위한 부울경 최종 검증보고서』 2020.2, 61쪽.

116) 부산MBC, 2020.5.18., "김해신공항 치명적 결함…충돌 가능성"

〈그림 5〉 김해신공항 실패접근절차의 금정산·승학산 충돌 위험

자료 : 부산MBC 2020.9.28. 뉴스데스크 화면 캡처

　　부울경 검증단의 검증 결과에 대해 국토교통부는 검증단이 이륙에서 착륙까지 인공위성으로부터 위치를 제공받아 비행하는 절차인 성능기반항행절차PBN를 적용했기 때문에 승학산 충돌위험이 나타났다며, 지상항행안전시설을 이용한 재래식비행절차ILS를 적용할 경우 승학산 충돌위험은 없다고 밝혔다.[117] 하지만 김해국제공항의 복행 기준에 성능기반항행절차 PBN가 고시되어있는 것을 비롯해 국내 15개 공항 가운데 11개 공항이 PBN 비행절차를 수립해 운영하고 있으며, 국제민간항공기구ICAO가 PBN을 적극 권고하는 등 전 세계적으로도 적용이 확산되고 있다. 이에 부울경 검증단은 재래식비행절차ILS가 아닌 성능기반항행절차PBN 비행절차부터 수립해야 한다는 분명한 입장을 총리실 검증위원회에 제출하였다.

---

117)　국토교통부 보도설명자료, 2020.7.23., "김해신공항 "승학산과 충돌 위험"은 없습니다."

'복행 시 더욱 위험', 금정산과 승학산 충돌

김해공항 확장안의 신·구 활주로 모두에서 항공기가 착륙 실패 후 재이륙하는 복행 절차가 부산의 금정산과 승학산에 충돌하는 대형 사고로 이어질 수 있다는 검증 결과는 김해신공항이 사고에서 비롯된 안전한 신공항의 대안이 되기 어렵다는 점을 강력히 시사하는 것이다.

더구나 검증과정에서 신설 활주로의 길이가 3,200m가 아니라 3,000m였다는 점이 확인되어 파장은 더 커졌다. 활주로 길이가 줄어드는 것은 실패비행절차의 위험성 문제만이 아니라 항공기의 운항 횟수와 공항의 확장성과 뗄 수 없는 문제이기 때문이다. 또한 서측 평행유도로 신설과도 짝을 이루는 문제여서 경제성과도 직결된다.

부울경 검증단은 기존 활주로 시단 미이설, 서측 평행유도로 신설, 신설 활주로 시단 이설로 활주로가 3,000m로 축소되는 등을 내용으로 하는 2020년 6월 국토교통부의 수정안을 기준으로 운항 횟수와 여객 수를 계산해 보았다. 그 결과 시단 미이설로 활주로 착륙 시작점과 남측 연결유도로 간 거리가 짧아지면서 비행기가 완전히 이·착륙해야 신활주로와 구활주로를 오가는 비행기의 이동이 가능해 이·착륙 횟수가 국토부의 예측보다 3분의 1(60회→40회)이나 줄어들었다. 연간 여객 수는 국토교통부가 예측한 3,800만 명보다 훨씬 적은 2,900만 명 선으로 축소될 것으로 분석되었다.

또 활주로 길이가 3,000m라는 것은 장거리 노선을 운항하는 대형항공기나 화물기가 안전하게 이·착륙할 수 없다는 것을 의미하며 관문공항으로서의 기능에 중대한 제약이다. 국토교통부의 기본계획 안에 없던 서편 평행유도로를 신설하게 되면 총사업비가 늘어 경제성은 떨어진다. 이 시기에 국토교통부가 총리실 검증위에 제출한 '잠정 최종안'에 따르면 김해신공항 총사업비는 7조 6,600여억 원으로 2016년 박근혜 정부가 김해신공항을 결정할 당시 근거로 삼은 공항 건설비용이 밀양4.53조 원은 물론이고 가덕7.47조 원에 비해서도 1,600억 원이 많다. ADPi는 경제성이 높다는 이유로 김해신공항을 선정하였지만, 국토교통부의 사전타당성 용역 결과, ADPi의 결정은 뿌리부터 흔들리게 된 것이다.

4) 공항 확장하는데 소음피해는 줄어든다?

- 항공기 운항 횟수가 증가하고 2023년 1월1일부터 엘디이엔Lden
  적용 시 소음피해 더욱 확대

공항소음방지법에 따라 소음 70웨클 이상 지역70~75웨클은 소음인근지역, 75웨클 이상은 소음대책지역은 항공기 소음 영향 대상 지역에 포함되며, 공항을 조성할 때 이 구역에 사는 주민의 이주, 생계 대책, 보상계획을 제시해야 한다. 한편 제2장에서 살펴봤듯이 2023년 1월1일부터 소음측정 단위가 웨클에서 엘디이엔Lden으로 변경되어 적용되기 때문에, 2027년 개항을 목표로 한 김해신공항의 소음 영향 분석은 당연히 엘디이엔을 기준으로 해야 한다. 엘디이엔 적용 시 웨클에 비해 소음 영향 범위가 넓어지고 소음피해 가구 수도 늘어나는 것이 일반적이기 때문에 웨클만을 적용한 분석은 실제 소음피해를 축소할 가능성이 높다.

소음 폭탄 머리에 이고 살아온 김해시민들

김해시민과 부산 강서구 주민은 그동안 항공기 소음 폭탄을 머리에 이고 살아왔다. 하물며 기존 'I자'형 활주로 2개에 1개를 추가하여 'V자'

형으로 확장하면 항공기 소음 범위가 더 넓어진다고 생각하는 게 상식이다. 그러나 국토교통부의 생각은 상식과 달랐다. 신공항을 건설하지 않을 경우 김해공항의 증가하는 항공기 운항 횟수에 따라 소음피해도 지속적으로 증가할 수밖에 없으나, V자로 활주로를 추가하는 김해신공항을 건설할 경우 항로가 변경되고 활주로 별로 운항 횟수가 분산되어 소음 지역이 대폭 감소한다는 것이다.

활주로 신설에 따른 소음 영향이 처음 제시된 것은 ADPi의 사전타당성조사에서였다. 그 결과가 알려진 것은 2018년 1월이다. 75웨클 이상 소음 영향 가구가 809가구로 예측되며 대부분 부산권역으로, 김해시는 극히 일부만 해당된다는 내용이었다.[118] 김해시민과 부산 강서구 주민들은 크게 반발하였다. 활주로를 추가하는 데 소음 영향은 오히려 감소한다는 국토교통부의 입장을 받아들이기 어려웠기 때문이다.

나도 국회 입성 후 처음 참석한 국토교통위원회 회의2018년 7월23일에서 김해신공항 소음 영향 분석이 현장 조사도 하지 않은 추정치라는 점을 지적하고 지역 주민이 참여한 가운데 공정하게 검증해야 한다고 요구하였다. 실제로 경남발전연구원현 경남연구원이 분석한 결과에 따르면 활주로가 신설될 경우 지금까지 김해시에 전혀 없었던 75웨클 이상 소음대책지역이 처음으로 발생하여 1,010세대가 소음피해를 입게 되며, 70~75웨클인 소음인근지역을 포함할 경우 총 3만 2,030세대가 소음피해에 노출될 것으로 예측되었다. 이는 김해시 전체 세대의 16%에 해당하는 규모다.

---

118) 『연합뉴스』 2018.1.21., "'김해신공항 확장안 제시' 프랑스 업체 소음대책은 엉터리". 2018년 1월18일 김해시청 대회의실에서 김해지역 가야포럼과 민홍철 국회의원이 공동 주최한 김해신공항 대토론회에 참석한 국토교통부 관계자가 발표한 내용이다.

공항 커지는데 소음피해 줄어든다는 국토부

국토교통부의 김해신공항 소음 영향 분석은 기본계획 수립용역 단계에서 구체화되었는데, 지역사회의 극심한 반발을 감안해 소음 영향을 감소시킬 수 있도록 활주로 각도나 이륙 항로 조정, 저소음 항공기 도입 방침 등을 잇달아 발표하였다. 우선 신설 활주로를 기존 활주로 서편에 40도 각도로 V자형으로 설치하고 이륙 항로는 서측으로 22도로 설정하는 중간보고에서는 4,117 가옥이 70웨클 이상의 소음 영향을 받는 것으로 분석되었다. 기존 5,086 가옥보다 969 가옥이 줄어든다는 것이다.[119]

다시 최종보고에서는 신설 활주로를 남동쪽으로 200m 이동하여 활주로 각도는 43.4도, 이륙 항로는 17도로 미세 조정함으로써 소음피해 가옥 수를 2,732 가옥으로 줄였다고 발표하였다. [표 6] 참조 결국 기존보다는 54%, 중간보고보다는 66% 수준으로 소음감소 효과가 있다는 이야기다. 한편 기본계획에서 소음 영향권의 면적은 50.89㎢로 분석하였다.

당시 국토교통부는 국정감사 기간이던 2018년 10월26일 나에게 최종보고서에 담을 소음피해 개선안을 미리 대면 보고하였다. 나는 11월6일 서면질의를 통해 국토교통부의 개선안이 제대로 소음피해 조사를 하지 않고 운항 횟수 축소 등의 변수를 최소화하여 소음 등고선 크기, 소음 영향 면적과 가옥 수를 왜곡시켰다고 지적했다. 또 김해지역은 활주로 각도와 이륙 항로 미세 조정을 통해 내외동 일부는 소음피해가 줄어들 수 있으나, 칠산서부동과 주촌면에 새로 조성되고 있는 아파트 단지와 장유1동 쪽의 아파트 단지는 추가로 소음 영향에 포함되고 피해가 심해지는 지역

---

119) 기존 소음 영향 가옥 수는 국토교통부가 김해공항 항공기 소음평가용역(2014)을 참고하여 추정한 것이다(중간보고서 32쪽 참조).

이어서 근본적으로 소음피해가 줄어들기는커녕 현재보다 소음피해 면적과 가구 수가 몇 배로 늘어날 수밖에 없다고 지적하였다.

[표 6] 국토교통부 기본계획의 소음 영향 가옥 분석 결과

(단위 : 가옥 수)

구분	현 김해공항			기본계획 수립용역					
				중간보고			최종보고		
	75 WECPNL 이상	70-75 WECPNL	합 계	75 WECPNL 이상	70-75 WECPNL	합 계	75 WECPNL 이상	70-75 WECPNL	합 계
부산	649	1,292	1,941	1,118	750	1,868	1,087	752	1,839
김해	53	3,092	3,145	0	2,249	2,249	0	893	893
합계	702	4,384	5,086	1,118	2,999	4,117	1,087	1,645	2,732

자료 : 국토교통부, 『김해신공항 건설사업 타당성 평가 및 기본계획 중간보고』, 2018.9.6., 32쪽; 국토교통부, 『김해신공항 건설사업 타당성 평가 및 기본계획 종합보고서(안)』, 2018.12.28., 6-161쪽.

전략환경영향평가서, 소음 영향 분석 검증

한편 2018년 12월, 김해신공항 전략환경영향평가서 초안이 공개되면서 국토교통부의 소음 영향 분석에 새로운 허점이 드러났다.[120] 기존 김해공항의 경우 활주로 서쪽을 중심으로 군 훈련기가 훈련 비행을 해왔으나 'V'자형의 새 활주로가 건설되면 민간 항공기와의 충돌 우려 때문에 군용기 훈련 비행 구역을 기존 활주로 동쪽으로 옮겨야 한다. 이렇게 되면 화명동~구포역~신라대~사상구청 등 인구가 밀집된 부산 북구와 사상

---

120) 환경영향평가법 제9조에 따라 공항 건설계획을 수립할 때는 환경 보전계획과의 부합 여부 확인 및 대안의 설정·분석 등을 통하여 환경적 측면에서 해당 계획의 적정성 및 입지의 타당성 등을 검토하기 위한 전략환경평가를 실시하여야 한다. 또한 같은 법 제13조에 따라 전략환경영향평가서 초안을 공고·공람하고 설명회를 개최하여 해당 평가 대상 지역 주민의 의견을 들어야 한다. 이에 따라 국토교통부는 2018년 12월 11일부터 전략환경영향평가서 초안을 주민 대상으로 공람하기 시작하였는데, 그 내용에 소음피해 축소 등 여러 가지 중대한 문제점이 발견되었다.

구 일대 상공이 항공소음 피해 구역에 새로 포함된다. 또한 민간 항공기가 불가피한 상황 등으로 첫 착륙 시도에 실패해 다시 이륙하는 '실패접근 경로'도 기존 활주로 서쪽에서 부산의 동쪽으로 옮길 수밖에 없어 항공소음 피해는 더욱 커지게 된다.

그런데도 전략환경영향평가 초안 보고서에서는 군 항공기의 장래 훈련 피해 관련 소음 영향지역을 공군과 협의 없이 임의로 축소해 훈련비행경로에 포함되는 부산 북구·사상구 등지의 소음피해 영향을 반영하지 않은 것이다. 결국 부산시와 검증단의 요구에 따라 허점투성이인 전략환경영향평가서에 대한 주민 공람 및 설명회는 중지되었다.[121]

국토교통부의 소음 영향 개선방안에 대한 실질적인 검증은 부울경 검증단에서 진행하였다. 부울경 검증단의 소음 영향 검증은 기본계획 최종안을 대상으로 크게 두 가지 차원에서 이루어졌다. 먼저, 국토교통부가 소음 영향 분석에 사용한 기초자료가 적정하였는지를 따져보고 이를 현실화하여 분석해야 한다고 판단하였다.

첫째, 국토교통부는 항공기 운항 횟수를 연간 224,842회^{민항기 189,072}회, 군용기 35,770회로 설정하였으나, 영남권 5개 시도가 합의하여 수용한 사전타당성조사 당시의 299,000회를 적용하는 것이 맞다고 판단하였다.

둘째, 국토교통부는 시간대별 운항 비율을 현재의 김해공항 실적을 기준으로 하면서 야간 및 심야시간대는 오히려 축소해 적용하였으나, 김해신공항의 관문공항 기능을 고려하여 국내^{인천·김해·제주}국제공항의 평균치

121) 부산시 보도자료, 2018.12.17., "부산시, 김해신공항 전략환경영향평가 주민설명회 중지 요구"; 동남권 관문공항 검증단 보도자료, 2018.12.18., "김해신공항 건설 전략환경영향평가서(초안) 공람 및 주민설명회" 중지 요청; 국토교통부 보도참고자료, 2018.12.18., "김해신공항 전략환경영향평가서 초안 공람, 설명회 연기".

를 적용하는 것이 적절한 것으로 판단하였다.

셋째, 국토교통부의 분석에서는 동편 군용기 장주 비행 항로를 실제보다 작게 적용하였고 비행절차도 제시되어있지 않으므로 김해공항 항공정보간행물(AIP) 자료를 적용하여 좀 더 현실에 가깝게 분석하였다.

넷째, 사전타당성조사나 예비타당성조사 때에는 가구 수를 기준으로 했던 데 비해 기본계획 수립용역에서는 가옥 수를 기준으로 소음 영향을 분석하고 있다. 한 가옥 내에 둘 이상의 가구나 세대가 거주하는 경우가 다수 존재하는 점에서 통계의 착시나 왜곡 또는 소음 영향의 체감도가 낮아지는 문제가 발생할 수 있어 가구 수를 기준으로 분석하는 것이 적절하다고 판단하였다.

다섯째, 에코델타시티³만 세대, 주촌 선천 신도시⁷천6백 세대, 골든루트산단 등 소음 영향 권역의 장래 토지이용계획을 반영하지 못하고 있어 신뢰성이 떨어지므로 이를 개선하여 분석하였다.

엘디이엔 기준으로 분석하니 소음피해 폭증

부울경 검증단은 또한 기초자료의 검증에 따른 분석과 함께 소음측정 단위를 웨클과 엘디이엔Lden 두 가지로 분석하였다. 2027년 개항 예정인 김해신공항의 소음측정 단위는 2023년 1월부터 적용되는 엘디이엔을 사용하여야 하므로 웨클과 함께 엘디이엔 단위도 함께 적용하여 분석한 것이다. 부울경 검증단의 분석 결과를 보면 먼저 엘디이엔 기준 소음 영향 면적이 100.58㎢로 나타나 국토부 기본계획 분석에 비해 약 2배에 달했다. 소음대책지역은 48.65㎢로 2.4배, 소음인근지역은 1.7배였다. 웨클 기준 분석에서도 소음 영향 면적이 국토부 분석에 비해 1.5배에 달하는 것으로 나타났다. 소음대책지역은 1.6배, 소음인근지역은 1.5배였다[표 7] 참조.

[표 7] 국토교통부와 부울경 검증단의 소음 영향 면적 결과 비교표

(단위 : ㎢)

국토부(WECPNL)			검증단 ① (WECPNL)			검증단 ② (Lden)		
소음 대책 지역	소음 인근 지역	계	소음 대책 지역	소음 인근 지역	계	소음 대책 지역	소음 인근 지역	계
20.54	30.35	50.89	32.64	44.06	76.70	48.65	51.94	100.58

자료 : 동남권 관문공항 검증단, 『김해신공항 계획(안) 타당성 검증 보고서』, 2019.5, 41쪽.

부울경 검증단이 분석한 엘디엔 기준 소음 영향 가구 규모는 총 2만 3,195가구로 단순 비교하면 국토교통부 분석 결과의 8.5배에 달하였다. 소음대책지역은 2,601가구로 2.4배, 소음인근지역은 2만 594가구로 12.5배였다. 웨클 기준으로는 1만 4,508가구로 국토부의 5.3배였는데 소음대책지역은 1.3배, 소음인근지역은 7.9배였다[표 8] 참조. 분석 단위가 국토교통부는 가옥, 부울경 검증단은 가구로 차이가 있는 점을 고려하더라도 국토교통부에 비해 검증단의 분석 결과에서 소음피해를 받는 인구의 범위가 훨씬 광범위한 것으로 나타난 것이다.[122]

나는 검증단의 검증 결과를 바탕으로 2019년 9월2일과 10월30일 국회 예결특위 회의에서 김현미 국토교통부 장관과 조명래 환경부 장관을 상대로 김해공항 확장에 따른 소음피해에 대한 전면적인 검증의 필요성을 강력히 제기하였다. 엘디엔 단위의 소음 영향 분석도 촉구하였다.[123]

---

122) 가옥당 2가구가 거주한다고 전제할 경우라도 검증단의 분석 결과는 국토부에 비해 엘디엔 기준으로는 4.3배, 웨클 기준으로는 2.6배에 달한다.

123) 『제371회 국회(정기회) 예산결산특별위원회 회의록』 제1호, 2019.9.2.; 『제371회 국회(정기회) 예산결산특별위원회 회의록』 제8호, 2019.10.30.

[표 8] 국토교통부와 부울경 검증단의 소음 영향 가옥 분석 결과 비교표

	소음대책지역			소음인근지역			합계			국토부 결과 대비 증가폭	
	국토부	부울경 검증단		국토부	부울경 검증단		국토부	부울경 검증단			
	75 WECPNL 이상	75 WECPNL 이상	61 Lden 이상	70-75 WECPNL	70-75 WECPNL	57-61 Lden	70 WECPNL 이상	70 WECPNL 이상	57 Lden 이상	WECPNL	Lden
부산	1,087	1,435	1,659	752	4,707	9,099	1,839	6,142	10,758	3.3배	5.8배
김해	0	51	942	893	8,315	11,495	893	8,366	12,437	9.4배	13.9배
합계	1,087	1,486	2,601	1,645	13,022	20,594	2,732	14,508	23,195	5.3배	8.5배

※ 국토부의 분석은 기본계획 수립용역 최종안 기준이며, 단위는 국토부는 가옥, 검증단은 가구임.
자료 : 국토교통부, 『김해신공항 건설사업 타당성 평가 및 기본계획 종합보고서(안)』, 2018.12.28., 6-161쪽; 부산시·울산시·경상남도, 『국무총리실 김해신공항 검증위원회 김해신공항의 동남권 관문공항 적정성 검증을 위한 부울경 최종 검증보고서』, 2020.2, 80, 86쪽.

소음피해는 안전 문제와 함께 공항 인근 주민들에게 가장 민감한 이슈였다. 김해공항을 확장한 뒤에는 활주로 수가 현재보다 1.5배로 늘어나는데도 불구하고 소음피해가 줄어든다고 하는 정부의 발표를 피해 주민들로서는 받아들이기 어려운 상황이었다. 그런데 부울경 검증단의 검증 결과, 정부 발표의 근거가 되는 기초자료나 분석 단위에 문제가 많다는 것이 밝혀지자 정부가 추진하는 김해신공항 건설 정책에 대한 신뢰성이 크게 떨어질 수밖에 없었다.

5) 환경생태계에 미칠 영향은?

- 문화재보호구역과 철새도래지 파괴, 조류 충돌Bird Strike 위험이 상존
- 평강천 유로 변경에 따른 하류 지역은 호소화, 수질 악화로 수생태계 파괴

2018년 12월 공개된 국토교통부의 김해신공항 전략환경영향평가

서 초안^{이하 '평가서 초안'}은 앞서 살펴본 소음 영향 분석과 마찬가지로 허점이 많았다. 또한 환경에 미치는 영향도 제대로 분석되고 있지 않아서 꼼꼼한 검증이 필요했다.

나는 검증단장 자격으로 공개된 초안을 1차로 검토하여 ① 장래 운항 횟수를 축소 적용하여 환경영향 축소, ② 군용기 소음 영향 축소하여 부산 사상구와 북구에 미칠 피해 미반영, ③ 평강천 유로 변경이 생태계에 미치는 영향 분석 회피, ④ 겨울 철새 서식지·이동 경로 훼손 및 새와 충돌 Bird Strike할 위험에 대한 대책 누락, ⑤ 평강천 유로 변경에 따른 홍수 위험 평가 회피 등 다섯 가지 문제점을 지적하였다.[124] 이후 부울경 검증단에서 구체적으로 검증한 내용 중 다른 항목에서 다룬 운항 횟수나 소음 영향을 제외한 세 가지 문제점을 중심으로 살펴보면 다음과 같다.

철새 서식에 미칠 악영향 축소

낙동강 하구 일대^{서낙동강, 평강천, 맥도강, 낙동강 본류 하류, 낙동강 하구 등}는 철새를 포함한 많은 조류가 월동지, 번식지, 중간 기착지 등의 서식지로 이용하고 이동하는 경로다. 이에 김해공항 확장으로 인한 영향을 면밀하게 분석하고 대책을 세워야 한다. 그런데 평가서 초안에는 국립생물자원관의 '겨울철 조류 동시 센서스 2013~2017' 결과를 인용하였다고 하면서도 정작 평강천 지역에 큰기러기가 출현하였다는 센서스 결과는 누락하였으며, 조류가 김해신공항 계획지구 상공을 지나가지 않는 것으로 작성하였다.[125]

---

124) 동남권 관문공항 검증단장 김정호 의원 보도자료, 2018.12.18., "국토부의 김해신공항 건설 전략환경영향평가서(초안) 중대한 하자 확인" 첨부 자료 참조.

125) 국토교통부, 「김해신공항 건설사업 전략환경영향평가서(초안)」 2018.12, 264, 267쪽.

그러나 이 지역 철새도래지 연구에 따르면 평강천에서 약 60종, 최대 1,780개체가 관철되며 이중 신공항 계획지구 내에 약 50종, 813개체가 관찰된다. 또한 서낙동강에는 약 82종, 최대 16,950개체의 철새가 관찰되며 이중 신설 활주로 끝단에 맞닿은 지역에는 약 61종, 최대 3,864개체의 조류가 관찰되고 있다. 또 평강천과 서낙동강 일대를 주요 행동권으로 하는 청둥오리는 낙동강 하류에서 김해시 농경지로 이동하는 과정에서 김해신공항 계획지구 상공을 지나며, 고방오리 또한 이동 중 김해신공항 계획지구 상공을 지나는 것으로 조사되었다.[126)

따라서 평가서 초안은 김해신공항 건설이 조류의 서식지와 이동 경로 및 행동권에 미치는 영향을 축소하고 왜곡하였을 가능성이 높았다.

또한 새 활주로를 건설할 경우 조류가 활주로를 횡단할 가능성이 높기 때문에 국토교통부 행정규칙 '조류 및 야생동물 충돌위험 감소에 관한 기준'을 적용하면 김해신공항 계획지구는 활주로 입지로서 부적절한 곳일 수밖에 없다.[127) 나아가 대책 없이 새 활주로를 건설하면 조류 충돌Bird Strike 위험이 커져 항공 안전을 위협할 수 있다.[128)

---

126) 부산연구원, 『낙동강 하류 철새도래지(문화재구역) 관리방안 - 생물상 보고서』 2016.12, 33, 79쪽; 한국환경생태연구소, 『강서지역 환경영향평가보고서(2017~2018)』 (부산시·울산시·경상남도, 『국무총리실 김해신공항 검증위원회 김해신공항의 동남권 관문공항 적정성 검증을 위한 부울경 최종 검증보고서』 2020.2, 141~143쪽에서 재인용).

127) 국토교통부 고시 제2017-601호 '조류 및 야생동물 충돌위험 감소에 관한 기준'에 따르면 공항 인근의 조류가 호수를 이용하기 위해 활주로를 횡단할 우려가 있는 곳에는 활주로를 건설하지 말아야 한다.

128) 조류 충돌(Bird Strike)은 항공기의 이·착륙 및 순항 중 새가 엔진이나 동체에 부딪히는 현상으로 자칫 큰 사고나 항공기 손상의 원인이 될 수 있다. 새가 정지된 항공기에 부딪히는 것은 별문제가 안 되지만 이륙과 상승, 하강과 착륙 중인 항공기와 부딪힐 때는 역학상 엄청난 타격을 준다. 시속 370㎞로 상승 중인 항공기에 중량 900g의 청둥오리가 충돌했다고 할 때 항공기가 받는 순간 충격은 4.8톤이다. 이 정도의 충격이면 항공기 조종실 유리가 깨지거나 기체가 찌그러질 수 있다. 그러나 제일 문제가 되는 것은 새가 엔진 속으로 들어갔을 경우이다. 터빈 엔진의 공기 흡입구는 엄청난 양의 공기를 빨아들이기 때문에 이곳으로 흡입된 새가 팬 블레이드를 망가뜨리거나 심하면 엔진을 태울 수도 있다(시사상식사전 terms.naver.com).

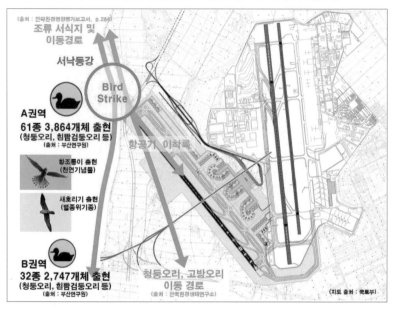

자료 : 동남권 관문공항 검증단, 『김해신공항 계획(안) 타당성 검증 보고서』, 2019.5, 32쪽.

평강천 물길 강제 변경, 생태계 파괴하고 홍수 위험 초래

평강천 매립과 단절에 따른 생태계 변화와 수질오염 영향이 빠진 것도 주요한 검증 대상이 되었다. 국토교통부 계획대로라면 새 활주로는 서낙동강 지류인 평강천의 흐름을 끊는 위치에 건설된다. 처음에는 평강천을 가로지르는 복개 교량을 설치해 활주로를 신설하기로 했다. 그러나 활주로 안전 문제가 제기되자 공항 예정지 평강천 상류 물길을 인위적으로 변경해 서낙동강으로 유입시키고, 공항 건설계획지구에 속한 평강천 약 2㎞106,050㎡를 매립하기로 했다.

매립 대상 지역은 1966년부터 천연기념물 179호 낙동강 하류 철새도래지로서 문화재보호구역으로 지정되어 50여 년 동안 보호되고 있는 곳이다. 조류의 서식 환경이 훼손되어 문화재보호구역으로서의 가치가 상실될 수밖에 없다. 상류 물길을 변경하게 되면 서낙동강 지역의 홍수 위험이 커지고, 평강천 2km를 매립함에 따라 하천이 단절되어 평강천 하류는 호소湖沼, 늪과 호수로 변하여 수질이 악화되고 물水생태계가 급변하게 된다. 평강천 하류 물로 공급하던 농업용수도 중단되어 이 일대 농사에 큰 지장을 초래한다.

또한, 당시 평강천 하류 지역에는 하천 중심의 미래 지향적인 수변도시를 지향하는 에코델타시티가 조성되고 있었다. 그러나 김해공항 확장계획에 따라 고도 제한과 소음피해로 악영향을 받는 데 이어, 평강천 유로 변경과 매립 방침으로 수질 악화, 하천유지유량 확보 곤란, 홍수 위험 등이 예상되어 사업 추진에 큰 차질을 빚을 가능성이 높다. 문제는 이처럼 평강천 유로 변경과 매립이 하천 생태환경에 미치는 영향이 막대한 데도 국토교통부의 전략환경영향평가에서는 이에 관한 사전 조사와 검토 없이 '기본계획 확정 후 검토할 계획'이라고 밝힌 점이다.[129]

환경부, 28가지 문제 지적하고 대안 요구

이에 대해 환경부는 2019년 2월 국토부에 제출한 검토의견서에서 모두 28가지 항목을 지적하고 전략환경영향평가서 본안 작성 시 반영할 것을 요구했다.[130] 구체적으로 신공항 예정지에 대한 항공기 – 야생동물

---

129) 국토교통부, 『김해신공항 건설사업 전략환경영향평가서(초안)』 2018.12, 264~265쪽.
130) 환경부, "김해신공항 건설사업 전략환경영향평가서[초안] 검토의견", 2019.2.27. 참조. 환경부의 환경영향평가 정보지원시스템(EIASS)에 따르면 환경부는 2018년 12월11일에 평가서(초안)를 접수하여 2019년 2월27일에 국토부에 검토 의견을 통보하고 보완을 요구하였다.

조류 및 포유류 충돌 위험성 분석 결과를 제시할 것을 요구하고, 특히 잠재적인 위험이 되는 청둥오리와 기러기 등 조류에 대해서는 조류 충돌 감소를 위한 구체적 계획을 검토하라고 했다.

평강천 상류 유로를 서낙동강으로 변경함에 따라 하천 단절, 유량 감소에 따른 수질 악화와 생태계 훼손, 홍수 발생 가능성 등 주변 환경에 미치는 영향이 클 것으로 예상된다며 활주로가 하천구역에 포함되지 않거나 일부 구간을 복개하는 방안과 다른 대안을 종합적으로 검토하여 수※환경의 영향을 최소화할 수 있는 토지이용계획을 제시하라고 요구했다. 특히 평강천 유로 변경으로 하류가 단절될 경우 부산 에코델타시티 조성 사업의 당초 목적 달성이 불가능하다며 평강천 하류 단절을 수반하지 않고 사업목적 달성에 지장을 주지 않는 대안을 제시하라고 했다.

또한 국토부가 실시한 소음·진동 평가에서 누락된 ● 항공기 소음 영향지역 노출 세대수 및 인구수 정보, ● 민항기, 군용기, 민항기+군용기 구분에 따른 항공기 소음 영향 기여도, ● 군용기 소음 예측 결과 등에 대한 국방부와의 협의 결과, ● 지역 주민 등 대상으로 항공기 소음 예측 결과 등에 대한 의견수렴과 반영 결과 등을 보완하라고 지적하였다. 특히 2023년부터 항공소음 평가 단위로 적용되는 엘디이엔에 의한 항공기 소음 예측 결과를 산정하여 기존 웨클 기준 결과와 비교 검토하라고 요구했다.

나는 2019년 국회 예산결산특별위원회 회의에서 전략환경영향평가에 대해 사실상의 승인 권한을 가진 조명래 환경부 장관을 상대로 V자 활주로 신설에 따른 제대로 된 환경영향 분석의 필요성을 제기하였다.[131] 평

---

131) 환경영향평가법에 따라 국토교통부 장관은 전략환경영향평가서 초안을 환경부 장관에게 제출하여 의견을 들어야 한다(제12조). 또 환경부 장관은 전략환경평가서 본안에 대해 주민 의견 수렴 절차 등의 이행 여부 및 전략

강천과 주변 농경지는 청둥오리, 기러기 수천 마리의 먹이터이자 쉼터이고 월동 서식처인데 새 활주로 건설을 위해 평강천을 매립하면 생태계가 파괴될 뿐 아니라 조류 충돌이 우려된다는 점을 지적하였다. 평강천 하류는 물길이 끊어지고 호수로 변하여 수질이 악화되기 때문에, 평강천 하류에 조성 중인 에코델타시티는 수변도시라는 이름이 무색해진다고 지적하였다.[132]

환경영향평가서의 내용 등을 검토하여 보완, 재검토를 요청하거나 반려할 수 있다(제16조, 제17조).

132) 『제371회 국회(정기회) 예산결산특별위원회 회의록』 제1호, 2019.9.2.; 『제371회 국회(정기회) 예산결산특별위원회 회의록』 제8호, 2019.10.30.

4. 부울경 검증단의 종합평가와 정책제언

2020년 4월24일 오후 2시부터 부산시청 1층 대회의실에서 검증단의 김해신공항 검증 결과 최종보고회를 열었다. 오거돈 부산시장, 송철호 울산시장, 김경수 경남도지사, 부울경 시·도의회 의장단, 김영춘·박재호·윤준호·이상헌·전재수·최인호 그리고 나를 비롯한 부울경 국회의원, 허성곤 김해시장·변광용 거제시장, 정명희 사상구청장 등 기초단체장과 검증단 구성원, 그리고 언론사 취재진들이 대회의실을 꽉 채웠다.

나는 검증단장 자격으로 지난 6개월 동안 부울경 검증단에서 국토교통부의 기본계획 내용을 현미경으로 들여다보듯 낱낱이 검증한 결과를 프레젠테이션했다. 총 286쪽 분량의 검증보고서에는 6개 분야, 17개 쟁점에 대한 검증 결과를 담았다.검증 결과의 주요 내용은 [표 9] 참조. 부울경 검증단의 김해신공항 계획에 대한 종합평가는 다음과 같이 크게 3가지였다.

종합평가 ①
김해신공항은 입지 선정 단계부터 정책 결정 과정의 공정성 부족

김해신공항은 획기적인 대안이 아니라, 법규를 위반하고 객관성도 없는 조사 결과를 토대로 졸속으로 선정되었다. 선정 과정은 전혀 공정하지 않았고 정책의 일관성도 부족했다. 기본계획에서는 입지 선정 당시의 항공수요를 무시하였으며, 관련 법규 및 기준을 적용하지 않아 계획의 타당성도 부족했다.

이와 같이 평가한 이유는 다음과 같다. 먼저 사전타당성조사의 입지 평가에서 전례 없이 고정 장애물을 독립평가 항목에 포함하지 않았고, 법적 기준인 장애물 제한표면을 검토조차 하지 않았다. 입지 평가의 주요 항목인 공항 용량, 소음, 사업비, 환경영향 등의 조사 결과가 부울경 검증 결과뿐만 아니라 국토부 기본계획과 비교해도 긍정적인 요소는 크게 확대하고 부정적인 요소는 축소하여 입지 평가 결과의 객관성과 수용성을 상실했다.

공항 유형 및 기능을 왜곡하고 관련 법을 위반했다. 사전타당성조사부터 기본계획 수립단계까지 기존 김해공항의 확장을 신공항으로, 거점공항을 관문공항으로 왜곡하였다. 군공항임에도 군사기지법을 적용하지 않았다. 진입표면의 고정 장애물을 존치하고, 실패접근절차의 경우 시뮬레이션조차 하지 않고 비행절차를 수립했다. 항공수요도 1,000만 명이나 축소했다. 5개 시·도가 국토교통부와 합의한 결과를 준수하여 수용한 사전타당성조사의 김해신공항 수요를, 6개월 뒤에 시행된 예비타당성조사와 기본계획에서 각각 27%, 28% 축소했다.

종합평가 ②
김해신공항은 관문공항 기능 수행 불가

사전타당성조사나 예비타당성조사 모두 거점공항 기능으로 계획하였으나 기본계획에서는 사전타당성조사보다 수요, 시설, 용량 등을 축소하였음에도 공항 기능을 관문공항으로 높여 제시하고 있어 수용성이 부족하였다.

항공수요가 왜곡되어 관문공항 기능을 할 수 없는 수준으로 축소되었다. 사전타당성조사에서 3,800만 명 수요를 목표로 하였으나 예비타당성조사에서 27%, 기본계획단계에서 28% 축소하여 현 김해공항의 항공수요 예측치보다 적은 수요를 예측한 결과가 되었다.

김해신공항은 가장 중요한 공항의 안전성을 확보하지 못했다. 저촉 장애물 존치로 항공기 충돌위험, 정상적인 정밀접근절차 수립 불가로 충돌위험, 조류 서식지 및 이동 경로에 접하여 조류 충돌Bird strike 위험 등으로 안전한 관문공항이 될 수 없다. 또한 소음피해가 너무 크고, 심야 운항이 불가능하여 24시간 운항할 수 있어야 하는 관문공항의 조건에도 부적합하다. 그럼에도 김해신공항을 추진하기 위해 소음분석 기준을 왜곡하여 새로운 소음평가 단위Lden를 적용하지 않고 소음 영향을 분석하였다. 그 결과 공항계획에 대한 신뢰를 잃었고, 주민들의 저항을 불러왔다.

신설 활주로 길이는 국토부 설계 매뉴얼을 위반했다. 인천공항 제3 활주로 길이 산정 근거인 국토부 내부 기준을 적용하면 최소 3,700m가 필요하다. 그러나 단순한 참고용인 항공기 제작사의 이륙 거리 도표에 따라 3,200m로 제시하여 기준을 무시하였고, 공항 기능을 저하시켰다. 활주로 신설로 인한 용량 증대 효과는 극히 저조하여 조기 포화될 가능성이 높다. 검증단 검증 결과 신설 활주로로 인한 민간항공의 용량 증대는 약 38%에 불과한 것으로 나타나 신공항 개항과 동시에 완전 포화가 예상되며 부지 여건상 시설 및 용량의 확장도 불가능하다.

김해신공항 건설은 과다한 환경훼손도 초래한다. 활주로 신설로 인한 조류 서식지 및 이동 경로 훼손이 우려되고 하천 매립에 따른 평강천 수질 악화, 홍수 위험 등 심각한 환경영향이 예상되지만, 전략환경영향평가서가 부실하게 작성되어 극심한 환경 갈등이 예상된다.

검증단 최종보고회에 참석한 부울경 시·도지사들. 앞줄 왼쪽부터 오거돈 부산시장, 송철호 울산시장, 김경수 경남지사 (2019.4.24.)

"국토부 김해 확장안, 법률 어기며 공항 기능 왜곡한 엉터리"

"김해신공항, 동남권 관문공항 될 수 없다" 백지화에 쐐기

부산일보(위), 국제신문(아래) 2019.4.25

4장 | 검증 2, 국토부의 김해신공항 기본계획

종합평가 ③
국가균형발전 정책에 부적합

인천공항 중심의 육성 정책은 영남권 국내외 이용객의 불편 및 경제적 부담 가중, 첨단산업의 수도권 집중을 초래할 수밖에 없다.

수도권에 극심한 악천후나 예측할 수 없는 사회 재난 등과 같은 재난·위기 상황이 발생할 경우, 철도와 도로 등 직접적인 연계 교통수단이 있는 내륙에 인천공항의 기능을 대신할 수 있는 공항이 없는 상황이다. 이런 문제를 해결하기 위해 문재인 대통령이 재난 시 인천공항을 대체할 수 있는 기능을 갖춘 관문공항 건설을 대선 공약으로 내세웠으나 김해신공항은 24시간 운항할 수 없고 활주로 길이도 짧아 함량 미달이다.

현재 인천공항 대비 제2 도시공항김해공항의 국제선 여객 및 화물 처리 분담 비율은 각각 13.0%와 0.4%로, OECD 주요 국가의 제2 도시공항 처리 분담 비율 평균 47.7%와 114.0%에 비해 매우 낮다. 영남권에서 인천공항을 이용하는 여객은 2018년 기준 556만 명으로, 인천공항을 오가는 경제적 손실이 연간 7,183억 원에 달한다. 동남권 관문공항 없이 인천공항 일극체제를 지속할 경우 영남권 주민과 기업의 불편은 가중되고 경제적 손실도 더 커질 것이다. 국가균형발전에 미치는 악영향도 불가피하다. 국가균형발전을 위해서는 수도권에 대칭한 동남해안의 광역경제권 형성과 글로벌 복합물류 중심지 육성을 위한 관문공항 건설이 꼭 필요하다.

정책건의와 국토부의 불수용

검증 결과 보고를 바탕으로 다음과 같이 정부에 대한 정책건의도 발표하였다.

첫째, 국무총리실에 동남권 관문공항 정책 판정위원회^{가칭}를 설치하여 ● 김해신공항 정책 결정 과정의 공정성, ● 관문공항 기능 수행 여부, ● 향후 동남권 관문공항 추진 방향에 대해 책임감 있게 판정한다.

둘째, 총리실 판정위에서 신공항의 기능과 개발 방향을 제시하면 주무 부처와 부울경이 공동으로 참여하여 최종입지를 선정한 뒤 정부와 지역이 공동으로 추진한다.

한편 부울경 검증단의 검증 결과 발표에 대해 국토교통부는 '일방적 발표로 국민들에게 혼란을 초래한 점 등에 대해 안타깝게 생각한다'며 반박 자료를 발표했다. 우려했던 대로 국토교통부가 부울경의 문제 제기를 수용할 의사가 없음을 분명히 한 것이다.[133] 이미 국토교통부와는 협의를 통해 문제 해결의 실마리를 찾기 어렵다고 판단해 온 부울경 시·도지사들은 이날 최종보고회 2부 행사에서 발표한 공동 건의문을 통해 '동남권 관문공항 문제를 즉시 국무총리실로 이관해 부울경 검증단의 검증 결과로 밝혀진 안전·소음·운영·확장성 등 여러 문제점을 토대로, 김해신공항의 관문공항 적합성 여부에 대한 정책 결정을 요청'했다.[134]

---

133) 국토교통부 보도참고자료 2019.4.24., 『부울경 동남권 관문공항 검증단』의 김해신공항 기본계획(안) 검토의견에 대한 국토부 입장은 이렇습니다."
134) 부산시장 오거돈, 울산시장 송철호, 경남지사 김경수, "건의문", 부산상공회의소, 『동남권관문공항추진 백서』 2021, 274쪽.

이후 부울경은 검증단의 검증 결과에 대한 각급 차원의 대국민 보고회를 진행하며 여론전을 펼쳤고, 이와 함께 국무총리실 산하 판정위원회 설치 실현에 힘을 집중하게 되었다.

[표 9] 동남권 관문공항 검증단의 분야별 김해신공항 검증 결과

분야	쟁점 항목	검증요지
항공 안전	① 진입표면 저촉 장애물의 존치로 항공기 충돌위험	신설 활주로의 진입표면에 저촉되는 임호산, 경운산 등의 존치로 군사기지법 및 공항시설법을 위반하였고, 착륙 항공기의 충돌위험 상존
	② 정상적인 정밀접근절차 수립 불가	착륙 시 최종 접근단계의 장애물 저촉과 실패접근단계의 과도한 상승률(5.6~7.0%) 적용으로 항공기 충돌위험 상존
	③ 항공기 조류 충돌위험	조류 서식지 및 이동 경로상에 신설 활주로 설치로 항공기 조류 충돌(Bird Strike) 위험 상존
항공 소음	① 항공소음 분석 전제조건 왜곡으로 소음 영향 축소	운항 횟수, 운항 기종, 운항 시간 등의 항공소음 분석 전제조건 왜곡으로 소음 영향을 14,508가구에서 2,732 가옥으로 축소
	② 새로운 소음평가 단위 미적용으로 소음 영향 축소	소음진동관리법에 의거 2023년 시행되는 소음평가 단위(Lden)의 미적용으로 소음 영향을 23,192가구에서 2,732 가옥으로 축소
	③ 소음 영향지역 추가 및 확대로 주민생존권 위협	소음 영향이 주거 밀집 지역인 부산시 북구 및 사상구, 김해 장유, 내외동 지역까지 추가 및 확대되어 심각한 주민 저항 초래
공항 시설 및 운영	① 신설 활주로 길이 3,200m는 국토부 매뉴얼에 부적합	인천공항 제3활주로에 적용한 설계 매뉴얼 반영 시 최소 3,700m가 필요하나, 부지 여건상 연장 불가
	② 활주로 처리용량 부족, 추가 확대도 불가	군민 공동사용, 활주로 편측 운영 등으로 활주로 신설에 따른 용량 증대가 38%에 불과하고, 부지 여건상 물량 증대를 위한 활주로 연장, 유도로 설치 등 시설보강도 불가
	③ 소음 민원으로 심야노선 운항 제한 및 경제적 손실	소음 민원으로 심야시간대 운항 불가로 장거리 노선 취항 제한, 이용객 불편, 연간 약 7,183억 원의 경제적 손실 발생
환경	① 겨울철새 등 조류의 서식지 및 이동경로 훼손	신설 활주로 건설로 평강천(약 60종, 최대 1,780개체), 서낙동강(약 82종, 최대 16,950개체)의 조류 서식지 및 이동경로 훼손
	② 평강천의 매립과 단절에 따른 하천환경 훼손	활주로 건설에 따른 국가하천인 평강천의 약 2㎞(106,050㎡) 매립으로 하천환경 훼손 및 에코델타시티(EDC) 주거환경 악화
	③ 전략환경영향평가서 왜곡 및 누락	조류 서식지 자료 왜곡, 하천 및 대기질 영향 평가 미실시, 사계절 미조사 등의 부실 평가로 환경영향평가법 제17조에 근거 전략환경영향평가서 반려 수준

분야	쟁점 항목	검증요지
법제도	① 진입표면 저촉 장애물 존치로 군사기지법 및 공항시설법 위반	진입표면 장애물 존치는 군사기지법과 공항시설법에 모두 위배되고, 군 비행절차에 따를 경우에도 장애물 절취가 필요한 것으로 나타남
	② 활주로 길이, 소음 및 환경영향평가에서 관련 규정 미준수	활주로 길이 산정에 국내 매뉴얼을 적용하지 않았고, 장차 적용될 소음평가 단위를 적용하지 않았으며, 환경영향 분석에서도 왜곡과 부실이 있어 분석 결과의 수용성 상실
	③ 위법적 수준의 전문성 왜곡으로 추진된 김해신공항은 정당성 상실	사타, 예타, 기본계획 등 계획 수립의 기준이 된 수요, 소음, 용량, 공사비 등에 대한 과다한 변경과 왜곡으로 정책 결정의 객관성 상실
항공수요	① 항공수요 축소로 정책 결정 과정의 타당성 상실	5개 시도가 합의하여 수용한 사태의 김해신공항 수요는 약 3,800만 명(2046년 기준) 이었으나, 6개월 뒤 예타에서 27%, 기본계획에서 28%를 각각 축소하여 현재 김해공항의 관련 계획 수요 예측 결과 보다 낮음
	② 항공수요 예측 방법의 오류	수요 예측에서 전환수요의 중복 계상과 모형 검증의 실측치 추정의 오류, 모형 예측 결과와 운항실적의 오차를 보정하지 않는 등으로 신공항 수요 축소

자료 : 동남권 관문공항 검증단, 「김해신공항 계획(안) 타당성 검증 보고서」(요약본), 2019.5

최종 판정,
총리실 재검증

5장
최종 판정,
총리실 재검증

1. 총리실 검증위 구성과 재검증

물꼬, 문 대통령 "김해신공항 총리실 검증 가능하다"

2019년 연초부터 정부의 태도에 의미 있는 변화가 느껴졌다. 그 시작은 문재인 대통령의 발언이었다. '전국 경제 투어' 여섯 번째로 2월 13일에 부산을 방문한 문재인 대통령은 "부산과 경남 김해시민들이 신공항에 대해 제기하는 내용이 무엇인지 잘 알고 있다"면서 동남권 신공항에 대해 직접 언급하였다. 보도에 따르면 문 대통령은 "부산·울산·경남 차원의 자체 검증 결과가 이달 말 나오는 것으로 안다"며 "만약 (영남권 광역자치단체들의) 생각이 다르다면 부득이 국무총리실 산하로 승격해 검증 논의를 결정해야 하지 않을까 생각한다"고 밝혔다. 이어 문 대통령은 "중요한 것은 그런 것을 논의하느라 다시 또 사업이 표류하거나 지나치게 사업이 늦어져서는 안 된다"면서 "가급적 빠른 시일 내에 (동남권 신공항 문제가)

결정되도록 하겠다"고 약속했다.[135]

　　동남권 신공항과 관련해서 취임 이후 처음으로 입장을 밝힌 문 대통령의 이날 발언은 부울경 검증단이 요구하는 총리실 검증과 최종 판정을 수용하여 동남권 신공항 사업을 이른 시일 안에 해결하겠다는 의지를 표명한 것으로 해석되었고, 이후 정부 내 논의가 속도를 낼 것으로 전망되었다.

　　한 달 뒤인 3월13일 이해찬 더불어민주당 대표는 "영남권에 국제 관문공항이 하나 더 필요하다"며 "동남권 관문공항 부울경 검증단의 검증 결과가 발표되면 김해신공항을 관문공항으로 결정한 국토교통부 보다 국무총리실 주관으로 재검토해야 한다"고 밝혔다. 후속 조치 등의 속도감 있는 추진을 위해 당 차원에서 적극적인 지원도 약속했다. 부산에서 열린 부산시와 민주당의 예산정책협의회 자리에서다.[136]

　　이낙연 국무총리도 가세했다. 3월19일 국회 대정부 질문에서 부산 남구 박재호 의원이 '김해공항 확장안에 대해 국토부와 부울경의 입장 차이가 너무 커 국무조정실의 적극적인 중재가 필요하다고 보는데 총리의 생각은 어떠냐'고 물었다. 이 총리는 "국토부와 부울경 검증단 사이에 양쪽이 모두 수용 가능한 조정이 이루어지지 않는다면 국무총리·국무조정실이 그 조정을 맡을 의향이 있다"고 답변하였다.[137] 이 총리는 5월15일 한 토론회에서도 "부울경 검증단과 국토부 사이에 조정이 어렵다면 총리실이 조정할 수밖에 없다"고 말했다.[138] 김현미 국토부 장관도 5월23일 기자간담회에서 김해신공항 추진과 관련해 "총리실에서 함께 테이블에 앉

---

135)　『중앙일보』 2019.2.14., "부산 간 문대통령, 신공항 재검토 시사"; 『동아일보』2019.2.14., "대통령이 직접 거론… 다시 달아오르는 동남권 신공항 논란"

136)　『국제신문』 2019.3.14., "이해찬 "동남권 관문공항 적극 지원 … 조속히 총리실 검증""

137)　국회사무처, 『제367회 임시회 국회본회의회의록』 제5호, 2019.3.19., 35쪽

138)　『부산일보』 2019.5.15., "이총리 김해공항 확장안, 원점에서 조정·검증"

아 빠른 시일 내에 해결책을 찾겠다"며 기존 태도에서 한발 물러섰다.

학수고대, 총리실 검증위원회 출범

2019년 6월3일에는 나와 김경수 경남지사, 최치국 검증단 부단장이 국토부 차관 등 공항 정책 주요 책임자들과 3:3으로 만나 부울경의 검증 결과를 전달하고 총리실 검증에 대한 의견을 조율했다.[139] 마침내 6월20일 부울경 시·도지사와 김현미 국토부 장관은 국토부 서울 용산사무소에서 만나 '동남권 관문공항으로서 김해신공항의 적정성에 대해 총리실에서 논의하기로 하고, 그 결과에 따른다'고 합의했다. 또 검토 시기와 방법 등 세부 사항은 총리실 주재로 국토부와 부울경이 함께 논의해 정하기로 하였다.[140]

그런데 총리실 이관에 합의한 뒤 8월21일 총리실 주관 사전설명회를 한 차례 열고 실무협의만 간간이 열렸을 뿐, 총리실 산하 검증기구 구성은 좀처럼 속도가 나지 않았다. 보다 못한 부울경 의원들은 11월18일 정부서울청사에서 이낙연 국무총리를 면담하고 조속한 검증기구 구성을 요청했다.

그리고 마침내 2019년 12월6일, 총리실 검증기구가 출범하였다. 부울경 검증단이 최종 검증 결과를 발표하고 판정위원회 구성을 요청한 지 7개월여 만이었다. 위원회 명칭은 '김해신공항 검증위원회'위원장 김수삼 한양대 석좌교수, 이하 총리실 검증위로 정해졌고, 안전, 소음, 환경, 시설·운영·수요 등 4개 분야의 14개 쟁점에 대한 검증계획을 세웠다. 총리실은 분야별 학회, 연

---

139) 『부산일보』 2019.5.24., "김현미 장관 "김해신공항, 총리실과 해결책 찾겠다""; 『부산일보』 2019.6.4., "'김해신공항 총리실 검증' 시작됐다"

140) 『국제신문』 2019.6.21., "김해공항 확장 폐기 여부 결국 총리실서 결정한다"

구기관, 대학교 등 전문기관으로부터 추천받은 뒤 부산·울산·경남, 대구·
경북, 국토교통부의 '제척' 과정을 통해 중립적인 인사 21명으로 위원회
를 꾸렸다고 밝혔다.[141]

부울경 의원단 국무총리 면담(2019.11.18. 정부서울청사)
왼쪽부터 전재수 의원, 김정호 의원, 이낙연 총리, 이상헌 의원(왼쪽 사진)

업그레이드, 동남권 관문공항 추진기획단 전환

총리실 검증위의 출범은 동남권 관문공항으로 가는 2라운드가 시작
되었음을 의미했다. 검증단에서 제시한 총리실 판정기구가 점차 가시화
됨에 따라 나는 부울경 시·도지사들에게 검증 임무를 마친 부울경 검증단
을 확대 개편한 '가칭동남권 신공항 추진기획단' 구성을 제안했다.[142] 이에
따라 8월 초 동남권 관문공항 추진기획단이 구성되어 12일 1차 회의를 열
고 활동을 개시하였다. 나는 박재호 의원과 함께 공동단장을 맡았다. 추진
단은 기획과 관리를 담당하는 총괄대응팀, 총리실 검증기구에 대응하여
기술 검토와 자문을 담당하는 기술검증팀, 행정지원과 집행을 담당하는

---

141) 국무조정실 국무총리비서실 보도자료, 2019.12.6. 『김해신공항 검증위원회』출범, 제1차 회의 개최"
142) 『연합뉴스』 2019.6.12., "김정호 "동남권 관문공항 검증단 이을 추진기획단 필요""

행정지원팀, 총리실과 업무협조 등을 담당하는 총괄간사 등 4개 팀으로 꾸렸다.

각 팀당 4~6명으로 구성하되, 분야별 검증 내용을 검토하고 대응해야 하는 기술검증팀은 부울경 싱크탱크 등과 협의해 폭넓게 구성하기로 하였다. 최종적으로는 최치국 부단장을 팀장으로 하는 팀원 13명, 자문위원 19명 등 총 32명으로 기술검증팀을 구성하여 검증 분야 선정, 검증위원회 인사 추천 및 제척, 검증과정 주요 사안별 대응 논리근거자료등 개발, 검증위 설명자료 작성 등을 담당해나갔다.[143]

부산시청 3층에 추진기획단 사무실도 마련하였고, 부울경 시도에서 행정지원을 담당할 공무원들도 배치되었다. 부산시에서도 동남권 신공항 추진을 위한 2라운드는 중앙 정부 및 타 시·도와 적극적인 소통을 통한 창의적인 기획력이 필요한 시기라는 판단에 따라 11월에 박동석 인재개발원장을 신임 신공항추진본부장으로 임명하며 진용을 정비했다.[144]

2020년 2월에는 그동안 준비한 내용을 종합, 234쪽 분량의 부울경 최종보고서를 작성하여 부울경 3개 시·도 명의로 총리실 검증위에 제출하였다.[145] 핵심 내용은 김해신공항이 관문공항으로서 갖춰야 할 요건에 적합하지 않다는 것으로, 다음과 같은 4가지를 이유로 제시하였다.

첫째, 국토부의 기본계획은 동남권 신공항 백지화 이후 재추진의 근거인 항공수요 3,800만 명을 처리할 수 있는 활주로 등의 적정 시설을 확보할 수 없고, 용량 부족에 따른 확장도 불가하여 관문공항으로 부적합하

143) 경남도의회 동남권항공대책을위한특별위원회, 『활동결과보고서(2018.12.14.~2020.11.27.)』, 2020, 77쪽.

144) 부산시 보도자료, 2019.11.4., "신공항추진본부장 교체인사 단행 - 부산시, 동남권 관문공항 2라운드 돌입!"

145) 부산시·울산시·경상남도, 『국무총리실 김해신공항 검증위원회 김해신공항의 동남권 관문공항 적정성 검증을 위한 부울경 최종 검증보고서』 2020.2.

다. 둘째, 김해신공항은 세계적으로 유례가 없는 장애물 존치와 정상적인 비행절차 수립 불가, 조류 충돌위험 등으로 안전한 관문공항으로 부적합하다.셋째, 김해신공항은 소음 영향 과다, 지역 주민 반대 등으로 사업 추진이 곤란하고, 심야 운항이 불가하여 관문공항으로 부적합하다. 넷째, 김해신공항 부지는 국토환경성평가 1등급 지역, 문화재보호구역, 겨울 철새

[표 10] 관문공항 기능 수행 여부 검증 대상 항목

분야(5)	검증 대상(12)	세부 검증 항목(26)
총괄 (공항 성격 및 수요)	공항의 기능 및 유형 왜곡	① 민간공항이 아닌 군사공항 ② 신설 공항이 아닌 기존 공항 확장 ③ 관문공항이 아닌 거점공항(현재 김해공항 기능과 동일)
	항공수요 축소 왜곡	① 장래 항공 증가율을 전국 평균보다 낮게 적용 ② 예측수요를 현 김해공항 보다 낮게 적용 ③ 기본계획의 항공수요를 사타보다 28% 축소
항공 안전	장애물 제한표면 저촉 장애물 존치로 충돌위험	① 신활주로(14-32)는 장애물(OLS) 평가 없이 후보지로 선정 ② 국내 신공항 건설 사례와 다르게 진입표면의 장애물 존치 ③ 장애물 제한표면(진입표면) 저촉 장애물 존치의 법적 근거 미제시
	정상적인 정밀 접근 절차 수립 불가로 충돌위험	① 정상적인 도착(출발) 접근 절차 수립 불가 ② ICAO 기준 36방향 실패접근절차(CAT-Ⅰ 기준) 수립 불가
	항공기 조류 충돌위험	① 조류 충돌 저감 대책 수립 불가(농지, 습지 등 자연 서식지 변경 불가) ② 조류 서식지 및 이동 경로상 활주로 배치로 공항 입지 부적정
항공 소음	소음 영향 축소	① 운항 횟수, 운항 시간대 등 왜곡으로 소음 영향 축소 ② 새로운 소음평가 단위(Lden) 미적용으로 관련 법 미준수
	소음 민원으로 사업 추진 곤란	소음 민원으로 주민저항 및 심야 운항 불가(커퓨타임 축소 불가)
시설 및 용량 (확장성)	신설 활주로 시설 부적절	① 온도 보정과 최대이륙중량, 안전성 등을 고려 시 활주로 길이 부족 ② 서측 평행유도로 미설치로 육상구간 이동 거리 과다 및 자체 발생 ③ 부지 한계로 종단 안전 구역의 권장기준 확보 불가
	활주로 처리용량 부족	① V자 활주로 배치(비독립)로 인한 처리용량 부족 ② 군 항공기와 동시 운항에 따른 용량 감소 ③ 서측 평행유도로 미설치에 따른 용량 감소
	확장 불가	① 활주로 용량 부족 시 추가 확장 불가
환경	생태계 훼손	① 겨울 철새 등 조류의 서식지 및 이동 경로 훼손 ② 평강천 매립과 단절 등에 따른 하천환경 훼손
	문화재 훼손	① 광범위한 문화재 보호구역 훼손

자료 : 부산시·울산시·경상남도, 「국무총리실 김해신공항 검증위원회 김해신공항의 동남권 관문공항 적정성 검증을 위한 부울경 최종 검증보고서」, 2020.2, 4쪽

주요 이동 경로 및 서식지, 하천 생태축 등으로 국가적 보존 가치가 매우 높은 지역이므로 관문공항 입지로 부적합하다.

아울러 그동안 검증단에서 검증한 결과를 5개 분야, 12개 검증 대상, 26개 세부 검증 항목에 걸쳐 정리하여 근거 자료로 제출하였다주요 내용은 [표 10] 참조.

2019년 12월6일에 출범한 총리실 검증위는 이듬해 11월17일 검증 결과를 발표할 때까지 약 11개월 동안 검증을 진행하였다. 이 과정도 결코 순탄하다고는 할 수 없었으며 우여곡절이 많았다. 검증위 출범 직후 이낙연 국무총리가 사퇴하고 약 한 달 뒤 정세균 후임 총리가 취임2020.1.14.하였으며, 그 직후부터는 코로나19 전염병이 급속도로 번져 대면 회의도 어려울 정도로 활동 여건이 악화되었다.

검증 방향을 둘러싸고 기술적 검토에만 주안점을 두겠다는 총리실 검증위와 국토균형발전 등 정무적 정책적 판단을 함께 고려해야 한다는 부울경의 견해 차이로 초기부터 긴장감이 조성되기도 했다. 이 문제로 제21대 총선 직후인 2020년 5월12일, 나를 포함한 부울경 국회의원 당선자 7명이 정세균 국무총리를 면담하고 '김해신공항김해공항 확장안 재검증은 기술적 평가에만 의존해서는 안 되며 국토균형발전 등 정책적 판단이 더 중요하며, 조속히 재검증에 대한 결론을 내려야 한다'고 요청하기도 했다.[146] 총리실 검증위의 검증과정에서 김해공항 확장안의 안전성 문제가 주요 초점으로 부각되면서 국토교통부가 총 3차례에 걸쳐 수정안을 내놓았고, 이를 받아들일 수 없다는 부울경 측과 논쟁을 벌였다. 국토교통부와

---

146) 『부산일보』 2020.5.13., ""김해공항 확장안 재검증 서둘러 달라""

총리실 검증위가 검증위 내 안전분과위원회의 활동 및 검증 결과 보고서 작성에 개입하려 한다는 의혹이 불거지기도 했다.[147]

3번의 변곡점, 총리실 검증 11개월

총리실 검증위 활동 초기에는 검증위 내에서 부울경의 주장이 수세에 몰리는 불리한 분위기가 강했다. 아무리 합리적인 주장과 근거를 제시하더라도 국토교통부의 위세에 눌려서인지 계속 거대한 벽에 부딪힌다는 느낌이었다. 총리실 검증과정에서 부울경의 입장을 뒷받침하는 자료를 만들고 국토교통부에 대한 이의제기와 대응 과정을 핵심적으로 담당했던 당시 부산시 박동석 신공항추진본부장에 따르면 총리실 검증 11개월 동안 크게 3번의 변곡점이 있었다고 한다.[148]

첫 번째 변곡점은 2020년 4월20일 총리실 검증위가 실시한 김해신공항의 1차 실패접근절차 비행 시뮬레이션 결과에서 찾아왔다. 비행기 사고는 대부분 착륙할 때 발생하는데, 남풍 시 착륙 실패 후 재이륙하는 상황 즉 실패접근절차missed approach 때 우右선회할 수밖에 없는 항공기가 금정산에 충돌한다는 충격적인 결과가 나온 것이다. 이 일을 계기로 김해공항 확장안이 항공기 이·착륙 시 안전하지 않은 것 아니냐는 우려가 폭넓게 공감을 얻었다. 반전의 시작이었다.

두 번째 변곡점은 국토교통부가 1차 비행 시뮬레이션을 만회하기

---

147) 『부산일보』 2020.7.16., ""김해신공항 2차 시뮬레이션 수용 불가""; 『부산일보』 2020.9.29., "검증위 안전분과 회유·압박 당했다" 『부산일보』 2020.9.30., "적반하장 검증위, 되레 안전분과 비난"; 『부산일보』 2020.9.30., ""검증위·지원단, 보고서 수정 개입했나' 총리실 내부조사 착수"

148) 부산mbc 뉴스데스크 2020.11.18., "박동석 신공항추진본부장에게 듣는 검증과정 막후 스토리"; 『국제신문』 2020.12.24., ""가덕에서 세계로' 릴레이 기고 <2> 박동석 市 신공항추진본부장 - 정치가 아니다, 경제다"

위해 2020년 7월23일 2차 실패접근절차 시뮬레이션을 강행하다 불거져 나온 더 근본적인 문제였다. 비행절차 수립, 특히 착륙 실패 후 재이륙 시 김해공항 주변에 즐비한 산악 지형물과 항공기의 상승률이 문제였다. 엔진 출력을 낮추어 서서히 활강하면서 착륙하던 항공기가 돌발사태로 착륙을 포기하고 재이륙하기 위해 급속도로 엔진 출력을 높이더라도 국토부 기본계획에서 상정한 실패접근 시 항공기의 상승률을 짧은 시간 내에 6~7도로 끌어올릴 수 없다는 사실이 확인되었다. 이는 김해공항의 북측에 즐비한 산악에 충돌할 가능성이 크다는 것을 의미한다.

부산시와 부울경 추진기획단에서는 이를 입증하기 위해 홍콩 첵랍콕 국제공항부터 로건 보스턴 공항까지 수백 개 주요 공항의 실패접근 상승률을 분석했고, 2,000개가 넘는 공항의 활주로 문제를 평가했다. 또한 국내 법규뿐만 아니라 국제민간항공기구ICAO의 현 규정, 그리고 과거 규정 연혁까지 샅샅이 뒤졌다. 관련 문서만 수천 페이지에 달하는 실로 엄청난 작업이었다. 결과는 실패접근절차 수립과 관련하여 국토교통부의 완패였고 부울경이 확실한 주도권을 잡게 되었다.

세 번째 변곡점은 2020년 9월23일 국무조정실이 의뢰하여 11월10일 회신받은 법제처의 유권해석 결과다. 김해신공항은 기존 남북 방향 활주로든 신설 V자 활주로든 항공기가 착륙하기 위해 15km 밖, 360m 지점에서 활주로 방향으로 직선 정렬하여 3도 각도로 서서히 활강하면서 활주로에 착륙하게 된다. 진입할 때 3도 각도의 진입표면에 저촉되는 산악 장애물이 존재한다면 이를 절취 없이 그대로 방치해도 되는지 여부가 쟁점이었고 법제처는 결국 부울경의 손을 들어주었다.

쉽게 말해 활주로를 새로 설치하기 위해선 활주로 끝단의 15km 밖,

360m 높이 지점에서부터 3도 각도로 활강하는 진입표면 상에 산악 장애물이 존재한다면 이 산악 장애물의 절취가 환경훼손을 최소화하면서 물리적으로 가능한지, 가능하다면 허용된 비용 범위 내인지, 그리고 사업 기간은 애초 목표대로 준수되는 것인지를 검토해야 한다는 것이다. 그런데 사업 시행 주체가 검토하지 않았기 때문에 중대한 절차적 하자가 있다는 것이다. 이 과정에서 부울경은 국내 최고 전문가들의 의견을 두루 조사하고 두 번 세 번 교차 점검하면서 대응하였다. 이러한 일련의 결과로 진입표면의 장애물을 절취해야 한다는 부울경의 주장이 타당함을 총리실 검증위 안전분과 위원들도 인정하게 된 것이다. 부울경의 완승이었고, 김해신공항 백지화에 쐐기를 박는 것이었다.

2. 총리실 최종 판정 , '근본적 재검토', 백지화

낭중지추 囊中之錐, 안전분과의 검증보고서

총리실 검증위 안전분과위원회의 안전성 검토 결과는 부울경 검증단의 주장을 전적으로 인정한 것이었기 때문에, 총리실 검증위가 객관적이고 공정하게 판정한다면 그 결과도 크게 다르지 않을 것이라는 기대가 무르익었다. 하지만 속단이었다. 총리실 검증위원회의 검증작업이 사실상 마무리 수순을 밟는 가운데 안전분과 이외의 검증작업은 그다지 신경쓰지 않았었다. 안이한 생각이었다. 결코 끝날 때까지 끝난 게 아니었다.

문제는 총리실 검증위원회 최종보고서 작성을 둘러싸고 불거졌다. 특히 이견이 있을 수 없는 안전분과위원회의 보고서가 뜻밖에 논란이 되었다. 안전분과의 검증보고서 내용은 분명했다.

첫 번째 쟁점은 '김해신공항의 항공기가 활주로에 진입하는 과정에서 장애물 제한표면에 저촉되는 산악 장애물 존치 여부'였다. 안전분과의 다수의견은 '현행 공항시설법상 항공기 안전을 위해 존치가 불가하며 절취하여야 한다. 절취하지 않으면 착륙하는 항공기와 충돌할 위험이 있다'였다. 진입표면에 저촉되는 고정 장애물을 절취하지 않으면 현행 공항시설법에 명백히 위반된다는 지적도 있었다. 두 번째 쟁점은 '비행절차 수립중 실패접근 시 안전 여부'였다. 안전분과위원회에서 항공기가 활주로에 착륙하려다 실패한 뒤 재이륙하는 복행 절차, 즉 실패접근절차를 시뮬레이션한 결과 심각한 충돌위험이 확인되었다.

항공기는 바람을 거슬러 이·착륙을 하는 데 남쪽 방향에서 바람이 불어오면 북쪽에서 접근해서 바람을 안고 이·착륙한다. 항공기가 착륙하기 위해 엔진 출력을 낮추어 서서히 활강하다가 어떤 돌발변수에 의해 착륙을 포기하고 갑자기 재이륙을 시도하게 되면 통상적인 이륙 시와 달리 충분한 출력을 제때 확보하지 못한다. 결국 항공기가 짧은 시간에 고도를 높이지 못해 정면의 산악 장애물인 부산의 승학산497m과 충돌한다는 것이 안전분과위원회의 시뮬레이션 결과였다.

또한 승학산과의 충돌을 피하기 위해 에코델타시티 방향으로 우右선회 재이륙을 하게 되면 착륙하는 항공기와 충돌할 위험이 발생하는 것으로 나타났다. 남풍 시 실패접근절차 수립 자체가 불가능한 것이다. 반대로 북풍 시 복행 절차를 시뮬레이션해본 결과는 같은 원인에 따라 금정산 801m과 충돌하는 것으로 확인되었다.

북쪽 방향에서 바람이 불어올 때는 남쪽 바다와 낙동강을 따라 접근하여 바람을 안고 이·착륙한다. 급변사태가 발생하여 착륙을 포기하고 재이륙을 시도하는 경우 김해공항 북쪽 활주로 직선 방향 3~4km 지점에 있는 신어산, 돗대산, 백두산 등과 충돌할 위험이 있다. 충돌을 피하기 위해 김해 방향으로 급속히 좌左 선회하면서 이륙하게 되면 V자 활주로에서 이륙하는 항공기와 충돌할 위험이 있다. 그래서 실패접근절차를 부산 금정산 방향으로 급속히 우右 선회하도록 변경하여 재이륙을 하게 되면, 미처 충분한 출력을 확보하지 못한 항공기가 짧은 시간에 고도를 높이지 못해 금정산과 충돌하는 것으로 나타났다. 이처럼 안전분과위원회의 검증 내용과 결과는 명확했다.

안전분과위원회에서는 공식적인 표결을 통해 장애물 제한표면에 저촉하는 장애물의 존치나 실패접근 비행절차 수립 시 충돌위험 때문에 김해신공항은 결코 안전하지 못하며, 공항 건설 자체를 근본적으로 재검토해야 한다는 의견을 채택하였다. 표결에서는 위원 5명 중 4명의 절대다수가 찬성하였다.

안전분과위원회의 의견을 정리하면 두 가지가 핵심이다. 첫째, 김해신공항은 활주로 진입표면에 저촉되는 산악 장애물을 반드시 절취해야 하고, 존치하게 되면 안전하지 않으며 명백한 공항시설법 위반이다. 둘째, 실패접근 비행절차대로 시뮬레이션 한 결과 재이륙하는 항공기가 금정산, 승학산에 충돌할 위험이 커서 비행절차 수립이 불가하다.

낭중지추囊中之錐. '주머니 속에 있는 송곳'이란 뜻으로 아무리 감추려 해도 그 실체가 드러나서 결국에는 옳고 그름이 가려진다는 것을 비유하는 말이다. 안전분과 위원들이 확인한 것은 그 어떤 것으로도 감출 수 없는 '위험한 공항'이라는 송곳, 김해신공항의 실체이자 진실이었다.

'이상 기류' 감지, 긴급 대응에 나서다

그런데 총리실 검증작업이 마무리되어 갈 때쯤 여러 경로를 통해 '이상 기류'가 감지되었다. 핵심은 김해신공항의 안전 문제였다. 그동안에도 안전 문제를 둘러싸고 안전분과 내부에서 치열한 찬반 토론이 벌어졌고, 특히 새로 생기는 V자 활주로의 복행 상황 시 1차 시뮬레이션 결과 항공기가 인근 산에 충돌하는 치명적인 결과가 나오면서 안전성에 대한 우려가 높아졌다. 그러나 국토부가 이를 보완할 수 있는 2차 시뮬레이션을 요구하면서 수용 여부를 놓고 갈등을 빚었고, 검증위가 2차 시뮬레이션을 강행하면서 부울경이 크게 반발하였다.[149]

이 과정에서 국토부와 국무총리실 등 정부 각 부처 공무원, 검증위 상층부에서 안전분과위원들에게 여러 차례 '수위 조절'을 요구했고 급기야 이에 반발한 안전분과 위원들이 사퇴할 것을 고려하고 있다는 이야기도 나왔었다. 그러나 안전분과 위원 다수는 김해신공항의 검증 결과에 대해 객관적으로 기술하기를 원했고, 이를 앞서 말한 바와 같이 위원 5명 중 4명의 찬성으로 분과 최종보고서에 반영하였다. 그런데 검증위 상층부와 국무조정실 지원단이 개입하여 안전분과 최종보고서의 수정을 지시하고, 그 내용을 '손질'하여 검증위 전체회의에 올리려 한다는 것이 의혹의 핵심 내용이다.[150] 이에 안전분과 위원 다수는 자신들의 검증 결과가 제대로 반영되지 못한 수정보고서에 문제를 제기하며 전체회의 참석을 거부하려 한다는 것이다.[151]

만약 이 같은 '이상 기류'가 단순한 의혹이 아니라 사실일 경우 보통 심각한 문제가 아니었다. 검증위원회의 공정성과 중립성을 떨어뜨려, 검증 결과가 발표된다 해도 신뢰성에 큰 타격을 입게 될 것이다. 더구나 안전 문제는 애초 김해신공항 추진의 적정성을 검증하기로 한 이유 중에 가

---

149) 『부산일보』 2020.9.25., "검증위원장, 검증 과정 직접 개입해 보고서 수정 지시".

150) 『국제신문』 2020.9.28., "'안전보고서 톤 다운 지시'…총리실, 정해진 결론 짜맞추기"; 『부산일보』 2020.9.29., "김해신공항 검증위 안전분과, 회유·압박 당했다"; 『국제신문』 2020.9.29., "'국토부 편향 김수삼 검증위원장 사퇴해야'".

151) 실제로 9월25일 개최된 검증위 전체회의에는 안전분과 위원 5명 가운데 4명(80%)이 불참하였고, 이는 자신들의 의사와 관계없이 검증 결과가 수정된 채 표결에 부쳐지는 데 반발하여 회의를 보이콧한 것이라는 해석이 나왔다(『국제신문』 2020.9.28., "안전분과 무시 표결, 김해신공항 검증 신뢰성 있나"; 『부산일보』 2020.9.29., "김수삼 검증위원장, 수정 지시 이어 표결까지 강행" 참조). 이에 대해 검증위는 검증위원장과 국무조정실 지원단의 개입 의혹은 사실이 아니라고 반박하였다(『국제신문』 2020.9.30., "'안전분과 배제…별개 자문단 꾸려' 검증위 의혹 키운 해명"; 『부산일보』 2020.9.30., "적반하장 검증위, 되레 안전분과 비난").

장 큰 것이었기 때문에, 이 같은 의혹이 명쾌하게 해소되지 않는다면 김해신공항 검증 과정은 무의미하고 결과 역시 엉터리라는 결론에 다다르게 될 것이다. 나아가 줄곧 김해신공항의 안전성에 문제가 없다고 주장해온 국토부의 '보이지 않는 손'이 작용한 결과이자, 가덕도신공항 추진을 무위로 돌리려는 의도가 숨겨져 있다는 의심으로 연결될 수밖에 없었다.[152]

나는 동남권 관문공항 추진기획단 단장으로서 박동석 부산시 신공항추진본부장과 수시로 통화하며 협의한 뒤 긴급대책회의를 열었다. 상황을 점검하고 대처방안을 숙의했다. 이대로 흘러간다면 '김해신공항은 재검토할 만한 큰 문제는 없으며 향후 기본계획 수립과정에서 보완하겠다'는 정도의 두리뭉실한 판정 결과 발표가 예견되었다. 안전분과위원회의 검증 결과가 뒤집히고 부울경의 패배로 판가름 날 상황이 불 보듯 뻔히 보였다.

배수진, 정세균 총리 긴급면담

우선 향후 총리실 검증위 결과에 대한 다툼을 대비하여 안전분과위원들의 공식적인 보고서 내용과 절차상 문제점을 지적한 진술을 시급하게 확보하기로 했다. 그리고 총리실 검증위의 검증 결과가 발표되기 전에 부울경 전체 국회의원들이 총리 면담을 통해 총리실 검증위의 공정성과 중립성 훼손 의혹에 대하여 강력하게 항의하고 시정을 요구하기로 했다. 당대표 면담도 추진해서 민주당이 적극적으로 대처하도록 촉구하기로 했다.

---

152) 『부산일보』 2020.9.29., "가덕도신공항 좌절 땐 문 대통령 책임 묻지 않을 수 없다".

정세균 총리와 부울경 국회의원단의 긴급면담 일정을 서둘러 잡았다. 2020년 9월24일, 사안이 중차대하고 급박한 만큼 부울경 국회의원이 모두 총리실에 집결했다. 부울경 국회의원들이 속속 도착하면서 청사는 긴장감에 휩싸였다. 총리 전용 엘리베이터를 타고 9층 총리 집무실에 들어섰다. 국무조정실장을 비롯 1, 2차장 등이 총리실 접견장에서 기다리고 있었다.

잠시 후 정세균 총리가 들어왔다. 인사를 나누고 곧바로 부울경 국회의원들을 대표해서 좌장 격인 박재호 의원이 총리 면담 목적과 총리실 검증위원회 최종보고서 채택을 둘러싸고 발생한 안전분과 위원들의 보이콧 상황과 그 이유에 대해 설명했다. 다른 의원들도 의견을 보탰다. 경청하던 정 총리가 나지막한 톤으로 말문을 열었다. "총리실 검증위원회는 내가 총리 취임 전에 구성되었고 검증위원장 인선에 관여한 적도, 검증위원들과 만난 적도 없다. 검증 결과를 보고받은 적도 없고 국무조정실이 검증작업에 일절 관여하지 않았으며, 검증위원회는 독립적으로 운영되고 있다."고 선을 그었다.

다른 의원들이 돌아가면서 지역 분위기를 전하며 우려 사항을 토로했다. 내가 마지막으로 발언했다. 먼저 검증위원회 지원업무를 관장하고 있는 문승욱 국무조정실 2차장에게 몇 가지 사실관계를 따져 물었다. 그는 산자부에서 경상남도로 파견 나와 경제부지사로 일하며 김경수 지사를 도왔던 터라 이미 잘 알고 있는 사이였다. 그러나 공과 사는 엄연하게 구분해야 했다. 나는 부울경 시·도민의 입장에서 검증위 상층부와 지원단에서 개입하여 안전분과 공식 보고서 내용을 수정하도록 지시하고 이를 받아들이지 않자 수정보고서를 작성하여 전체회의에 올리려 한다는 의혹, 이에 안전분과의 다수 위원들이 자신들의 검증 결과가 배제된 수정보고서대로 표결 처리하려는 전체회의 참석을 사실상 보이콧하려 하고 있다는 상황을 알고 있는지에 대해 단도직입적으로 물었다.

　문승욱 2차장은 "그런 사실을 알지 못하고 그런 일은 있을 수 없다."고 너무나 차분하게 답변하였다. 순간 나는 화가 치밀어 올라서 총리 면전이었지만 목소리를 높이지 않을 수 없었다. "만일 사실로 확인되면 2차장은 그 말에 책임질 수 있습니까?". '스마일 맨'인 총리는 미소를 거두고 점차 인상을 찌푸리고 있었다.

　이번에는 총리에게 화살을 돌렸다. "부울경에서는 안전분과 위원들의 진술을 확보하고 있습니다. 총리는 관여하지 않는다고 하고 담당 2차장은 그런 적이 없다고 하는데… 총리실 검증위원회이기 때문에 총리가 관여하지 않더라도 결국 모든 책임을 질 수밖에 없습니다. 총리실 검증작업의 중립성 훼손과 불공정 시비에 대해 투명하게 조사해 주십시오. 문재인 정부 신뢰의 문제입니다. 이게 사실이라면 국기 문란입니다."

　"김해신공항 기본계획 용역 과정에서도 국토부가 사실을 왜곡하고 심지어 데이터를 마사지했다는 의혹이 불거졌는데, 이를 객관적으로 검증하고 공정하게 판정을 내려달라고 검증작업을 맡긴 총리실 검증위원회에서도 중립성 훼손과 불공정 시비가 나오는 것은 심각한 문제가 아닐 수 없습니다. 적어도 문재인 민주당 정부에서 이런 일은 발생해서는 안 되는 것 아닙니까? 엄중히 문책해야 합니다."

　"안전분과위원회가 표결을 통해 4:1로 채택한 분과보고서의 핵심 결론이 포함되지 않은 총리실 검증위원회의 최종보고서와 그것을 반영한 결과 발표는 부울경 국회의원들은 물론 지역 주민들이 결코 수용하지 않을 것입니다. 정부를 상대로 소송도 불사할 수밖에 없습니다." 나는 평소 말이 느리지만 흥분하면 빨라진다. 내 발언의 수위가 높아지자 박재호 의원이 만류했다.

제동, 총리실 보도자료

늘 인자한 미소를 잃지 않는 총리가 침울한 표정으로 무겁게 입을 열었다. "비록 총리로서 검증위 활동이 독립적으로 진행될 수 있도록 일절 관여하지 않았지만, 부울경 의원들이 제기하는 그런 일은 절대 있어서는 안 된다" "모든 검증과정을 한 점의 의혹도 남지 않도록 투명하게 공개하겠다. 그리고 이런 입장을 즉각 언론을 통해 발표하겠다" 그리고 그 자리에서 국무조정실장에게 후속 조치를 지시하였다. 이날 오후 총리실은 보도자료를 배포했다. 총리 면담의 성과였다.

정세균 총리, 김해신공항 관련 부울경 국회의원들과 면담

정세균 국무총리는 9월24일(목) 오전 정부서울청사에서 부산, 경남 지역 더불어민주당 의원(5명)들과 김해신공항 관련 면담을 가졌습니다.

◎ 참석자 : 민홍철경남 김해갑, 김두관경남 양산을, 박재호부산 남구을, 김정호경남 김해을, 최인호부산 사하갑

● 정 총리는 김해신공항의 적정성 검증에 대한 의원들의 의견을 청취하고, 검증위원회가 최대한 객관적이고 중립적인 논의과정을 거쳐 결론을 도출할 수 있도록 지원하고 있음을 설명하면서,
● 추후 검증위원회가 검증 결과를 발표할 때에도, 검증위원회의 모든 검증 과정을 한점의 의혹도 남지 않도록 투명하게 공개하고, 조금의 오해도 발생하지 않도록 발표 형식에 대해서도 만전을 기할 것임을 강조하였습니다.

● 아울러, 이러한 과정을 철저히 이행토록 소관부서에도 강하게 지시하였습니다.[153)

    총리실 검증위원회 최종보고서 작성 과정에서 있었던 국토부의 막판 뒤집기 시도가 양심적인 내부고발과 민주당 부울경 국회의원들의 강력한 문제 제기로 제동이 걸리는 순간이었다. 정세균 총리는 김해신공항 검증을 둘러싼 부울경과 국토부의 입장과 견해 차이를 잘 알고 있었지만, 공정한 심판을 자임하며 독립적인 검증위 활동을 보장하고 일절 관여하지 않았다. 그러나 이번 부울경 의원단과 면담을 통해 '이건 아니다'고 판단하고 마침내 나선 것이다.

    "검증과정을 한 점 의혹 없이 투명하게 공개하겠다"는 총리의 단호한 태도와 적극적인 개입으로 그동안 국토부 입장에서 관리되고 기울어졌던 총리실 검증위원회 검증 결과가 막판에 겨우 바로잡힐 수 있는 지렛대가 확보되었다. 누구보다도 국민의 생명과 안전을 위해 새삼 학문적 양심과 소신을 굽히지 않았던 안전분과 위원들과 박동석 부산시 신공항추진본부장의 헌신과 노고를 잊을 수 없다. 결정적으로 막판에 공정한 심판을 봐준 정세균 총리에게 800만 부울경 시·도민을 대신하여 뜨겁게 감사드린다.

오해와 진실, 이낙연 당대표의 제어

    부울경 국회의원들은 총리 면담을 마치고 국회로 돌아오자마자 곧바

---

153) 국무조정실 국무총리비서실 보도참고자료, "정세균 총리, 김해신공항 관련 부울경 국회의원들과 면담", 2020.9.24

로 이낙연 민주당 당대표를 방문했다. 이낙연 당대표는 총리직을 사임한 이후 당으로 복귀하여 전당대회에서 당대표로 선출되었다. 총리 시절 총리실 검증위원회 구성을 주도하였고 김수삼 검증위원장을 추천하기도 했다.

당대표에게 총리실 검증위원회 내의 안전분과 공식 보고서 왜곡 의혹과 안전분과 위원들의 전체회의 보이콧 사태를 설명하였다. 이에 부울경 국회의원들은 총리에게 항의하고 시정을 요구했으며, 이런 상황에서 총리실 검증위원회가 안전분과 공식 보고서의 핵심 내용을 배제하고 판정 결과를 확정하려 한다면 이를 수용할 수 없다는 점도 분명히 했다. 특히 선거를 코앞에 두고 부울경지역 주민들이 강력한 불복종 운동을 전개할 수밖에 없을 정도로 상황이 매우 심각하다는 점을 설명했다.

부울경 의원들의 얘기를 경청하던 이낙연 당대표의 얼굴이 점점 심각한 표정으로 바뀌었다. 저음의 묵직한 목소리로 입을 열었다. "내가 김수삼 검증위원장을 추천했고 객관적이고 공정한 검증작업을 기대하고 있었다. 총리실 검증위원회 활동에 관여할 수도 없지만, 믿고 맡겼기 때문에 전혀 관여하지도 않았다. 부울경 의원들의 문제 제기에 대해 김수삼 위원장과 통화해 보겠는데, 무슨 오해가 있는 것 같다"고 말했다.

그러나 안전분과위원회가 전문성에 기초해 검증한 후 다수결로 채택한 공식 보고서 내용을 검증위 내부에서 수정하려고 했는가 아닌가의 문제였고, 이것은 안전분과 위원들의 전문성과 독자성을 인정하느냐 인정하지 않느냐의 문제였다. 또한 분과위의 보고서 채택에 대해 검증위 상층과 지원단이 개입하여 수정하는 것이 민주주의 의사결정 원칙에 맞냐 틀리냐의 문제이지 결코 소통의 문제, 해석의 문제는 아니었다. 흔한 말로 오해의 여지는 1도 없었다.

전문가들의 의견이 서로 다를 수 있지만 다수결로 결정하고 채택한 보고서의 내용을 배제하고 별도 보고서를 작성하였다면 이는 명백한 월권이었다. 항공 안전에 비전문가인 타 분과 검증위원들이 전문가인 안전분과위원회 다수의견을 묵살하고 전체회의에서 안전분과에서 동의하지 않은 내용의 최종보고서를 채택, 결정하려 하는 것은 중대한 문제였다. '안전분과 위원 다수가 총리실 검증위원 전체회의를 보이콧 한 이유가 무엇인가? 총리실 검증위원회의 파행 원인이 무엇인가?'에 대한 팩트체크의 문제이지 무슨 색다른 해석이 필요한 것이 아니었다. 무슨 오해의 소지가 있을 수 없었다.

이낙연 당대표는 자신에게 시간을 좀 달라고 했다. 결자해지 차원에서 김수삼 위원장과 소통해보겠다고 했다. 부울경 의원들의 의지는 매우 단호했다. '이렇게 총리실 검증위원회가 무리하게 최종 결과 발표를 강행한다면 총리실 검증 결과는 수용할 수 없고 김해신공항 검증은 파행을 피할 수 없다. 결과적으로 문재인 민주당 정부가 정치적 책임을 질 수밖에 없다'는 점을 분명히 했다.

긴박했던 하루였다. 검증과정 내내 내연했던 문제점이 폭발하듯 하루 동안 연거푸 표면화되었다. 오랫동안 끌어온 김해신공항 검증작업의 막바지 고비, 결정적 순간이었다. 그러나 어둠이 빛을 가릴 수 없듯이 그무엇도 진실을 이길 수는 없었다. 이후에도 총리실 검증작업이 최종 마무리될 때까지는 법제처의 유권해석을 거치는 등 많은 우여곡절을 겪었지만 결국 진실의 승리로 귀결되어 갔다고 할 수 있다. 이 과정에서 객관적이고 중립적인 검증 결과가 도출되고 그 결과에 모두가 승복하도록 애써준 정세균·이낙연 두 분 총리에게 감사드린다.

승리, 총리실 최종 판정, '근본적 재검토'와 김해신공항 백지화

마침내 2020년 11월17일 총리실 검증위의 김해신공항 검증 결과가 발표되었다. 김수삼 위원장은 "작년 12월6일 출범 이후 엄중한 책임감을 안고 안전, 시설 운영·수요, 소음, 환경 등 4개 분야 11개 쟁점, 22개 세부 항목에 대해 검증작업을 진행하였으며, 중립성을 잃지 않으면서 '김해신 공항 기본계획안의 적정성'을 '과학적으로 검증'하는 데 최선의 노력을 다 해 왔다"고 말했다.

검증위는 전체위원회 5회, 분과위원회안전, 시설·수요, 소음, 환경 및 총괄분과위원회 75회 등 총 80회의 회의를 진행하였으며, 제출된 자료와 다수의 유관 문헌 을 검토하였고, 국토부, 부울경, 국방부, 환경부 등 김해신공항 건설과 관련 된 부처와 관련 전문가 등의 의견을 폭넓게 수렴하였다. 특히, 일부 쟁점은 국제적 기준을 명확히 해석하기 위해 국제민간항공기구ICAO, 법제처에도 문의하여 답변을 받았다.

이날 김 위원장이 낭독한 검증 결과 발표문은 A4용지 총 30쪽 분량 이었고, 검증위가 발간한 검증보고서는 328쪽에 달했다.[154] 분과별 검증 내용이 방대하기 때문에 여기서 일일이 다 소개하기에는 무리가 있어 내 가 요약한 것을 도표로 제시하는 것으로 대신한다[표 11] 참조.

분과별 검토내용을 종합한 총리실 검증위의 김해신공항에 대한 종 합적인 검증 결과는 한마디로 '근본적인 재검토가 필요하다'이다. 즉 김해 신공항 백지화였다.

---

154) 김해신공항 검증위원회, 『김해신공항 검증위원회 검증보고서』 2020.11.17.

첫째, 김해신공항 기본계획은 안전, 시설·수요, 소음, 환경 분야에서 상당 부분 보완이 필요하다는 것이다. 검증과정에서 비행절차 보완 필요성, 서편 유도로 조기 설치 필요성, 미래 수요 변화에 대비한 확장성 제한, 소음 범위 확대 등 사업 확정 당시 충분히 검토되지 않았던 사항들이 확인되었고, 국제공항의 특성상 각종 환경의 미래 변화에 대응하는 역량 면에서 매우 타이트한 기본계획이라는 한계를 가지고 있어 그대로 진행하기 어렵다는 판단이라는 것이다.

둘째, 장애물 제한표면의 진입표면 높이 이상의 산악 장애물을 방치할 수 있는지 여부에 대해서는 원칙적으로 방치해서는 안 되고, 예외적으로 방치하려면 관계행정기관의 협의 요청이 있어야 한다는 법제처의 유권해석이 있었다. 이에 따르면 계획 수립 시 경운산, 오봉산, 임호산, 황새봉 등 진입표면 높이 이상의 장애물에 대해서는 절취를 전제해야 하나, 이를 고려하지 않아서 결과적으로 법의 취지에 위배되는 오류가 있었다. 산악의 절취를 가정할 때는 사업의 일정, 저촉되는 산악 장애물이 물리·환경적 절취가 가능한지, 허용되는 비용 범위 등을 초과하고 있는지 등에 대한 근본적인 검토가 필요하다는 것이다.

총리실 검증위는 결론적으로 김해신공항 계획은 상당 부분 보완이 필요하고 확장성 등 여러 미래 변화에 대응하기 어렵다고 밝혔다. 아울러, 지자체의 협의 의사가 확인되지 않으면 장애물 제한표면 높이 이상의 산악의 제거를 전제로 하여 사업 추진이 필요하다는 해석을 감안할 때 동남권 관문공항으로서 김해신공항 추진은 근본적인 검토가 필요하다는 결론에 이르렀다고 밝혔다.

[표 11] 국무총리실 김해신공항 검증위원회 분야별 검증 결과

분야	쟁점 항목	검증 요지
안전	① 진입표면 장애물 존치 여부	진입 제한표면 이상의 장애물은 없애는 것이 원칙. 예외적으로 방치하기 위해서는 지자체의 협의가 선행되어야. 산악 장애물 존치를 전제로 수립된 국토부의 기본계획 안은 근본적인 검토가 필요
	② 비행절차의 수립 가능성	신설 활주로 14방향 착륙 시 활주로 길이가 3.2㎞ 기준에서 3㎞로 짧아졌음에도 활주로 이탈(over-run) 등 사고위험을 검토하지 않았고, 실패접근절차 단일구간에서 재래식과 PBN을 혼용하는 등 비행절차 수립기준에 위배됨
	③ 조류 충돌 가능성·방지대책의 실효성	조류에 의한 충돌 위험성이 상존하는 지역이지만 국토교통부의 기본계획(안)과 전략환경영향평가 초안에서는 자료가 부족하여 객관적인 검증이 불가함
시설 운영 및 수요	① 신설 활주로의 길이	온난화에 따른 온도 상승, 최대이륙중량 적용 등의 기준 적용, 장거리 노선 운항 가능성 등에 문제가 없다고 판단
	② 활주로 용량 부족 및 추가 확장 필요성	추정 여객수요 등을 감안할 때 추가 건설은 불필요할 수 있으나 미래 변화 수용하기에는 입지 여건상 제한적
	③ 항공수요 예측의 적절성	미래의 불확실성을 감안, 실질적인 데이터를 기반으로 예측치를 보완해 나갈 필요
소음	① 소음피해 예측조건의 적절성	대체로 적절. '군 장주 비행경로'는 국방부의 동편 장주 비행계획을 적용하는 것이 맞으나 그 영향은 미미함
	② 소음피해 범위의 적절성	공항 주변에 있는 교육시설에서 학습권을 위협하는 수준의 소음도를 보이므로 주변 교육시설에 대한 소음 영향을 충실히 검토해야
	③ 소음측정 단위 변경에 따른 변경	개항 시점을 감안하여 엘디이엔을 적용하는 것이 바람직하며 이 경우 소음피해 범위가 상당히 늘어날 것으로 예상되므로 피해 가구 수를 재산정할 필요
환경	① 조류 서식지 및 이동 경로 훼손 축소	국토부의 전략환경영향평가가 초안 작성 단계에서 중단된 상태로 충분한 자료가 부족하여 과학적이고 객관적인 검증이 어려움
	② 대체서식지 계획이 필요성과 적절성	구체적인 자료가 부족해 판단 어렵고 추후 구체적인 대책 마련 필요
	③ 평강천 매립과 단절에 따른 하천환경과 에코델타시티 수질 훼손 여부	평강천이 전적으로 인공적인 물순환에 의존하고 있어 수질·수량에 미치는 영향 미미. 낙동강으로부터 물을 끌어올 예정인 에코델타시티 수질에도 영향 없음

자료 : 김해신공항 검증위원회, 『김해신공항 검증위원회 검증보고서』, 2020.11.17. 내용을 요약함.

방향 전환, 김해신공항에서 가덕도신공항으로

2020년 11월17일 오후 총리실 검증위의 결과 보고서를 전달받은 정세균 국무총리는 후속 조치 논의를 위한 관계 장관 회의를 주재하고 '동남권 신공항 추진에 차질이 없도록 후속 조치에 대한 계획을 면밀히 마련하라'고 지시했다. 같은 날 국토교통부는 '2019년 6월 부울경 3개 단체장과 합의한 합의문에 따라 총리실 검증위 검증 결과를 겸허히 수용하겠다'며 '법제처 유권해석을 바탕으로 한 총리실 검증위 검증 결과에서 김해신공항 추진은 근본적인 검토가 필요하다고 하였으므로, 향후 총리실 등 관계기관과 긴밀한 협의를 통해 후속 조치 방안을 조속히 마련토록 하겠다'고 발표하였다.[155]

더불어민주당도 총리실 검증위원회 발표가 나오자마자 긴급대책회의를 열어 한정애 정책위의장을 추진단장으로 하는 '동남권 신공항 추진단'을 발족하기로 하고 조만간 '가덕도신공항특별법'가칭을 발의하기로 결정하였다. 내가 속한 국회 산업통상자원중소벤처기업위원회 소속 의원 17명도 국회에서 기자회견을 열어 '국회에서 산업정책을 다루는 상임위원회 의원 입장에서도 국가 물류산업 차원에서 가덕도신공항이 꼭 필요하다'며 '동남권 메가시티 조성과 광역경제권 통합의 핵심 기반 시설인 가덕도신공항이 동북아 물류 중심 역할을 할 수 있도록 이제는 여야가 힘을 모아야 한다'고 밝혔다.[156]

---

155) 국토교통부 보도설명자료, 2020.11.17, "국토교통부는 총리실 검증결과를 존중하고 수용하며, 조속히 후속조치 계획을 마련하겠습니다."

156) 더불어민주당 산업통상자원중소벤처기업위원회 소속 의원 일동 기자회견문, "가덕도신공항은 동북아 물류산업 차원에서도 필요하다"(2020.11.17.)

더불어민주당 부울경 의원단 국회 기자회견(2020.11.18.)

　이튿날 나를 포함한 부울경 의원 7명은 국회에서 기자회견을 열어 '민주당 내 기구로 구성된 가덕도신공항 추진단에 적극 참여하여 특별법안을 조속히 성안하고 이를 당론화하기 위해 힘쓰겠다'면서 가덕도신공항의 신속한 추진을 위해 부울경 여야의원들이 특별법을 공동발의할 것을 제안했다.[157] 20여 년간 부울경지역 주민들이 염원해왔던 동남권 관문공항이 마침내 김해신공항 검증 결과, 김해공항 확장안의 백지화로 최종 결론이 남과 동시에 빠르게 가덕도신공항 건설 추진으로 국면이 전환되고 있었다.

---

157)　더불어민주당 부산·울산·경남 국회의원 기자회견문, "동남권 신공항, 이제 당쟁과 지역대결에 종지부를 찍자!!"(2020.11.18.)

6장

방향 전환, 가덕도신공항

6장
방향 전환,
가덕도신공항

1. 사필귀정 … 가덕도신공항특별법 발의

만시지탄, 사필귀정

만시지탄晩時之歎이란 때가 너무 늦어버린 것이 안타까워 탄식할 때 쓰는 사자성어다. 사필귀정事必歸正은 무슨 일이든 결국 옳은 이치대로 돌아간다는 뜻의 고사성어다. 2020년 11월17일 총리실 검증위 발표로 김해신공항이 백지화되었을 때 내 심정이 딱 만시지탄, 사필귀정이었다.

처음 부울경 검증단장을 맡았을 때는 참 막막했었다. 한번 결정된 국책사업을 뒤짚을 수 있겠나 하는 회의적 시각과, '계란으로 바위 치기'라는 패배주의가 우리 내부에 만연해 있었다. 골리앗과도 같은 국토교통부를 상대로 지방의 초선 국회의원이 홀로 맞서는 것은 실제로 힘겨운 일이었다. 끝도 보이지 않는 외롭고 무모한 싸움의 연속이었다. '당신만 고립된다, 다친다, 이제 그만 포기하라'는 애정 어린 권유도 많이 받았다.

그러나 포기할 수 없었다. 관련 자료를 검토하고 전문가들에게 자문을 구하고 현장을 찾아 직접 확인하였다. 김해신공항의 기본계획을 과학 기술적으로, 항공공학적으로, 법률과 제도적으로 분석했다. 파고들면 파고들수록, 양파껍질처럼 김해신공항의 문제점이 계속 나왔다. 검증과정에서 하나하나 확인되는 움직일 수 없는 사실fact 그 자체와 사실에 대한 거짓 없는 해석으로서의 진실truth이 갖고 있는 힘을 믿고 끝까지 우직하게 실사구시했다.

국토교통부의 반대는 완강하고도 집요했지만, 24시간 안전하고 소음피해 없는 동남권 관문공항을 염원하는 김해시민들의 간절한 바람을 외면할 수 없었다. 김해시민, 부울경 시·도민의 염원이 외로운 싸움을 뒷받침해 주는 원동력이었다. 국민의 생명과 안전에 직결된 문제였다. 아무리 정부가 결정한 국책사업이라도 잘못된 것이라면 바로잡아야 한다. 부울경 800만 지역 주민들의 성원이 없었다면 여기까지 뚝심 있게 밀고 오기 어려웠을 것이다.

부울경 검증단에 기꺼이 참여해준 전문가들의 과학적 검증, 객관적 팩트체크, 양심적 판단과 결단이 없었다면 국토교통부의 허구적인 주장이라도, 한번 결정된 국책사업이 번복된 적이 없다는 신화를 무너뜨릴 수 없었을 것이다. 부울경 검증단에 참여한 전문가들의 진정한 과학적 열정과 헌신이 국토교통부 항공정책실과 용역사들이 조장했던 김해신공항을 감싸고 있던 조작된 데이터와 전문성으로 포장된 과학기술에 기초한 국책사업 불패 신화를 마침내 무너뜨릴 수 있었다. 총리실 검증위원회, 특히 안전분과 위원들의 송곳 같은 검증과 국민의 생명과 안전에 대한 소신 있는 학자적 양심이 국토교통부의 간섭과 압박을 이겨냈기 때문이다. 존경스럽고 감사하다.

또한 총리실 검증위원회의 최종보고서 발표를 앞두고 정세균 총리의 공정한 판정과 민주당의 당대표였던 이낙연 전 총리의 역할이 있었기에 마침내 김해신공항 추진을 백지화시킬 수 있었다. 끝까지 중심을 잡아준 문재인 대통령에게도 감사드린다.

늦었지만 참 다행이다. 동남권에 24시간 안전한 관문공항을 만드는 일은 시민의 생명과 안전에 직결된 문제였기에 '위험천만한 김해신공항'강행 추진을 늦게나마 바로잡을 수 있어서 무엇보다 보람을 느낀다. 이제 지방소멸 위기에 처한 부울경의 경제적 재도약을 위해, 국가균형발전을 위해, 24시간 운영할 수 있는 안전한 관문공항을 제대로 만드는 일이 남았다. 지금까지 대장정에 함께 해준 김해신공항반대범시민대책위원회, 부울경 검증단에 기꺼이 참여한 여러 전문가들, 그리고 누구보다도 부울경 시·도민들의 뜨거운 성원에 가슴 깊이 감사드린다.

패스트트랙,
2030 부산 세계박람회 유치전과 가덕도신공항특별법

부산시 주도로 2014년에 시작된 2030년 세계박람회 부산 유치를 위한 활동은 2019년 5월 국가사업으로 확정되었고, 12월에 범정부 유치기획단이 출범하였다. 2020년 12월1일 제167차 국제박람회기구BIE 총회에서 한국 정부가 유치 의향을 공식 표명함으로써 경쟁국들과 치열한 유치전에 돌입했다.

박람회EXPO는 인류의 산업, 과학기술 발전성과를 소개하고 개최국의 역량을 과시하는 무대로 경제·문화 올림픽이라고도 불린다. 올림픽, 월드

컵과 함께 3대 국제행사로 꼽힌다. 2030년 부산에서 박람회가 열리면 우리나라는 프랑스, 미국, 캐나다, 일본, 독일, 이탈리아에 이어 3대 국제행사를 모두 치르는 7번째 국가가 된다.

정부와 부산시가 유치에 나선 2030 세계박람회는 등록 엑스포Registered Expo이다. 등록 엑스포는 1993년 대전과 2012년 전남 여수에서 열렸던 인정 엑스포Recognized Expo와는 차원이 다르다. 인정 엑스포가 중규모의 전문박람회라면, 등록 엑스포는 대규모 종합박람회이다. 개최 주기는 5년, 개최 기간은 최장 6개월, 전시 규모는 제한이 없다. 개최국은 부지만 제공하고 참가국이 자비로 국가관을 세운다. 개최국과 개최도시에 막대한 경제적 파급효과를 가져다주는 만큼 유치경쟁이 뜨겁다. 2030 부산 세계박람회World EXPO 2030 Busan Korea 유치에 성공하면 2030년 5월1일부터 10월31일까지 6개월간 부산은 세계인의 눈과 귀를 사로잡으며 축제의 무대가 된다. 더불어 생산 유발 43조 원, 부가가치 유발 18조 원, 취업 유발 50만 명의 경제적 효과도 예상된다.

코로나19 팬데믹 이후 도시와 국가 발전의 새로운 성장 축을 세우려는 지구촌 곳곳의 열망과 의지가 넘치고 있어 박람회 유치전은 그 어느 때보다도 뜨겁다. 러시아 모스크바, 중국 장저우, 캐나다 토론토, 프랑스 파리, 스페인 바르셀로나, 사우디아라비아 리야드, 이탈리아 로마, 아제르바이잔 바쿠 등이 초기부터 치열하게 경쟁하였다. 최종 개최지는 2023년 4월 BIE 실사단의 현장실사를 거쳐 연말 총회에서 결정된다. 유치 후보 도시가 3곳 이상일 경우 1차 투표에서 2/3이상 득표한 도시로 결정하며, 유치 후보 도시가 2곳일 경우 최다 득표 도시로 결정한다.

6장 | 방향 전환, 가덕도신공항

부산이 다른 후보 도시보다 경쟁력을 갖고 최종 개최지로 선정되기 위해서는 동남권 신공항이 2030년 이전에 개항하지 않으면 안 된다. 월드컵은 약 한 달, 올림픽은 개막 전 경기를 포함해 약 20일 동안 개최된다. 그런데 박람회Registered Expo는 무려 6개월 동안 열리기 때문에, 세계 어디서나 쉽고 편리하게 박람회장을 직접 방문할 수 있는 국제 교통망 없이는 유치경쟁에서 이길 수 없기 때문이다. 세계박람회를 관람하기 위해 200여 개 나라에서 내국인을 포함 5천여만 명이 찾을 것으로 예상되는데, 현재의 김해공항 국제선여객 터미널 확장이나 인천공항 연계 KTX 증편과 같은 함량 미달의 교통 대책으로는 턱도 없다. 이 정도의 무성의한 교통인프라 대책으로는 박람회 유치 자체가 불가능하다.

2030년 세계박람회 부산 유치를 위해서는 2029년 12월 말까지 가덕도신공항이 개항되어야 하는데 일반적인 건설 절차를 따를 경우 절대 불가능하다. 일반적인 공항 건설은 정부가 신공항 건설을 결정하고서도 사전타당성조사 → 예비타당성조사 → 기본계획 수립 및 고시 → 기본설계 → 실시설계 → 업체 선정 → 착공 → 준공 → 개항의 절차를 밟아야 하고, 이 절차를 온전히 밟자면 15년은 족히 걸리기 때문이다.

항공수요조사에 1년을 보낸 뒤 사전타당성 검토에 또 1년이 걸린다. 이어 예비타당성조사에 6개월, 공항 기본계획을 수립하고 고시하는 데 1년 6개월이 필요하다. 사전 절차를 마친 2025년 3월부터 3년간 기본·실시설계를 하고, 2028년 3월에 착공해 무려 8년간 공사가 진행된다. 빨라도 2036년 2월에나 개항할 수 있는 것이다. 2030년 부산 세계박람회 유치전에 심각하게 '빨간불'이 켜질 수밖에 없는 이유다.

지난 20여 년간 6차례 이상의 정부 용역을 통해 동남권 신공항 건설 타당성은 이미 입증되었다. 또 기존 용역 과정에서 입지에 대한 판단 근거도 대부분 드러났기 때문에 기존 절차를 원점에서 다시 반복해서 밟을 필요성은 낮다. 이에 따라 부울경에서는 총리실 검증에서 김해신공항이 백지화될 경우를 대비하여 특별법 제정을 검토해 왔다. 수도권신공항건설촉진법을 제정하여 건설 기간을 단축했던 인천국제공항 사례를 참조한 것이다.[158] 특별법은 일반법과 영역이 겹칠 경우 특별법 우선 원칙이 적용되기 때문에 절차 간소화, 예외·면제 조항을 통해 건설 기간을 단축할 수 있는 유력한 수단이다.

부울경은 총리실 검증위의 백지화 결정으로 '방향'은 정해졌으니 필요한 것은 '속도'라며 동남권 관문공항의 조속한 건설을 위한 특별법의 제정을 촉구했다. 그간 중복 검토로 허비한 시간을 만회하기 위해 사전 절차를 최대한 단축할 수 있는 패스트트랙fast track을 추진해 달라는 것이 부울경의 입장이었다.[159]

당시 여당인 더불어민주당 역시 이명박 정부의 신공항 백지화와 박근혜 정부의 김해공항 확장 추진으로 허비된 시간을 만회하기 위해서는 신공항을 패스트트랙으로 처리해야 한다는 판단 아래 특별법 추진을 당론으로 검토해 왔다. 그동안 관망해오던 야당인 국민의힘에서도 부산지역 국회의원들 중심으로 특별법 추진을 검토해 왔다. 다만 여당으로서는

---

158) 1990년 6월에 입지가 인천 영종도로 확정된 인천국제공항은 항공법(현 공항시설법)을 따르지 않고 1991년 5월 제정된 '수도권신공항건설촉진법'에 따라 건설되었다. 이 법에서는 사업 시행자가 사업계획의 승인을 얻은 때에는 신공항의 신속한 추진을 위해 17개 법률에 의한 각종 인허가 등의 행정절차를 거친 것으로 보는 등 절차 간소화의 근거와 정부 재정 지원의 근거를 마련했다.

159) 부산광역시, "김해신공항 검증 발표 관련 부산시 입장", 2020.11.17. 패스트트랙(fast track)은 신속하게 처리할 필요가 있는 중요 사항에 관해 절차 등을 간소화하고 빠른 결정이 가능하게끔 하는 방식이나 제도를 이르는 말로 정치에서는 법안이나 정책의 신속한 처리와 관련한 용어로 사용한다.

그동안 김해신공항 강행 추진에 앞장서 왔던 국토교통부의 태도가, 야당으로서는 대구·경북지역 의원들과 대구 출신 주호영 원내대표의 반대 움직임이 변수가 될 수 있는 상황이었다.

박차, 여야의 가덕도신공항특별법안 발의

2020년 11월17일 총리실 검증위가 사실상 김해신공항 백지화를 내용으로 하는 검증 결과를 발표하고 나서 여야는 각각 가덕도신공항특별법을 발의하였다. 18일 더불어민주당 부울경 의원 7명이 부울경 여야의원 공동발의를 제안하였고 이후 일부 논의도 있었지만,[160] 20일 국민의힘 부산지역 의원 15명 전원이 서명한 법안을 박수영 의원이 대표 발의함으로써 여야가 각각 발의하게 되었다. 국민의힘 내부에서는 대구에 지역구를 둔 주호영 원내대표가 감사원 감사를 통해 김해신공항 백지화가 적절한지 따져보겠다며 강경 대응 방침을 밝히고, 특별법 발의는 지도부와 상의 안 한 돌출행동이라 강하게 질책하는 등 대구·경북 의원들의 반발이 계속되었다.

가덕도신공항특별법이 통과되려면 야당의 협조도 필요하다는 점을 잘 알고 있는 민주당에서는 최인호 수석대변인 명의 브리핑에서 '국민의힘 부산지역 의원들의 법안 발의를 적극 환영하고, 야당의 특별법 내용까지 잘 반영하여 민주당도 법안을 발의하겠다'고 밝혔다.[161] 그리고 11월26일 민주당 의원 136명이 서명한 특별법안을 한정애 정책위의장이 대표 발의하였다. 사실상의 당론 발의였다.

---

160) 국회의원 김정호 보도자료 2020.11.18., "가덕도신공항특별법; 부울경 여야 공동추진 제안"; 『국제신문』 2020.11.17., "가덕도신공항 '패트'···여야 특별법 공동발의 추진"

161) 최인호 수석대변인 서면브리핑, "국민의힘의 가덕도신공항특별법 발의를 적극 환영합니다. 그 내용을 잘 참고하여 우리 당도 신속히 발의할 것입니다", 더불어민주당 공보국, 2020.11.20.

두 특별법안을 들여다보면 동남권 신공항의 입지를 부산 가덕도 일대로 확정하고, 공항개발 절차를 단축하는 내용을 규정하고, 신공항 건설을 전담하는 조직을 신설하는 등 공항시설법에 따라 신공항 건설사업이 추진되는 것에 비해 신속하게 공항이 건설되도록 하려는 점에서 공통점이 많았다. 각종 특례를 규정하여 신공항 건설지역에 다양한 기업이 입주하게 하고, 신공항 주변 지역개발까지 이루어져 신공항 건설이 지역경제 활성화에 도움이 되게 하려는 점에서도 차이가 없다.

구체적으로 살펴보면 두 법안은 목적 및 정의, 신공항 건설 절차, 신공항 건설을 위한 지원 등을 주요 내용으로 하며 민주당 안은 총 5개의 장과 35개 조문으로, 국민의힘 안은 총 5개의 장과 40개 조문으로 구성되어 있다.

두 법안은 제1조목적와 제2조정의 조항에서 별도의 부지 선정 절차 없이 신공항의 입지를 가덕도로 확정하는 내용을 담았다. 신공항 건설의 기본방향을 담은 제3조에서는 두 법안 모두 가덕도신공항이 여객·물류 중심의 관문공항임을 규정하면서 교통망의 확충, 국토의 균형발전 등을 기본방향으로 정하고 있다. 이외에 민주당 안은 유사시 인천국제공항의 대체공항 기능, 2030 부산 세계박람회의 성공개최를 위한 조기 건설을 명시하고 있다. 국민의힘 안은 24시간 운항할 수 있는 국제공항, 최대 중량 항공기의 이·착륙이 가능한 활주로의 포함, 친환경적인 시설 조성을 규정하고 있다.

사전작업에 걸리는 기간을 줄이기 위해 사전타당성조사이하 사타를 간소화하고 예비타당성조사이하 예타를 면제할 수 있도록 규정한 점도 두 법안의 공통점이다. 또 공항시설법에 따라 기본계획 및 실시계획을 수립한다면 전략환경영향평가와 환경영향평가를 거쳐야 하나, 두 법안은 특별법에 따라 두 계획을 수립하게 함으로써 해석의 여지를 뒀다. 이외에 국민의힘 안은 실시설계 완성 이전에 초기 건설공사에 착수할 수 있도록 규정하였다. 신공항 건설사업의 원활한 추진과 효율적인 관리를 위해 국토부 장관 소속으로 신공항 건설 전담 기구 또는 신공항 건립추진단을 두기로 한 점, 중앙 정부 재정 지원의 근거 조항과 사업 시행자가 공사·물품·용역 등의 계약을 체결할 때 지역기업을 우대할 수 있도록 한 점에서도 두 법안의 차이가 없다.

[표 12] 여야 가덕도신공항특별법안의 주요 조문과 내용 비교

구분	더불어민주당	국민의힘
법안명 (발의 의원)	가덕도신공항 건설 촉진 특별법안 (한정애 의원 등 138인)	부산가덕도신공항특별법안 (박수영 의원 등 15인)
입지	"동남권 신공항"이란 가덕도 일원에 건설되는 공항을 말한다(제2조 1항)	"부산가덕도신공항"이란 김해국제공항을 이전하고 가덕도에 건설되는 공항을 말한다(제2조 1항)
사전타당성조사 간소화 예비타당성조사 면제 등 절차 단축	사전 절차를 단축하여 이행할 수 있으며, 사용용역을 간소화하고 예비타당성조사를 면제할 수 있다(제7조) 특별법에 따른 기본계획·실시계획 수립(제8조, 제10조)	사전타당성조사를 간소화하고 예비타당성조사를 면제할 수 있으며, 실시설계 완성 이전에 초기 건설공사에 착수할 수 있다(제32조~제34조). 특별법에 따른 기본계획·실시계획 수립(제6조, 제10조)
주변지 개발 사업		예정지역 경계의 10km 범위에서 주변 개발예정지역 지정(제18조)
신공항 추진 전담 기구	국토부 장관은 신공항 건설 전담기구를 구성할 수 있다(제9조)	국토부 장관 소속으로 신공항 건립추진단을 두어 운영한다(제23~26조)
공항공사	신공항 운영·관리를 전담하는 공항공사를 설립한다(제30~32조)	
국가 재정 지원	국가는 교통시설, 신도시 조성 및 물류기반 인프라 건설에 우선적으로 지원할 수 있다(제14조)	정부는 신공항 건설사업을 위하여 예산의 범위에서 필요한 비용을 보조하거나 융자할 수 있다(제27조)
특례 및 규제 완화	제15~23조, 제25~29조	제28~30조, 제35~37조
지역기업 우대	공사·물품·용역 등 계약 체결 시 지역기업 우대할 수 있다(제24조)	공사·물품·용역 등 계약 체결 시 지역기업 우대할 수 있다(제31조)

자료 : 법안 원문은 국회 의안정보시스템 참조

또한 두 법안은 모두 조세 및 부담금의 감면, 민간 자본 유치 지원, 토지·건물 등의 사용 허가 특례, 체육시설의 설치·이용 특례를 규정하고 있다. 이외에 민주당 안은 특별건축구역 지정, 보전산지 지정, 지역·지구 등의 고시 기간, 산업단지 조성 및 관리, 외국인 투자기업에 대한 세제 및 자금지원, 자유무역지역 입지 자격 등에 대한 특례를 추가로 규정하고 있다. 국민의힘 안은 신공항 건설사업의 촉진 및 품질향상을 위한 특례를 추가하고 있다. 다만 민주당 안에는 가덕공항공사 설립의 근거가 담겨있다는 점, 국민의힘 안에는 주변 개발예정지역 지정 조항이 있다는 점 정도가 차이점이었다.

2. 어깃장 … 국토부, 수도권 중심주의, TK 견제

여야 각각 발의한 법안에 서명한 의원 수는 총 153명으로 전체 의원의 절반을 넘겼다. 법안은 본회의에서 재적의원의 과반 출석, 출석의원의 과반 찬성으로 통과되기 때문에 법안 발의 참여 의원 수로 보면 통과된 것이나 마찬가지였다. 법안 내용에도 큰 틀에서 차이가 없었다. 이것으로만 보면 특별법 통과는 어렵지 않을 것으로 예상되었다. 그러나 크게 보면 3가지의 만만치 않은 복병이 모습을 드러냈다.

국토부의 '어깃장'

"총리실 검증위원회에서 이야기하는 근본적 검토가 어디까지인지에 대해서는, (김해신공항) 백지화까지는 규정되어 있지 않은 상태여서 좀 더 검토가 필요하다고 봅니다" "(가덕도신공항과 같은) 특정한 입지를 정하고 가는 것은 절차적으로 문제가 될 수 있습니다" 2018년 11월30일 국회 국토교통위 전체회의 현안 보고에서 총리실 검증위의 결론이 김해신공항 추진을 그만두고 다른 입지, 예컨대 가덕도를 찾겠다는 것을 의미하는지에 대해 김현미 국토교통부 장관이 내놓은 답변이다.[162] 검증위 결론이 김해신공항 백지화가 아니라고 해석하고 여야의 가덕도신공항특별법 추진 취지에 반대하는 의견을 내놓은 것이다. 한마디로 국토부 장관의 고집스러운 어깃장이었다.

---

162) 『제382회 국회(정기회) 국토교통위원회 회의록』 제9호, 2020.11.30., 10쪽, 28쪽.

12월9일에는 국토교통부가 총리실 검증위 결론에 대해 해석상의 어려움이 있다며 법제처에 유권해석을 의뢰했다. 총리실 검증위는 국토교통부의 김해신공항 계획을, 국토교통부는 검증위의 보고서를 각각 법제처에 유권해석을 의뢰하는 코미디 같은 일이 벌어진 것이다. 이를 두고 국토교통부가 총리실 검증위 결과를 수용하겠다고 해놓고, 어깃장을 놓으며 뒤집을 논리를 만들려는 것 아니냐는 지적이 나왔다.[163]

김현미 장관 후임으로 변창흠 장관이 임명된 뒤에도 국토교통부의 태도는 변하지 않았다. 2021년 2월3일 국회 국토교통위 전체회의에서 변 장관은 '검증위에서 근본적 검토가 필요하다고 한 것이 김해신공항을 중단할 정도의 문제인가, 일시적인 것인가를 명확히 해석하기 위해 법제처에 유권해석을 요청했지만, 결과가 나오지 않아 입장 정리가 어렵다'는 취지로 말했다. 같은 자리에서 손명수 국토교통부 차관은 김해신공항이 아직 백지화된 게 아니라는 발언도 했다.[164]

국회의 가덕도신공항특별법 공청회2021.2.9.를 앞두고 국토교통부가 가덕도신공항 계획안에 반대하는 내용을 담은 보고서를 제작해 국토교통위 소속 국회의원들에게 배포하였다. 보고서는 '김해신공항 추진현황'과 '부산시 가덕도신공항(안) 타당성 검토' 내용을 담았는데 ■ 안전성 ■ 시공성 ■ 운영성 ■ 환경성 ■ 경제성 ■ 접근성 ■ 항공수요 등 7개 항목으로 가덕도신공항에 대한 반대 논리를 폈다. 얼마 뒤 세간에 공개된 국토교통부의 이른바 '가덕도 7대 불가론'이다.

163) 『부산일보』 2021.2.5., "국토부 '가덕도신공항' 어깃장에도 헛도는 '靑 정무기능'"; 『국제신문』 2020.12.28., "김해공항확장안 폐기 국토부 '반기'에 지연"
164) 『제384회 국회(임시회) 국토교통위원회 회의록』 제1호, 2022.2.3., 22~23쪽.

[표 13] 국토부의 가덕도신공항 7대 불가론

1. 안 전 성	진해비행장과 공역이 겹치고, 복잡한 김해국제공항 관제 업무, 대형 선박과의 충돌 우려 등으로 항공 사고 위험성이 높아짐
2. 시 공 성	외해에 위치해 공사 기간이 길고 난이도가 높으며 비용이 상승
3. 운 영 성	김해공항의 국제선만 이전할 경우 항공기 운영 비효율성 증가, 환승객 이동 동선 증가 활주로가 해상+육상+해상 2번 이상 외해에 노출되어 부등침하 발생 가능성 높아
4. 환 경 성	대규모 해양 매립과 산악 절취로 인한 환경보호구역 훼손
5. 경 제 성	부울경 추산 가덕도신공항 공사비는 5.2조 원 축소됐고 실제로는 12.8조 원 소요 김해공항의 국내·국제선과 군 시설 모두 옮기면 28.6조 원 소요
6. 접 근 성	김해신공항보다 접근성 떨어지고 접근 교통망 확충에 추가 예산 필요
7. 항공수요	부울경의 항공수요 예측은 ICAO에서 제시한 단순 증가율을 적용하여 비현실적

자료 : 2021.2.9. 국토부가 국회 국토교통위 소속 의원실에 배포한 자료 중 '부산시 가덕도신공항(안) 타당성 검토' 내용 요약

특히 가덕도신공항 건설 방안에 대한 3개의 시나리오를 제안하면서, 3번 안으로 만들 때 28조 6,000억 원의 예산이 필요하다고 적어 파장이 컸다.[165] 해상 매립형 가덕도신공항이 시공 특성상 지반 침하 우려가 있고, 높이 60~70m 이상인 화물선이 가덕수로를 통항할 때 장애물 제한표면에 저촉되어 항공기가 선박과 충돌할 수 있다는 식으로 '위험한 공항'이라는 프레임도 씌웠다. 또 가덕도신공항특별법에 반대하지 않는 것은 직무 유기에 해당할 수 있다는 공무원의 법적 의무를 적시하였다. 국토부 항공 마피아의 노골적인 반대는 억지스럽고 집요했다.

그러나 뒤에서 보듯이 국토교통부는 기본계획 수립용역 중간보고회

---

165) 국토부 배포 자료에 따르면 1번 안은 김해공항의 국제선만 이전하고 활주로 1본을 건설하는 안(12.8조 원 소요), 2번 안은 국제선과 국내선 모두 이전하고 활주로 2본을 건설하는 안(15.8조 원 소요), 3번 안은 국제선+국내선과 군 시설 모두 이전하고 활주로 2본을 건설하는 안(28.6조 원 소요)이다. 이 내용은 가덕도신공항은 김해공항의 군 시설과 국내선은 그대로 두고 국제선만 이전하여 개항하는 것이라는 점, 군 시설을 이전할 경우 기부대양여 방식으로 진행됨에도 이를 무시하고 비용을 추정하였다는 점에서 국토교통부가 사실과 다른 내용으로 공항건설비용을 부풀리려 했다는 비판을 받았다.

2023.3에서 부산시가 제시한 공항 배치안을 대부분 수용함으로써 7대 불가론을 스스로 부정하게 된다.

수도권 중심주의와 중앙언론의 노골적 편파보도

총리실의 검증 결과가 발표되고 여야가 가덕도신공항특별법 제정을 추진하자 수도권 언론 대다수는 일제히 '정부 정책을 부산시장 보궐선거 때문에 손바닥 뒤집듯 바꿨다'는 식으로 보도하였다. 조선일보의 "이번엔 '신공항' 뒤집기, 10조 원짜리 매표 행위"2020.11.17 사설, 한국일보의 "또 뒤집었다…'선거용 제물'된 신공항"2020.11.18. 보도, 한겨레의 "선거 의식한 가덕도 밀어붙이기, 볼썽사납다"2020.11.19 사설에서 보듯 보수·중도·진보의 구별도 필요 없었다. 마치 김해신공항이 아무런 문제가 없는데 순전히 정치적 고려 때문에 정당한 근거 없이 뒤엎었다는 식이었다.

프랑스의 파리공항공단엔지니어링ADPi이 선정한 김해신공항을 뒤집어 꼴찌였던 가덕도로 답을 정해놓고 총리실 검증위가 억지 논리로 짜맞췄다거나, 검증위가 정부의 강한 압박에 못 이겨 월성 1호 폐쇄 조작과 똑같이 김해공항 백지화를 조작했다며 검증과정을 문제 삼는가 하면, "검증위원장도 김해를 보완하라는 말이었다고 말했다"며 아전인수식 해석으로 보도했다가 검증위원장의 반발을 사기도 했다.[166] 가덕이 김해보다 건설비가 4조 원이 더 든다거나, 가덕도는 태풍의 길목이라 위험하다며 가덕도신공항 추진은 '알박기'라고 규정하였다.

---

166) 『조선일보』 2020.11.20., "검증위원장까지 "김해 보완하라는 말이었다""; 『부산일보』 2020.11.23., ""김해안 보완? 근본 검토하라는 결론 맞다" 검증위 쐐기"

도를 넘은 수도권 언론의 보도 태도에 부울경지역은 강하게 반발하며 시민단체를 중심으로 수도권 신문 불매운동에 돌입하였다. 시민단체들은 "수도권 언론들은 2002년 중국 민항기 돗대산 충돌사고를 잊었느냐"며, 정확한 사실을 파악하지 않고 교묘하게 왜곡된 가짜뉴스를 전파하고 있다고 비판하였다.

수도권 언론의 악의적인 여론몰이는 2021년 2월26일 국회 본회의 가덕도신공항특별법안 표결을 앞두고 다시 재현되었다. 중앙언론들은 국토부가 2월9일 국토교통위 소속 국회의원들에게 배포한 가덕도신공항 반대 보고서 내용을 대서특필하였다. 건설예산이 28조 원이나 든다, 선박 충돌위험이 있고 태풍피해와 지반 침하가 우려된다 등등 국토교통부의 반대 주장을 여과 없이 생중계했다. 보수언론뿐만 아니라 대다수 언론은 '수도권에 인천국제공항 하나 잘 키우면 되지 굳이 좁은 땅덩어리에서 무슨 관문공항을 두 개씩이나 만드냐? 국민 혈세를 낭비하는 것이다'라고 반대 여론을 선동하기까지 했다.

여야의원 대다수가 특별법안에 찬성할 것으로 예상되자 "여야가 부산시장 보궐선거와 대선을 의식해 정치적 유불리를 좇아 밀어붙이기식 '표票퓰리즘 정치'를 하고 있다"고 비판했다. 국회 본회의에서 가덕도신공항특별법이 통과된 뒤에는 '아무리 선거에 목을 매고 이성을 잃었다 해도 어떻게 가덕도법과 같은 막장 법을 밀어붙이나'라는 식의 사설을 내보내며 가덕도신공항특별법을 막장 법이라 규정했다.[167]

언론의 비판 기능을 감안한다고 해도 이 같은 보도 태도는 지나치

---

167) 「조선일보」 2021.2.27. "(사설)아무리 선거에 이성을 잃었다 해도 어떻게 이런 막장 法을"

게 편파적이고 악의적이었다. 수도권 언론의 편향된 보도 태도에서 인천 공항을 중심으로 한 국토부 내 항공 마피아, 국적항공사, 수도권 언론으로 끈끈하게 엮어진 고리가 여과 없이 드러났다. 가덕도신공항 건설로 관문 공항이 분산될 경우 광고, 기사 및 사업 협찬 등으로 들어오는 막대한 언론사의 이익이 줄어들 수밖에 없기 때문이라는 해석도 나왔다. '또 고추 말리는 공항을 만드느냐', '국민 혈세가 줄줄 샐 것이다'라고 국가를 위하는 척 그럴듯하게 보도하지만, 실상은 수도권 언론사의 이익을 챙기기 위한 그 이상도 그 이하도 아니라는 것이다.[168]

국제신문 2020.11.19.

168) 『부산일보』 2020.11.23. "닥치고 가덕도신공항 반대, 그 이면의 속셈"

　　　　　　　　　　　　　　　　　　6장 | 방향 전환, 가덕도신공항

800만 부울경지역 주민들의 위험과 불편, 손해를 언제까지 감수하란 말인가. 미국, 유럽 가는 항공노선이 없어 어쩔 수 없이 인천국제공항에서 갈아타야 하는 연간 500만 명이 넘는 부울경 국제선 여객이, 적어도 하루 이상의 시간을 허비하고 7,000억 원 이상 환승 비용을 추가로 지출할 수밖에 없는 경제적 손실은, 남의 일이라 상관없다는 이기주의가 아닐 수 없다.

　　현재 부울경 국제 항공화물은 여객이 휴대하는 수화물을 제외하고 수출·입 화물의 99%를 트럭에 싣고 가서 인천국제공항을 통해 수출·입되고 있다. 물류비 때문에 부울경의 수출기업들은 수도권으로 유출될 수밖에 없고 첨단산업의 지방 유치는 하늘의 별 따기가 된 지 오래되었다. 갈수록 심화되는 수도권 집중과 지방의 공동화, 그리고 더욱 더 격차가 벌어지고 있는 경제적 불평등과 양극화를 어쩌란 말인가. 수도권만 잘되면 지방의 소멸은 어쩔 수 없다는 것인가.

　　더 안전하고 더 편리하며 지역경제 활성화의 기반이 되는 국제공항을 건설하려는 부울경 지역주민의 오랜 염원과 합리적인 주장을 단순히 지역이기주의로 매도하는 수도권 일극주의야말로 지방을 무시하는 차별의식의 발로이고, 무지와 오만에 가득 찬 또 다른 수도권 이기주의의 단면이라 아니할 수 없다. 수도권 성장을 위해 지방의 피폐는 불가피하고 국내 식민지로 계속 남아 있으란 말이었다.

TK의 딴지, 특권과 탐욕

　　총리실 검증위가 김해신공항에 대해 '근본적인 검토'가 필요하다는 검증 결과를 발표하자 TK^{대구·경북}지역의 언론과 지자체장, 지역 국회의원들은 '선거용 정치적 결정', '답을 정해놓은 불공정한 검증', '보완이지 백지화가 아니다' 등 국토교통부나 수도권 언론에서 제기하고 있는 주장과 비슷한 맥락에서 노골적으로 부정적인 태도를 보였다. 여기에 더하여 김해신공항을 백지화하고 가덕도신공항을 추진하는 것은 영남권 5개 시·도지사의 합의를 깬 것이기 때문에 철회해야 한다는 억지 주장을 폈다.

하지만 박근혜 대통령은 김해신공항을 결정한지 채 한 달도 되지 않아 아무런 행정절차 없이 국무회의에서 대구·경북에 통합 신공항 건설을 지시했다. 대통령의 말 한마디로 TK에 선물을 주었을 때 영남권 5개 시·도간에 어떤 사전 협의나 사후 합의도 없었다. 이때 이미 영남권 시·도지사 합의는 대구·경북이 먼저 파기하였고, 부울경 시·도지사는 아무런 이의제기도 하지 않았다.

더구나 TK는 이미 대구 통합공항 이전을 별개로 진행 중이었다. 총리실 검증 결과, 김해신공항 확장이 근본적으로 문제가 있어 중단하고 대안으로 가덕도신공항 건설을 추진하는 것과 관련하여 대구·경북과 합의해야 할 필요가 없었다. 동남권 관문공항 건설에 실질적인 협의 당사자가 아니기 때문에 합의 파기 주장은 설득력이 1도 없었다. 중남부권 국제여객과 물류 중추공항으로서의 TK 신공항이 갖는 위상과 역할이 줄어들까봐 지레 딴지를 걸고 견제하는 것일 뿐이었다.

그런데도 가덕도신공항특별법 제정 과정에서 TK의 발목잡기는 계속되었다. 검증위 결과 발표에 따라 국회 국토교통위원회와 예산결산특별위원회의 심사 과정에서 이듬해 정부 예산에 가덕도신공항 적정성 조사 연구용역비 20억 원을 반영하기로 여야 간 합의되었으나, 막판에 지역구를 대구에 둔 국민의힘 원내대표 주호영 의원과 예결특위 간사 추경호 의원에 의해 뒤집혔다.[169] 보도에 따르면 국민의힘 TK지역 국회의원들은 가덕도신공항특별법 반대를 위해 여러 차례 대책회의를 열었고, 대구시당 위원장인 곽상도 의원을 중심으로 '밀양신공항특별법안'을 발의해서 불필요한 논쟁을 만든 뒤 가덕도신공항특별법의 발목을 잡는 방안까지 논의했다.[170]

밀양신공항특별법안이 실제로 발의되지는 않았지만 TK 의원들은 가덕도신공항특별법에 대해 "예비타당성조사를 거치지 않고 사업을 하는 악惡선례를 남기는 것"주호영 원내대표, "'못 먹을 떡'을 '맛있는 떡'이라고 속이는 사기이자 매표 행위"김희국 의원, "재보궐선거를 의식해 정치공학적인 이해관계로 탄생한 법안"곽상도 의원이라 규정하며 끝까지 반대하였다.[171]

TK지역의 이 같은 움직임에 대해서는 가덕도신공항 부활이 대구·경북통합신공항을 영남권 대표 관문공항으로 건설하겠다는 야심 찬 계획의 방해물로 생각한 데서 연유한다거나, 지난 10여 년간 신공항 문제가 불거질 때마다 TK의 노림수와 똑같이 가덕도신공항의 발목을 잡아 반대급부를 챙기려는 것이라는 해석도 나왔다.[172] 뿌리 깊은 TK의 특권의식과 욕심은 참으로 지긋지긋하다.

하지만 가덕도신공항이나 대구통합신공항은 지역의 항공수요와 역

---

169) 『부산일보』 2020.12.3., "'가덕' 적정성 조사 예산 20억, 주호영 '몽니'에 붙였다 뗐다"

170) 『부산일보』 2021.1.22., "국민의힘 TK '가덕도신공항 반대' … 보선 최대 변수로"; 『아시아경제』 2021.1.26., "野 TK의원들, '밀양신공항특별법' 맞불"

171) 『부산일보』 2021.1.28., "김종인 '기다려 달라' 주호영 또 '나쁜 선례'… 국민의힘 가덕 입장 '아직…'"; 『머니투데이』 인터넷판, 2021.1.24., "김희국 '가덕도신공항은 못먹을 떡, 부울경도 던져야'"; 『제384회 국회(임시회) 국회 본회의회의록』 제7호, 2021.2.26., 16쪽.

172) 『부산일보』 2020.11.23., "닥치고 가덕도신공항 반대, 그 이면의 속셈"; 『국제신문』 2021.11.26., "[데스크시각] 끝날 때까지 끝난 게 아니다"

량에 걸맞은 제대로 된 공항을 만들어 지역민의 불편을 해소하고 지역산업을 활성화하는 발판으로 만들어 지방에서도 먹고 살 수 있도록 하자는 것이기 때문에, 영남권이 서로의 장점을 살리면서 지역경제를 함께 살릴 수 있도록 힘을 합치고 밀어주는 좋은 이웃 관계를 만드는 관점에서 해법을 찾는 것이 좀 더 바람직할 것이다.

3. 마침표 … 가덕도신공항특별법의 통과

여야 합의, 가덕도신공항특별법 제정

2021년 2월26일 국회 본회의에서 '가덕도신공항 건설을 위한 특별법약칭 가덕도신공항특별법'이 재석의원 229명 중 찬성 181명, 반대 33명, 기권 15명으로 가결되어 통과되었다. 법안의 윤곽은 17일부터 사흘간 진행된 국토교통위원회의 교통법안심사소위와 전체회의에서 여야가 발의한 두 법안을 병합·축조 심사하는 과정에서 통합·조정하여 마련된 위원회 대안으로 구체화되었으며, 25일에 법제사법위원회 체계·자구 심사를 거쳤다.

이 과정에서 TK지역과 수도권 언론 그리고 일부 의원들의 반발과 문제 제기가 있었으나, 투표 결과에서 보듯 압도적인 찬성으로 가결되었다. 본회의 표결을 하루 앞둔 25일에는 문재인 대통령이 부산 가덕도 해상을 방문하여 '가덕도신공항특별법이 제정되는 대로 관련 절차를 최대한 신속히 진행하고 필요한 지원을 아끼지 않겠다'며 '국토부도 2030년 내 완공을 위해 최선을 다해달라'고 말하며 힘을 실었다.

특별법이 본회의를 통과한 날 저녁 나는 블로그에 감개무량한 심정을 이렇게 남겼다.

마침내 가덕도신공항특별법이 국회 본회의를 통과했습니다. 참으로 역사적인 날입니다. 2002년 김해 돗대산 중국 민항기 충돌 사고 19년 만에, 노무현 대통령께서 안전한 동남권 건설을 추진한 지 15년만입니다.

가덕도신공항 추진을 위해 노력했던 일들이 주마등처럼 스쳐 갑니다. 부울경 동남권 관문공항 검증단장을 맡아 김해신공항 검증을 시작할 때만 해도 '되겠나?' 끝이 보이지 않았는데…. 총리실 검증을 이끌어 냈고 김해신공항이 백지화되었고 마침내 가덕도신공항특별법 통과로 혼란과 갈등을 종식시키게 되었습니다.

　국토부 항공 관료들의 완고한 반대와 때론 중앙언론사의 왜곡 보도와 야당의 정치 공세에 힘들 때도 있었습니다. 하지만 부울경 800만 주민들의 간절한 염원을 너무나 잘 알고 있기에, 주민들만 믿고 뚝심 있게 추진해나갔습니다. 마침내 그 결실을 보게 되어 감개무량합니다.

　가덕도신공항은 동남권 메가시티 관문공항이자, 국가 발전의 새로운 원동력입니다. 동남권 메가시티는 2040년까지 인구 1,000만 명, 경제 규모 490조 원의 동북아 8대 대도시권을 구축하는 원대한 계획입니다. 수도권 일극체제를 극복하고, 국가균형발전을 앞당길 것으로 확신합니다.

　이제 시작입니다. 가덕도신공항특별법 제정 이후 절차를 단축하고 조기 착공할 수 있도록 후속 조치에도 힘을 쏟겠습니다. 가덕도신공항특위를 설치하고, 당이 확고한 중심을 잡고 정부와 협력해서 조기 착공이 이루어질 수 있도록 추진하겠습니다.

　동남권 관문공항을 위해 부울경의 시민단체, 상공계, 언론계 등 각계에서 힘을 모아주셨습니다. 여러분이 있기에 여기까지 올 수 있었습니다. 함께해 주셔서 감사하다는 말씀을 드리며, 이 기쁨을 여러분과 함께 나누고 싶습니다.[173]

---

173)　"마침내 가덕도신공항특별법이 국회 본회의를 통과했습니다", 김정호 국회의원 블로그(2021.2.26.)

국회 본회의를 통과한 가덕도신공항특별법은 2021년 3월 16일 공포되었고 9월 14일 시행령 제정을 거쳐 9월 17일부터 시행되었다.

법안은 신속하고 효율적인 신공항 건설을 위해 필요한 사항을 규정하고 있다. 먼저 신공항이 건설되는 장소_{所地}를 부산광역시 강서구 가덕도로 확정하였다_{제1조, 제2조 1항}. 법안의 제안이유에서는 공항의 입지를 가덕도로 확정한 이유에 대해 다음과 같이 밝히고 있다.

동남권 지역발전을 위해 동남권을 아우르는 물류·여객 중심의 관문공항 건설의 필요성이 지속적으로 제기되고 있으나, 오랜 기간 신공항의 입지 선정을 둘러싼 국가적·사회적 갈등과 논란이 지속되고 있는 상황임.

또한 최근 국무총리실 산하 김해신공항 검증위원회가 동남권 관문공항으로서 김해신공항 건설은 근본적인 검토가 필요하다고 발표하였는바, 김해신공항 건설계획을 중단하고 부산 가덕도로 입지를 확정하여 신속하게 신공항 건설을 추진할 필요성이 제기되고 있음.

또한 법안 부칙 제2조에서 '국토교통부 장관은 이 법 시행 전에 권역별 공항개발 방향이 가덕도신공항의 위계 및 기능과 중복되는 내용이 없도록 추진 중인 공항개발사업 계획을 대체하여 공항시설법 제3조에 따라 제6차 공항개발 종합계획을 수립하여야 한다'고 명시하였다. 이는 가덕도신공항이 현재 추진 중인 김해신공항을 대체하는 공항이며, 국토교통부가 현재 수립 중인 제6차 공항개발 종합계획에 가덕도신공항을 반영해야한다는 취지이다. 이 조항에 따라 국토교통부가 기본계획을 수립 중이던 김해신공항은 백지화되었다. 이렇게 김해신공항 건설사업을 중단하고 이를 대체하는 신공항을 가덕도에 짓기로 하는 내용이 규정됨으로써 김해신공항 백지화와 신공항 입지를 둘러싼 불필요한 논란은 종지부를 찍고 신속하게 사업을 추진할 수 있게 되었다.

다음으로 가덕도신공항을 신속하게 짓기 위하여 예비타당성조사를 면제할 수 있는 법적 근거를 마련하였다제7조. 앞서 부칙 제2조 내용 중 제6차 공항개발 종합계획 수립 시 가덕도신공항의 위계 및 기능을 반영하도록 한 것도 국토교통부의 행정절차를 신속하게 진행하는 역할을 하게 된다. 다만 여야가 발의한 두 법안에 있었던 사타 간소화는 반영되지 않았다. 해석의 여지가 남았던 전략환경영향평가와 환경영향평가도 환경영향평가법에 따라 이행하도록 하였다. 실시설계 완성 이전에 초기 건설공사에 착수할 수 있도록 한 규정도 반영되지 않았다.

신속한 사업 추진과 원활한 관리를 위해 국토부 내에 신공항 건립추진단이라는 신공항 건설 전담기구를 설치하도록 하였다. 신공항 건립추진단의 구성과 운영과정에는 부울경의 참여기회를 보장하여 신공항 건설에 부울경의 의견을 적극 반영할 수 있게 하였다제13조. 신공항 건설사업에 대한 국가의 재정 지원의 근거도 담았다제14조.

인천국제공항 건설 당시에 영종도 일대를 주변개발 예정지역으로 지정하여 개발하였듯이 가덕도신공항 건설 추진과정에서 공항 배후지 및 주변 지역 조성을 위한 사업을 병행하여 공항복합도시 등을 개발할 수 있게 하였다제12조. 공항 건설과정에서 지역기업을 우대하도록 하여 지역경제를 활성화하고 일자리 창출을 견인할 수 있게 하였고, 공항개발 건설 및 접근교통망 구축 등 사업을 진행할 때 지역건설업계의 참여가 가능하게 하였다18조.

[표 14] 가덕도신공항 건설을 위한 특별법의 주요 조문과 내용

조 문	내 용
제1조(목적) 이 법은 가덕도신공항의 신속한 건설에 필요한 사항을 규정함으로써 국토의 균형발전 및 국가경쟁력 강화에 이바지함을 목적으로 한다. 제2조(정의) 1. "가덕도신공항"이란 부산광역시 강서구 가덕도 일원에 건설되는 「공항시설법」 제2조제3호에 따른 공항을 말한다.	가덕도신공항 입지 확정
제7조(예비타당성조사 실시에 관한 특례) 기획재정부장관은 신공항건설사업의 신속하고 원활한 추진을 위하여 필요하다고 인정되는 경우에는 「국가재정법」 제38조제1항에도 불구하고 예비타당성조사를 면제할 수 있다.	예비타당성조사 면제 가능
제12조(주변지역개발사업) ① 국토교통부장관은 신공항건설사업을 효율적으로 추진하기 위하여 필요한 경우 신공항건설예정지역의 경계로부터 10킬로미터의 범위에서 일정한 지역을 주변개발예정지역으로 지정할 수 있다.	주변지역 개발사업
제13조(신공항 건립추진단) ① 신공항건설사업의 원활한 추진과 효율적인 관리를 위하여 국토교통부에 신공항 건립추진단(이하 "추진단"이라 한다)을 둔다. ② 국토교통부장관은 추진단의 원활한 업무수행을 위하여 필요한 때에는 관계 중앙행정기관의 장, 지방자치단체의 장, 관계 기관·법인·단체 및 사업시행자에게 소속 공무원 또는 임직원의 파견을 요청할 수 있다.	신공항 건립추진단 (국토교통부)
제14조(재정 지원) 국가는 신공항건설사업을 위하여 재정 지원이 필요한 경우 사업시행자에게 예산의 범위에서 대통령령으로 정하는 바에 따라 필요한 비용을 보조하거나 융자할 수 있다.	국가재정 지원
제18조(지역기업의 우대) 사업시행자는 대통령령으로 정하는 공사·물품·용역 등의 계약을 체결하는 경우에는 신공항건설예정지역의 관할 및 인근 지방자치단체에 주된 영업소를 두고 있는 자를 대통령령으로 정하는 바에 따라 우대할 수 있다.	신공항건설사업 지역기업우대
부칙 제2조(법 시행을 위한 준비행위) 국토교통부장관은 이 법 시행 전에 권역별 공항개발 방향이 가덕도신공항의 위계 및 기능과 중복되는 내용이 없도록 추진 중인 공항개발사업 계획을 대체하여 「공항시설법」 제3조에 따라 제6차 공항개발 종합계획을 수립하여야 한다.	김해신공항 백지화 근거 명시

자료 : 법안 원문은 법제처 국가법령정보센터 참조

    이처럼 가덕도신공항특별법은 공항 입지 확정과 건설에 필요한 기본적인 사항을 담아 신속하게 제정하는데 주안점을 두었다고 할 수 있다. 이에 따라 당시 민주당 정책위의장이었던 한정애 의원이 대표 발의한 법안에 담겨있던 ① 2030 부산 세계박람회 이전 완공, ② 공항공사 설립, ③

가덕도신공항 건설과 연계한 교통 인프라와 에어시티, ④ 조세감면, 외국인 투자기업 세제 및 자금지원 조항 등은 반영되지 못하였다. 이에 따라 ①은 건설 기간을 최대한 단축하여 박람회 이전 실질적 완공을 추진, ②는 일단 신공항 건설에 집중하고 추후 개정 또는 별도 입법을 계획, ③은 기본계획에 반영, ④는 조세특례제한법 등 해당 관련 법령 개정 또는 부처와의 지속적인 협의를 통해 단계적인 방안을 마련하는 등으로 해결할 필요가 있었다.

4. 우여곡절 … 법 제정 이후의 파란만장

순항?, 국토부 내 가덕도신공항 추진단 확대 및 사타 용역 실시

정부는 2021년 3월30일 문재인 대통령이 주재한 국무회의에서 가덕도신공항특별법 후속 조치 계획을 논의하였다. 그리고 김해신공항과 관련한 일체의 업무는 즉시 중단하고 가덕도신공항 사업 추진을 본격화하였다.

먼저 가덕도신공항 사업 추진의 첫 절차인 사전타당성조사는 발주 절차를 신속하게 추진하여 5월 안에 착수하기로 했다. 가덕도신공항특별법에서 신공항 장소를 '가덕도 일원'으로 명시한 만큼 입지 선정 절차가 생략되기 때문에 10개월 동안 속도감 있게 추진하여 2022년 3월 내 마무리하기로 하였다.[174] 이에 따라 국토부는 5월20일 항공대학교, ㈜유신, 한국종합기술 등 컨소시엄과 계약을 체결하고 10개월간 사타를 실시하기로 하였다.[175]

9월17일 가덕도신공항특별법 시행일에 맞춰 국무회의9월7일에서 의결된 시행령과 법제처 심사를 거친 시행규칙 등 하위법령이 시행되어 가덕도신공항 건설사업의 제도적 기반이 모두 마무리되었다. 9월24일에는 가덕도신공항 건설계획이 반영된 제6차 공항개발 종합계획2021~2025이 고시되었는데 가덕도신공항특별법 부칙 제2조에 따라 가덕도신공항이 공식적으로 명시되었다. 이 계획의 '공항별 개발 방향'에서는 가덕도신공항을 국토 균형발전과 지역발전에 기여하는 여객·물류 중심 복합 공항으로 계획하고 여객과 화물 수요를 24시간 충분하게 처리할 수 있는 공항을 목

---

174) 국토교통부 보도자료, 2021.3.30., "국토부, 가덕도신공항 추진 본격화"
175) 국토교통부 보도자료, 2021.5.29., "가덕도신공항 사전타당성 조사 용역 착수"

표로 특별법에 따라 차질 없이 추진한다고 밝혔다.[176]

9월28일에는 국토부 내 '가덕도신공항 건립추진단'이 출범했다. 3월9일부터 임시조직으로 운영되었던 가덕도신공항 건립추진 전담반TF이 건립추진단으로 개편되어 신공항 추진 전담기구로 활동하기 시작했다. 추진단 조직은 단장으로 임명된 이상일 부산항공청장을 비롯하여 총 17명으로 구성하기로 하였다.

예견된 표류, 임박한 20대 대선

가덕도신공항특별법이 시행되고 나서 얼마 지나지 않아 본격적인 대선 국면이 시작되었다. 더불어민주당 이재명 후보, 국민의힘 윤석열 후보 간 양자구도가 형성되어 각축을 벌였다. 대선 당시 두 후보는 가덕도신공항 조기 건설을 위해 적극적인 공약을 내세웠다.

양당이 공식적으로 최종 발간한 정책공약집의 내용을 보면, 이재명 후보는 2029년 개항을 목표로 24시간 운영할 수 있는 동남권 관문공항을 건설하여 동북아 물류 트라이포트를 구축하고 이를 위해 연계 교통망을 확충하겠다는 것이 핵심 내용이었다. 윤석열 후보는 동북아시대 유라시아 관문공항을 조기에 건설하여 2030 부산 세계박람회 유치의 기반을 갖추고, 부산을 하늘과 바다, 대륙을 잇는 글로벌 물류 플랫폼 도시로 변모시키기 위해 예타를 면제하고 가덕도공항공사를 설립하겠다는 공약을 내세웠다[표 15] 참조.

---

176) "국토교통부 고시 제2021-1111호, 제6차 공항개발 종합계획(2021-2025)" 2021.9.24., 24쪽

[표 15] 제20대 대선 이재명─윤석열 후보의 가덕도신공항 건설 공약 비교

후보자	공약 내용
이재명	가덕도신공항을 2029년까지 개항하고 연계 교통망을 확충하겠습니다. – 2029년까지 24시간 운영 가능한 동남권 관문공항으로 가덕도신공항 건설 – 가덕도신공항~부산신항~철도 연계 동북아 물류 트라이포트(Tri-Port) 구축 – 가덕도 일원 공항복합도시 건설, 글로벌 물류단지 조성 및 물류기업 유치 – 가덕도신공항을 근거지로 하는 LCC(Low-Cost Carrier) 등 항공사 유치 추진 – 부울경─가덕도신공항 접근성 강화를 위한 GTX급 철도망 구축 – 연결도로 구축 및 연계 광역교통망 확충
윤석열	동북아시대 유라시아 관문공항으로 기능할 수 있도록 가덕도신공항을 조기 건설하겠습니다. 이를 통해 2030 부산 세계박람회의 성공적 개최를 위한 기반을 갖추고, 부산을 하늘과 바다, 대륙을 잇는 '글로벌 물류 플랫폼 도시'로 변모시키겠습니다. – 예비타당성조사 면제로 가덕도신공항 조속 건설 – 가칭 '부산 가덕도공항운영공항공사' 설립 – 항공 물류 지구, 에어시티 지구, 해양 신산업 지구 등 공항복합도시 조성

자료 : 더불어민주당,『제20대 대통령선거 더불어민주당 정책공약집 시도 공약』, 2022, 6쪽; 국민의힘, 『제20대 대통령선거 국민의힘 정책공약집』 시·도공약, 2022, 353쪽.

이 내용으로 보면 이재명 후보는 2029년 개항과 교통망 확충을, 윤석열 후보는 예타 면제와 공항공사 설립을 각각 두드러지게 표현하고 있지만 맥락상 실질적인 차이를 찾아보기 어렵다. 가덕도신공항 조기 건설을 통해 2030 부산 세계박람회의 성공적 개최를 위한 기반을 마련하겠다는 윤 후보의 공약이 진정성을 가지려면 2029년 개항이 전제일 수밖에 없다. 실제로 1월15일 윤 후보가 부산 방문 당시 발표한 12가지 부산 공약의 세부 자료16쪽 분량를 보면 가덕도신공항 조기 건설의 기대효과 중 하나로 '2029년 개항으로 2030 부산 세계박람회 해외이용객을 위한 접근성 높은 교통망 확보'를 언급하고 있다.[177] 연계 교통망 확충도 신공항 건설의 전제에 가까운 얘기라 할 수 있다. 그리고 윤 후보가 내세운 예타 면제나

---

177) 국민의힘, "부산공약", 2022.1.15., 2쪽.

공항공사 설립은 더불어민주당이 추진해 온 가덕도신공항 건설 정책의 핵심 내용에 해당한다. 공항복합도시 건설 공약도 두 후보의 공통점이다.

두 후보의 가덕도신공항 공약에 차이가 느껴지지 않는 이유는 뭘까? 대선 때 각 당이 득표를 위해 특히 지역공약의 경우 해당 지역의 핵심 현안을 적극 반영하는 경향이 있어서 차별화되지 않는 경우가 많은데, 부울경지역의 가덕도신공항 문제가 그런 경우라고 할 수 있다.

집요한 어깃장, 국토부 사타 결론, 100% 인공섬, 2035년 개항

얼마 전까지만 해도 TK 중심의 국민의힘 지도부가 예타 면제를 강경하게 비난하는 등 특별법 제정에 소극적이었던 점을 감안하면 윤 후보의 대선 공약은 의아스러울 정도로 파격적인 내용이었다. 그리고 2022년 3월 9일 대선에서 윤석열 후보가 당선되었다. 과연 윤 후보의 대선 공약대로 가덕도신공항 건설사업은 제대로 '이륙'할 수 있을지, 첫 시험대는 사타 결과였다. 아니나 다를까, 난리가 났다. 국토부는 끝까지 어깃장을 부렸다.

국토부는 2021년 5월 사타를 개시하면서 10개월 후인 2022년 3월 안에 그 결과를 발표하기로 한 바 있었다. 그런데 3월은 대통령선거3월9일와 제20대 대통령직 인수위원회3월18일 출범~5월6일 해산가 활동하는 정권 교체 시기였다. 부울경 신공항 추진기획단은, 차기 정권이 누가 집권하더라도 가덕도신공항 건설사업이 흔들림이 없이 추진되게 하기 위해 연말까지 사타 결과를 마무리해야 한다고 요청했다. 그러나 국토교통부는 해저 지질조사를 핑계로 사타 기간 단축은 불가능하다고 못 박았을 뿐 아니라, 3

월이 다 가고 4월 초순이 지나도록 그 결과를 발표하지 않고 내용도 함구하고 있었다.

　내가 파악하기로 사타 용역을 맡은 항공대학교 등의 컨소시엄은 대선 며칠 전인 3월4일부터 사타 용역 결과 최종보고서 작성을 일시 중단하였다. 그리고 대선 결과를 기다리다 윤석열 후보가 당선되자 국토교통부는 3월17일 윤석열 당선인 비서실장인 장제원 의원을 만나 사타 결과 등을 보고하고 대응 방안을 집중적으로 점검했고, 3월25일 국토교통부의 인수위 업무보고를 통해 가덕도신공항 건설사업의 추진 방향에 대한 차기 정부의 입장을 확인한 뒤 4월6일부터 용역보고서 마무리를 재개했다.[178] 이에 따라 3월에 마무리될 예정이던 용역 결과는 4월18일에야 공식적으로 준공되었다.

　국토교통부가 공식 발표를 미루고 있었지만 4월12일경부터는 일부 내용이 보도를 통해 알려지기 시작했다. 나도 국토교통부로부터 최종 발표 전 요약된 내용을 보고받았다. 결과는 최악이었다. '2035년 개항', '100% 인공섬 형태의 해상공항', '사업비 13.7조 원' 등 충격적이었다.

　애초 가덕도신공항을 2029년 말까지 완공시키고자 한 것은 국가사업인 '2030 부산 세계박람회 개최'를 성사시키기 위한 큰 전략이었고, 대선에서 여야 모두 국민들에게 약속한 공약이었다. 부울경 신공항 추진기획단과 부산시는 이미 2029년 개항을 위한 공사 기간 단축, 그리고 공사비 절감을 위해 해상매립을 전체 부지의 43% 수준으로 최소화하고 육상 공간 활용을 최대화57%하는 육·해상 매립형 공항 설치안을 제안했다. 이

---

178) 『부산일보』 2022.3.17., "가덕도신공항 예타면제 내달 '쐐기' 박는다";『연합뉴스』 2022.3.25., "국토부, 오후 인수위 업무보고… 공급확대-재건축 규제완화 등 중심"

안은 육상가덕도 국수봉 일대을 절취하여 연접한 수심이 얕은 곳부터 매립하여 매립 면적을 최소화하고 연약지반 보강공사 면적을 줄임으로써 전체적으로 공사량을 줄이고 공사 기간을 단축하는 방안이기도 했다.

그런데 국토교통부의 사타 결과에서는 엉뚱하게도 100% 바다를 매립하는 '인공섬' 해상공항을 제시했다. 이 방안을 위해서는 대량의 해양 매립토를 확보하기 위해 대규모로 산지를 절취해야 하고, 외해에 인공섬을 만들기 위해 먼저 사방에 대형 방파제부터 만들어야 한다. 매립과 연약지반 보강공사 면적과 토목 공사량이 많아 총 공사 기간의 78%인 7년 6개월이 걸려 개항이 2035년으로 늦춰졌다. 사업비도 애초 7조 5천억 원의 2배에 달하는 13조 7천억 원으로 늘어났다.

완공 시기를 6년이나 늦추고 난공사에 비용도 더 드는 안, 더구나 2029년 개항이 불가능하여 2030 부산 박람회 유치 활동이 치명타를 입을 수밖에 없는데, 왜 갑자기 최종 결론으로 등장한 것인지 의구심을 품지 않을 수 없었다. 문재인 정부가 적극 추진한 가덕도신공항을 굳이 2029년 말까지 조기 개항해주지 않으려고 그런 것은 아닐까? 2030 부산 세계박람회의 성공적 유치도 전 정부의 치적으로 될까봐 포기한 것은 아닐까? 지금까지 국토교통부의 어깃장으로 미루어 보면 사타 결론의 의도는 더 깊은 뜻이 있는 것 같았다. 2035년에 개항하게 해서, 2028년까지 대구통합신공항이 먼저 이전·개항될 예정이고 인천국제공항 4차 확장계획이 마무리되기 때문에, 가덕도신공항의 기능과 역할을 더욱 축소하여 사실상 유명무실해지게 만들려는 것은 아닐까?

나와 부울경 의원단은 4월21일 부산시의회에서 긴급 기자회견을 열고 국토교통부의 사타 결과를 수용할 수 없다는 점을 분명히 하였다. 또한 예정대로 문재인 정부 임기 내 예타 면제를 추진하되 차기 정부에서 진행될 기본계획 수립단계에서 사타 결과 내용을 수정하여 부산시 제시 안대로 2029년 개항을 전제로 한 가덕도신공항 추진계획을 명확히 할 것을 요구하였다.[179] 대통령직 인수위와 박형준 부산시장에게도 명확한 입장 표명을 요구하였다.

하지만 4월26일 국토교통부는 이미 알려진 '2035년 개항', '100% 인공섬 형태의 해상공항', '사업비 13.7조 원'을 주요 내용으로 하는 사타 결과를 공식 발표하였다. 부울경지역에서는 정권 교체기를 틈타 그동안 가덕신공항 건설을 반대하며 인천국제공항 몰아주기에 올인했던 국토교통부 '항공 마피아'의 본색을 드러낸 것이라며 분노가 들끓었다.[180]

딜레마, 예타 면제를 위한 마지막 국무회의 의결

내용이야 어떻든 사타가 마무리됨에 따라 다음에 밟아야 할 절차는 예비타당성조사였다. 가덕도신공항특별법에서 예타를 면제할 수 있는 법적 근거를 담긴 했지만 실제로 면제가 확정되려면 국가재정법이 정한 면제요건을 갖추고 기재부가 주관하는 재정사업평가위원회의 심의·의결을 거쳐 국무회의에서 의결해야 한다. 새로운 걱정이 생겼다. 국토부의 사타 결론은 부울경지역 주민의 바람을 무참히 짓밟았고, 이에 부울경 여론은 반대하고 있다. 그런데 사타 결론을 전제로 한 후속 조치로 예타 면제까지

---

179) 더불어민주당 부산·울산·경남 국회의원 일동 기자회견문, "국토부의 가덕도신공항 사전타당성 용역 결과를 절대 수용할 수 없습니다", 2022.4.21.

180) 『부산일보』, 2022.4.13., "'항공 마피아' 본색 드러낸 가덕도신공항 용역"; 『부산일보』, 2022.4.26., "국가사업 확정 가덕도신공항, '항공 마피아' 농간 막아야"; 『부산일보』, 2022.4.26., "엉뚱 논리로 가덕도신공항 사건건 '태클'…막판 '뒤끝'까지"; 『국제신문』, 2022.4.27., "틀어진 신공항 계획, 엑스포 빨간불"; 『부산일보』, 2022.4.27., "변성완, "가덕도신공항 사타에 울분… 윤 당선인 책임져라""

국무회의에서 통과시키게 되면, 결국 형식적으로는 문재인 대통령이 결정을 내린 것이기 때문에 그 책임 공방에서 자유로울 수가 없어 보였다.

국가재정법에서는 총사업비가 500억 원 이상이고 국가의 재정지원 규모가 300억 원 이상인 신규 사업은 원칙적으로 예타를 실시해야 하며, 예외적으로 면제할 수 있는 10개 항목을 규정하고 있다. 이 가운데 가덕 도신공항과 관련하여서는 '법령에 따라 추진하여야 하는 사업[8호]', 그리고 '지역 균형발전 등 국가 정책적 추진 필요 사업'으로서 '구체적인 사업계획이 수립되고, 국무회의를 거쳐 확정된 사업'[10호] 항목이 해당된다.[181]

임기 말 대통령의 판단이 궁금했다. 총리실 검증위원회의 논란 끝에 국토교통부가 밀어붙이던 김해신공항 기본계획을 어렵사리 중단시켰고 국회에서 가덕도신공항특별법까지 통과되었다. 대통령은 2030 세계박람회 부산 유치를 국가사업으로 추진키로 부울경에 힘을 실어주었다. 문 대통령은 좌고우면하지 않고 부울경을 위해 할 수 있는 모든 조치를 다 해주었다. 예타 면제 국무회의 의결은 남은 마지막 카드였다. 부울경을 위한 화룡점정일 수 있었는데….

윤석열 정권이 그냥 내버려 두지 않고 고춧가루를 뿌렸다. 가덕도신 공항 개항 시기를 2035년으로, 무려 6년이나 미룬 것이다. 문재인 대통령이 예타 면제를 결정해도 욕 듣고, 결정하지 않고 다음 정부로 미뤄도 욕 들을

---

181) 국가재정법 제38조 제2항에 규정된 예비타당성조사 면제요건 중 가덕도신공항에 관련된 항목은 다음의 8호와 10호이다.

(8호) 법령에 따라 추진하여야 하는 사업,

(10호) 지역균형발전, 긴급한 경제·사회적 상황 대응 등을 위하여 국가정책적으로 추진이 필요한 사업으로서 다음 각 목의 요건을 모두 갖춘 사업

가. 사업목적 및 규모, 추진방안 등 구체적인 사업계획이 수립된 사업

나. 국가정책적으로 추진이 필요하여 국무회의를 거쳐 확정된 사업

게 뻔했다. 윤석열 인수위는 교묘하게 꽃놀이패를 썼다. 그렇다고 퇴임을 며칠 앞둔 대통령에게 부담을 드리는 것 같아 나는 여쭤보지 않았다. 부울경 의원들과 의논한 결과, 사타 결론을 수용하여 예타 면제 결정을 하는 편이 비록 욕을 듣더라도 결정 자체를 하지 않는 것보다 낫다는 판단이 섰다.

마지막 국무회의는 임기종료 직전인 4월 26일이었다. 예상대로 부울경 지역주민들이 국토부의 사타 결론, 특히 2035년 준공을 문제시하며 가덕도신공항의 예타 면제에 대해 국무회의 의결을 완강히 반대하면서 문재인 대통령의 입장이 곤란하고 난처하게 되었다. 만일 마지막 국무회의에서 가덕도신공항 예타 면제 의결을 하지 않는다면 가덕도신공항 건설이라는 대선 공약 이행의 마침표를 찍지 못하게 된다. 의결한다면 사타 결론의 핵심 쟁점인 2035년 개항을 용인하는 셈이 된다. 딜레마였다.

그러나 대통령은 선택하지 않을 수 없었다. 그래도 부울경 시·도민과의 약속을 지키기로 했다. 예타 면제 절차를 이행하지 않으면 정권이 교체되고 난 뒤에 또다시 가덕도신공항 건설은 논란에 휩싸이고 더 지연될 수밖에 없다는 우려가 컸다. 합리주의자인 문 대통령은 임기 중 예타 면제 사전 절차로서 국무회의에서 '가덕도신공항 건설 추진계획'을 의결했다. 어차피 사타 결론은 기본계획 수립과정에서 다시 검토되고 바꾸어 내야 한다고 보았다. 현실적 판단이었다.

특별법이 제정됨에 따라 8호의 요건을 갖췄고 사타를 거쳐 4월 26일 국무회의에서 '가덕도신공항 건설 추진계획'이 의결됨에 따라 10호의 요건도 충족되어 4월 29일 열린 2022년 제1차 재정사업평가위원회에서 가덕도신공항 건설사업에 대한 예타 면제가 의결되었다. 다만 국토부의 기본계획 수립 전에 적정 사업 규모, 사업비, 사업방식 등을 검토하기 위한

'사업계획 적정성 검토'를 실시하기로 했다.[182)

이로써 문재인 대통령은 자신의 대선 공약이었던 김해신공항 검증을 이행하고 백지화라는 합리적 결과를 도출해낸 데 이어, 가덕도신공항 특별법 제정으로 '기사회생'한 동남권 관문공항 건설사업에 대한 예타 면제 절차까지 마무리하였다. 부울경지역 주민들과의 약속을 지켰고, 마음의 빚을 갚게 되었다. 그리고 며칠 뒤인 5월9일 밤 12시, 제19대 문재인 대통령은 평범한 시민으로 돌아왔다.

역습, TK통합신공항법 드라이브

제20대 윤석열 대통령의 임기가 시작되었다. 일단 윤석열 정부 들어서 가덕도신공항 건설사업의 예정된 일정 자체는 순조롭게 진행되었다. 가장 중요하게는 2022년 8월 기본계획 수립용역과 전략환경영향평가 용역에 착수함으로써 가덕도신공항 건설사업의 사전 절차는 본격적인 마무리 국면에 진입하였다. 예정대로 진행된다면 2023년 8월에는 기본계획이 수립되고 설계단계로 진입할 수 있게 된다.[183)

그러나 문제는 국토교통부의 사타 결과로 완공 연도가 2035년으로, 6년 이상 늦춰짐으로써 1년 정도의 기간 단축 효과를 본 예타 면제나 사

---

182) 기획재정부 보도자료 2022.4.29., "인천~서울 지하 고속도로 등 6개 사업 예타 대상사업 선정 지능형 농기계 실증단지 등 3개 사업 예타 통과 - 2022년 제1차 재정사업평가위원회 개최 -". 예타가 경제성을 분석해 사업 추진 여부를 판단하는 절차인 것과 달리, 적정성 검토는 사업은 추진하되 사업 규모와 사업비 등이 적절한지를 따지는 절차다. 2022년 5월3일 KDI에 적정성 검토를 의뢰하여 11월까지 진행하기로 하였고, 2023년 3월13일 기획재정부 재정사업평가위원회 심의를 마쳤다.

183) 국토교통부 보도자료, 2022.8.31., "가덕도신공항 기본계획수립 용역 본격 착수"; 국토교통부 보도자료, 2022.9.15., "가덕도신공항 기본계획수립용역 착수보고회 개최". 기본계획 수립 용역은 ㈜유신 등 7개사 컨소시엄이, 전략환경영향평가 용역은 한국종합기술 등 4개 사가 수행하기로 하였으며 완료일은 2023년 8월25일이다.

업 적정성 검토의 기본계획 수립용역과 동시 병행하는 것은 별다른 의미가 없게 되었다. 더구나 2022년 5월 윤석열 정부의 기재부 장관으로 임명된 추경호 의원대구시 달성과 같은 해 6월 지방선거에서 당선된 홍준표 대구시장 등 TK 정치인들이, 대구경북통합신공항TK신공항의 완공 연도를 2030년으로 앞당기고 국비 지원이 가능하게 하기 위한 '대구경북신공항특별법안' 제정을 추진하면서 문제는 더 복잡해졌다. 이들은 TK 신공항의 위상을 중남부권 여객과 화물 중심의 중추공항으로 하고 3.5㎞ 활주로 1본으로 예정된 가덕도보다 큰 3.8㎞ 활주로 2본을 확보한다는 계획까지 세우고 있었다.

국토교통부의 사타 결과를 앞세운 강력한 '뒤집기'에 이어 완공 시기나 공항의 위상 및 규모 면에서 가덕도신공항을 추월하려는 TK 신공항의 '역습'이 들어온 것이다. TK 신공항이 윤석열 정부와 국민의힘의 지원 아래 국비 지원까지 받아 가덕도보다 먼저 더 큰 규모로 건설될 경우 가덕도신공항의 위상은 추락할 것이고, 한정된 국토부 공항 건설 예산지원이 두 곳으로 분산되어 건설계획 자체가 차질을 빚을 것이다.[184]

설상가상으로 2030 세계박람회 유치경쟁의 최대 맞수인 사우디아라비아 리야드는 11월28일 2030년까지 4,000m 이상 활주로 6개, 세계 250개 노선의 연간 1억 2천만 명을 실어 나를 수 있는 세계 최대 규모의

184) 『부산일보』 2022.11.23., "공법도 못 정한 가덕도신공항, TK신공항에 뒤처질라"; 『국제신문』 2022.11.23., "TK발 가덕도신공항 암초…한정된 국비 쪼개지나"; 『부산일보』 2022.11.24., "TK신공항 가덕도신공항 추월 '노골화'"; 『부산일보』 2022.11.24., "'가덕' 추진 중 불쑥 TK신공항, 국비활충 등 '상충' 우려 높다"; 『부산일보』 2022.12.15., "'예, 형님" 한마디에…TK신공항, 국비 받아 먼저 지을 판"; 『부산일보』 2023.1.4., "국토부, 마치 기다린 듯 "대구경북신공항 특별법 제정""; 『국제신문』 2023.1.30., "당정 업고 TK공항 급부상… 가덕 관문공항 지위 치명타"

신공항 '킹 살만 국제공항' 건설에 착수한다고 발표했다.[185] 활주로 4개, 수용 능력 1억 600만 명인 인천공항보다 큰 규모다. 세계박람회 유치의 관건 중 하나가 전 세계 관람객을 어디서든, 언제든 실어 나를 국제항공 교통수단의 확보이기 때문에, 현재 국제노선이 10개국에 불과한 김해국 제공항으로는 박람회 유치경쟁에서 절대적으로 불리하고 성공적인 개최 유치도 장담할 수 없다. 2030 세계박람회 유치를 위해서도 국토부의 사타 결과를 뒤집고 2030년 이전 개항과 제대로 된 동남권 관문공항을 건설 방 안을 시급히 마련하지 않으면 안 되는 상황으로 몰린 것이다.

최적 대안, 부울경 추진기획단의 육·해상 매립 방안

총리실 검증위의 김해신공항 검증이 막바지에 접어들 때인 2020년 6~7월경 나를 포함한 동남권 관문공항 추진단과 부산시는 전문가들의 자 문을 얻어 김해신공항 백지화에 대비한 가덕도신공항 건설계획안을 가다 듬기 시작했다. 검증하면 할수록 김해공항 확장안김해신공항의 문제점이 드 러나고 있는데도 불구하고 국토부는 김해신공항 강행 추진을 고집하면서 그 주된 이유 중 하나로 '대안이 없다'는 주장을 펴고 있는 상황이었다. 이 에 대응 차원에서도 자체 대안이 필요했고, 실제로 김해신공항 백지화 이 후 대비책 마련이 시급하기도 했다.

그간에는 김해신공항 검증에 집중하자는 취지에서 백지화 후 신공 항을 어디에 지을지에 대해, 특히 가덕도에 대해 될 수 있으면 언급하지 않는 것이 부울경 검증단의 암묵적인 분위기였다. 하지만 이제 가덕도신

185) 『국제신문』 2022.11.30., "'엑스포 경쟁' 사우디 신공항 건설"

공항에 대해 말해야 할 때가 점차 다가오고 있었다. 실무적으로 논의된 안을 부울경 시·도지사가 한자리에서 보고받고 공유하는 등 내부 논의와 함께 외부 공론화에도 시동을 걸었다. 내가 검증단장과 추진기획단장으로서 한 번도 입에 올리지 않았던 대안으로서의 가덕도신공항을 처음으로 언급하기 시작한 것도 이즈음이었다.[186]

대안을 모색한 결과, 2016년 ADPi가 사전타당성조사 때 수립했던 가덕 1개 활주로 계획안을 대폭 수정해 활주로 방향을 최적화하는 안을 수립했다.[187] 핵심은 활주로 방향을 ADPi 안 보다 20도 남쪽으로 틀어 해상 매립 비율을 75%에서 43%로 대폭 낮추고, 표고標高, 해상에서 활주로까지의 높이를 25m에서 40m로 높이는 것이다. ADPi는 북쪽을 기준으로 삼고 시계 방향으로 90도와 270도09-27를 잇는 동서 방향 활주로를 건설하고 부대시설을 연대봉 오른쪽 해상에 배치하는 방안을 세웠는데, 남쪽으로 20도를 더 내린 110도와 290도11-29 방향으로 활주로를 놓고 부대시설을 국수봉 절취 부분에 주로 배치하는 게 부울경 신공항 추진기획단의 수정 대안이었다.

활주로 방향을 20도 조정하면 김해공항에 진입하는 항공기와 비행 공역이 겹치지 않고 입출항하는 항공기의 비행고도가 달라 충돌위험도 없다. 활주로 끝단과 가덕수로와의 이격거리가 1㎞ 이상이 되고 그 높이

---

186) 『국제신문』 2020.6.24., "부산시 '가덕 신공항 불가론' 반박할 새 대안 마련"; 『국제신문』 2020.6.24., "3가지 단점 해소한 가덕도신공항안…PK 본격 띄우기"; KNN, "가덕도신공항 수정안, '신의 한수' 되나?, 2020.6.29.; 『부산일보』 2020.6.30., "'김해신공항 불가' 자신감? 부울경단체장 '가덕도신공항' 논의"; 『노컷뉴스』 2020.7.27., "김정호 "김해신공항 백지화해야"…가덕도신공항 첫 언급"; MBC 경남 뉴스데스크, "'가덕도신공항' 첫 언급…신공항 결론 어떻게?", 2020.7.27.

187) 2016년 ADPi가 사전타당성조사에서는 가덕도와 밀양에 각각 활주로 1개와 2개를 짓는 방안과, 김해신공항에 활주로 1개를 추가하는 방안 등 5가지 계획안을 검토하였다.

도 이동하는 큰 선박과 충돌할 위험도 없어진다. ▷ 깊은 수심으로 매립 비용 과다, ▷ 김해공항 공역과 중첩, ▷ 신항을 운항하는 선박과의 충돌 가능성 등 ADPi가 검토했던 가덕도 동서 방향 활주로 배치안에 대한 불가 사유가 대부분 해소되는 것이다. 활주로 길이는 3,500m로 정했다.

〈그림 7〉 부울경 신공항 추진단과 부산시가 제안한 가덕도신공항 조감도(2020)

국수봉 절취 면적을 늘리고 해상 매립 면적을 줄이고 활주로 표고를 높임에 따라 공사량 축소와 공사비 절감은 물론 바다 매립을 줄인 만큼 부 등침하 면적도 줄어드는 이점이 있다. ADPi의 1개 활주로를 갖춘 가덕도 신공항 건설비용은 7조 5천억 원이었다. 부울경 추진기획단의 수정대안 으로 건설할 경우 해상 매립 비율이 대폭 줄어듦에 따라 최소 6,000억 원 이상 절감돼 물가 상승분을 감안하더라도 대략 7조 5,400억 원 수준이면 가능할 것으로 추산되었다.

이 안은 이후 부산시부울경 신공항 추진기획단 제시안이나 수정 대안 또는 기 본안으로 불리었는데, 2022년 국토부가 사타 결과에서 100% 인공섬 형 태의 해상공항 유형을 제시함에 따라 이와 대비되는 육·해상 매립식 공항 유형의 성격을 띤 것으로 특징지어졌다.

6장 | 방향 전환, 가덕도신공항

궁여지책, 박형준 부산시장의 '플로팅 공법'

국토부는 2022년 사타에서 100% 해상공항 유형의 가덕도신공항을 2035년에 개항하는 방안을 제시하면서 부울경 신공항추진기획단과 부산시가 제시한 안은 검토 대상에서 아예 제외한 바 있고, 그래서 더더욱 더불어민주당 부울경 의원단은 사타 결과를 받아들일 수 없다고 대응하였다.

한편 2021년 4월 재보궐선거에서 당선된 박형준 부산시장은 국토부 사타 결과가 제시한 해상공항을 수용하되 2030년 이전 개항을 실현하는 방법의 하나로 '창조적인(?)' 공항 건설공법을 찾는 데 집중하였다. 시장 후보 시절인 2022년 5월 부유식, 즉 플로팅 공법을 쓰면 조기 개항이 가능하다고 밝혔다. 당선된 뒤에는 8월부터 전문가들이 참여한 '해상스마트시티 조성 민관 합동 TF'를 구성하였고 그해 말에는 '가덕도 플로팅 해상공항 방안'을 발표했다.[188]

부유浮游나 플로팅floating은 물 위나 공기 중에 떠다닌다는 뜻이다. 간단히 말하면 국토부 사타 결과에서 제안된 해상공항과 마찬가지로 100% 바다에 설치하는 해상공항인 점에서는 같지만, 국토부 안이 바다 한 가운데를 매립해 그 위에 활주로를 짓는 데 비해 활주로를 바다에 띄우면 매립 면적이 3분의 1 이하로 줄어 공사 기간을 크게 단축할 수 있다는 취지다.

2020년에 부산시가 제시한 수정 대안이 조기 개항의 지름길인데 왜 생소한 건설공법을 찾느냐, 활주로를 어떻게 바다에 띄우느냐, 안전한 활주로인가, 세계적으로 전례가 없다는 문제 제기가 이어졌지만, 박 시장의 신공법 찾기는 계속되었다. 박 시장은 2023년 1월 말에는 활주로를 바다

---

188) 『부산일보』 2022.12.15., "박시장 "활주로 물에 띄워 가덕도신공항 띄운다""

에 띄우되 말뚝을 땅에 박는 잔교식으로 하고 터미널 등 공항시설을 매립하는 방식을 결합하는 이른바 하이브리드 수정안을 다시 제안했다.[189]

부유식이든 잔교식이든 한마디로 검증이 안 된 해상공항 건설공법이었다. 이론적으로 가능하다지만 실증사례가 없었다. 공사 기간 단축의 문제가 아니라 누구도 자신 있게 승객의 생명과 안전을 담보할 수 있는 공항 건설 자체의 문제였다. 논란만 가중되고 시간만 흘러갈 뿐 해법이 될 수 없었다.

깜짝 반전, 사타 결과 번복 배경

2023년 3월14일 극적인 반전이 일어났다. 국토부가 기본계획 용역 수립 중간보고 결과를 발표하면서 2020년의 부울경 제시안대로 가덕도신공항을 육상과 해상에 걸쳐 배치하고, 해상 부분은 매립식 공법으로 짓는 매립식 육·해상공항 방안을 받아들여 2029년 12월 개항을 추진하기로 한 것이다. 불과 1년 전 국토부가 스스로 제시했던 인공섬 형태의 100% 해상공항 안은 개항 시기가 2035년으로 너무 늦다는 이유로 폐기되었고, 박형준 부산시장이 제안한 부유식 공법도 세계적으로 단 한 번도 시도하지 않은 공법인 데다 검증 기간이 오래 걸리고 비용도 과도하다는 이유로 제외되었다. 돌고 돌아 원점인 2029년 12월 개항을 위해 육·해상 매립식 공항으로 제자리를 찾은 것이다.

국토교통부가 사타 결론을 번복한 직접적 배경은 2030 세계박람회 유치를 위한 치열한 경쟁이었다. 나는 2022년 2월부터 '국회 2030 부산

---

189) 『부산일보』 2023.2.2., "부산시 "신공항, 섬에 붙여 활주로만 부유식으로" 제안"

세계박람회 유치 지원 특별위원회' 경남 대표 위원으로서 기회 있을 때마다 국토부 차관에게 집중적으로 질의하고 추궁했다. "4월 초순 세계박람회기구BIE 실사단의 한국 방문을 앞두고 개최지 결정의 가장 중요한 배점 항목이 국제교통 대책인데 사타 결론처럼 가덕도신공항 개항이 2035년 이라면 사실상 세계박람회 유치를 포기한 것 아니냐?", "유치경쟁에서 앞서가고 있는 사우디 리야드는 250개 국제노선이 취항할 수 있는 6개 활주로를 갖춘 킹살만 공항을 새로 만든다는데, 부산은 인천공항을 환승해야만 입국할 수 있다면 유치경쟁이 되겠느냐?", "가덕도신공항 건설사업 기본계획 수립용역이 진행되고 있는 만큼 BIE 실사단이 한국을 방문하기 전에 가덕신공항의 개항 시기를 29년 말로 앞당기고, 이를 위해 인공섬 형태의 해상공항을 포기하고 육·해상 매립방식으로 바꿔야 한다.", "윤석열 정부가 진짜로 2030 세계박람회를 부산에 유치할 의사가 있다면 특단의 조치를 취해야 한다"고 강력하게 요구했다.

문재인 정부에서 윤석열 정부까지 이어진 범정부적인 유치 노력은 말 그대로 '가용자원을 총동원'하여 진행되었다. 정부의 적극적인 지원 아래 부산시는 각계각층이 참여하여 총력전을 벌이는 양상이었다. 한덕수 국무총리와 최태원 대한상의 회장SK그룹 회장이 유치위원회 공동위원장을 맡았다. 세계적으로 인지도가 높은 그룹 BTS와 배우 이정재 등이 홍보대사를 맡는 등 정·재계, 문화계까지 힘을 모았다. 그 결과 경쟁 구도는 2022년 말을 지나면서 한국의 부산, 이탈리아 로마, 사우디 리야드의 3파전 양상으로 전개되기 시작했다. 유력한 후보 중 하나였던 모스크바는 러시아−우크라이나 전쟁의 여파로 유치 의사를 자진 철회하였다.

오일 머니oil money와 이슬람 및 아프리카 국가들의 지지를 등에 업고 앞서가던 사우디를 따라잡으며 대등한 경쟁을 벌이고 있다는 것이 2023년 초 시점의 정부 판단이었다. 남은 기간 동안 한 표라도 더 얻기 위한 치열한 수 싸움이 예상될 것이고, 특히 4월 초 BIE 실사단 방문이 판세를 결정짓는 승부처이기 때문에 이제 승부수를 던져야 할 시점이었던 것이다.

그런데 부산은 경쟁 도시에 비해 많은 강점이 있음에도 불구하고, 항공 접근성이 취약한 게 큰 약점이었다. 항공 접근성으로만 본다면 4㎞ 길이 활주로 6개를 갖춘 세계 최대공항을 박람회 개최 전 완공 방침을 밝힌 사우디 리야드는 물론이고, 이탈리아의 수도로서 이미 3.8km 길이 활주로 4개를 보유한 국제공항을 가진 로마와 비교하여 부산의 국제공항은 세계박람회 개최 자격을 의심받을 수준이었다. 정부가 2022년 9월 국제박람회기구[BIE] 사무국에 제출한 2030 부산 세계박람회 유치계획서에 '2030년 개항을 목표로 가덕도신공항 건설사업을 최대한 신속하게 추진하겠다'고 밝힌 것도 이를 의식했기 때문이다.

하지만 국토교통부는 가덕도신공항을 2035년 6월에 완공하겠다는 사타 결과를 그대로 유지하고 있었고, 2030년 세계박람회 이전 조기 개항을 위한 실질적인 후속 조치를 하지 않고 있었다. 이대로라면 2023년 3월 6~10일 사우디 리야드 실사에 이어 4월3~7일 진행될 국제박람회기구[BIE]의 부산 현지 실사 때 핵심 평가항목 중 하나인 국제항공 접근성에서 최악의 결과가 나올 수밖에 없었다.[190] BIE 실사 결과 보고서는 6월에 2030 세계박람회 개최지를 결정하는 171개 회원국에 전달되며, 연말 총회의 표심에 상당한 영향을 미칠 것이다.

---

190) 국제박람회기구(BIE)는 현지 실사 때 총 61개 항목(14개 분야)을 평가한다. 여기에는 국내외 관람객의 접근성을 알아보기 위한 '국제교통 시스템 확보' 항목이 비중 있게 들어가 있다(『국제신문』 2021.8.31., "접근성 평가 비중 높아 가덕도신공항 조기 건설 유치 성공의 핵심 열쇠").

윤석열 정부는 사타 결과를 통해 가덕도신공항 개항시기를 2035년으로 미룰 때까지만 해도 개항시기와 2030 세계박람회 부산 유치를 연계해서 생각하지 않은 것 같았다. 실제로 2023년 초까지만 해도 윤석열 정부는 2030 세계박람회 부산 유치에 전력을 경주하지 않았다. 외교부나 산업부, 국토교통부 등의 태도나 자세를 보면 유치 시늉을 하고 있었을 뿐 내심은 재수를 생각하고 있는 듯했다. 그러나 BIE 실사단 부산 방문을 앞두고 부울경 지역에서 '윤석열 정부의 유치 의지나 노력이 소극적이다'는 여론이 심상치 않게 확산되자 다급해지기 시작했다.

결국 정부는 국제교통 대책에서 심각한 수준의 감점을 감수하고 사실상 유치를 포기하느냐, 아니면 국토교통부의 사타 결과를 뒤집어 최소한의 경쟁 조건을 갖추느냐를 선택해야 하는 갈림길에 서게 된 것이다. 범정부적인 국가시책의 흐름과는 정반대 방향으로 치달은 국토부의 가덕도신공항에 대한 어깃장이 세계박람회 유치 노력에 최대의 장애물로 부상되자 윤석열 정부는 고심하지 않을 수 없었다.

만일 국토부의 사타 결론을 뒤집지 않고 2029년 말까지 가덕도신공항이 개항하지 못해 결국 세계박람회 부산 유치에 실패한다면, 그 책임은 전적으로 윤석열 정부가 져야 하는 정치적 부담을 안게 되고 2024년 4월 총선에서 부울경 지역의 경우 매우 불리하게 작용할 것은 불 보듯 뻔했다. 설사 유치전에 실패하더라도, 최소한 윤석열 정부가 유치 의지와 노력이 부족해서 실패했다는 비판을 모면하고 직접적인 유치 실패의 책임을 회피하기 위해서라도 사타 결론의 번복이 불가피했다. 그 징후는 2월 말부터 외부로 알려져 보도되기 시작했고,[191] 사타에 대한 사업계획 적정성 검토 심의 의결을 위한 기재부 재정사업평가위원회2023.3.13. 등 필요한 절차를 거쳐 3월14일 공식 발표되었다.

늦었지만 잘한 번복, 2029년 말 개항, 육·해상 매립 공항, 5.6년 공기 단축

국토부는 3월 14일 기본계획용역 중간보고회에서 2030 부산 세계박람회 유치 지원을 위해 2029년 12월 개항을 목표로 가덕도신공항 건설사업을 추진하겠다고 밝혔다. 이는 2035년 6월 개항을 목표로 한 사타 때와 비교해 5년 6개월 앞당긴 것이다. 개항 시점을 앞당기기 위한 다양한 방안을 발표했는데, 사실상 가능한 모든 방법이 동원되었다.[192]

먼저 공사 기간 단축이 목표가 되면서 1년 전 사타 때 제시한 공항 배치·발주방식·사업 관리 방안 등 핵심 사업내용이 대부분 수정되었다. 이를 통해 애초 9년 8개월 걸릴 예정이던 공사 기간을 4년 8개월 단축하여 5년 안에 마치겠다는 것이다. 건설공법도 시간과 비용이 많이 드는 부유식·잔교식 등은 배제되었고 매립식이 채택되었다.

공항 활주로·터미널 등을 모두 해상에 배치하는 100% '해상공항' 안 대신 육지와 매립한 바다에 걸쳐 활주로를 건설하고 활주로 남쪽 육지에 여객 터미널을 비롯한 공항 시설물을 배치하는 '육·해상공항' 안으로 바꾼 것도 공사 기간 단축 때문이다. 산지 절취와 바다 매립량을 최소화하고

---

191) 『부산일보』 2023.2.27., "가덕도신공항, '섬 걸쳐 완전 매립' 확정".
192) 자세한 내용은 국토교통부 보도자료, 2023.3.14., "가덕도신공항, 매립식으로 '29년 12월 개항 추진" 참조.

건축공사를 빨리 추진할 수 있기 때문이다. 육·해상공항은 해상공항에 비해 바다 매립 작업량은 절반 미만2.1억㎡ → 0.95㎡으로, 산지 절취 면적은 0.07㎡31.71억㎡ → 1.64억㎡ 각각 줄어든다. 또 국수봉 절취부에 여객 터미널 등 공항 시설을 배치하여 육상에서 건축공사를 조기에 시작하고, 동시에 바다 쪽에서는 활주로 부지 조성 공사를 병행한다. 이를 통해 공사 기간을 2년 3개월 단축할 수 있다는 게 국토부의 판단이다.

이 같은 기본계획 중간보고의 공항 배치안은 2020년 부산시가 제시한 매립식 육·해상공항 방안과 큰 틀에서 같고 활주로 길이로 3.5㎞로 동일하다. 다만 부산시 안에서는 활주로가 해상–육상–해상에 걸쳐 있는 반면 기본계획 안에서는 육상–해상에 걸쳐 있다. 또 활주로 표고를 25m로 낮추어부산시 안은 40m 바다 매립량이 부산시 안1.2억㎡에 비해 0.25㎥ 적다.

공사발주방식도 부지 조성을 공사 구역별로 여러 업체에 맡기지 않고 한 업체에 맡기는 단일공구 통합발주Turn key 방식으로 진행하여 공사 기간을 2년 5개월 단축하기로 했다. 낙찰자가 설계와 시공 등 전 과정을 도맡아 하도록 하고 공사 기간을 단축하여 2029년 12월 개항 시기를 맞출 수 있는 곳에 가점을 주고 대규모 사업량으로 발주함으로써 민간이 이를 처리하기 위해 효율적인 대규모 장비 투입, 인력투입 강화, 신기술·신공법 등을 적용하도록 유도한다. 여기에 더해 복합 공종토목, 건축, 호안, 항행시설 등의 대규모 국책사업인 가덕도신공항의 원활한 추진을 위해서는 가칭 가덕도신공항건설공단과 같은 전문사업관리조직이 꼭 필요하다고 보고 관련 법 제정을 서두르기로 했다.[193] 사업 지연을 방지하기 위한 종합사업관리

---

[193]   가덕도신공항 건설사업의 전문관리조직 신설 방안은 더불어민주당 한정애 의원이 발의한 특별법안에 반영되었으나 반영되지 않은 채 통과되었고, 이후 2023년 1월31일 이헌승 의원이 '가덕도신공항건설공단법안'을 대표발의하였다.

제도PgM를 설계단계부터 적용하기로 했다.[194]

〈그림 8〉 부산시와 국토부 사타·기본계획의 가덕도신공항 배치(안) 비교

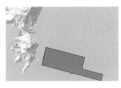

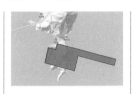

부산시(2020)
- 육·해상에 공항 배치(매립식)
- 표고 40m, 매립량 1.2억㎥
- 2029.12 개항

사전타당성조사(2022)
- 100% 해상에 공항 배치(매립식)
- 표고 15m, 매립량 2.16억㎥
- 2035.6 개항

기본계획 중간보고(2023)
- 육·해상에 공항 배치(매립식)
- 표고 25m, 매립량 0.95억㎥
- 2029.12 개항

[표 16] 국토부 기본계획 중간보고의 가덕도신공항 사업 기간

구분	기본계획 중간보고의 사업 기간	사타 대비 비교
착공 준비	2024년 1월 ~ 12월	10개월 단축
공사 기간	2024년 12월 ~ 2029년 12월(5년)	4년 8개월 단축
공항 배치	육·해상에 걸쳐 배치(터미널을 육상에, 매립량 감소)	2년 3개월 단축
발주 방식	부지조성공사 단일공구 통합발주(2029.12 개항목표 제시) 건설공단 설립, 종합사업관리(PgM) 적용	2년 5개월 단축
개항 시점	2029년 12월	5년 6개월 단축

자료 : 국토교통부 보도자료 2023.3.14., "가덕도신공항 중간보고회 Q&A"

다음으로 조기 보상을 통한 조기 착공이다. 통상 실시계획 이후 착수하는 보상을, 기본계획을 수립하면 곧바로 공항 부지에 대한 보상 작업이 가능하도록 가덕도신공항특별법을 개정하여 애초 잡았던 착공 시점

---

194) 종합사업관리(PgM; Program Management)는 복수의 프로젝트(토목, 건축, 전기, 항행안전시설, 관제, 공항운영 등)를 종합적으로 연계하여 대규모 사업을 총괄 관리하는 제도로 인천공항 1단계와 3단계, 평택미군이전사업 등에서 적용되었다.

2025년 10월을 2024년 12월로 10개월 앞당기겠다는 것이다.[195]

국토부는 2023년 8월24일에 다시 보도자료를 내고 "가덕도신공항 건설사업의 기본계획(안)에 대한 관계기관 협의를 본격 추진하여 올해 말 확정·고시할 계획"이라고 밝혔다. 또 11월에 발표되는 2030 세계박람회 개최지 선정 여부와 관계없이 2029년 12월까지 개항할 수 있도록 사업을 추진하고, 국회에서 관련 법안이 통과되는 대로 건설사업을 전담할 '가덕도신공항건설공단'을 설립하기로 했다.

〈그림 9〉 국토부 기본계획(안)의 가덕도신공항 조감도

자료 : 국토부 보도자료 2023.8.24., "가덕도신공항 기본계획(안) 협의 본격화"

이처럼 동남권 관문공항으로 가는 길은 사연도 많고 우여곡절도 수 없이 겪으면서 몇 년 만에 제자리로 돌아왔다. 한편으로는 국토부의 의지

---

195) 조기 보상이 가능하도록 하는 내용의 가덕도신공항특별법 개정안은 2023년 3월30일 국회 본회의를 통과하여 4월18일 공포되었고 즉시 시행되었다.

부족과 어깃장으로, 또 한편으로는 박형준 시장 취임 이후 부산시의 건설 공법 논쟁으로 혼선을 빚기도 했지만 2030 부산 세계박람회 유치경쟁을 배경으로 늦게나마 조기 착공과 공사 기간 단축의 길로 돌아올 수 있었다.

하지만 엄밀하게 말하면 2030 부산 세계박람회 유치는 동남권 관문 공항 건설과정에서 만나게 된 변수 중 하나라고 할 수 있다. 다시 말해 세계박람회 유치는 성공해야 하지만, 그와 상관없이 윤석열 정부와 국토부가 2029년에 가덕도신공항을 개항하겠다고 발표한 약속은 반드시 지켜져야 하는 것이다. 김해신공항 검증단장을 거쳐 동남권 관문공항 추진기획단장으로서 가덕도신공항을 여기까지 밀고 오는데 미력하나마 최선을 다해 온 나는 그동안 함께 해 온 김해시민과 부울경 800만 시·도민의 여망을 담아 이 약속이 지켜지도록 끝까지 모든 힘을 기울이려 한다.

7장

전망,
동북아 물류 플랫폼과
부울경 메가시티

7장
전망,
동북아 물류 플랫폼과
부울경 메가시티

1. 가덕도신공항과 동북아 물류 플랫폼

가덕도신공항의 경제적 파급효과

가덕도신공항은 산악 충돌위험이 없는 안전한 공항, 소음피해가 극히 적은 공항, 24시간 운영되는 장거리 국제노선이 있는 여객과 화물 중심 복합공항이라는 특징이 있다. 가덕도신공항 건설을 통해 부울경에 경제적인 측면에서 상상을 뛰어넘는 파급효과가 예상된다.

21세기에 경제력을 포함한 도시의 경쟁력은 글로벌 도시와 쉽게 오고 갈 수 있는 인프라로서 국제공항의 유무에 영향을 받을 수밖에 없다. 코로나 팬데믹 이전인 2019년 김해공항에 개설된 국제선은 12개국 41개 도시 정도였다. 2029년 개항하는 가덕도신공항은 북미와 유럽을 포함한 40여 개국 100개 이상의 도시와 연결되는 국제선 항공노선을 갖출 수 있다고 전망된다. 세계의 각 도시와 연결성을 강화하는 가덕도신공항의 개항은 그 자체로 부울경의 경제적 성장을 위한 잠재력을 크게 높여준다.

당장 피부에 와 닿는 가덕도신공항 효과는 장거리 국제노선 이용객의 비용 절감이다. 현재 김해공항에는 심야 운항도 불가능하고 활주로도 짧아서 장거리 국제노선이 없다. 따라서 영남권에서 미국이나 유럽으로 오가려면 인천공항을 경유해야만 한다. 그 인원이 2030년 기준으로 802만 명, 이들이 인천공항을 오가느라 부담해야 하는 추가 비용이 연간 1조 387억 원에 달하고, 2035년에는 902만 명, 1조 1,709억 원으로 증가할 것으로 예상된다.[196]

가덕도신공항이 건설되면 인천공항을 경유할 필요 없이 바로 장거리 국제노선을 이용할 수 있기 때문에 환승 비용과 시간을 절감할 수 있게 된다. 2029년 개항 이후 10년 동안 절감되는 추가 비용만 최소 11조 원이상으로, 가덕도신공항 건설비용에 육박한다.[197]

여객뿐 아니라 화물운송도 시간과 비용이 절감되기는 마찬가지다. 2020년 기준으로 부산항에서 인천공항을 통해 항공화물을 보낼 때 통관에만 연평균 9.35시간이 소요되는데, 가덕도신공항이 건설되면 이 시간을 절반 이하로 줄일 수 있다.[198] 기업들이 부담해 온 연간 230억 원 규모의 추가 물류비용도 아낄 수 있다.[199] 국제 항공화물은 증가 추세이지만 물

196) 부산연구원, "국가균형발전의 견인차, 가덕도신공항 건설에 따른 효과분석", 2020.11.

197) 국토교통부가 2023년 3월14일 발표한 가덕도신공항 건설에 필요한 추정 사업비는 약 13.7조 원 규모이다.

198) 『국제신문』 2021.2.26., "부산항~인천공항 통관만 9시간 … 가덕 통하면 절반 줄인다"

199) 김해공항 국제화물 노선 부족으로 인천공항을 이용할 수밖에 없는 영남권 기업들이 추가로 부담해야 하는 물류 비용은 2018년 기준으로 연간 230억 원(총 236천 톤) 규모이다.(부산광역시 신공항추진본부, "김해공항 중장거

류비용이 천문학적 수준이어서 그 부담 때문에 수출기업들의 수도권 이전이 계속 증가하고 있다. 더 치명적인 것은 국제항공 물류가 불리하여 바이오, 반도체 등 첨단 항공 물류가 필수적인 산업과 기업의 유치는 불가능한 상태였다.

가덕도신공항은 해안 매립을 포함한 부지 조성 공사, 활주로와 여객·화물 터미널을 비롯한 시설 공사, 접근 도로와 철도 등 교통망 신설 공사 등을 거쳐 짓게 된다. 13조 원 이상의 막대한 비용이 투입되는 부산시의 역대 최대규모 사업이다. 많은 돈이 드는 공사인 만큼 지역경제에 미치는 파급효과도 크다. 더구나 가덕도신공항 건설 특별법 제18조에서 신공항 건설 예정지역이나 인근 지자체 기업을 우대하도록 하였기 때문에 부울경 지역 기업의 혜택이 기대된다. 공항이 건설되어 운영을 시작하게 되면 공항시설과 교통망 운영 그리고 여객과 화물운송 매출이 발생하게 된다.

부산연구원의 추산에 따르면 가덕도신공항 건설과 운영에 따라 직접적으로 발생하는 경제적 파급효과는 생산 유발액 31조 1,168억 원, 부가가치 유발액 12조 6,073억 원, 취업 유발 인원 19만 6,189명, 고용 유발 인원 13만 5,990명이다.[200]

반도체나 IT·전자, 의료·바이오, 항공기 부품 등 첨단산업 관련 원료나 제품은 장거리 노선을 운항할 수 있는 긴 활주로를 갖추고 24시간 운영하여 야간에도 자유롭게 이·착륙할 수 있는 공항이 필수적이다. 여기에 우수한 인프라와 비즈니스 환경을 갖춘 공항 입지는 지식정보 첨단산업이 집적하는 동시에 외국인직접투자가 활성화되는 데 중심적인 역할을

리 노선개발 필요성", 박재호 의원실 토론회 자료집, 『김해공항 중장거리 노선 신설 현황과 과제』, 2018, 12쪽).
200) 부산연구원, "국가균형발전의 견인차, 가덕도신공항 건설에 따른 효과분석", 2020.11.

한다. 우리나라에서 이 조건을 갖춘 곳이 인천국제공항 이외에는 없기 때문에 아래 표에서 보듯이 지식정보 첨단산업과 항공 관련 산업과 기업들은 인천을 중심으로 한 수도권에 집중되어 있다.

[표 17] 인천 송도국제도시 및 항공산업단지 유치 업종 현황

구분	유치 업종
지식정보 첨단산업	▪ IT, BT, NT, 신소재, 메카트로닉스 등 첨단산업 ▪ 인공지능, 로봇, 사물인터넷, 블록체인, 바이오 등 신산업
항공 관련 제조업	▪ 전자부품, 컴퓨터, 영상, 통신장비 제조업 ▪ 항공기부품 관련 제조업, 기타 기계 및 장비 제조업
항공운송 서비스업	▪ 항공운송업, 육상운송 및 파이프라인 운송업, 수상운송업 ▪ 냉장, 냉동 창고업 및 운송관련 서비스업

자료 : 백충기, "동남권 신공항과 지역경제의 미래", 『BNK 경제인사이트』, 2021.2, 6쪽

가덕도신공항은 전용 화물기를 포함한 장거리 국제노선을 운항할 수 있도록 긴 활주로를 갖추고 야간에도 자유롭게 이·착륙할 수 있기 때문에, 여기에 우수한 인프라와 비즈니스 환경을 더한다면 반도체나 IT·전자 등 첨단산업 유치에 큰 역할을 할 수 있게 된다. 또 항공부품소재, 항공정비MRO 등 항공 관련 산업이 활성화될 기회로 작용할 것이다. 가덕도신공항이 조선, 자동차 등 전통적인 제조업에 의존해 온 부울경의 주력산업을 다변화하는 발판이 될 수 있는 것이다.

화룡점정, 가덕도신공항과 트라이포트의 완성

부산항은 2021년 기준으로 역대 최대 컨테이너 물동량 2,271만 TEU를 처리해 국내 1위, 세계 7위의 컨테이너 항만으로서의 위상을 굳건

히 하고 있다. 특히 제3국 간 교역화물인 환적화물의 경우 싱가포르항 다음인 2위의 규모를 유지하였다. 신항의 1단계 개발이 완료되는 2030년이 되면 현재의 1.4배 수준인 3,167만 TEU를 처리할 수 있는 세계적인 항만으로 성장할 것이 기대된다.

부산항이 세계적인 항만으로 성장한 가장 직접적인 요인은 바로 부산의 지리적 강점과 해운 네트워크에 있다. 지리적 강점의 경우 아시아와 미주 및 유럽을 연결하는 동−서 방향 정기 컨테이너 본선 항로 위에 있을 뿐만 아니라 러시아, 오세아니아 등 남−북 방향 본선 항로상에서도 중앙에 있다는 점으로, 글로벌 물류 체계상 허브 도시로서 가장 이상적인 입지라고 할 수 있다.

세계 교역량의 약 30% 이상이 발생하고 있는 동북아의 중앙에 있는 부산은 훌륭한 해운 네트워크를 보유하고 있다. 2020년 기준 부산항의 컨테이너 정기노선은 약 269개로 세계 1위의 항만인 중국 상하이, 2위인 싱가포르 다음으로 많은 해상운송 네트워크를 갖추고 있다. 특히, 일본과는 68개, 중국 46개, 동남아 50개 노선 등 아시아 대다수 국가와 실핏줄 같은 해상운송 네트워크로 연결되어 부산으로 화물을 보내면 아시아 및 전 세계 어느 도시로든 빨리 보낼 수 있는 장점이 있다.[201]

한편 지구 온난화 현상은 모두의 노력으로 막아야 할 기후위기 중 하나이다. 다만, 산업적 측면에서 볼 때 북극해의 얼음이 녹으면서 점차 항해 가능 일수가 늘어나고 있는 북극 항로가 부산항의 새로운 기회 요인

---

201) 부산항만공사, 『2021 부산항 컨테이너화물 처리 및 수송 통계』 2022; 연정흠, "글로벌 물류 허부 부산을 위한 Tri-Port 정책방향", 『부산발전포럼』 vol 188, 2021.

이 되고 있는 것도 현실이다. 20여 년 전만 해도 북극해에서 뱃길이 열리는 기간은 한 달뿐이었다. 그러나 온난화 속도가 빨라지면서 현재는 얼음이 녹는 여름철 약 4개월여 동안 배가 오갈 수 있게 되었다.

북극 항로를 이용하면 동북아시아에서 유럽으로 오가는 거리와 운송 시간, 비용이 크게 줄어든다. 부산항에서 유럽 최대 무역항인 네덜란드 로테르담항까지 거리는 수에즈운하를 이용하는 기존 항로2만 2,000㎞ 보다 7,000㎞ 줄어든다. 시간상으로는 기존40일보다 열흘 일찍 도착할 수 있다.[202]

부산항은 아시아-유럽 간 북극 항로의 중심에 위치해 있고, 동북아 주요 항만 중 북극 항로에 가장 근접해있다. 북극 항로가 열릴수록 중국과 일본, 동남아의 환적화물이 크게 늘고, 부산항을 중간 기착지로 이용하는 북극 항로 운항 선박도 증가할 것이다. 게다가 남북 철도가 이어져 유라시아 대륙철도까지 연결되면 부울경은 대륙철도의 기종점이 된다. 이렇게 되면 육·해·공 트라이포트 기반의 동북아 물류 플랫폼이 완성되어 가덕도신공항과 부산-진해신항만의 Sea&Air 물동량은 엄청나게 증가할 것이다.

문제는 단순 하역·보관 중심의 물류 서비스이기 때문에 부가가치 창출이 미흡하고, 무엇보다도 경쟁 도시와 다르게 복합운송이나 육·해·공 트라이포트가 구축되지 않아 부산항의 지리적 장점이 살아나지 못하고 있다는 점이다. 홍콩, 상하이, 싱가포르, 암스테르담, 두바이 등 물류 경쟁력을 갖춘 도시들은 세계적 규모의 공항과 세계적 항만의 결합에 의한 복합운송Sea&Air, 나아가 여기에 철도가 결합된 육·해·공 트라이포트Tri-Port를 구축하여 물류 경쟁력을 극대화하고 있다.

---

202) 『조선일보』 2013.6.17., "한국~유럽(부산~로테르담) 뱃길 7000㎞·10일 단축… 해운선박, 北極항로 8월 시범운항"

자료 : 국제신문 2020.12.2.

반면 세계적 규모의 부산항 근거리에 있는 김해공항의 2021년 12월 기준 화물처리실적은 세계 329위로 전혀 시너지 효과를 내지 못하고 있다.[203] 김해공항이 심야 운항이 불가능하고 활주로도 짧아 장거리 국제 항공화물 노선이 없어 부산항을 통해 수입된 Sea&Air 화물의 대부분은 인천공항을 이용할 수밖에 없기 때문이다. 그러다 보니 인천공항이 독점하는 국내 Sea&Air 화물의 80% 이상은 인접한 인천항과 평택항으로 들어온 물량이다. 그러나 24시간 운항하고 장거리 국제노선이 취항하는 가덕도신공항이 부산항 바로 옆에 건설되게 되면 상황은 완전히 달라진다.

---

203) 『항공시장동향』 제116호, 2022.3.

국토의 동남권 부울경은 가덕신공항 건설로 부산·진해신항만과 유라시아대륙철도 및 아시아하이웨이 등을 종합적으로 연계한 복합운송 체계를 구축할 수 있는 여건이 완벽하게 갖추어진다. 이를 기반으로 하는 배후 물류단지의 조성, 항만과 공항 간 여객 및 화물 수송을 위한 친환경 수송 수단의 건설, 유라시아대륙철도의 기·종점 기능을 수행할 수 있는 철도 인프라의 확충, Sea&Air 연계 화물의 신속한 통관 제도 마련을 추진해야 한다.

DHL, FedEx, UPS, 아마존, 쿠팡 등 다국적 글로벌 물류기업들은 항공기를 보유하며 직접 항공운송을 수행함은 물론, 선박을 이용한 해상운송과 함께 트럭과 철도를 연계한 육상운송까지 복합적으로 운영하고 있다. 이제 부산·진해신항은 지정학적 이점과 글로벌 복합수송체계 구축으로 새로운 Sea&Air 수요를 끌어올 수 있을 뿐만 아니라 동북아시아의 관문으로서 풀필먼트, 전자상거래, 이커머스 등 국제적 물류거점이 될 수 있다. 인천항보다 부산항과 더 가까운 상하이, 선전, 광저우 등 중국 중남부를 비롯해 일본 서해안, 극동 러시아, 동남아 지역과 미주·유럽을 연결하는 신규 물류 수요가 더욱 증가될 것으로 예상된다.

육·해·공 트라이포트와 동북아 물류 플랫폼

육·해·공 트라이포트가 구축되는 것은 그 자체가 엄청난 경쟁력을 갖는 것이지만, 이를 기반으로 새로운 성장 동력을 만들 수 있는 중요한 엔진이 되는 점에서 또 다른 중요성이 있다. 예를 들어 아랍에미리트 두바이에서는 공항알막툼과 항만제벨알리항, 철도에티하드를 연계한 육·해·공 트라이포트 정책으로 중동과 서남아시아, 아프리카의 환적 물류 거점으로 부상했다. 특히 항만과 공항 사이 제벨알리 자유무역지대프리존에는 포춘지 선정 글로벌 500대 기업 중 100곳을 비롯해 기업 7,000여 개가 입지해 있다. 이에 따라 약 15만 명의 고용을 신규로 창출하였고 두바이 전체 국내총생산GDP의 25%를 창출한다.

상하이의 경우 양산 심수항이라는 신항 개발과 동시에 기존의 도심 공항인 홍차오 공항을 국내선 전용으로 전환하고, 항만과 가까운 해안지역에 푸동국제공항을 건설하여 항만과 공항의 물류적인 연계를 지원하였다. 또 중간지역에 린강 신도시 조성을 통해 300여 개 글로벌 기업을 포함해 9천여 개 기업을 유치하여 약 40만 명의 신규 일자리와 170조 원의 경제효과를 창출하고 있다.[204]

부산시와 경상남도는 몇 년 전부터 두바이나 상하이와 같이 육·해·공 트라이포트를 기반으로 부울경지역을 동북아 물류산업의 중심지로 발전시키기 위한 몇 가지 밑그림을 구체화하고 있다. 부산시는 먼저 2조 7,000억 원의 예산을 들여 2030년 완공을 목표로 가덕도신공항 주변에 주거, 상업, 관광, 국제물류, 신재생에너지단지 등 복합 기능을 갖춘 공항복합도시를 조성하려는 계획을 구체화하고 있다. 대항지구308만 ㎡, 천성지구38만 ㎡, 두문지구92만 ㎡, 눌차지구447만 ㎡ 등 4개 지구별로 기능을 달리한 도시로, 일대를 국내외 자본 유치에 유리하도록 경제자유구역으로 지정할 계획이다. 생산 유발액 4조 2,926억 원, 취업 유발 인원 2만 5,052명의 효과를 기대하고 있다.

바다와 맞닿은 천성지구는 해양관광 거점 단지로 조성되며, 두문지구에는 해양 수소 신산업 거점 단지 등 신재생에너지 산업단지가 조성된

---

204) 연정흠, "글로벌 물류 허브 부산을 위한 Tri-Port 정책방향", 『부산발전포럼』 vol 188, 2021, 31쪽.

다. 그리고 눌차지구가 주거와 상업, 업무 중심의 공항 지원 기능을 하게 된다. 다만 대항지구는 공항과 항만 기반의 글로벌 국제 물류 단지로 복합 물류 터미널과 공동물류센터, 항공 화물센터 등 관련 산업부지로 구상됐으나, 가덕도신공항의 입지가 해상에서 이 지역으로 바뀌어 이를 반영하여 수정할 예정이다.[205]

동북아 물류 플랫폼과 국제자유물류도시 구상

부산시는 또한 부산 강서지역과 경남 김해시 일원에 산업·물류·지원의 3대 기능을 담당하는 스마트 산업단지, 글로벌 물류단지, R&D·업무지원단지로 구성된 국제자유물류도시를 추진할 계획이다. 국제자유물류도시는 육·해·공 트라이포트가 최적화된 자리에 동남권의 산업단지와 경제자유구역 등 배후 산업 지역의 기반이 되는 새로운 국제물류 플랫폼 비즈니스 도시기능을 담당하는 동북아 물류 플랫폼의 시범 선도사업이 될 것이다. 생산 유발액은 5조 1,903억 원, 취업 유발 인원은 3만 515명으로 예상된다.[206]

현재 우리나라의 스마트 산업단지로는, 인천의 송도경제자유구역이 있다. 인천공항을 이용한 항공 물류를 기반으로 바이오산업 클러스터가 조성되어 있는데 삼성바이오로직스, 셀트리온처럼 외국에서 바이오 원료를 들여와서 가공하는 바이오시밀러 가공 물류산업이 급성장하고 있다.

---

205) 부산시 보도자료 2021.12.14., "부산시, 주거·상업시설 갖춘 공항복합도시 조성 본격 추진"; 『국제신문』 2023.2.3., "인천 송도처럼… 가덕도 경제자유구역 지정 추진"

206) 부산연구원, 『동북아 물류 플랫폼 구축 기본구상』 2019; 부산연구원, "국가균형발전의 견인차, 가덕도신공항 건설에 따른 효과분석",

자료 : 부산연구원, 『동북아 물류 플랫폼 구축 기본구상』, 2019.　　국제신문 2023.2.3.

　　국제자유물류도시의 스마트 산업단지는 글로벌 물류단지와 결합하여 4차 산업혁명 기술과 '공유 및 개방'의 가치를 접목한 미래형 산업단지이다. 동남권의 새로운 주력 업종으로서 미래차 및 방산 분야에 특화된 시스템 반도체 관련 기업팹리스와 파운드리, 제3세대 유전자 치료제와 같은 바이오헬스 분야에 진출하는 대기업과 중견기업, 중소기업이 동반 성장할 수 있는 집적단지가 형성될 것이다. 스마트 산업단지는 다양한 가치사슬을 감안한 스마트 제조혁신과 제조창업 활성화 산업이 우선 고려 사항이다.

또한 글로벌 물류단지는 트라이포트를 기반으로 동북아 물류플랫폼 기능을 하게 될 것이다. 구체적으로는 가덕도신공항과 부산·진해신항만의 복합운송Sea&Air과 연계하여 기존 경부선신항선, 동해선 등이 남북 철도와 연결되고 한반도 철도망이 중국횡단철도TCR·몽골종단철도TMR·러시아 시베리아횡단철도TSR 등 유라시아철도와 연계되기 때문이다. 글로벌 물류단지는 앞으로 한·중·일·러·북 등을 대상으로 한 국제 물류 협력 비즈니스 모델 플랫폼 기능 수행 및 국제물류 네트워크 구축을 고려한 토지이용을 구상할 것이다. 대륙으로 수송될 철도화물과 해양으로 수송될 해운화물의 집하장, 보관창고, 국제화물 터미널 구축이 핵심 시설이다. 나아가 이를 지원하는 공유경제 플랫폼, 지역특화단지, 국제물류 비즈니스 단지 또한 필수적인 지원시설이다.

업무지원 단지는 전자상거래 활성화에 따른 글로벌 e-마켓 시대의 경쟁력 확보 등 물류 유통 및 신기술 R&D 분야의 청년 일자리 창출 기반과 비즈니스 환경을 구축한다. 비즈니스 파크, 아파트 등 정주 지원시설, 호텔·상업·업무시설, 특히 국제 전시컨벤션센터 등이 들어선다.

국제자유물류도시 일원은 자유무역지대 지정 및 외국인 전용 투자지역을 포함시켜 국내외 물류기업 유치 및 글로벌 물류산업 성장을 촉진하는 국내 최대규모의 무관세·무규제 구역으로 자리 잡게 한다. 국제자유물류도시를 성공적으로 추진한 후, 중장기적으로 부산의 강서지역 일원, 가덕도, 진해지역 등의 산업단지, 경제자유구역, 부산·진해 신항만, 가덕도신공항과 김해공항 등으로 확장해 동북아 물류 플랫폼을 조성한다는 것이 부산시의 구상이다.

육·해·공 트라이포트 기반 '동북아 스마트 물류 플랫폼' 구상

기존의 물류는 공항과 공항, 항만과 항만을 연결하는 역할에 그쳤다. 최근에는 고객의 관점에서 화물의 출발부터 최종 도착지까지 사물인터넷IoT 기반 실시간 데이터 수집, AI 기반 빅데이터 분석과 같은 정보통신과 디지털 전환 기술을 접목한 스마트 물류 체제로 변화하고 있다. 부산시와 경상남도가 2021년 9월부터 2022년 3월까지 공동으로 진행한 동북아 물류 플랫폼 기본구상 용역에서는[207] 이 같은 시대 흐름을 반영하여 스마트 물류 체제를 갖춘 육·해·공 트라이포트를 기반으로 동북아 지역의 교역 중심지이자 다양한 비즈니스와 부가가치 활동이 이뤄지는 공간으로서의 '동북아 스마트 물류 플랫폼'이 제시되었다.

스마트 물류 플랫폼은 여객소비자, 바이어과 화물기업, 창고의 니즈needs를 만족시킬 수 있는 비즈니스 플랫폼, 물류 운영의 전반적인 프로세스를 관리하는 운영 플랫폼, 그리고 이 두 플랫폼을 통해 산출된 정보를 수집·가공·분석하는 정보 플랫폼의 3가지 요소로 구성된다. 여기에 스마트 물류 플랫폼이 효과적으로 운영될 수 있도록 지원하는 교육, 창업, R&D, 금융, 거버넌스가 결합된다. 이 구상에 따르면 동북아 스마트 물류 플랫폼은 실제 물류 인프라Physical port를 기반으로 만들어진 비즈니스와 데이터를 기반으로 가상의 비즈니스 중심Virtual hub을 통해 글로벌 공급망 해결책을 제공해주고 실제 연계한 비즈니스가 가능한 공간, 체계, 시스템이다.

---

207) 한국해양수산개발원, 「동북아 스마트 물류 플랫폼 기본구상 용역」 2022.3.

동북아 스마트 물류 플랫폼에는 기능적으로 분리된 5개의 공간이 배치된다〈그림 12〉참조. 먼저 글로벌 복합물류 가공단지는 항만과 공항을 통해 수송된 뒤에 자유무역지역인 부산·진해 신항만과 가덕도신공항에 분산 배치된다. 가공단지는 글로벌 비즈니스가 필요한 글로벌 풀필먼트센터GFC, [208] 글로벌 전자상거래 물류센터GDC, [209] 부가가치 물류 가공 기능커피 등, Sea&Air 복합물류 등 글로벌 공급망과 연결하는 거점이다.

두 번째로 스마트 로지스밸리는 부산 진해신항과 가덕도신공항 배후와 연결지역에 조성된다. 공항과 항만을 이용한 여객들을 위한 지원시설과 쇼룸showroom 기능, [210] 공항과 항만의 연계 비즈니스를 위한 업무기능을 포함하는 공간이다.

세 번째로, 동남권 유통물류산업단지는 국내 유통물류 기능인 풀필먼트센터, 물류센터와 기존 제조업과 연계한 스마트공장 기능을 포함한 단지로 부산진해경제자유구역을 확장하여 조성한다. 상해, 두바이, 암스테르담이 육·해·공 트라이포트 기반의 국제 물류 허브 역할을 하여 국가 경쟁력을 강화하는 것처럼, 현재 부울경에 부처별로 분산, 운영되고 있는 공항형, 산단형, 항만형 경제자유구역을 가덕도신공항 배후 지역에 통합 조정하여 새로운 개념의 융복합형 경제자유구역과 자유무역지구를 설치하여 통합의 시너지효과를 극대화할 수 있다.

네 번째로, 스마트 물류복합연구단지는 물류산업 신기술 개발 및 실증화를 위한 산학 연계형 지식산업센터, 교육, 스타트업 인큐베이터센터, 청년 창업 공간 등 인재 양성 및 R&D 공간이다. 진해신항 배후와 부산신

---

208) 글로벌 풀필먼트센터(Global Fulfillment Center)는 물류 전문업체가 판매자 대신 주문에 맞춰 제품을 선택·포장·배송까지 도맡는 물류센터이다.

209) 글로벌 전자상거래 물류센터(GDC, Global Distribution Center)는 글로벌 전자상거래 업체의 제품을 반입·보관하고, 품목별로 분류·재포장한 후 해외 개인 주문에 맞춰 제품을 배송하는 국제물류센터이다.

210) 쇼룸(showroom)은 고객이 제품을 테스트해보고 최종 구매하기 전 체험할 수 있는 전시장과 매장을 겸한 공간인 동시에 다양한 공간 연출을 통해 감각적인 체험을 제공하여 기업 이미지를 홍보하는 공간이다.

항 배후 국제자유물류도시 일원에 배치한다.

다섯 번째로, 재생에너지RE-100, Renewable Energy 연계 콜드체인단지는 LNG, 수소 등의 저장, 벙커링 시설과 연계하여 배후 콜드체인 물류거점으로 육성하는 공간이다. 진해신항과 부산신항북컨 배후에 배치한다.

〈그림 12〉 동북아 스마트 물류 플랫폼 구상 공간 배치(안)

자료 : 경상남도 보도자료 "경남도, 동북아 스마트 물류산업 중심지 조성 밑그림 나왔다", 2022.3.30.

가덕도신공항이 예정대로 2029년에 개항하게 된다면 육·해·공 트라이포트를 구성하는 자원들을 활용할 수 있는 시기는 그 이후부터이며, 부산시와 경상남도의 동북아 물류 플랫폼 구상은 이에 대비한 밑그림이라고 할 수 있다. 중앙 정부에서도 부울경이 동북아 물류산업의 중심으로 성장할 수 있도록 국가 스마트 물류 플랫폼을 구축하기 위한 제도와 도입 방안을 구체화하고 있다.[211]

---

211) 국토교통부는 스마트 물류 플랫폼의 제도 기반 마련과 도입 방안 구체화를 위한 연구용역을 진행
      (2022.5~2023.8., 한국교통연구원, 한국해양수산개발원)하고 있다.

2. '생존연대', 부울경 메가시티

마지막 퍼즐, 동남권 관문공항과 부울경 메가시티 구축

내가 수년 동안 김해신공항을 검증하여 백지화시키고 가덕도신공항을 짓는데 몰두한 것은 일차적으로 부울경지역 주민과 기업들이 안전한 공항, 소음피해가 적은 공항, 24시간 운영되고 장거리 국제노선을 이용하는데 불편하지 않은 동남권 관문공항을 만들기 위해서였다. 그런데 문제를 파고들수록 제대로 된 동남권 관문공항을 건설해야 하는 더 큰 이유가 있다는 걸 알게 되었다. 결론부터 말하면 경남과 부산, 울산지역 전체가 안정적으로 먹고살 수 있는 길이자 수단과 방법이 바로 제대로 된 동남권 관문공항 건설과 더불어 초광역 경제권 통합체로서 부울경 메가시티 구축이라는 것이다.

서울을 비롯한 수도권은 이미 세계적으로 손꼽히는 메가시티로 성장하였다. 그러나 대한민국의 미래를 이미 포화 상태인 수도권 하나만의 경쟁력으로 지탱해 나갈 수는 없다. 세계 각국은 이미 수도권, 비수도권 가리지 않고 가능성이 있는 도시들을 묶어 복수의 메가시티를 육성해나가고 있다. 수도권 과밀에 따른 부동산 가격의 폭등, 교통혼잡, 환경파괴, 높은 사교육비, 초저출산 문제의 해결을 위해서도 비수도권 메가시티 육성, 다극화를 통한 국가균형발전이 시급하다.

[표 18]에서 알 수 있듯이 우리나라 10대 수출 품목은 전체 수출 금액의 약 70%를 차지하고 있다. 품목별 세계시장 점유율은 2~8위로 글로벌 경쟁력을 자랑하고 있기도 하다. 그런데 10대 수출 품목 중 수도권 비

중이 높은 것은 반도체, 기계장비, 휴대폰 및 부품 등 3개 항목 뿐이다. 나머지 7개 품목은 동남권부울경 4개, 충청권 1개, 호남권 1개, 대구·경북권 1개로 나뉘어 있다. 더욱이 세계 5위권 이내의 글로벌 Top 클라스의 경쟁력을 갖춘 6개 수출 품목 중에서는 반도체 1개만 수도권 비중이 높다. 수도권이 글로벌 경쟁력을 갖지 못하는 특화 분야를 나머지 권역에서 보완한다면 우리나라는 미래에 더 큰 글로벌 경쟁력을 갖출 수 있는 것이다.

[표 18] 10대 수출 품목의 세계시장 점유율 순위와 권역별 비중

(단위 : %)

구 분	수출금액 비중	세계시장 점유율 순위	생산 금액의 권역별 비중				
			수도권	충청권	호남권	대경권	동남권
반도체	20.3	4위	80.3	16.3	1.4	1.8	–
기계장비	8.7	8위	42.6	16.0	7.0	9.3	24.6
석유화학	8.6	2위	–	22.2	36.2	4.3	33.5
자동차	7.2	5위	34.8	7.7	18.7	–	38.6
석유정제	5.9	6위	7.5	17.4	26.5	–	48.5
철강	5.7	4위	16.1	16.5	18.2	24.8	24.0
조선	3.7	2위	–	–	12.6	–	86.4
자동차부품	3.5	6위	23.3	21.9	6.5	19.8	26.9
휴대폰 및 부품	3.3	7위	47.1	7.4	1.9	39.3	4.1
디스플레이	2.7	3위	32.4	47.7	–	19.4	–
인구(만 명)			2,602	554	506	501	779

주 : 회색 망이 깔린 칸이 권역별로 가장 비중이 높은 품목임.
자료 : 수출 금액 비중과 세계시장 점유율 순위는 김민우, "팬데믹 전·후, 한국 수출 주력품목 경쟁력 진단", 한국무역협회, 『TRADE FOCUS』 2022년 28호, 생산 금액의 권역별 비중은 한국은행, "우리나라 주요 산업 생산지도", 2021.6. 인구는 행안부 주민등록인구현황. 모든 통계 기준연도는 2021년.

대한민국의 신성장 엔진,
동북아 물류 플랫폼과 부울경 메가시티

앞으로 제2의 수도권으로 키워 대한민국의 글로벌 경쟁력을 강화할 수 있는 곳은 어디일까? 부산·울산·경남이 가장 현실적인 대안이다. 수도권을 제외한 나머지 권역 중 인구 천만 명에 가장 근접한 곳은 779만 명이 거주하고 있는 부울경이다. 산업적 측면에서도 부울경은 세계 1, 2위를 다투는 조선, 세계 5위의 자동차와 자동차부품을 비롯해 석유정제 및 화학 등 우리나라 10대 수출 품목 중 4개의 품목에서 가장 높은 비중을 차지하고 있다. 두 번째로 높은 품목도 3개에 달한다. 그리고 세계적 규모의 항만도 갖추고 있다. 건설되고 있는 가덕도국제공항은 동북아의 관문 역할이 기대되고 있다. 부울경지역은 수도권 다음으로 메가시티가 될 수 있는 잠재적 가능성이 가장 높은 지역인 것이다.

다만 4차 산업혁명의 영향으로 글로벌 경쟁력의 중심이 정보통신기술ICT을 기반으로 하는 지식정보산업으로 급격히 변화하고 있는 변수가 있다.

반도체, 바이오, 인공지능AI, 사물인터넷IoT 등 고부가가치 ICT산업은 이미 수도권이 선점하고 있는 반면 부울경은 조선, 자동차, 석유화학, 기계금속 등 중후 장대형 제조업을 중심으로 성장해 옴에 따라 4차 산업혁명의 파고를 넘을 기술혁신 생태계가 취약하다.[212] 부울경의 미래는 가덕도신공항과 부산–진해신항만, 유라시아 대륙철도 기·종점 등 육·해·

---

[212] 통계청과 한국은행 조사 결과를 분석한 결과 수도권은 이미 ICT 사업체의 71.7%, 종사자 수의 73.5%, 부가가치의 73.4%를 차지하며 선점하고 있다(2019년 기준). 부울경은 사업체수 7.4%, 종사자 수 4.8%, 부가가치 2.3%로 매우 미약한 수준이다(노경와·백충기, "디지털 트랜스포메이션과 동남권 ICT산업 현황", 『BNK 경제인사이트』 2022.6, 4쪽).

공 트라이포트 기반의 동북아 물류 플랫폼 구축과 물류 허브 도시 역할에 달려있다. 동북아에서 바닷길, 하늘길, 육상길이 통하는 지정학적 이점을 극대화하여 글로벌 스마트 물류기업을 유치하는 등 동북아 물류 허브 역할을 새로운 성장동력으로 육성해야 한다.

아울러 국제물류 거점 역할과 결합하여 가공무역을 획기적으로 활성화시켜야 한다. 부울경의 전통 제조산업인 자동차, 조선, 기계 금속 등 기존 중후 장대형 제조업의 스마트^{디지털}, 탈탄소 수소, 재생에너지^{그린} 전환에 박차를 가해 기존 제조업의 글로벌 경쟁력을 강화해야 한다. 그뿐만 아니라 부울경지역의 특화산업인 방위산업과 전기차 등 미래차, 자율운행차 등에 수요가 폭발적으로 증가하고 있는 센서, 시스템 반도체 등 첨단 반도체산업^{팹리스와 파운드리} 유치에 적극 나서야 한다.

국제항공 물류 기반의 또 다른 미래 첨단산업인 바이오헬스 분야에서도 새로운 가능성을 적극 육성해야 한다. 이미 김해 의생명 특구에서 추진되고 있는 신약 개발, 특히 제3세대 줄기세포 배양 기반의 바이오시밀러 유치에도 심혈을 기울여야 한다.

또한 기후 위기 시대에 화석 연료 기반의 산업생태계를 탈탄소 재생에너지 기반의 산업생태계로 전환하는 것도 적극 추동해야 한다. 특히 부울경지역 내 에너지산업의 구조 개편도 서둘러야 한다. 해상풍력발전 기반의 그린수소 메가블록, 원전 해체 산업과 같이 수도권이 선점한 사업과 차별화된 탈탄소·수소 사회로 이행을 선도하기 위한 미래 신산업의 육성을 통하여 부울경지역 경제 활력을 획기적으로 높여야 한다.[213]

---

213) 부산연구원·울산연구원·경남연구원, 『동남권 발전계획 수립 공동연구』 II. 부문별 계획, 2021, 60~65쪽

1963년 경상남도에서 부산직할시가 분리된 것을 시작으로 1997년에는 경상남도에서 울산광역시가 분리되었는데, 이들 광역시와 광역도는 역사적으로 한 뿌리이다. 이 지역의 주민과 기업의 활동은 긴밀하게 연계되어 있는데, 행정이 분리된 이후 유사 사업 유치경쟁, 연계 인프라 건설 지연 등으로 사회적 비용이 증가하고 있는 실정이다. 효율성을 위하여 분리한 행정이 이제는 비효율로 작용하고 있기 때문에,[214] 행정통합의 높은 시너지 효과가 기대되는 지역이다.

생존을 위한 연대, 부울경 메가시티 추진

'구슬이 서 말이라도 꿰어야 보배'란 말이 있듯이 메가시티 전략은 세계적인 추세이자 균형발전을 위한 한국 사회의 절박한 요구였지만 누군가 나서지 않으면 현실이 될 수 없었다. 2018년 구슬 꿰는 역할을 자처한 이들이 있었으니 바로 신임 부울경 시·도지사들, 그리고 이들과 호흡을 맞춰 지원을 아끼지 않은 문재인 대통령이었다.

2018년 6.13 지방선거에서 역사상 처음으로 부울경 시·도지사에 민주당 후보들이 모두 당선되었다. 임기를 시작한 시·도지사들은 6월26일 부울경 상생 협약을 채택하고 공동 협력 기구를 설치하기로 하였다. 2019년 3월에는 동남권 상생발전협의회를 구성하여 가동하기 시작했다. 말 그대로 '생존을 위한 연대'의 시작이었다. 김해신공항 검증과 동남권 관문공항 건설도 그 연장선에서 추진되었다. 동남권 관문공항이나 메가시티 추진은 모두 '부울경 민주당 원팀'의 힘이었던 것이다.

---

214) 권영섭, "균형발전의 현실적 대안 : 메가시티 리전(Mega-city region)", 『미래정책 focus』 v.33, 2022.

부울경은 이후 시·도지사 간 잦은 만남은 물론 부단체장들의 정기적 회의를 통해 교통, 관광, 경제, 수소공동체 구성 등 총 12건의 공동 협력과제를 선정하여 협약을 체결하는 등 협력 방안을 구체화해나갔다. 이 과정에서 가덕도신공항 건설에 대해서는 오거돈 부산시장이 시장 선거 때부터 제1 공약으로 제시하며 적극적으로 나섰다면, 부울경 메가시티 추진은 김경수 경남도지사가 앞장섰다.

김 지사는 2019년 12월 서울역사박물관에서 열린 제1회 메디치포럼 강연을 통해 수도권 블랙홀에 맞서는 지방 집중화 전략으로서 '메가시티 플랫폼'을 본격적으로 제시했다. 부울경 협력사업의 수준을 경제공동체로 끌어올리자는 제안이었다. 또 2020년에는 경남도정의 3대 핵심과제 가운데 하나로 '부울경 메가시티 플랫폼 구축'을 추진하기 시작했다. 다양한 채널을 통해 중앙 정부와 정책적 정무적 조율을 담당해 온 것도 김 지사였다.

2020년 3월부터 1년 동안 경남연구원, 부산연구원, 울산연구원 등 3개 시·도 연구원이 각 1억 원의 사업비를 부담하여 동남권 메가시티 구축을 위한 로드맵을 수립하는 공동연구를 진행하였다. 부울경이 함께 메가시티로 가는 청사진을 만든 것이다.

1995년 지방자치제가 도입된 이후 직선으로 선출된 시·도지사들은 전국 어느 곳 할 것 없이 이웃 지방자치단체와의 경쟁을 통해 확보한 예산과 개발사업을 자신의 치적으로 내세우는 데 힘써왔지, 머리를 맞대고 힘을 합쳐 함께 살길을 찾는 데는 인색했다. 각개약진, 각자도생이었다. 부울경이나 영남권도 예외는 아니었다. 대표적인 예가 남강댐을 둘러싼 부산·경남 간 식수원 분쟁이었고, 동남권 신공항 입지를 둘러싼 영남권 지방

정부 간 오랜 대립도 그중 하나였다.[215]

이런 맥락에서 보면 부울경이 경쟁이 아닌 협력의 길을 모색하기 시작한 것은 발상의 전환이었다. 물론 균형발전의 대안을 메가시티라 불리는 초광역권 협력 체제의 구축에서 찾아보려는 시도가 부울경 민주당 시·도지사들이 처음은 아니었다. 비록 박근혜 정부 때 실종되기는 했지만, 이미 노무현 정부 때 5+2 초광역 경제권 구상을 발표, 추진하였고 이명박 정부에서도 계승하여 국가정책으로 유지하였다.

문제는 중앙 정부의 계획을 둘러싸고 부처별 칸막이식 예산지원을 비롯해 많은 문제점이 있었고, 무엇보다 당사자들인 지방정부들이 심하게 말하면 '먼 산 보듯' 하거나 중앙 정부 예산을 따먹는 기회로만 여겨왔다. 지방이 주체가 되는 메가시티 추진이 되지 못한 것이다. 3개 시·도 통합을 주장하는 경남도지사의 목소리는 이전에도 있었지만, 나머지 부산과 울산시의 호응은 없었다. 이에 비해 2018년 이후 부울경의 메가시티 추진은 3개 시·도지사가 한목소리를 내면서 당사자 스스로 주체가 되어 나선 것이다. 이것이 부울경 원팀이 과거와 다른 점이었다.

더불어민주당에서도 적극 나섰다. 2019년 12월 9일 더불어민주당 부울경 메가시티 비전위원회 상임위원장 김영춘 전 해양수산부 장관를 출범시켰다. 2020년 4월 국회의원 총선을 앞두고는 더불어민주당 부울경 후보들이 메가시티 구축을 공약으로 내걸었고, 부산시당도 '부울경 메가시티의 중심도시'를 미래 비전으로 제시하였다.

나도 재선에 도전하는 2020년 총선에서 핵심 공약의 하나로 동남권

---

215) 정주철, "'이익의 공유'와 메가 리전(Mega Regin) 전략", 「부산일보」 2020.3.3.

부울경 메가시티 비전을 내걸었다. 이를 위해 동북아 물류 허브 추진과 광역교통망 구축을 핵심과제로 제시하였다. 동북아 물류 허브 추진을 위한 세부 과제로는 동남권 관문공항 추진, KTX 김해역복합환승센터 건립, 부산신항만 배후 국제물류단지 및 동북아 물류 R&D 산업단지 조성을 꼽았다. 광역교통망 구축을 위해 창원－김해－양산 간 광역철도 연결, 창원－창녕－대구 간 국가철도망 구축과 급행열차MTX 운행, 김해진례－밀양 간 고속도로 건설, 부산신항－김해 간 고속도로 건설을 추진하겠다고 공약했다.

상공업계와 민간도 적극 나섰다. 2020년 초 부산상공회의소에서도 동남권 관문공항 건설과 광역교통망 확충을 지역경제 발전을 위해 추진해야 할 핵심과제로 제시하였으며, 9월에는 부울경 상공회의소가 주축이 된 (사)동남권발전협의회가 출범하여 본격적인 활동에 나섰다.

청사진 : 동남권 발전계획

2021년 3월, 부울경 3대 시·도연구원은 1년 동안 공을 들인 부울경 메가시티의 청사진인 『동남권 발전계획』을 발표하였다.[216] 그 주요 내용을 요약하면 다음과 같다.

먼저 이 계획은 부울경 메가시티를 '부울경이 인구 1천만 명에 가까운 대도시권을 형성해 1일 생활이 가능한 기능적으로 연결된 단일 광역경제권'으로 정의하고, 부산·울산·창원·진주 등 4대 거점도시를 중심으로 인근 중소도시와 농어촌을 연결해 하나의 공동체를 조성하는 공간전략을 제시하였다.

---

216) 부산연구원·울산연구원·경남연구원, 『동남권 발전계획 수립 공동연구』 Ⅰ.전략계획, Ⅱ. 부문별 계획, 2021.3.

구체적으로 부산은 동남권 산업에서 금융, 행정, 법률, MICE 등의 종합적 산업 조정·지원 기능을 수행하고, 가덕도신공항과 부산─진해신항 등을 통해 지역 도시와 세계를 연결하는 국제관문 역할을 수행하는 거점도시로 기능을 확대한다. 울산은 울산 서부권을 신성장 거점으로 육성하고 스마트 항만·물류 산단 조성을 통해 국제자유도시권 형성 및 자동차·조선 등 세계 최고 수준의 제조업 경쟁력을 강화하도록 추진한다. 창원을 중심으로 하는 동부경남은 철도·공항·항만이 연계된 물류 허브의 역할을 수행하도록 육성한다. 서부경남은 중심 도시인 진주를 기반으로 남중권의 중추 역할을 수행하도록 기능을 확대한다. 이를 바탕으로 인접 도시권인 대구·경북, 전북·광주·전남 지역 간의 유연한 연계를 통해 메가시티 공간구조 체계를 완성한다.

행정·생활·경제·문화공동체라는 4가지 추진 목표와 핵심과제, 이를 실현하기 위한 14개 분야 30개 과제와 110개 주요 사업도 도출하였다. 4대 추진 목표와 핵심과제는 아래 표와 같다.

[표 19] 부울경 메가시티 추진 목표 및 핵심과제

구분	추진 목표	핵심 과제
1. 행정공동체	부울경 메가시티를 성공적으로 추진할 수 있는 행정체계 마련	▪ 광역행정을 담당할 책임 주체 확립 ▪ 교통, 안전, 환경, 산업, 의료 등 분야별 추진체계 마련
2. 생활공동체	부울경 주민이 실질적인 단일 생활권을 누릴 수 있는 기반 마련	▪ 1일 생활권을 위한 교통망과 신교통 수단 구축 ▪ 교육, 안전, 건강, 먹거리 등 공유 기반 조성
3. 경제공동체	부울경의 동반성장을 위한 기존 산업 연계 및 신성장 산업 발굴	▪ 물류 플랫폼, 제조업 혁신 등 부울경 강점 산업의 연계 ▪ 수소 경제권, 신재생에너지 등 신성장 산업 발굴
4. 문화공동체	부울경의 관광, 문화, 자연 자원을 함께 즐길 수 있는 기반 마련	▪ 부산 세계박람회 성공적 유치 환경 조성 ▪ 부울경 광역 관광벨트 구축

자료 : 부산연구원·울산연구원·경남연구원, 「동남권 발전계획 수립 공동연구」Ⅰ.전략계획, 2021.3., 116~117쪽.

이 계획을 통해 도달하고자 하는 최종 목표로서의 미래비전은 우리 나라의 수도권, 중국의 징진지·창장·주장, 일본의 간토·주부·긴키 메가 시티와 더불어 동북아의 8대 광역경제권으로 진입하는 원대한 구상이 제 시되었다.[217] 아울러 인구 1,000만 명, GRDP지역내총생산 491조 원, 1시간 생 활권거점도시 간 30분, 외국인 관광객 1,000만 명, 행복지수 A등급, 재정자립도 60%, 청년 인구 순유입으로 전환 등 부울경 메가시티를 통해 2040년까지 실현할 계획지표도 설정하였다.

문 정부의 전방위 지원 : 지방자치법 개정

문재인 정부는 부울경 메가시티 추진을 적극 지원하면서, 제도와 정 책으로 초광역 협력을 뒷받침하였다. 역대 정권이 중앙 정부 주도의 균형 발전 정책으로 성과를 내지 못한 점을 반성하고, 지자체 주도의 상향식 초 광역 협력 정책을 이끌어 내고 지원하는 데 초점을 맞췄다.

메가시티 추진을 위해서는 광역행정을 담당할 책임 주체로서 광역 행정기구 설치 운영이 필수적이지만, 당시 지방자치법에는 광역행정 수 요에 효과적으로 대응할 수 있도록 특별지방자치단체의 설치 근거는 있 으나, 구체적인 규정이 없어 이를 설치·운영할 수 없었다. 입법 미비였 다. 이에 정부는 2020년 7월 국회에 제출한 지방자치법 전부개정안에 특 별지방자치단체 설치·운영과 관련한 세부 내용을 규정한 별도의 장을 구 성하여 포함시켰고, 그해 12월9일 국회 본회의를 통과하고 이듬해 1월21

217) <중국의 메가시티 주요 도시> ① 징진지(京津冀) : 베이징·톈진·허베이, ② 창장(長江三角洲) : 상하이·난징·항 저우 ③ 주장삼각주(珠江三角洲) : 홍콩·선전·광저우. <일본의 메가시티 주요 도시> ① 간토(『東大都市』) : 도 쿄·요코하마·가와사키 등, ② 주부(中部圏) : 나고야·아이치·기후 등, ② 긴키(近畿圏) : 오사카·교토·고베 등

일 공포시행 2022년 1월13일되었다.

주요 내용은 우선 '2개 이상의 지방자치단체가 공동으로 특정한 목적을 위하여 광역적으로 사무를 처리할 필요가 있을 때는 특별지방자치단체를 설치'할 수 있도록 하였다. 이 경우 특별지방자치단체를 구성하는 지방자치단체는 상호 협의에 따른 규약을 정하고, 지방자치단체의 지방의회 의결을 거쳐 행정안전부 장관의 승인을 받도록 하였으며 특별지방자치단체는 법인으로 하였다.

2021년 2월25일 문재인 대통령은 부산을 방문하였다. 가덕도신공항특별법 국회 본회의 표결을 하루 앞두고 정부의 신공항 추진 의지를 명확히 함과 동시에 부울경 시·도지사들의 '동남권 메가시티 구축 전략보고'를 통해 광역자치단체 간 초광역 협력 추진을 공식화하는 자리였다.[218] 4월에는 '메가시티 지원 범부처 TF'가 구성되어 운영을 시작하였다. 대통령소속 자치분권위원회와 국가균형발전위원회 위원장이 공동단장을 맡고 행안부, 기재부, 산업부, 국토부 등 관계부처 차관이 위원으로 참여하여 특별지방자치단체 등 지방자치단체의 연계·협력·공유를 체계적으로 지원하기 위한 범정부 차원의 지원 방안을 마련하는 임무를 맡아 9월까지 운영하였다.[219]

10월에는 그 성과를 모아 문재인 대통령이 주재하고 17개 시·도지사가 함께하는 '균형발전 성과와 초광역 협력 지원전략 보고회'를 열어 범정부 차원의 '초광역 협력 지원전략'을 발표하였다. 초광역 협력의 지원기반 구축을 위한 법제도 정비, 지자체 주도로 수립한 초광역권 발전계획의 국가균형 5개년 계획 반영, 예산 전 주기에 걸친 재정 지원 체계 구축,

---

218) 『부산일보』 2021.2.26., "부울경 단체장, 문대통령에 '동남권 메가시티 전략' 설명".

219) 대통령소속 자치분권위원회 보도자료, "메가시티 지원 범부처 TF 출범"(2021.4.27.)

광역교통망을 통한 단일 경제·생활권 조성 지원 확대 등 전방위적인 지원 내용을 담았다.[220]

합동추진단의 구성, 부울경 특별지방자치연합 규약 안 마련

지방자치법 전면 개정에 따라 부울경이 추진해 온 광역행정체계는 특별지방자치단체^{이하 특별지자체}라는 법적 기구의 모습으로 현실화되었다. 부울경은 2021년 7월 특별지자체 설치 준비를 위한 부울경 특별지방자치단체 합동추진단^{이하 합동추진단}을 구성하였다. 합동추진단은 특별지자체 설치를 위한 한시적인 준비 조직으로 설치 업무를 위한 관제탑의 역할을 담당하였다. 합동추진단이 설치 운영되기 시작하자 행안부도 8월에 부울경 특별지방자치단체 지원 TF를 두어 지원에 나섰다.

합동추진단 구성 이후 이를 중심으로 특별연합이 수행할 공동사무를 발굴하고, 시·도 및 시·도의회 협의를 거쳐 '부산울산경남특별연합 규약안'을 마련하였다. 규약안은 지방자치법에 따라 특별지자체 설치 및 운영에 필요한 사항들을 담았다. 먼저 부울경 특별지자체의 공식 명칭은 '부산울산경남특별연합'^{이하 특별연합}으로 하고 관할구역은 부산·울산·경남을 합한 것으로 하였다. 규약에 따르면 특별연합의 조례 제·개정 등을 담당하는 특별연합의회는 부산·울산·경남의 광역의원 각 9명씩으로 하여 전체 27명으로 구성하고, 특별연합의 장은 부울경의 지방자치단체장 중 1명이 겸임하며 특별연합의회에서 선출한다.

---

220) 관계부처 합동 ▮ ▮자료, "관계부처 합동 '초광역협력 지원전략' 발표"(2021.10.14.). 후속 조치로서 국회에서 초광역권 육성 ▮위한 계획 수립 및 사업 추진, 정부·지자체 지원사항 등을 반영한 「국가균형발전특별법」 일부 개정법률안 및 「 ▮토기본법」 일부개정률안이 각각 2022년 1월11일 국회 본회의를 통과하여 2022년 2월3일 공포됨으로써 초광역권 정책 추진을 위한 제도적 기반이 마련되었다.

아울러 특별연합은 탄소중립 산업 및 수소 경제권 기반 마련, 친환경 조선산업 육성 등 구성 자치단체로부터 이관받는 자치사무와 광역교통 및 물류체계 구축 등 국가로부터 위임받는 국가 사무를 수행한다. 특별연합의 처리사무는 구성 지자체의 이관사무 및 국가 위임사무이며, 이와 함께 사무 처리를 위한 목표, 추진 방향, 재정 운용 등을 계획한다.

전면 개정된 지방자치법 제199조 제1항에 따라 규약안은 각 시·도의회 의결을 거쳐 행안부 장관의 승인을 받아 시행되게 되는데, 먼저 2022년 4월13일 부산시의회에서 의결되었고, 4월15일 경남도의회와 울산시의회 의결을 거쳐 4월18일 행정안전부가 승인하였다. 이로써 부산시, 울산시, 경상남도를 구성 지방자치단체로 하면서 부울경을 관할구역으로 하는 공법인이자 우리나라 최초의 특별지방자치단체인 부울경특별연합을 설치하기 위한 모든 법적 절차가 마무리되었다.

합동추진단에서는 규약안 마련과 함께 부울경특별연합이 수행할 공동사무를 발굴하고 이 가운데 국가중앙행정기관로부터 위임받고 부울경 시·도로부터 이관받을 사무를 정하고 관계기관과 협의를 진행하였다. 그 결과 광역철도와 도로, 교통, 디지털, 수소, 보건의료, 자동차, R&D, 재난 등 18개 분야 61개 사무를 부울경 시·도로부터 이관받기로 하고 세부 협의를 진행하기로 하였다.[221]

국가 사무 중에서는 우선 국토교통부 소관 ▪ 대도시권 광역교통 시행계획 제출, ▪ 광역 간선급행버스체계광역 BRT 구축·운영, ▪ 2개 이상 시·

---

221) 부울경 특별지방자치단체 합동추진단, "2022년 하반기 주요 업무계획", 부산시의회 행정문화위원회 보고 자료, 2022.7.15.

도에 걸친 일반물류단지의 지정에 관한 사무 등 교통·물류 분야 3개 기능, 65개 사무를 위임받기로 하였다. 이에 따라 2022년 4월19일 부울경 시·도와 관계부처 간에 국가 사무 위임을 위한 이행 사항을 규정한 분권 협약을 체결하였고, 아울러 부울경 초광역권 발전계획의 수립 및 추진에 필요한 정부와 부울경 간 협력 사항을 규정한 양해각서도 체결하였다.[222]

부울경 초광역권 발전계획 :
산업, 공간, 인재 육성전략과 재정지원계획

부울경 초광역권 발전계획은 부울경에서 주도적으로 수립한 계획안을 2021년 11월부터 '범정부 초광역 지원협의회'를 통해 관계부처와 협의를 거쳐 마련한 것으로 수도권 일극 체제 극복을 위한 선도적 모델이 될 부울경의 산업·인재·공간 분야별 전략, 30개의 1단계 선도사업과 40개의 중장기 추진사업 등 총 70개의 핵심 사업을 담고 있다. 총사업비는 산업 분야 40개 사업 4조 5,775억, 인재 분야 7개 사업 5,949억, 공간 분야 23개 사업 30조 8,859억 등 총 36조 589억 원 규모이며 이 가운데 국비는 31조 184억 원에 달한다.

산업 분야 사업에는 부울경 그린수소 항만 조성사업2,950억 원, 항공정보통신기술ICT 융합클러스터 조성·시험평가 기반 구축1,400억 원, 부울경 연구개발R&D 지원체계 활성화250억 원, 부울경 초광역 협력 산학 융합지구 175억 원 사업이 들어있다. 공간 분야 사업에는 전략산업 거점 간 교통망 확충1시간 생활권 도로·철도망 사업으로 부산−양산−울산 광역철도 신설1조 631억 원,

---

222) 행정안전부 보도자료, "국내 첫 특별지자체 '부울경특별연합' 설치, 동북아 8대 메가시티 도약", 2022.4.19.

부전-마산 전동열차812억 원, 울산-부산-창원 철도교통GTX 인프라 도입6조 2,000억 원 등 조 단위 광역교통망 확충 사업이 대거 포함됐다.[223]

기재부 장관 등 정부 11개 부처 장관과 부울경 3개 시·도지사가 서명한 양해각서에서는 이 계획의 추진을 위해 정부는 재원 확보, 선도사업 우선 지원, 지방재정투자심사 관련 지원 등에 대해 협력하고 부울경에서는 투자재원의 확보, 사업 추진 상황 및 성과관리, 특별지자체에 대한 행정적·재정적 지원 등을 위해 협력하기로 하였다. 문재인 정부는 그 첫 단추로 부울경 메가시티 1단계 선도사업 30개 중 19개 예산 2,082억 원을 2023년 정부 예산에 반영하였다.

[표 20] 부울경 초광역권 발전계획의 단계별 추진사업과 사업비 현황

(단위 : 개, 원)

구분		계	산업분야	인재분야	공간분야
계		70	40	7	23
추진단계	1단계(선도)	30	15	6	9
	총사업비	18	14	0	4
	3단계	22	11	1	10
총사업비	계	36조 582억	4조 5,775억	5,949억	30조 8,858억
	(국비)	(31조 184억)	(3조 1,883억)	(4,037억)	(27조 4,264억)

※ 사업비는 부울경 자체 추정.
자료 : 경남도의회 기획행정위원회, "부울경특별연합 규약 폐지규약안 심사보고서", 2022.12.14., 6쪽.

---

223) 「경남도민일보」 2022.9.26. "정부, 35조 규모 '부울경 초광역' 사업 재검토"

3. '희망과 절망', 가덕도신공항과 부울경 메가시티

가덕도신공항과 부울경 메가시티

부울경 메가시티를 추진하기 위해서는 행정·생활·경제·문화공동체라는 4가지 목표를 이뤄내야 한다. 가덕도신공항 건설은 행정을 제외한 3가지 목표의 실현과 깊숙이 연계돼있다.

부울경 메가시티는 결국 부울경에서 안정적으로 먹고살 수 있는 성장 동력과 일자리를 만들기 위한 것이기 때문에 메가시티를 만드는 과정에서도 경제공동체의 기초를 세우는 것이 매우 중요하다. 가덕도신공항 건설은 세계 각 도시와의 연결성을 강화해 부울경의 경제적 잠재력을 키우고, 화물 전용기를 포함한 장거리 국제노선 취항에 따라 지식정보 첨단 산업과 항공 물류 관련 산업을 유치할 수 있는 유리한 조건을 마련한다. 가덕도신공항의 건설과 운영에 따른 직접적 효과에 더하여 접근연결 교통망 구축과 배후도시 건설 등 간접적 연계사업까지 포함한 총 경제적 파급효과는 생산 유발액 88조 9,420억 원, 부가가치 유발액 37조 2,318억 원, 취업 유발 인원 53만 6,453명, 고용 유발 인원 40만 2,012명에 달한다.[224]

가덕도신공항은 여러 분야에 연쇄 파급효과를 불러일으키며 부울경의 경제 활성화와 일자리 창출, 미래 성장 동력 확충에 기여할 것이라 기대된다. 중장기에 걸쳐 가장 큰 영향을 미치는 것은 동북아 물류 플랫폼 구축의 마지막 퍼즐이 된다는 점이다. 부울경의 '동남권 발전계획'에서는 메가시티 추진 목표 중 경제공동체를 실현하기 위해 동북아 물류 플랫폼

---

224) 부산연구원, "국가균형발전의 견인차, 가덕도신공항 건설에 따른 효과분석", 2020.11.

구축, 부울경 통합 수소 경제권 구축, 부울경 주력산업 디지털화와 스마트 그린 산단 조성, R&D·금융·창업 등 지원체계 구축, 산업혁신지원 플랫폼 구축 등이 과제로 제시되고 있다.

화룡점정畫龍點睛이란 사자성어가 있다. 용을 그리고 난 후에 마지막으로 눈동자를 그려 넣었더니, 그 용이 실제 용이 되어 홀연히 구름을 타고 하늘로 날아 올라갔다는 고사에서 유래했다. 무슨 일을 하는 데에 가장 중요한 부분을 완성함을 비유적으로 이르는 말이다. 가덕도신공항 건설이야말로 동북아 물류 플랫폼, 부울경 메가시티를 추진할 수 있는 발판을 마련하는 화룡점정이라 할 수 있다.

동북아 물류 플랫폼 구축은 부울경 메가시티의 핵심 축이자 신성장 동력이다. 그동안 동북아 물류 플랫폼이라는 메가 프로젝트는 말 그대로 구상에 머무른 감이 있었는데, 가덕도신공항이 건설되게 됨으로써 육·해·공 트라이포트의 마지막 퍼즐이 맞춰짐에 따라 실질적인 엔진을 마련한 것이다. 육·해·공 트라이포트에 스마트 물류 플랫폼이 결합한다면 우리나라는 북극 항로에 대비한 물류 허브의 중심이 되어 대한해협 중심의 동북아 시대를 주도할 수 있다는 전망도 가능하다.[225] 육·해·공 트라이포트를 기반으로 동북아 스마트 물류 플랫폼을 제대로 구축하게 된다면 부울경이 대륙의 끝이자 해양의 시작점이라는 지리적 이점을 활용해 동북아 물류의 거점이 될 뿐 아니라 제조와 가공을 통해 부가가치를 창출하는 새로운 성장 거점으로 발돋움할 수 있을 것이다.

---

225) 『부산일보』 2023.3.21., "항공화물 앞에선 작아졌던 부산항… 관문공항 생기면 육해공 물류 강자"

생활공동체, 가덕도신공항과 광역교통망 구축

앞으로 부울경의 모든 길은 가덕으로 통할 것이다. 그 길은 부울경 메가시티의 대동맥이 될 것이다. 가덕도신공항이 건설되면 누구나 공항을 편리하게 이용할 수 있도록, 부울경 어디에서나 60분 이내에 접근할 수 있는 광역교통망을 갖추는 것이 필수적이다. 2022년 4월 국토부의 사전타당성조사 결과에서도 철도의 경우 부산신항선과 가덕도신공항을 연결하고, 도로의 경우 녹산·송정 일대와 가덕도를 연결하는 가덕대교에서 신공항까지의 2~4차로를 4~6차로로 확장한다는 계획이 제시된 바 있다.

이에 부울경에서는 철도의 경우 부산신항선 연결 지선을 단선에서 복선으로 확장하고, 도시철도의 경우 현재 추진 중인 하단~녹산선을 연장해 부산신항선과 연결되도록 추진하고 있다. 나아가 현재 공사가 진행 중이거나 계획 수립 중인 동해선_{부산~울산} 복선전철, 부전~마산 복선전철, 남부내륙철도_{김천~거제}, 대구산업선철도_{서대구~대구국가산단} 등을 차질 없이 추진하면서 가덕도신공항 완공에 맞춰 신공항을 중심으로 연계되도록 할 것이다.[226] 여기에 장래 유라시아 대륙철도의 기·종점으로서 김해 KTX 복합환승센터와 대륙철도 화물 터미널 부지확보 필요성도 제기되고 있다.

부산시의 경우 가덕도신공항~기장군 오시리아 관광단지 간 차세대 부산형 급행철도^{BuTX}를 2030 세계박람회 개최 전까지 건설하는 것을 추진하고 있다. BuTX와 연계해 부울경을 넘어 대구·경북까지 아우르는 동남권 광역급행철도 시스템이 5차 국가철도망 계획에 포함되도록 추진하

---

226) 김승길, "가덕도신공항 연계를 위한 효율적 광역교통망 구축 방향", 『부산발전포럼』 vol 188, 2021, 38~39쪽.

고 있다. BuTX와 연결되는 동남권 광역 급행 철도는 가덕도신공항~북항~동부산오시리아~좌천~울산 태화강역을 잇는 울산선, 동부산오시리아~부전역~에코델타시티~장유역~창원역~마산역을 연결하는 창원선, 북항~부전역~노포역~양산북정의 양산선, 가덕도신공항~에코델타시티~장유역~진영역~밀양역~동대구역의 대구선 등을 포함하고 있다.[227]

도로의 경우 부울경에서는 부산신항IC~송정IC 구간 고가도로 연결 추진과 함께 2019년 국가균형발전 프로젝트로 선정되어 구체적인 사업 절차를 밟고 있는 사상~해운대 간 고속도로, 부산신항~김해 간 고속도로를 차질 없이 진행하고, 부산신항~김해 간 고속도로를 신공항까지 연장하는 방안을 추진하고 있다.

부울경의 '동남권 발전계획'에서는 메가시티 추진 목표 중 생활공동체를 실현하기 위해 교통, 교육, 재난 안전, 보건복지, 먹거리 분야의 핵심 과제를 추진해야 한다고 제기하고 있다. 이 가운데 부울경을 1시간 생활권으로 만들기 위한 광역교통망 확충은 가장 중요한 과제이면서도 많은 재정과 시간을 필요로 한다.

앞서 부울경 초광역권 발전계획에 포함된 총 70개의 핵심 사업 예산 36조 582억 원 중 교통망 확충을 비롯한 공간 분야가 30조 8,858억 원으로 85.7%를 차지하고 있다. 더구나 이 가운데 88.8%인 27조 4,264억 원이 국비이다. 부울경 지자체 간 긴밀한 협력이 전제되어야 할 뿐 아니라 중앙 정부를 설득하여 대규모 국가 예산을 투입해야만 가능한 일이다.

물론 1시간 생활권을 실현하기 위해서는 더 많은 교통망 확충이 필

---

227) 『부산일보』 2023.3.17., "신공항~부울경 도심 '60분 내 접근' 광역교통망 확충 추진"

요하지만, 가덕도신공항 건설을 계기로 교통망 사업은 그 기초를 닦는 역할을 톡톡히 해내게 될 것이다. 신공항을 편리하게 오갈 수 있는 교통망이 갖춰진다는 것은 그 자체로 동남권 메가시티 대동맥의 일부가 되기 때문이다. 만약 2029년 말까지 가덕도신공항 개항이 확정되지 않았다면 공항 이용과 활성화에 필요한 교통망 확충도 늦어졌을 것이고, 부울경 초광역 교통망도 그 시간만큼 지연되었을 것이다. 그런 점에서 가덕도신공항 건설과 연계된 교통망 확충은 그 자체가 부울경 1시간 생활권을 목표로 하는 부울경 메가시티 생활공동체를 앞당기는 초석이 될 것이다.

MICE 산업, 가덕도신공항과 2030 부산 세계박람회

그동안 미국이나 유럽, 중동 등지에서 부울경을 찾는 해외 관광객은 직항노선이 없었기 때문에 인천공항을 경유해야 했다. 여기에 김해공항의 북쪽 활주로는 신어산, 돗대산 등이 있어 악천후에 충돌위험이 늘 존재했고 비행기 이·착륙 금지 시간커퓨타임마저 있어 부울경을 오가는 해외 관광객의 불편을 가중시켰다. 그러나 가덕도신공항이 개항하면 해외 여행객 및 항공 수출입 화물의 주요 입국 경로가 인천 중심에서 부산으로 다각화될 뿐 아니라, 접근성이 대폭 개선되어 시간과 비용을 절약하고 불편을 줄일 수 있다. 동남아 등 단거리 노선은 물론 미주, 유럽 등 중·장거리 노선을 갖추게 되어 세계적 연결망을 보유한 국제공항으로 발돋움할 수 있다.

이에 따라 가덕도신공항이 개항하면 국제선 수요는 크게 증가할 것으로 전망된다. 국토부교통부의 사전타당성 검토 결과에 따르면 2035년 가덕도신공항의 국제선 수요는 2019년 김해국제공항 대비 55% 증가한 약 1,500만 명에 달하고, 2055년이 되면 2,020만 명으로 늘어날 것으로 예상하고 있다.

가덕도신공항 2029년 말 개항 계획이 확정됨으로써 2030 세계박람회 부산 유치에 최대 단점이 일단 개선되었다. 세계박람회 유치에 성공할 경우 6개월 동안 세계 약 200개국에서 5천만 명이 행사장을 찾게 되어 부울경과 국내 경제 전반에 큰 파급효과를 기대할 수 있다. 세계적 연결망을 보유한 공항 인프라 확보는 박람회뿐만 아니라 대규모 국제행사 유치 가능성을 높여 부울경의 MICE 산업 활성화에 기여하게 된다.[228] MICE는 관광산업뿐만 아니라 도시혁신과 지역 경제 발전의 촉매제로 활용될 수 있고, 일반 관광에 비해 수익성이 높아 개최 지역을 중심으로 큰 경제효과를 창출하며, 비즈니스와 일자리의 기회를 제공하여 부울경의 국제 경쟁력을 강화하는 계기가 될 것이다.

유럽과 미국 등 장거리 직항노선을 갖추고 24시간 운영되는 공항이 들어서면 부울경에 올 수 있는 관광객의 폭이 예전과 다르게 획기적으로 증가할 것으로 전망된다. 부산의 해운대와 오시리아 관광단지, 울산에 조성되고 있는 강동 관광단지는 물론이고 거제, 통영, 남해, 여수 등 남해안 글로벌 해양 관광벨트 구축에도 큰 힘이 실리게 될 것이다. 경상남도는 현재 해양수산부, 부산시, 전라남도와 협력하여 남해안권을 글로벌 해양레저 관광벨트로 조성하기 위해 ■ 남해안 해양관광 루트 구축, ■ 해양레저 관광 거점 조성, ■ 남해안 글로벌 브랜드 육성, ■ 해양관광 콘텐츠 확충, ■ 이순신 장군 순례길 조성 등을 추진하고 있다.

여기에는 해외 관광객이 편하게 오갈 수 있는 공항과 항만, 광역교통망 구축이 반드시 요구된다. 가덕도신공항 개항과 이에 연계한 광역교통망 구축은 남해안 관광벨트를 뒷받침하는 교통 인프라로서 큰 의미가

---

228) MICE는 회의(Meeting), 포상관광(Incentive Travel), 컨벤션(Convention), 전시회(Exhibition)를 지칭

있다. 아울러 유럽이나 미주 직항노선이 신설됨에 따라 부산을 오가는 시간이 크게 줄어들어 아시아를 대표하는 부산국제영화제BIFF가 글로벌 영화축제로 자리매김하는 등 부산발 K-컬처 전파도 활성화될 수 있는 것으로 전망된다.

부울경 메가시티 추진을 위한 문화공동체를 실현하기 위한 핵심과제는 2030 세계박람회의 부산 유치를 통한 부울경의 국제도시 브랜드 구축, 부울경 아시아 문화 허브 구축, 부울경 광역 관광벨트 조성과 국제관광 인지도 강화로 구성되어 있다. 그런데 이 과제들은 가덕도신공항 개항과 그에 연계된 광역교통망 구축을 발판으로 한 단계 도약할 수 있는 계기를 마련한다는 점에서 가덕도신공항 건설이 문화 분야에서 부울경 메가시티의 기초를 튼튼하게 닦는 역할을 하게 될 것이다.

좌초, 부울경 행정연합 파기와 메가시티 지연

긴 세월 어려운 고비 고비를 넘기며 추진해왔던 부울경 메가시티의 꿈은 2022년 6월 제8회 전국동시지방선거에서 부울경 시·도지사에 모두 국민의힘 후보들이 당선되면서 어려움에 처하게 되었다. 이미 모든 절차를 다 밟고 출범일2023년 1월1일을 불과 3개월 남겨놓은 부울경 특별연합을 국민의힘 소속 시·도지사들이 파기해버린 것이다. 실익이 없다느니, 소외되는 지역이 있다느니 터무니없는 명분을 내세웠지만 실질적인 이유는 더불어민주당 소속 시·도지사들이 문재인 정부와 손잡고 만들어온 성과를 이어받고 싶지 않다는 데 있다. 아예 통째로 지워버리겠다는 속셈을 여과 없이 드러내었다.

부울경은 그동안 천 리 길도 한 걸음부터 가자는 취지로 차근차근 단계를 밟아왔다. 그 첫걸음으로 특별연합을 만들기로 합의하여 모든 절차를 마쳤고 공동사업들을 실속 있게 추진해 왔다. 2023년도 정부 예산안에 급한 대로 2,000억 원을 포함하여 새로 출범하는 부울경 특별연합에 특별지원하도록 예산편성까지 마친 상태였다. 특히 2023년도 예산에 부전−마산 간 경전선에 부울경 시·도민의 염원이었던 전철 도입을 위한 812억 원의 사업비를 반영시켜 두었는데 이를 무산시킨 것은 안타까움을 넘어 분노가 치밀어오른다.

이뿐만 아니라 부울경 메가시티를 성공시키기 위해 중앙 정부와 부울경 특별연합 간 중장기 예산협약을 맺어 추진해 온 공간, 산업, 인재 분야의 36조 원이 넘는 사업비를 예정대로 확보할 수 있을지도 확신할 수 없게 되었다. 개탄스럽다. 기왕에 어렵게 성과를 내온 국비 예산 확보 노력을 무용지물로 만들고는 제대로 된 예산 뒷받침도 없이 '행정통합'이니 '경제동맹'이니 하는 더 어렵고 힘든 과제를 대안이라고 내놓았다. 걸음마도 떼지 못하고선 마라톤 대회에 출전하겠다는 격이다. 김경수 지사가 옥중편지에서 말한 것처럼 '기초공사도 하지 않고 집을 짓겠다', '밥상을 엎어버리고 살림 합치자' 하는 격이다. 특별연합을 파기한 책임을 모면하려 허황된 목표를 갖다 붙인 것 아닌지 의심스럽다.

부울경은 그동안 정부 공모 사업에 선정되기 위해 각개약진해왔으나 수도권에 비해 경제성이 떨어져서 판판이 각개격파 당해왔는데 앞으로 상생 연대하여 함께 살자는 마음으로 초광역권 발전 사업을 공동으로 추진해 온 것이다. 함께 사는 데 꼭 필요한 사업인데 혼자 하기에는 재정이 너무 많이 들기도 하고 연대해서 추진할 수 있는 절차마저 없어 손대지 못했던 공동사업들을 추리고 추려서 중앙 정부와 끈질긴 협의 끝에 36조

원 규모의 70개 핵심 사업을 결정하였다. 이 가운데 중앙 정부가 책임지기로 한 국비 예산만 31조 원 규모다.

부울경 특별연합을 지역에서 파기했으니 중앙 정부도 재정지원 협약을 지킬 의무가 없어졌다. 이제 부울경 지자체는 원점에서 다시 각자도생해야 하는 상황이 되었다. 부울경이 함께 사는 데 꼭 필요한 31조 원의 국비 확보는 물거품이 되었다.

그런데 이런 문제를 꼼꼼히 따져볼 틈도 없이, 윤석열 정부와 부울경 국민의힘 시·도지사들은 서둘러 전임 민주당 정부와 시·도지사들의 흔적 지우기에 바빴다. 안타까움을 넘어 통탄스럽다. 수도권 일극체제와 지방소멸 위기 극복의 성공적인 모델케이스가 될 수 있었는데, 국가균형발전과 연방제 수준의 자치분권의 역사적 퇴행이 아닐 수 없다.

우공이산愚公移山, 강물은 바다를 포기하지 않는다

그러나 나는 확신한다, 부울경 시·도민들이 함께 살 수 있는 길은 결국 부울경 메가시티를 만드는 것이라고. 부울경은 원래 한 뿌리였고, 20년 넘게 동남권 관문공항을 만들기 위해 800만 시·도민이 애쓰면서 함께 살기 위해 찾아냈던 '생존연대'의 유일한 길이기 때문이다. 나는 확신한다. 결국 이루어 내리라는 것을. 2002년 중국 민항기 충돌 사고 이후 제대로 된 관문공항을 지으려는 부울경의 노력을 박근혜·이명박 정부가 수포로 돌리고 김해신공항이라는 괴물을 만들려고 했었지만, 어둠이 빛을 이길 수 없듯이 최후에 웃은 것은 부울경 시·도민이었다.

800만 부울경 시·도민들이 지금까지 가덕도신공항을 우직하게 밀고 왔던 것처럼 부울경 메가시티 또한 그 길을 걸을 것이다. 나부터 앞장서서 그 길을 뚫어낼 것이다. 부울경 시·도민은 어떤 난관에 부닥쳐도 그 길을 결코 포기하지 않을 것이다. 망국적인 수도권 초집중과 지방소멸의 양극화, 국가 불균형을 극복해내야 한다. 초광역 경제권으로 통합하여 부울경 재도약의 견인차 역할을 선도해낼 것이다. 육·해·공 트라이포트 기반의 동북아 국제물류 플랫폼 구축, 부울경 초광역 단일경제권 형성이야말로 대한민국이 명실상부한 선진 국가로 나아가는 유일한 국가 신성장 동력임을 확신한다. 역사의 교훈이고 시대의 요청이다. 나도 그 길에 기꺼이 함께 할 것이다.

마침내 부울경 시·도민들은 부울경 메가시티를 찬란하게 꽃피워 낼 것이다. 생존연대의 그 길에 작은 차이를 넘어 크게 하나가 되어야 한다. 부울경 시·도민이 단일경제권, 하루 생활권으로 통합하고 부울경 메가시티로 하나 되어 동북아의 물류와 산업 중심으로 힘차게 재도약하는데 견인차가 되길 간절히 바란다. 수도권 일극체제와 지방소멸 위기로 대한민국의 성장 동력이 점점 약화되고 있는 상황에서 동북아 물류 플랫폼과 부울경 메가시티가 국가 신성장의 강력한 엔진으로 되살아나길 바란다. 동북아 물류 플랫폼 구축과 부울경 메가시티 완성으로 대한민국의 성장 동력이 다극화되고 연방제 수준의 자치분권의 롤 모델이 되길 바란다.

부울경 메가시티의 좌초는 이보 전진을 위한 일보 후퇴일 뿐이다. 강물은 산을 만나면 가장 낮은 곳을 찾아 굽이쳐 흐른다. 강물은 바다를 포기하지 않고 끝내 바다에 이른다. 우공이산愚公移山, 우직하게 대를 이어 산을 옮기는 것이다.

보론

트라이포트와 메가시티

1. 항공화물운송과 공항

항공화물운송의 특징

항공화물운송은 해상운송에 비해 운송 기간이 짧고 정시에 수송할 수 있는 장점이 있다. 특히 국가 간 화물운송에서 더욱 그렇다. 운송 기간이 짧기 때문에 파손, 분실 등의 위험이 그만큼 줄어들고 장기 수송에 따른 화물의 변질 가능성이 작아 화물을 안전하게 상대 화주에게 인도할 수 있다. 운임 자체만으로는 타 운송 수단에 비해 높으나 운송 기간이 짧아서 절감되는 보험료, 창고료, 재고비용 등 제반 비용을 고려하면 고가 화물의 경우 비용 면에서도 경쟁력이 있다.

따라서 안전하고 신속하게 적기에 운송되어야 하는 화물, 판매 기간이 짧은 제품, 변질되기 쉬운 물품, 긴급한 물건 등은 항공운송에 적합하다. 다만 항공화물운송은 대량 운송이 불가능하고 해상운송에 비해 운임이 대체로 상당히 높기 때문에 저가 제품을 대량으로 운송하기에는 운임 부담이 크며, 공항이 없는 곳으로는 운송할 수 없다.

코로나19 팬데믹 이전인 2019년 세계 각국 항공사 매출액 구성은 여객:화물:기타 비중이 72.5%:12.0%:15.5%였다. 그러나 팬데믹 이후 여객 수 급감으로 2020년 49.4%:36.2%:14.4%, 2021년 47.2%:40.3%:12.5%를 기록하여 화물운송 매출액 비중이 급증하였다. 코로나19 확산세가 주춤한 2022년에는 63.9%:24.4%:11.7%를 기록하여 화물매출 비중이 코로나 이전의 두 배로 늘어났다.[229]

2019년 6,150만 톤을 기록했던 항공화물운송 물량은 2020년 팬데믹의 영향으로 5,540만 톤으로 줄었으나 2021년 6,560만 톤으로 코로나19 이전 수준을 넘어섰다. 여기에는 인터넷을 통해 상품을 구매하는 전자상거래e-Commerce의 성장이 큰 역할을 담당했다. 전자상거래는 코로나19 이전부터 성장해왔는데 팬데믹이 시작되자 소비 형태가 비대면으로 급격히 전환되면서 더 가파르게 성장했다.

전자상거래 시장 매출은 2019년 3조 3,540억 달러로 전체 소매 판매의 13.6%에서 2020년 4조 2,480억 달러 17.9%로, 2021년엔 4조 9,380억 달러 19.0%로 증가하였다. 다품종 제품의 빠른 이송이 특징인 전자상거래로 운송되는 제품은 대부분 항공편을 이용하는데, 이후에도 성장세를 이어갈 것으로 예상되기 때문에 항공화물운송 규모에 지속적으로 영향을 미칠 것이다.

---

229) IATA, Global Outlook for Air Transport, 2022.7.

보론 1 | 트라이포트와 메가시티

항공화물운송은 GDP의 성장과 무역의 증가, 전자상거래의 성장, 항공기의 대형화와 운임의 하락, 화물 전용기의 정기적 운항, 항공화물의 컨테이너화, 화물 전용 터미널의 건설, 지상 조업의 자동화, 고부가가치 화물의 증가, 긴급을 요하는 화물의 증가 등 다양한 요인이 결합되어 꾸준히 성장할 것으로 예상되고 있다. 미국 보잉항공사의 민간 항공기 수요 예측에 따르면 2022년부터 2041년까지 20년 동안 항공화물운송 수요는 연평균 4.1%씩 증가할 것이라고 한다. 화물기 수요도 20년 동안 연평균 3.0%씩 성장하여 2041년이 되면 코로나19 이전인 2019년에 비해 80%까지 성장할 것으로 예상된다.[230]

항공화물운송은 여객운송과는 달리 '단골' 고객으로부터 반복적으로 출하되어 운송되기 때문에 특별히 계절을 타지 않는다. 반면 공장에서 생산이 종료되고 나서 공항을 통해 운송되기 때문에 야간에 집중된다. 반도체나 IT·전자, 의료·바이오, 항공기 부품 등 첨단산업 관련 원료나 제품은 중량에 비해 고가이며 운임 부담력이 있고 긴급을 요하는 경우가 많기 때문에 대부분 신속하고 안전한 항공운송에 의존하고 있는데 특히 국제적으로 이동하는 특성을 띤다. 따라서 장거리 노선을 운항할 수 있는 긴 활주로를 갖추고 24시간 운영하여 야간에도 자유롭게 이·착륙할 수 있는 공항이 필수적이다.

---

230) Boeing, Commercial Market Outlook 2022~2041, pp.18-19.

항공화물운송에는 여객기의 화물칸을 이용해서 운송하는 방법과 화물 전용 비행기를 이용하는 방법이 있다. 코로나19의 세계적 유행 이전에는 전 세계 항공화물의 절반이 여객기 화물칸을 통해 운송되었다. 그러나 2020년 5월 코로나19의 확산으로 항공 여객운송이 사실상 중단되어 여객기 화물칸을 이용한 화물 수송은 전체 항공화물의 4% 수준에 머물렀다. 이에 따라 사용 연한이 지난 비행기의 퇴역을 늦추면서까지 화물기 운송을 온전히 가동하였지만, 수요를 감당할 수 없었고 당연히 운임이 크게 올랐다. 그래서 등장한 것이 객실을 제거하여 화물을 싣거나 승객 없이 화물만 싣는 플레이터preighters인데, 2020년 5월에는 전체 화물의 25%를 이 방법으로 수송하였다.[231]

글로벌 특송기업이 세계 화물기의 절반을 운영

120여 년 전 비행기가 처음 등장한 이래 초기 화물운송은 주로 우편물이었으며 여객기와 화물을 함께 수송하는 게 주를 이뤘다. 화물 전용 비행기가 발달하기 시작한 것은 대형 비행기가 등장하고 민간 화물 수요가 늘어난 제2차 세계대전 이후부터다. 오늘날의 화물기는 애초부터 화물 전용기로 설계하여 제작하거나 여객기로 개발한 모델을 화물용 버전으로 변형하여 제작하지만, 10~20년 사용한 여객기를 개조P2F·Passenger To Freighter하여 사용하는 경우도 많다. 보잉사는 2041년까지 20년간 신규 인도 화물기 수요를 2,800대로 예측하면서 그중 3분의 2가 P2F 기체일 것으로 보고 있다.[232]

---

231) preighter는 passanger(여객)와 freighter(화물기)의 합성어. 팬데믹이 잦아들어 여객기 운항이 어느 정도 재개된 2022년 2월이 되면 전체 화물의 13%를 preighter가, 59%를 화물기가, 28%를 여객기 화물칸이 각각 수송하였다(IATA, Global Outlook for Air Transport, 2022.7., p.10.)

232) Boeing, Commercial Market Outlook 2022~2041, p.19.

보론 1 | 트라이포트와 메가시티

화물 전용기를 운항하는 주체는 페덱스^{FedEx}, UPS, DHL 같은 특송업체, 항공화물 운수업자가 의뢰한 화물을 운송하는 대형 항공사나 화물 전용 항공사 등이다. 화물 전용기를 사용하는 화물 수송은 국내선도 있지만 주로 국제선이 많고 24시간 운용할 수 있는 공항 간에 야간 항공편으로 운영된다. 비행기는 B747-8F와 같은 대형 화물기나 B757-200PE와 같은 중형기가 이용된다.

2021년 기준 운항 중인 전체 화물기 2,340대 중 절반은 5대 글로벌 특송기업이 보유 또는 임대하여 운항하고 있다.[233] 이들 기업은 화물 수송 전용 허브 공항을 두고 전 세계에서 몰려드는 화물을 싣고 내리며 세계 각지로 운송하고 있다.

최대 특송기업인 FedEx는 화물기 474대를 보유하며 전 세계 모든 항공사를 제치고 수년째 항공화물수송 실적 1위를 기록하고 있다. 전 세계에 13개 허브 공항을 두고 있으며 이중 메인 허브는 미국 멤피스 국제공항이다.[234] 최장 3,389m를 포함 4개의 활주로를 둔 이 공항의 연간 화물 물동량은 2020년 기준 460만 톤으로 세계 1위이며, 그중 99.5%가 FedEx 화물이다. 24시간 운영되는 멤피스 화물 허브는 미국 내 모든 도시와 전 세계 220여 개 국가 및 도시와 연결되는 거미줄 같은 네트워크를 갖추고 있다. 최대 175대의 항공기를 수용할 수 있으며 국내외 화물의 디지털 분류 및 처리 시스템으로 구성된 300마일 이상 연결된 컨베이어 벨트가 갖춰져 있다. 낮에는 4,000명, 밤에는 8,000명이 일하고 있으며, 하루

233) Supply-Chain Obsession Is a Prime Day Gift for Amazon Air, The Wall Street Journal 2022.3.16.; Joseph P. Schwieterman, Borja Gonz·lez Morgado, and Abby Mader, Amazon Air's Changing Network and Strategic Orientationt, Chaddick Amazon Air Brief No. 6, 2022.3.15.; 『쉬핑뉴스넷』 2022.8.4., "中 물류중심 후베이성에 아시아 최초 전용 공항 '어저우 화후공항(EHU)'정식 오픈"

234) 2022년 6월 기준 FedEx 브로슈어에 따르면 주기(駐機) 항공기를 포함할 경우 696대를 보유하고 있다 (https://www.fedex.com/en-us/about.html).

에 약 330만 개의 화물을 처리한다.

FedEx와 어깨를 나란히 하는 글로벌 특송업체 UPS와 DHL도 각각 화물기 289대와 202대를 보유하고 미국 루이빌 국제공항과 독일 라이프치히 공항에 허브 공항을 운영하며 전 세계로 화물을 운송하고 있다.[235] 인터넷 서점으로 시작해 세계 최대 전자상거래기업이자 물류기업으로 성장한 아마존도 2021년 8월 미국 신시내티 노던 켄터키 국제공항에 항공 물류 허브를 오픈하고 화물기 88기를 운항하며 화물운송 사업을 확대하고 있다.[236] 중국 최대 민간 물류기업 SF 익스프레스는 자체 보유 중인 화물기 70대와 임대 13대 등 총 83대를 운항하고 있다. SF의 허브 공항은 2022년 8월 개항한 아시아 최초 화물 전용 어저우화후공항EHU이다.[237]

235) UPS의 항공화물 수송 실적은 2019년과 2021년에 1위 페덱스 2위 카타르항공에 이어 3위를, 2020년에는 1위 페덱스에 이어 2위를 기록하였다.

236) Joseph P. Schwieterman, Borja González Morgado, and Abby Mader, Amazon Air's Changing Network and Strategic Orientation, Chaddick Amazon Air Brief No. 6, 2022.3.15., p.11.

237) 『쉬핑뉴스넷』 2022.8.4, "中 물류중심 후베이성에 아시아 최초 전용 공항 '어저우 화후공항(EHU)'정식 오픈".

2. 트라이포트와 공항복합도시

트라이포트, 글로벌 물류의 새로운 대안

한편 코로나19 팬데믹을 거치면서 전자상거래와 콜드체인Cold-Chain 시장이 확대되는 반면, 물류 공급망의 불안과 혼란이 가중되고 가격은 폭등했다. 이에 따라 화물운송에서 공항과 항만이 연계된 복합운송Sea&Air, 나아가 공항-항만-철도가 연계된 트라이포트Tri-Port 구축이 새로운 물류의 대안으로 주목받고 있다.

Sea & Air 복합운송전략은 상대적으로 운임이 싼 해상운송, 안전하고 신속한 수송이 가능한 항공운송의 장점을 효과적으로 결합한 것이다. 공항과 항구 사이의 거리가 가깝고 접근성이 좋아야 장점을 살릴 수 있다. 홍콩첵랍콕공항-홍콩항, 중국의 상하이푸동공항-상하이항, 싱가포르창이공항-싱가포르항, 네덜란드의 암스테르담스키폴공항-로테르담항이 대표적이다. 이곳의 공항들은 모두 해안에 자리 잡았거나 세계적인 항만과의 거리가 17km~60km로 매우 가깝다는 공통점이 있다.

오늘날 홍콩이 세계적인 금융·물류 중심지로 도약할 수 있었던 데에는 첵랍콕공항의 역할이 컸다. 첵랍콕공항은 기존 카이탁공항을 대체하기 위해 6년간 200억 달러를 투입해 1998년 개항했다. 길이 3,800m, 폭 60m 활주로 3개, 화물 터미널 5개를 갖추고 24시간 운영된다. 첵랍콕공항은 현재 화물 수송 세계 1위로 중국 본토 40여 개 도시를 비롯해 동남아시아, 동북아시아로 가는 관문 역할을 톡톡히 하고 있다. 불과 21km 거리에 1,700~1,800만 개의 컨테이너를 처리하는 세계 7~10위권의 홍콩항이 있다.

트라이포트Tri-Port는 세 개를 뜻하는 트라이tri와 포트port를 합한 신조어로 공항, 항만, 철도 및 내륙 운송이 연결된 삼각축이 한 지역 내에 모여 있는 복합물류 플랫폼을 구축하는 것이다. 모든 운송 수단이 망라되어 각각의 장점을 연계하여 물류를 효율적으로 발 빠르게 이동시킬 수 있을 뿐 아니라 설사 하나의 운송 수단에 문제가 생기더라도 즉각적으로 대체할 수 있기 때문에 가장 완성된 형태의 물류 지도라고 할 수 있다.

아랍에미리트UAE의 두바이는 세계적으로 보기 드물게 항만과 공항, 철도가 모두 갖춰진 트라이포트를 구축해가고 있는 대표적인 사례로 꼽힌다. 2021년 기준 국제선 여객 세계 1위, 항공화물 수송 세계 8위의 두바이 국제공항은 중동을 대표하는 허브 공항으로 유럽과 아시아, 아프리카, 오세아니아를 잇는 거점 역할을 담당해 왔다. 그러나 두바이 공항이 점차 포화 상태에 이르자 2010년 개항한 알막툼 국제공항이 화물 노선을 주로 담당해 오고 있다. 두 공항의 활주로 길이는 4,500m 규모이다.

두 공항과 17~42㎞ 거리에 있는 제벨알리항은 1979년 사막의 모래를 파내고 만든 세계 최대의 인공 항구이자 중동 최대의 항구로서 현재 연간 처리 물동량 기준 세계 10~12위권의 항만으로 성장하였다. 트라이포트는 UAE 전역과 인접한 5개 주변 국가 간 철도 연계를 목적으로 하는 에티하드 철도 건설을 통해 완성돼 가고 있다. 2016년 1단계 프로젝트가 완성되어 운행되고 있고 이후 2단계가 완료되면 사막을 관통하는 1,200㎞ 길이의 국가철도망이 구축되게 된다. 두바이의 공항과 항만, 철도의 연계로 발생하는 GDP는 국가 전체 GDP의 25%에 달하는 것으로 평가되고 있다.

[표 21] 세계 주요 공항과 항만의 연도별 화물 물동량 순위와 거리

		공항					항만				공항 ~ 항만 거리
		2018	2019	2020	2021		2018	2019	2020	2021	
홍콩	첵랍콕공항	1	1	2	1	홍콩항	7	8	9	10	21km
상하이	푸둥공항	3	3	3	3	상하이항	1	1	1	1	60km
싱가포르	창이공항	12	14	17	11	싱가포르항	2	2	2	2	27km
암스테르담	스키폴공항	20	18	18	15	로테르담항	11	10	10	11	58km
두바이	두바이공항 (알막툼)	6	7	13	8	제벨알리항	10	11	11	12	17km (42km)

자료 : ACI, Alphaline; Google maps.

공항복합도시, 경제활력의 새로운 거점

교통과 물류가 발달한 곳에는 사람이 모이고 기업이 들어서며 경제가 활성화된다. 과거에는 철도나 고속도로가 그 역할을 담당했다면 21세기 글로벌 시대에는 공항을 중심으로 도시가 발전하는 특징이 있다. 글로벌 이동이 손쉬운 곳, 항공화물을 들여오고 보낼 수 있는 공항이 가까이 있어야만 유리한 산업이 인근지역에 집중되어 발전하는 것이다. 공항과 항만이 결합된 씨앤에어Sea & Air 또는 공항 – 항만 – 철도가 연계된 트라이포트Tri-Port가 구축되어 있으면 금상첨화다. 이 같은 도시를 공항도시Airport Cities 또는 공항복합도시Aerotropolis[238]라 한다. 이를 위해 공항 주변에 물류, 관광, 컨벤션, 상업 및 첨단산업기능을 갖추고 특히 공항 인근을 자유무역지역으로 지정해 신속한 통관 절차나 비관세 혜택, 저렴한 임대료와 같은 지원 정책으로 고부가가치 첨단 제조업이나 물류기업 등 글로벌 기업을

---

238) 공항(airport)과 도시(metropolis)의 합성어.

유치하는 전략을 펴는 국가가 많다. 또 FedEx나 UPS 같은 글로벌 특송업체를 유치하기도 한다.

세계 최대 특송업체 페덱스 허브 공항이 있는 미국 테네시주 멤피스시, 스키폴공항과 로테르담항의 Sea & Air 물류 인프라를 기반으로 한 네덜란드 암스테르담, 공항 — 항구 — 철도 트라이포트와 자유무역지대를 기반으로 물류 허브를 넘어 국제 무역과 산업·비즈니스 허브를 구축한 UAE 두바이, 국제화물 운송실적 기준 세계 2~3위 수준의 인천국제공항과 인근 경제자유구역을 통해 바이오와 IT 등 고부가가치 첨단기업을 유치한 한국의 송도국제도시, 2005년 엑스포를 계기로 개항한 주부 국제공항을 발판으로 항공기 부품 및 자동차 산업의 거점도시로 발돋움한 일본 아이치현 등이 사례로 꼽힌다.

3. 통계로 보는 수도권 '블랙홀'과 부울경 공동화^{空洞化}

블랙홀 : 수도권에 쏠리는 사람과 돈, 기업과 일자리

옛말에 '자식을 낳으면 서울로 보내고 망아지는 제주도로 보내라'는 말이 있다. 요즘도 지방에서는 먹고 살기 힘들기 때문에 너도나도 수도권으로 몰려가고 있다. 수도권은 모든 자원을 빨아들이는 블랙홀^{black hole}이 되었고, 지방은 소멸 위기를 맞고 있다. 서울공화국, 수도권 일극체제 등으로 불리는 수도권 집중 현상은 어제오늘 일이 아니지만 통계를 보면 그 실상은 생각했던 것보다 훨씬 심각하다.

서울·경기·인천으로 구성된 수도권의 면적은 우리나라 전체 국토의 11.8%에 불과하지만, 사람과 돈, 기업과 일자리의 절반 이상이 집중되어 있다. 1980년 35.5%였던 수도권 인구 비중은 2019년에 처음으로 50%를 넘어섰고 2022년에는 50.5%로 역대 최고치를 기록했다. 특히 20·30대 젊은 층의 수도권 비중이 55.4%로 평균보다 더 높았는데, 이는 30년 전인 1992년 47.6%에 비해 무려 7.8%p 증가한 것이다.

경제력과 돈의 수도권 쏠림도 심각한 수준이다. 경제력과 주민 소득을 가늠할 수 있는 수도권의 지역내총생산^{GRDP}과 지역총소득^{GRNI} 비중도 절반을 훌쩍 넘어섰다. 여기에 땅값이 전국의 3분의 2에 육박함에 따라 전국 지방세수 중 56.8%가 수도권에 쏠렸고, 수도권 3개 광역단체의 평균 재정자립도는 68.3%로 비수도권^{36.5%}에 비해 30%p 넘는 격차를 보인다. 은행 대출금, 투자액과 소비액의 수도권 비중도 최저 49.1%에서 최고 69.2%까지 높은 점유율을 기록하고 있다. 수도권의 수출액은 37.8%,

수입액은 62.9%의 비중을 차지하고 있으며 고가제품의 주된 수출입 물류 기반인 국제 화물운송 물량의 95.6%를 처리하는 인천공항 일극체제가 이를 뒷받침하고 있다.

무엇보다 알짜 기업이 수도권에 몰려 있다. 2020년 현재 전국에는 436만 개의 사업체가 설립되어 운영되고 있고 이 가운데 52.5%인 227만 개가 비수도권에 있다.[239] 그런데 직원 수 1,000명 이상의 대기업 중 60.9%, 500명 이상 1,000명 미만의 중견기업 중 56.2%, 매출액이 가장 많은 1,000개 대기업 중 75.1%, 자산 5조 원 이상의 64대 재벌 대기업집단 계열사 2,278개 중 72.9%가 수도권에 있다.

반도체, 전자정보기기, 정보서비스 등 한국경제의 중심이자 고부가가치산업인 지식·기술 기반 제조업과 서비스업도 각각 57.8%와 62.6%가 수도권에 몰려 있다.[240] 혁신적인 기술과 아이디어를 바탕으로 한 창업 투자도 수도권에 쏠려있다. 벤처투자 금액의 79.7%, 그에 따른 고용증가분의 83.3%, 100억 원 이상 투자받은 스타트업의 89.9%가 수도권에 집중되었으며, 전체 창업기업법인의 62.3%도 수도권에 둥지를 틀었다.

교육의 수도권 쏠림 현상 역시 심각하다. 전국에 336개 대학일반·전문·교육·산업대학이 있고 수도권116개에 비해 비수도권에 더 많은 대학이 있지만, 경쟁력 있고 좋은 직장에 취업할 가능성이 높은 대학은 수도권 특히 서울에 몰려 있다. 세계대학평가기관인 QS, ARWU 등이 선정한 세계 대학 순위 500위 안에 포함된 국내 대학교는 19개2018~2021년 기준로, 이중 서울에

---

239) 통계청, 전국사업체조사
240) 지식기반제조업(9) : 전자정보기기, 반도체, 메카트로닉스, 정밀화학, 생물산업, 정밀기기, 신소재, 환경, 항공우주 / 지식기반서비스업(5) : 정보서비스, 기업지원서비스, 문화, 관광, 물류

[표 22] 주요 지표별 수도권과 부산·울산·경남지역의 비중

항목	수도권	부울경	항목	수도권	부울경
1. 면적	11.8%	12.3%	16. 공항 국제선 화물운송	95.6%	2.9%
2. 인구	50.5%	15.0%	17. 1,000인 이상 사업체	60.9%	11.9%
3. 20·30대 인구	55.5%	13.5%	18. 매출 1,000대 기업	75.1%	9.0%
4. 지역내총생산(GRDP)	52.8%	7.9%	19. 대기업집단 계열사	72.9%	6.7%
5. 지역총소득(GRNI)	56.1%	13.5%	20. 지식기반 제조업	57.8%	13.5%
6. 개별공시지가 총액	64.3%	11.4%	21. 지식기반 서비스업	62.6%	11.9%
7. 지방세	56.8%	13.1%	22. 벤처투자금액	79.7%	4.6%
8. 재정자립도	68.3%	48.6%	23. 벤처투자에 따른 고용증가	83.3%	3.1%
9. 예금은행대출	66.9%	12.6%	24. 창업기업(법인)	62.3%	10.3%
10. 투자액	48.9%	13.2%	25. 100억 이상 투자받은 스타트업	89.9%	1.3%
11. 연구개발투자	69.2%	6.3%	26. 상위 19개 대학 소재지	68.4%	10.5%
12. 소비액	49.1%	14.5%	27. 취업자	50.1%	14.2%
13. 개인카드 사용액	75.3%	7.3%	28. 20·30대 취업자	57.1%	12.5%
14. 수출액	37.8%	20.9%	29. 20·30대 고용률	71.9%	64.3%
15. 수입액	62.9%	13.7%	30. 연봉 상위 1% 고소득자	74.5%	9.3%

주 : 해당 항목의 전국 총량 중 수도권 및 부울경 비중을 뜻함(매출액 100대기업 부울경 5.0%는 대구·경북을 포함한 수치임). 단 재정자립도는 서울·인천·경기 및 부산·울산·경남 재정자립도의 평균값. 20·30대 고용률은 수도권과 부울경지역의 20·30대 인구 중 취업자 비율.
자료 : 1.국토교통부, 지적통계(2022.12. 기준), 2,3. 행안부, 2022년 주민등록인구통계, 4.5,10,12, 통계청, 2021년 지역소득, 6.한국부동산원, 2021년 개별공시지가 주요통계, 7. 행안부, 2022년 지방세통계연감, 8.행안부, 2022년도 지방자치단체 통합재정 개요, 9.한국은행, 2022년 통화금융통계, 11.과기부, 2020년도 연구개발활동조사보고서, 13.한국은행, 경제통계시스템(2022년 기준), 14.15.통계청, e-지방지표(2022 기준), 16.한국공항공사, 공항별 통계(2019 기준), 17. 통계청, 전국사업체조사(2020년 기준), 18.부산상공회의소 기업동향분석센터, 2021년 전국 매출액 1,000대 기업 중 부산기업 현황 분석, 19.감사원, 감사보고서-인구구조변화 대응실태 I (지역) : 공정거래위 2020년 공시대상 64개 기업집단(자산 5조 원 이상)의 계열사 2,278개 소재지 분석 결과, 20,21. 산업연구원, 2022년 균형발전 통계분석과 비교지표의 갱신 및 보급(2021년 기준), 22,23.중기부, 2022년 벤처·스타트업 고용 동향, 24.중기부, 창업동향조사(2022년 기준), 25. 스타트업얼라이언스, 스타트업레시피 투자리포트 2022, 26. 감사원, 감사보고서-인구구조변화 대응실태 I (지역), 27~29.통계청, 경제활동인구조사(2022년 기준), 30.국세청, 광역자치단체별 상위 1% 근로소득자 현황(2020년 기준).

소재한 대학교는 13개[68.4%]이다. 또 수도권 대학 졸업생의 약 88%가 수도권에서 일자리를 구하여, 지방대학 졸업생의 수도권 취업률[약 40%]의 두 배가 넘었다.

이에 따라 상대적으로 경쟁력을 갖추고 좋은 직장에 취업할 확률이 높은 수도권 대학에 입학하려는 경쟁률이 높게 나타난다. 수도권 대학의

신입생 입학 경쟁률은 13.5:1로 지방대학6.9:1에 비해 2배가량 높다. 편입학 경쟁률도 수도권 대학10.9:1이 지방대학3.3:1에 비해 3배가량 높다.[241]

사람과 돈, 알짜 기업과 대학의 수도권 집중은 일자리의 수도권 쏠림과 짝을 이룬다. 전국 취업자의 절반 이상이, 특히 20·30대 젊은 층 취업자의 57.1%가 수도권에 살고 있다. 만 15세 이상 인구 중 가사와 육아를 담당하는 가정주부, 학생, 연로자 등의 비경제활동인구를 제외한 경제활동인구를 나타내는 경제활동참가율과 만 15세 이상 인구 중 취업자가 차지하는 비율인 고용률은 수도권이 각각 64.5%와 62.5%로서 비수도권63.3%와 61.6%에 비해 더 높다. 특히 수도권 20·30대 젊은 층의 경제활동참가율과 고용률은 각각 75.2%와 71.9%로서 비수도권68.7%와 65.9%과의 격차가 더 크다.[242]

그만큼 수도권에 젊은 층의 일자리가 집중되어 있다는 것을 의미한다. 이뿐만 아니라 상위 1%에 해당하는 고액 연봉을 받는 근로소득자 중 74.5%가 수도권에 몰려 있어, 최상위 양질의 일자리도 수도권에서 독식하고 있는 것으로 나타나고 있다.

세계 최고 수준의 수도권 '블랙홀'

외국에서도 수도권은 정치 사회적 중심지이자 경제의 심장부이고, 인구가 가장 많은 도시인 경우가 대부분이다. 하지만 우리나라처럼 심각한 수도권 집중 현상은 유례가 없다. 단적으로 1인당 국민소득이 3만 달러 이상

---

241) 대학의 수도권 집중 관련 내용은 감사원, 『감사보고서-인구구조변화 대응실태 I (지역)』2021, 38~42쪽을 참조함.
242) 통계청, 경제활동인구조사 결과(2022년 기준).

이면서 인구가 5,000만 명 이상인 선진 7개국 중에서[243] 우리나라처럼 수도권의 경제력GDP, 인구, 취업자가 전국의 절반이 넘는 나라는 없다. 수도권 집중도가 높은 나라로 평가받는 일본과 프랑스, 영국도 20%~30% 초반이며 독일은 4.4%, 미국은 0.7%로 우리와 비교가 안 된다.〈그림 13〉 참조[244] OECD 회원국의 수도권 GDP 비중도 평균 26% 수준이다.

수도권 인구 비중도 일본30%, 프랑스19%, 영국13%, 이탈리아10%는 10~30% 수준이고, 독일5%, 미국2%은 한 자릿수에 그친다. 수도권 취업자 비중 또한 극히 미미한 수준인 독일5%, 미국1%은 물론 상대적으로 높은 일본31%, 프랑스23%, 영국17%, 이탈리아11%도 우리나라에 비해 턱없이 낮다.[245]

〈그림 13〉 30-50 클럽 국가의 수도권 경제력 집중(2018년 GDP 기준)

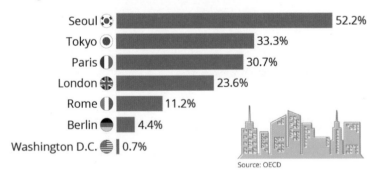

243) 30-50 클럽은 경제 규모와 인구 경쟁력을 모두 충족하는 나라로 전 세계에 미국, 일본, 독일, 영국, 프랑스, 이탈리아, 한국 등 7개국이 있다. 우리나라는 2019년에 이 클럽 구성원의 자격을 갖췄다.

244) Niall McCarthy, Where Capital Cities Have The Most Economic Clouth, 2021.4.14.(ttps://www.statista.com/chart/15738/the-contribution-of-selected-capital-cities-to-their-countries-gdp/). 원본 그래픽 중 30-50클럽 회원국 대상으로 재작성.

245) 국회 입법조사처, "30-50클럽 국가의 수도권 집중도 현황", 2020; 国土交通省, 各国の主要都市への集中の現状, 2019.

지방의 공동화 : 부울경 젊은 층 인구의 수도권 유출

수도권 집중은 비수도권 지방소멸 위기의 원인이자 결과이다. [표 22]에서 보듯이 부울경지역의 면적은 수도권보다 더 넓지만, 사람과 돈, 기업과 일자리 비중은 대부분 한 자릿수이거나 10%대에 머물고 있다. 비중 지표 중 수출액이 유일하게 20%가 넘었는데, 이조차도 부울경지역이 1960년대부터 한국의 산업화를 주도해오다 2008년 35%를 정점으로 지속적으로 하락한 결과이다. 수도권과 평균 재정자립도 격차는 20%p에 육박하고 20·30대 고용률 격차도 7.6%p에 달한다. 특히 20대의 고용률은 수도권64.3%에 비해 9.8%p가 낮은 54.5%에 그친다.

지방소멸 위기는 젊은 층이 수도권으로 빠져나가 지방의 인구가 지속적으로 줄어드는 것에서 상징적으로 나타난다. 수도권은 지방의 최대 인구집단인 부울경 벨트의 인구마저 급속히 빨아들였다. 1992년 772만 명이던 부울경 인구는 2015년 805만 명으로 정점을 찍은 뒤 이후 매년 감소세로 돌아서 2022년 770만 명 수준으로 줄었다. 특히 부울경의 20·30대 인구는 최근 30년 동안 300만 명1992년에서 176만 명2022년으로 거의 반토막이 되었다. 젊은 층 인구의 수도권 유출이 주된 이유였다. 그 실상을 보자.

통계청의 국내인구이동통계를 보면, 수도권으로의 순유입전입자-전출자, Plus net migration은 노무현 정부가 출범한 2003년 이후 꾸준히 줄다가 박근혜 정부 때부터 다시 늘어나는 추세를 보인다. 이 경향은 주로 젊은 층이 주도하고 있다. 2022년 20·30대는 수도권으로 6만 4,368명이 순유입됐지만, 40대 이상은 3만 4,473명이 순유출전출자-전입자, Minus net migration됐다. 늘어나는 수도권 인구가 20·30대로 채워진 것이다. 특히 부울경지역 젊은 층의 유출이 가장 심각하다. 부울경에선 2022년 20·30대가 3만 436명 순유출되었다. 이 가운데 2만 4,237명이 수도권으로 유출되었다. 수도권 순유입 20·30대의 37.7%가 부울경에서 온 것이다.

통계청에서 시·도 간 순유출 인구 통계를 집계하기 시작한 것은 1995년부터였다. 이때부터 2022년까지 28년 동안 수도권으로 순유출된 부울경 인구는 총 68만 8,071명으로 한 해 평균 2만 4,573명꼴이다. 연령별로는 20대가 47.8만 명으로 가장 많고, 다음으로 10대$^{8.0만}$ 명, 30대$^{6.1만}$ 명, 40대$^{2.6만}$ 명, 50대$^{1.3만}$ 명 등의 순이다. 60대 이상$^{1.7만}$ 명과 10대 미만$^{1.5만}$ 명도 수도권으로 순유출되었다. 20대가 압도적으로 많고, 30대보다 10대가 더 많은 점이 눈에 띄는데, 이는 지방 젊은 층의 수도권 유출 원인과 관련이 있다.

청년층의 지역 간 이동에 관한 실증적 연구에 따르면 지방 청년 인구는 크게 두 차례에 걸쳐 수도권으로 유출된다. 1차 유출은 주로 10대 후반부터 20대 초반까지 대학에 진학하기 위해 수도권으로 이동하는 것이다. 2차 유출은 20대 후반부터 30대 초반까지 취업을 위해 수도권으로 이동하는 것이다. 진학과 취업을 위해 수도권으로 이동해서 정착하고 나면 다시 출신 지역으로 돌아가지 않고 계속 수도권에서 거주하며, 이들이 이룬 가정에서 태어난 새로운 세대는 생애 시작부터 수도권에 살게 되어 수도권 거주 인구 비중은 계속 증가한다.[246]

---

246) 한요셉, 『청년층의 지역 간 이동에 관한 연구 : 대학 진학을 중심으로』, KDI, 2021, 9~49쪽.

[표 23]은 1995년 이후 28년이 지난 2022년도를 기준으로 10대 후반에서 30대 초반15~34세까지 부울경 인구의 변화와 순유출을 5세 단위로 살펴본 것이다. 서울 등 수도권 대학 진학을 위한 1차 유출에 해당하는 20대 초반20~24세과, 취업을 위한 2차 유출에 해당하는 20대 후반25~29세이 각각 24만 명 안팎으로 가장 높은 수치를 기록하고 있다. 또 수도권 유출자 수가 해당 연령층 인구감소의 69.1%와 81.0%를 차지하고 있다. 넓게 보아 10대 후반15~19세은 대학 진학을 위한 1차 유출에, 30대 초반30~34세은 취업을 위한 2차 유출로 포함한다면 1차 유출은 29.8만 명, 2차 유출은 28.6만 명으로 비슷한 규모라 할 수 있다.[247] 이처럼 1995년 이후 수도권으로 순유출된 부울경 전체 인구의 84.8%가 15~34세 연령층이다.

[표 23] 부울경지역 15~34세 인구의 변화와 순유출 현황(1995, 2022)

(단위 : 명, %)

연령별	인구변화			순유출		비중		
	1995 (A)	2022 (B)	감소 (A-B)	부울경 外 (D)	수도권(E)	D/ (A-B)	E/ (A-B)	E/D
15 - 19세	704,652	341,123	363,529	78,765	61,636	21.7	17.0	78.3
20 - 24세	751,945	410,121	341,824	250,073	236,078	73.2	69.1	94.4
25 - 29세	753,188	455,575	297,613	261,461	241,208	87.9	81.0	92.3
30 - 34세	742,157	438,630	303,527	68,628	44,503	22.6	14.7	64.8
계	2,951,942	1,645,449	1,306,493	658,927	583,425	50.4	44.7	88.5

자료 : 행안부, 주민등록 인구통계; 통계청, 국내인구이동통계

---

247) 1차 유출 연령층을 15~25세로, 2차 유출 연령층을 20~29세로 보아 20대 초반(20~24세)을 1, 2차 유출이 겹치는 연령층으로 보기도 한다(이글·백충기, "동남권 인구이동과 지역경제 시사점", BNK경제연구원, 2022.9.10쪽). 이 연구에 따르면 2012년부터 2021년까지 10년 동안 부울경 청년 인구의 수도권 유출은 1차 유출 6.4만 명, 2차 유출 13.2만 명으로 비수도권 경제권역 중 최다이다.

청년 또는 젊은 층의 수도권 집중은 저출생과 함께 국가 차원의 인구감소와 지방소멸 리스크를 동시적으로 초래하는 핵심적인 원인이다.[248] 수도권은 주로 저출생으로 인구감소 압력을 받는 반면, 지방은 저출생 못지않게 젊은 층 인구의 수도권 유출까지 겹쳐 말 그대로 지방소멸의 위기에 처한다.

한국고용정보원에 따르면 부울경지역은 인구가 빠르게 줄어들면서 3분의 2 이상이 지방소멸위험에 처해있다. 2023년 2월 기준으로 부산시 205개 중 125개[61.0%], 울산시 56개 중 14개[25.0%], 경남 310개 중 245개[79.0%] 등 부울경 571개 읍면동 가운데 384개[67.3%]가 소멸위험지역에 해당한다. 시군구별로는 부울경 39개 가운데 20개[51.3%]가 소멸위험지역이다.[249]

국가 불균형의 확대 : 역대 정부의 국가균형발전 정책

수도권 집중을 완화하고 지방소멸을 막기 위한 노력이 본격적으로 추진된 것은 노무현 정부 때부터였다. 노무현 정부는 처음으로 국가균형발전을 국정과제로 삼고 이를 체계적으로 추진하기 위해 대통령 직속 국가균형발전위원회를 설치하였다. 균형발전을 제도적으로 뒷받침하는 국가균형발전특별법을 제정하였고, 국가균형발전특별회계를 별도 계정으로 설치하였으며, 국가균형발전 5개년 계획을 수립하여 추진하기 시작했

---

248) 한국은행 대전충남본부, "인구감소와 '지방소멸'의 리스크 점검 및 정책적 시사점", 2017.7.6. 10쪽. 젊은 층 인구의 수도권 집중은 지역 인구 유출에 따른 지방소멸을 야기하는 한편, 수도권 인구집중으로 인한 주거 및 교육비 부담 증가로 수도권의 출산율을 크게 하락시키는 것으로 추정된다.

249) 이상호·이나경, "지방소멸위험 지역의 최근 현황과 특징", 『지역산업과 고용』 2023년 봄호 관련 원시자료의 분석 결과이다. 소멸위험지수는 65세 이상 고령인구 수에 대비한 20~39세 여성인구 비율을 나타내는 값으로 마스다 히로야(增田寬也)의 저서 『地方消滅 : 東京一極集中が招く人口急減』(2014)의 내용에 착안해 한국고용정보원에서 처음으로 개발하여 사용하는 것으로, 소멸위험지수 값이 1.0 이하로 하락하는 경우, 인구학적인 쇠퇴위험 단계에 진입하게 되었음을 의미한다.

다. 특히 기존의 균형발전 정책으로는 수도권 인구집중 현상을 막을 수 없다고 판단하여 신행정수도 건설과 혁신도시 건설과 함께 공공기관 지방 이전을 통한 강력한 지방 분산정책을 실시하였다.

또한 2006년 4대 초광역 경제권을 시작으로 2007년 5+2 초광역 경제권 구상을 발표하며 초광역권 발전전략 도입을 시도하였다.[250] 이명박 정부는 노무현 정부의 초광역 경제권 구상을 일부 수정하고 구체화하여 '5+2 광역경제권' 중심의 지역 발전전략과 전국을 163개의 시·군 중심의 기초생활권으로 나누어 광역경제권과 함께 육성한다는 기초생활권 정책을 내세웠다. 박근혜 정부는 국민의 행복 관점에서 '56개의 지역행복생활권'을 설정하고 광역 협력 사업을 추진하겠다고 밝혔다. 다만 노무현 정부가 균형발전을 국정과제의 핵심적 과제로 설정하여 추진한 것과 달리 이명박·박근혜 정부에서는 보조적인 과제에 머물렀고, 수도권 규제완화정책과 같이 균형발전과 충돌하는 정책도 병행되었다는 차이가 있다.

어쨌든 역대 정부의 균형발전 정책은 제한된 기간이긴 하지만 수도권 집중을 일부 완화하는 성과를 거두었다. 대표적으로 노무현 정부가 당시 수도권에 집중되어 있던 공공기관 345개 중 175개[50.7%]를 지방으로 이전하기로 한 계획은 이후 정부에서도 계승되었고, 2019년까지 순차적으로 153개 기관의 지방 이전을 모두 완료하였다.[251]

그 영향으로 2005년부터 수도권 순유입 인구의 감소세가 시작되어 2011년에는 수도권으로 들어오는 인원보다 빠져나간 인구가 더 많아졌다. 관련 통계를 집계하기 시작한 1970년 이래 40년 만에 처음 있는 일이었다.

---

250) 5대 초광역 경제권(수도권, 충청권, 호남권, 대구·경북권, 동남권) + 2대 지역 경제권(강원권, 제주권)으로 4대 초광역권과의 차이는 영남권은 대경권과 동남권으로 분리한 것이다.

251) 국토교통부 보도자료, 2019.12.25., "수도권 소재 153개 공공기관 지방이전 완료"

보론 1 │ 트라이포트와 메가시티

그러나 이 흐름은 그리 오래가지 않았다. 2017년부터 다시 순유입으로 전환되었고 그 규모도 점차 증가하였으며 2019년에는 처음으로 수도권 인구가 전체 인구의 절반을 넘어섰다. 이를 두고 공공기관의 지방 이전정책은 수도권과 비수도권 인구가 역전되는 시점을 2011년에서 2019년으로 약 8년 정도 늦추는 정도의 효과가 있었다는 평가가 나왔다.[252]

경제력과 기업 및 일자리의 수도권 집중도 역시 점차 증가하는 추세를 밟아 비수도권을 추월하는 흐름으로 이어졌다. GDP의 수도권 비중은 2002년 49.5%까지 계속 상승하다 2003년과 2004년 연속 하락하였으나 2005년 49.0% 다시 상승하여 2010년 49.35%을 거쳐 2015년 50.1% 처음으로 비수도권을 추월한 뒤 2020년엔 52.7%를 기록하여 그 격차가 갈수록 벌어지고 있다. 수도권 사업체 수 비중은 2005년 46.6% → 2010년 47.1% → 2015년 47.4% → 2020년 47.5%로, 매출액 1,000대 기업의 수도권 비중은 2005년 71.3% → 2010년 71.0% → 2015년 71.5% → 2020년 74.3%로 각각 증가 추세를 밟으면서 알짜 기업일수록 수도권에 더 집중되는 현상이 지속되었다.

수도권 취업자 비중도 2005년 48.7% → 2010년 49.7% → 2015년 49.8% → 2020년 50.3%로 점차 증가한 뒤 비수도권을 추월하는 흐름을 보였다. 결국 노무현 정부 이래 본격화된 균형발전 정책은 그 속도를 몇 년 늦췄을지언정 지방소멸 위기를 막는 데 성공하지 못한 것으로 나타난 것이다.

---

252) 국토연구원, 『혁신도시 성과평가 및 정책지원』 2020, 76쪽

4. 세계는 지금 '메가시티와 다극화 경쟁' 중

도시화 확대와 메가시티 가속화

인류 최초의 도시는 농업 기술의 발달에 따른 잉여 생산물과 함께 등장했다. 최초의 도시들은 기원전 3,500년경 티그리스, 유프라테스강 유역에서 나타났다고 한다. 하지만 그 뒤로 오랫동안 도시에 사는 사람은 상대적으로 적었다. 도시에 거주하는 세계 인구의 비율은 1600년 이전에는 5%에 미치지 못했고, 1800년에도 7% 수준에 머문 것으로 추정되고 있다.[253]

인구를 도시로 불러들인 것은 산업화였고, 교통수단의 획기적인 발전과 정보혁명은 그 속도를 더 빠르게 하고 있다. 1900년에는 지구상 인구의 약 15%가, 1950년에는 약 30%가 도시에 거주했고 2009년에는 역사상 처음으로 50%를 넘어섰다. 도시가 등장한 지 5,500여 년 만에 도시는 전 인류의 절반 이상이 생활하는 공간이 된 것이다. UN의 도시 분석에 따르면 오늘날 세계 인구의 55%, 42억 명 정도가 도시에 거주하고 있으며, 2050년에는 세계 인구의 68%인 67억 명이 도시인일 것으로 전망되고 있다. 인구 셋 중 둘이 도시에 살게 되는 것이다.[254]

도시화가 빠르게 진행되면서 특정 도시로 인구가 집중되는 현상도 일반화되었다. 1900년에는 인구 100만 명 이상의 도시가 12개였으나 1950년에는 76개, 2000년에는 371개, 2018년에는 548개로 폭발적으로 증가했다. 도시의 규모가 확대될수록 점점 더 많은 사람이 모여들었고, 인

---

253) Hannah Ritchie and Max Roser, Urbanization, 2018(https://ourworldindata.org/urbanization)
254) UN, World Urbanization Prospects The 2018 Revision, 2019. 이하 UN 통계도 이 자료에 근거함.

보론 1 | 트라이포트와 메가시티

구 천만 명 이상이 거주하는 메가시티의 수도 점차 늘어났다.[255] 메가시티는 1950년 2개, 1980년 5개, 2010년 25개로 증가하였다.

세계 인구 중 메가시티 거주 인구 비중도 1950년 0.9%에서 1980년 1.9%, 2010년 5.6%로 증가했다. 2018년 현재 메가시티는 33개, 거주 인구는 6.9%인 5억 2,900만 명이다. 2035년이 되면 메가시티는 48개로 늘어나고 거주 인구는 8억 8,990만 명으로 세계 인구의 9.7%, 도시인구의 15.5%로 예상된다. 세계 인구 열 중 한 명이, 도시인구 일곱 중 한 명이 메가시티에 거주하게 되는 것이다.

UN 분석에 따르면 메가시티의 인구 증가 속도는 세계 인구나 도시인구에 비해 훨씬 빨랐고 이후에도 그럴 것으로 전망된다. 2000년부터 2018년까지 18년 동안 세계 인구 증가율은 24.2%, 도시인구 증가율은 47.1%였던 데 비해, 메가시티 인구 증가율은 무려 115.6%에 달했다. 여기에 더해 2035년까지 17년 동안 세계 인구는 16.5%, 도시인구는 31.7% 증가하는 데 비해 메가시티 인구는 63.0% 증가할 것으로 예측하고 있다.

UN에서 5년 단위로 분석한 자료를 보면 1970년까지만 해도 전 세계에서 메가시티는 고소득 국가인 미국의 뉴욕, 일본의 도쿄와 오사카 이렇게 3개만 존재했다.[256] 이후 메가시티 수는 대부분 중간 정도의 소득 수준을 가진 남반구의 개발도상국을 중심으로 급격히 증가하였다. 2018년 기준으로 아시아에 20개, 라틴아메리카에 6개, 아프리카에 3개, 유럽과

---

255) UN에 따르면 100만 명 이상의 도시는 인구 규모에 따라 메가시티(Megacities, 1,000만 명 이상), 대도시(Large cities, 500~1,000만 명), 중규모 도시(Medium-sized cities, 100~500만 명)로 분류된다.

256) 고소득 국가들은 미국, 영국, 독일, 일본 등 전통적인 선진국(developed countries)은 물론 전통적으로 개발도상국으로 물론 한국, 홍콩, 싱가포르, 마카오 등 아시아의 고성장 국가, 쿠웨이트, 카타르, UAE, 사우디아라비아 등 중동의 산유국이 포함되어 있다.

[표 24] 2018년과 2035년 소득 수준별 국가의 메가시티 현황

(단위 : %)

구분		2018년				2035년			
		국가	도시	수도	해당국가	신규 메가시티 국가	국가	도시	수도
고소득 국가		3	5	2	미국(2), 일본(2,수), 프랑스(수)	영국(수), 한국(수)	2	5	7	4
중소득 국가		16	27	12			12	21	39	17
	중간 상위	9	15	7	중국(6,수), 브라질(2), 멕시코(수), 러시아(수), 아르헨티나(수), 터키, 콜롬비아(수), 페루(수), 태국(수)	중국(4), 말레이시아(수), 이란(수), 이라크(수), 앙골라(수)	8	13	23	11
	중간 하위	7	12	5	인도(5,수), 파키스탄(2), 인도네시아(수), 필리핀(수), 방글라데시(수), 이집트(수), 나이지리아	인도(3), 베트남(수)	4	8	16	6
저소득 국가		1	1	0	콩고	탄자니아(수)	1	2	2	1
합계		20	33	14			15	28	48	22

주 : 5년 단위 메가시티 현황에 대한 UN 분석에 따르면 서울(한국)은 1990년과 1995년 메가시티에 포함되었으나 이후 제외되었다가 2025년부터 다시 포함될 것으로 나타남. 국가명의 ( )안의 '수'는 수도가 메가시티에 포함된 경우이며 숫자는 메가시티 2개 이상인 경우 그 개수. 소득 수준별 국가 분류는 세계은행의 2016년 1인당 GNI를 기준으로 고소득 국가(High-income countries)는 12,476달러 이상, 중상위 소득 국가(Upper-middle-income countries)는 4,036~12,475달러, 중하위소득 국가(Lower-middle-income countries)는 1,026~4,035달러, 저소득 국가(Low-income countries)는 1,025달러 이하 국가를 가리킴.

자료 : UN Department of Economic and Social Affairs, World Urbanization Prospects The 2018 Revision, United Nations, New York, 2019에서 작성.

북미에 각각 2개의 메가시티가 존재한다[이하 표 24 참조]. 소득 수준별로는 고소득 국가에 5개가 있는 반면, 중소득 국가에는 27개, 저소득 국가에 1개가 각각 존재한다. 2035년이 되면 고소득 국가에 2개, 중소득 국가에 12개, 저소득 국가에 1개의 메가시티가 추가로 생겨날 것으로 전망된다.

2018년 기준 33개 메가시티 중 14개는 해당 국가의 수도이고, 19개는 비수도권에 있는 도시이다. 메가시티가 존재하는 국가는 모두 20개인데 11개국은 수도인 메가시티 1개만 있고, 3개국은 수도를 포함한 2개 이상의 메가시티가 있다. 대표적으로 중국은 수도 베이징과 비수도권 5개 등 6개, 인도는 수도 뉴델리를 포함한 델리지역 메가시티와 비수도권 4개 등 5개의 메가시티가 있다. 일본도 수도인 도쿄 외에 비수도권의 오사카 메가시티가 별도로 존재한다. 비수도권에만 메가시티가 존재하는 국가는 6개로 이 중 미국과 브라질, 파키스탄은 각각 2개씩 갖고 있다. 2035년이 되면 추가될 15개 메가시티 중 8개는 수도이고, 7개중국 4개, 인도 3개는 비수도권 도시이다. 이에 따라 28개국에 존재하게 되는 메가시티 48개 중 22개는 해당 국가의 수도이고, 26개는 비수도권의 거대도시일 것으로 전망된다.

이상 UN의 분석에서 알 수 있는 것은 메가시티는 인구 천만 명 이상이 거주하는 거대도시를 말하는 것으로[257], 1950~1970년 기간에는 미국과 일본의 3개 거대도시에서 출발하였지만 이후에는 대다수가 개발도상국으로 확대되면서 가속화되었다. 또한 해당 국가의 수도권가 메가시티로 발전하는 경우가 있는 반면 더 많은 메가시티는 비수도권에 존재하는 것으로 나타났으며, 수도가 아닌 비수도권 대도시에만 메가시티가 존재하는 국가도 있는 등 다양한 양상을 나타내고 있다.

메가시티 개념 : 거대도시, 글로벌 경제의 핵심

메가시티의 사전적 의미는 '엄청나게 큰'이라는 뜻의 메가mega와 도시를 의미하는 시티city가 결합된 '거대도시'를 뜻한다. UN의 2018년 기준 메가시티 33개의 인구 규모는 최소 천만 명에서 최대 3천 700만 명 규모

---

257) 다만 메가시티의 적용 범위는 대상에 따라 일부 차이가 있다. 예를 들면 UN 분석에서 일본 도쿄 메가시티는 도쿄만이 아니라 요코하마, 가와사키, 치바와 같은 주변 대도시를 아우르는 '도쿄권'을 대상으로 한 반면, 서울 메가시티는 경기나 인천을 포함하지 않고 있다.

로 인류 역사상 가장 거대한 도시이다. UN을 비롯해 조사기관마다 도시의 지리적 경계를 어떻게 계산하느냐에 따라 조금씩 다를 수 있지만^{이에 따} ^{라 메가시티의 숫자와 규모도 다를 수 있다} 일반적으로는 단일한 도시가 아니라 도시와 도시가 연결되어 만들어진, 한 도시의 경계를 넘어선 거대도시를 가리킨다.

메가시티는 우리말로 '초광역 도시'나 '초광역권'이라 번역되는 게 일반적이다. 김해시와 같은 시·군·구 자치구를 기초자치단체, 경상남도·부산광역시·울산광역시 등을 광역자치단체라고 하는데, 메가시티는 광역을 넘어선^超 더 넓은 범위의 초광역권을 가리키는 공간 개념인 것이다.

도시와 도시를 연결한 거대도시를 부르는 이름도 다양하다. 거대도시에 대한 관심은 1961년 지리학자 고트망^{Gottman}이 보스턴－뉴욕－필라델피아－볼티모어－워싱턴^{Bos-Wash}에 이르는 미국 북동부 해안지대를 메가시티와 유사한 개념인 메갈로폴리스^{megalopolis}로 명명한 것이 그 시초로 알려져 있다. 오늘날에도 Bos-Wash 메갈로폴리스는 미국 국토의 2%에 불과하지만, 전체 인구의 18%, GDP의 20%를 차지하는 핵심적인 초광역 경제권역으로 자리 잡고 있다. 메갈로폴리스는 도시들이 선형으로 쭉 이어지고 있는 일종의 '회랑' 형태가 강조될 때 사용된다.

앞서 살펴본 UN의 도시 분석과 같이 천만 명 이상의 '많은 인구'가 강조될 때는 메가시티를 사용하는 경우가 많다. 노동과 자본, 상품의 흐름이 행정구역이나 국가의 경계를 벗어나 이동하고 있음이 강조될 때는 메가리전^{megaregion} 혹은 메가시티리전^{megacity region}이란 표현이 많이 사용된다. 거대도시의 어떤 특징을 강조하느냐에 따라 학자마다 사용하는 명칭이 다양한 셈인데, 동남권^{또는 부울경} 메가시티와 같이 우리나라에서 생활권과 경제권을 공유하고 규모의 경제를 확보하기 위해서 '초광역적 사업과 연대'의 필요성을 강조하는 점은 메가시티리전 개념이 상당히 반영된 것이라 할 수 있다.[258] 다만 이 글에서는 다양한 이름의 거대도시를 메가시티로 통칭하고자 한다.

미국 브루킹스연구소Brookings Institution는 2018년에 천만 명 이상의 거대도시에서 범위를 넓혀 '세계에서 가장 큰 300개 대도시'를 대상으로 성장 속도와 특성을 분석한 보고서를 발표하였다.[259] 이에 따르면 2016년 현재 300개 대도시에는 세계 인구의 4분의 1 미만24.1%이 살고 있는데, 세계 GDP의 절반 가까이49.1%를 생산한 것으로 나타났다. 또 2014~2016년 사이에 세계 평균 GDP와 고용 성장보다 두 배 가까운 성장률을 기록하며 GDP 성장의 67%와 고용 증가의 36%가 이들 도시에서 이루어진 것으로 분석되었다.

강력한 경제력은 이들 도시가 기업에게 제공하는 생산에 효율적인 환경에서 비롯된다. 도시지역의 인구밀도와 연결성은 운송비용을 낮추고 기업이 생산성을 유지하는 데 필요한 노동력, 인프라 및 지식의 공유 풀pool을 제공한다. 이러한 이점은 높은 임대료나 교통 체증 등 대도시 밀집지역과 관련된 비용을 초과하기 때문에 기업과 산업이 계속해서 이들 도시에 집중되고 경제성장과 일자리 창출을 촉진한다는 것이 브루킹스연구소의 분석이다.

---

258) "20년 뒤 사라지는 지방, '메가시티'로 산업생태계 구축해야", 『프레시안』 2022.5.24. 메가리전(megaregion), 세계도시(global city), 글로벌 도시(global city), 이외에도 글로벌 도시지역(global city region), 슈퍼리전(super region), 다중심 도시지역(polycentric urban region) 등도 경제공간 단위의 광역화 및 세계화와 관련된 정책개념으로 사용되고 있다(박경현, "초광역권과 메가시티가 아시아에서 가지는 함의", 『아시아 브리프』 2권 46호, 2022.11.21.).

259) Brookings Institution, Global Metro Monitor 2018, 2018.6.

도시에는 여러 생산요소가 집중되어 있다. 특히 메가시티의 경우 고등교육을 받은 인적자본이 집중되어 있으며, IT 인프라 및 교통, 통신 등 미래 지식경제 시대 가치 창출에 필수적인 다양한 인프라들이 잘 갖추어져 있다. 여기에 천만 명이 넘는 거대한 소비시장과 이를 노리는 수많은 글로벌 기업들이 R&D센터나 지역 본사 등을 두고 있기 때문에, 혁신과 생산성 면에서 다른 지역에 비해 훨씬 유리한 여건을 가지게 된다.[260]

더욱이 오늘날 메가시티들은 하나의 독립된 주체로서 글로벌 경쟁의 전면에 나서고 있다. 많은 경우 메가시티는 경쟁력 강화를 위해 인접 도시들과 연계되어, 광역 도시화하는 특징을 보인다. 또 IT의 비약적 발전은 메가시티의 거대한 규모와 인구로 인해 발생하는 문제와 비효율을 해결하고 개인과 기업의 혁신 및 경제활동의 효율성과 생산성 향상에 크게 기여하고 있다. 이에 따라 대도시의 강력한 경제력의 핵심에는 메가시티가 자리 잡고 있다. 2010년 기준으로 전체 메가시티가 세계 GDP의 14.6%를 창출한 것으로 분석되었는데,[261] 이후 2018년까지 메가시티 수와 거주 인구가 30% 이상 증가한 것을 고려하면 GDP 기여도는 더 높아졌을 것이다.

개별 메가시티의 강력한 경제력은 훨씬 눈에 띈다. [표 25]에서 알 수 있듯이 가장 크고 생산성이 높은 메가시티의 경제력은 주요 국가의 전체 경제 규모 못지않다. 도쿄의 경제 생산량은 2015년 당시 GDP 세계 15위이던 우리나라와 비교해도 손색이 없다. 뉴욕은 캐나다, 로스앤젤레스는 호주, 런던은 네덜란드에 견줄 만하다. Top 10 메가시티 GDP 합계는 9조 5천억 달러로 이것은 세계에서 4번째와 5번째로 큰 국가 경제인 일본

---

260) 정재영, "글로벌 메가시티의 미래 지형도", 『LG Business Insight』 2010.10.13., 8쪽.

261) Christopher A. Kennedy et al, Energy and material flows of megacities, PNAS, 2015, p.5986.

과 독일을 합친 것보다 크다. 또 Top 20 메가시티의 GDP 합계는 14조 6천억 달러로 미국의 18조 달러에 다가서고 있다.[262]

[표 25] GDP 기준 Top 10 메가시티와 주요 국가의 GDP 비교

순위	메가시티			국가	
		인구 (천명)	GDP (십억달러)		GDP (십억달러)
1	도쿄	37,004	1,624	한국	1,754
2	뉴욕	20,182	1,492	캐나다	1,584
3	로스앤젤레스	13,340	928	호주	1,101
4	서울	25,095	903	말레이시아	817
5	런던	14,855	831	네덜란드	840
6	파리	12,524	819	남아프리카	726
7	상하이	24,768	810	필리핀	744
8	모스크바	12,194	750	아랍에미리트	641
9	오사카 – 고베	18,640	681	스위스	518
10	베이징	21,876	664	스웨덴	469
	계	200,478	9,502		9,194

자료 : Martin Prosperity Institute의 Taylor Blake가 만든 지도 'Top 10 metros by GDP with comparable nations'에 담긴 자료를 도표화한 것임. 메가시티 GDP는 Brookings Institution. Redefining Global Cities, 2016에서, 국가별 GDP는 The World Bank, World Development Indicators에서 각각 인용한 2015년 기준 수치라고 밝히고 있는데, 여기에 Redefining Global Cities에 실린 메가시티별 인구 통계를 추가하였음. GDP는 구매력(PPP) 기준임. 서울메가시티는 인구 규모에서 알 수 있듯이 서울·경기·인천의 수도권을 의미함.

초광역 경제권 육성전략과 다극화

　4차 산업혁명이 진행될수록 ICT 기술을 접목한 스마트시티가 부가가치 창출의 큰 원천으로 부상하고 있다. 100년 전, 노동자 대부분은 농

---

262)　Richard Florida, The Economic Power of Cities Compared to Nations, Bloomberg 2017.3.17.(https://www.bloomberg.com/news/articles/2017-03-16/top-metros-have-more-economic-power-than-most-nations)

지나 농장에서 일했다. 50년 전에는 절반 이상이 공장에 고용되었다. 그러나 노동자들은 점점 더 도시에 집중된 서비스, 지식, 창조 산업에 고용되고 있다.[263] 도시는 21세기의 '공장'이며 도시에 대한 정책이 새로운 산업정책이 되고 있는 것이다.[264] 세계 경제가 점점 더 도시를 중심으로 발전하고 그 가운데서도 메가시티가 핵심 역할을 담당함에 따라 메가시티 정책이 단순한 공간정책을 넘어 중요한 산업정책으로 떠오르고 있다.

이에 따라 선진국이나 신흥 개발도상국 할 것 없이 오래전부터 메가시티 육성전략을 앞다투어 추진해 왔다. 수도권은 수도권대로 경쟁력 있는 메가시티로 키우고, 균형발전 차원에서 비수도권 인근 도시들을 연결하여 광역화하는 메가시티를 추가 건설함으로써 성장 거점을 다극화하는 전략을 병행하는 나라가 많다.[265]

파리와 주변 도시들을 통합해 광역 수도권을 만들기 위한 프랑스의 '그랑파리Grand Paris 프로젝트', 런던권 개발에 국가사업의 최우선 순위를 부여하는 영국의 '대런던Great London 플랜'이 수도권 초광역권의 글로벌 경쟁력을 높이려는 대표적인 메가시티 육성전략이다. 동시에 비수도권 광역 도시권 육성 정책도 활발하게 추진되고 있다.

미국에서는 오바마 행정부 때 시작한 'America 2050'를 통해 2050년까지 전국에 11개의 메가리전을 안정적으로 구축하기 위해 지방 대도시권을 중심으로 고속철도, 대도시권 광역철도, 스마트 하이웨이, 항만,

263) Richard Florida, What To Do About the Rise of Mega-Regions, Bloomberg 2018.6.12.(https://www.bloomberg.com/news/articles/2018-06-12/making-urbanism-more-equal-will-require-devolution)

264) Lionel Fontagne (Editor), The Factory-Free Economy, New York, NY : Oxford University Press, p.59.

265) 이하 메가시티 전략 동향은 다음 자료를 참조. 박경현, "초광역권과 메가시티가 아시아에서 가지는 함의", 「아시아 브리프」 2권 46호, 2022.11.21; 정재영, "글로벌 메가시티의 미래 지형도", 「LG Business Insight」 2010, 10.13; 공혜는 외 "글로벌 정보-각국의 초광역 협력", 「국토」 2022년 3월호(통권 제485호).

공항 등을 연계하는 '멀티모달Multi-modal 교통 시스템'을 갖추기 위한 사업이 추진되고 있다.

일본에서는 도쿄 중심의 수도권, 나고야 중심의 중부권, 오사카 중심의 관서권을 1시간대 생활권으로 묶기 위한 '슈퍼 메가리전'을 추진하면서 이를 위한 핵심 사업으로 초고속 자기부상 철도 '리니어 주오신칸센' 구축에 나섰다. 또한 인구 2,100만 명 규모의 오사카 지역 12개 지자체가 간사이關西 광역연합을 구성하여 지역 주도의 광역경제권 발전을 추진하고 있다. 이보다 규모는 작지만, 영국의 '그레이터맨체스터 대도시권GMCA', 독일의 '슈투트가르트지역연합Verband Region Stuttgart'도 지역이 주체가 된 광역권 발전계획 추진 사례로 꼽힌다.

신흥 국가들에서는 수도권 중심의 메가시티 전략이 주를 이루는 가운데 중국과 인도의 비수도권 초광역 경제권 육성전략이 주목된다. 급속한 도시화가 진행되고 있는 중국에서는 거점도시와 주변 지역을 광역경제권으로 묶고 철저한 계획과 기능 분담을 통해 시너지를 극대화하는 전략을 구사하고 있다. 징진지 도시군, 창장삼각주 도시군, 주장삼각주 도시군 등 10개의 메가시티 육성 정책이 추진되고 있다. 인도에서는 도시문제 해결과 경제성장 및 국민 삶의 질 향상을 위해 100개의 스마트시티 개발 국가정책인 '스마트시티 미션Smart Cities Mission'을 추진하는 동시에 뭄바이舊 봄베이지역에 중국 상하이를 능가하는 금융 메가시티를 구축하기 위한 전략으로 추진 중인 '나비 뭄바이Navi Mumbai' 프로젝트가 주목받고 있다.

글로벌 메가시티의 지향점 : 규모와 네트워크 경제

글로벌 경쟁의 핵심 단위로 부상하는 도시는 '규모의 경제'와 '네트워크의 경제'를 추구한다. 메가시티는 도시와 도시를 연결해 천만 명 이상의 초광역 도시권을 구축하는 '규모의 경제' 전략이다. 천만 명의 인구는 세계화 시대에 글로벌 경쟁력을 갖출 수 있는 최소한의 규모라 할 수 있다. 천만 명이 넘는 인구와 소비자들, 집중된 인적자본과 노동력, 수많은 기업들, 특허와 아이디어, 각종 인프라, 행정서비스 등이 한데 어우러진 생태계이자 플랫폼을 만들어 지역의 성장잠재력을 높이고 글로벌 경쟁력을 강화하려는 것이다.

메가시티는 거점을 중심으로 연계 도시가 네트워크로 연결되어야 제 기능을 발휘하기 때문에 도시들을 마치 하나의 도시이자 생활권처럼 묶어주는 교통 인프라와 스마트시티의 구축이 무엇보다 중요하다. 글로벌 경제력을 지향할 경우 이를 가능하게 하는 국제공항 인프라 또한 필수적이다. 개별 도시의 시야를 넘어선 초광역적 관점에서 그에 합당한 책임과 권한을 갖고 교통망 확충, 스마트 도시 인프라, 도시 환경, 주거와 편의시설 구축 등을 계획하고 추진할 준정부 수준의 초광역 단위 행정기구의 설치도 메가시티 성공의 요체라 하겠다.

보론 2.

한국의 항공산업과 공항의 역사

1. 한국의 항공산업이 걸어온 길

항공운송은 사람과 재화, 투자의 원활한 이동을 촉진하고 대한민국을 세계와 연결한다. 김포와 제주를 오고 가는 항공편은 한 해 1,600만 명이 넘는 승객을 실어 나르는 세계에서 가장 바쁜 국내 노선 중 하나이다. 국내외 96개 항공사가 1년 365일 쉴 새 없이 운항하는 378개 국제노선은 대한민국과 전 세계 53개 국가 177개 도시를 이웃처럼 이어준다. 인천국제공항은 2021년 기준 항공화물 물동량 세계 2위의 항공화물 허브로, 무역액 1조 2,596억 달러의 세계 8대 무역 국가로 발돋움한 대한민국의 수출입 화물 중 금액 기준 3분의 1을 이 공항에서 싣고 내렸다.

항공운송은 일자리 83만 8천 개와 GDP의 3.4%에 달하는 476억 달러의 부가가치를 창출하는 데 직간접적으로 기여한다. 항공사와 공항 운영사, 공항 내 업체, 항공기 제조사, 항공교통관제 유관 업체의 국내 고용 직원 수가 15만 8천 명이다. 또 항공운송 부문이 국내 협력 업체로부터 재화와 서비스를 구매함으로써 21만 5천 개의 일자리 창출에 기여한다. 직원들에게 지급되는 급여는 재화와 서비스에 대한 소비를 진작시키고 일자리 8만 7천 개 창출을 간접 지원한다. 항공편을 통한 외국인 관광객 유치는 지역경제를 활성화시켜 일자리 37만 8천 개 창출에 기여한다. 항공사와 협력사, 유관 산업을 포함한 전체 항공운송업이 창출하는 부가가치는 298억 달러, 외국인 관광객 소비로 창출되는 부가가치는 178억 달러 규모이다.[266]

일제 강점기의 항공산업

그렇다면 한국의 항공산업이 걸어온 길은 어떠했는가?

일제 강점기인 1913년 일본 해군 기술 장교 나라하라가 서울 용산 연병장에서 열린 공개 비행 행사에서 200미터 높이로 약 3분간 비행하였다.[267] 라이트 형제의 비행 성공 이후 10년 만에 한반도 상공에 동력 비행기가 첫선을 보인 것이다. 일본 비행학교에서 비행사 훈련을 받은 안창남은 1922년 여의도에서 5만여 관중이 지켜보는 가운데 단발 쌍엽 1인승 비행기를 타고 모국 방문 비행회를 열었다. 한국인에 의한 첫 한반도 비행이다.

1928년 설립된 국책회사 일본항공수송(주)은 이듬해부터 도쿄－다롄 노선을 개설하면서 중간 기착지로 대구－서울－평양－신의주를 매일 1회 왕복하기 시작했고, 서울－울산 단독노선도 개설하였다. 이것이 한반도의 첫 정기 항공노선이었다. 1932년부터는 만주항공(주)도 여객·우편·화물을 운송하는 신의주－다롄 노선에 취항하였다. 1930년대 초 일본 항

---

266) IATA, "The importance of air transport to the Republic of Korea", IATA Economics 2019.6.1. 한국어 버전 (iata.org IATA -Economics).

267) 이하 한국의 항공산업 전개 과정에 대해서는 다음 문헌을 참조함. 대한민국항공회, 『대한민국 항공사 1913-1969』 2015; 한국공항공사, 『한국공항 25년사』 2005; ㈜대한항공, 『대한항공 50년사 1969-2019』 2019; 한국항공협회, "국내항공역사"(https://www.airportal.go.kr/life/history/his/LfHanKo.jsp); 홍대한, "대한민국 항공산업의 역사(1) 최초의 비행조종사 탄생", 『철강보』 2014년 10월호.

공사가 운항하던 비행기는 8~15인승 규모였다. 신용욱은 한국인으로서는 최초로 1936년 조선항공사업사를 설립하고 4인승 여객기 3대로 경성－이리 주 1회 정기 운항 노선을 개설하였다. 1937년부터는 경성－다롄－베이징, 경성－함흥－청진 등 4개 정기노선이 조선총독부의 재정적 지원을 받는 '명령노선'으로 일본인들에 의해 운항되었다. 하지만 태평양전쟁이 발발함에 따라 1942년 민간항공이 군 수송 전력으로 징발되면서 식민지 조선 내 민간항공은 중단되었다.

해방 후 민간에서 국영으로, 다시 민간으로

해방 후 항공산업의 기반은 보잘것없었다. 일본군은 한반도에 상당수의 비행기를 남겨둔 채 물러갔으나 미군이 민간에 고철로 불하하는 바람에 단 한 대도 쓸 수 없게 되었다.[268] 신용욱이 운영하던 조선항공사업사 소유 비행기도 미군정에 의해 모두 폐기되어 민간항공도 마비되었다.

이후 군용 항공이 먼저 활성화되었다. 1948년 5월 육군 제1 여단 안에 항공부대가 창설되었고 9월에 미군으로부터 L4형 연락기 10대를 인수하면서 처음으로 비행기를 보유하게 되었지만, 전투기 한 대도 없는 공군은 허울뿐이었다. 하지만 한국전쟁 3년을 거치며 비약적으로 전력을 증강하여 종전 직후엔 2개 비행단에 F-51 전투기 78대를 포함하여 총 118대의 비행기를 보유한 병력 1만 1,390명 규모로 불어났다.

민간항공의 정비는 더디게 진행되었다. 신용욱이 1948년 대한국민항공사KNA를 설립하여 미국에서 5인승 비행기 3대를 들여와 서울－부산

---

268)　홍대한, "대한민국 항공산업의 역사(1) 최초의 비행조종사 탄생", 「철강보」 2014년 10월호, 31쪽.

간 여객운송을 개시하며 민간항공 사업이 시작되었으나 한국전쟁으로 비행기가 모두 징발되어 중단되었다. 전쟁 후 28인승 DC-3와 국제선 전용 72인승 DC-4 항공기를 도입하여 국내선 노선을 증설하고 대만과 홍콩 등 동남아 국제노선에도 취항하면서 여객과 화물 수송이 꾸준히 증가하였다. 하지만 1962년 KNA가 경영난으로 도산하면서 해방 후 첫 민간항공 시대는 막을 내렸다.

같은 해에 100% 국영의 대한항공공사가 설립되었고 KNA에서 불하받은 DC-3 3대, 일본에서 임차한 DC-3, DC-4로 국내선 운항을 시작하였다. 1967년에는 우리나라에서 처음으로 제트 여객기 DC-9을 도입하여 일본과 동남아 등 국제선 노선에 투입하였다. 그러나 수요 급감과 환율 상승, 자본금 부족으로 회생 불능의 경영난에 빠져 1969년 한진상사에 인수됨으로써 첫 국영항공 시대도 막을 내렸다. 다시 민영항공 시대로 돌아간 것이다.

대한항공 독점 시대의 항공산업

이후 1988년 제2 민항 아시아나항공이 출현할 때까지 약 20년간 항공운송 산업은 대한항공KAL의 독점 시대가 되었다. 대한항공은 1970년대 두 차례의 석유파동에도 불구하고 경제개발계획의 본격화와 한국 건설업의 중동진출, 3저 호황, 해외여행의 점진적인 자유화, 86아시안게임과 88올림픽에 따른 특수를 배경으로 과감한 투자를 통해 민간항공시장 규모를 크게 성장시켰다. 제트기 1대, 프로펠러기 7대로 운항을 시작한 대한항공은 공격적으로 중·장거리용 대형 제트기를 단계적으로 도입해 1988년까지 보유기를 59대로 늘렸다. 보유 기종 중 프로펠러기는 F-27 3대에 불과했고 나머지는 대부분 제트기 중심의 현대화된 대형 비행기였다.

이에 따라 운항 노선이 늘고 여객 및 화물 수송량도 크게 증가하였다. 1968년 김포발 부산·대구·광주·제주·강릉행 등 7개 도시 8개 노선이던 국내선은 1988년 김포발 부산·대구·광주·제주·강릉·진주·여수·울산·포항행 등 12개 도시 15개 노선으로 증가했다.[269] 같은 기간 국적항공사의 국제선 노선도 1개국 3개 도시 6개 노선에서 16개국 26개 도시 41개 노선으로 늘었다.[270] 여객 수는 1968년 54만 명국내선 31만 명, 국제선 23만 명에서 1988년 1,265만 명국내선 630만 명, 국제선 635만 명 규모로 급증하였다.

또한 초기 비행기는 모두 여객기였으나 아시아 신흥국의 수출 증가와 기업의 해외 진출 확대에 따라 항공화물 수요가 크게 늘자 대한항공은 1971년부터 화물기를 도입하기 시작해 1978년까지 4대, 1988년에는 11대를 보유하게 되었다. 이에 힘입어 화물 수송량도 1968년 1.56만 톤국내선 0.17만 톤, 국제선 1.39만 톤에서 1988년 61.90만 톤국내선 11.06만 톤, 국제선 50.84만 톤으로 크게 증가하였다.[271] 1989년 국제민간항공기구ICAO 발표 자료에 따르면 대한항공은 여객 9위, 화물 7위에 올라 세계 10위권의 항공사로 발돋움했다.

복수 민항시대의 항공산업

1988년 대한항공 독점체제가 깨지고 복수 민항시대가 시작되었다. 아시아나항공과 양대 국적항공사의 과점체제에 이어 2005년부터는 저비용항공사들까지 경쟁에 참여하였다. 경쟁이 도입됨에 따라 소비자의 선택권이 확대되고 비행기 좌석 수가 늘었으며 서비스도 향상되었다.

---

269) 한국항공진흥협회, 『항공통계자료 1995』 1995, 410쪽.

270) 교통부, 『1989년도 교통안전연차보고서』 48쪽.

271) 대한항공의 국제선 취항 및 보유기 변동은 ㈜대한항공, 『대한항공 50년사 1969-2019』 2019, 184쪽, 502쪽을 참조. 여객 및 화물 수송량은 교통부, 『교통통계연보 1969』 11쪽; 교통부, 『교통통계연보 1989』 23쪽을 참조.

양대 국적항공사의 과점체제 기간 동안 보유 비행기 수는 177대²⁰⁰⁵년까지 증가했으며, LCC 시장참여 10년째인 2015년에는 양대 대형 항공사 243대 LCC 84대 등 총 327대로 증가했다. 2021년 말 기준 LCC 9개사 127대를 포함한 11개 국적항공사 보유 비행기 수는 363대이다. 여기에는 화물기 38대가 포함돼있다. 보유 기종도 장거리용 첨단 초대형 A380, A350, B747, B777을 비롯해 단거리용 소형 비행기까지 다양해지고 현대화되었다.

1988년 12개 도시 15개 노선이던 국적항공사의 국내선은 10년 만인 1998년 16개 도시 27개 노선, 2002년에는 16개 도시 29개로 꾸준히 증가하였다.[272] 하지만 고속도로 및 고속국도의 확충으로 전국이 그물망처럼 도로 네트워크가 발달하고 KTX와 SRT 등의 고속철도가 신설되는 등 육상교통수단의 발전에 따라 2009년까지 20개로 감소한 이후 21~22개 노선을 유지해 왔다. 코로나19의 영향이 한창이던 2021년에는 15개 도시에 19개 노선_{내륙노선 8개, 제주노선 11개}을 운항하였다.

국적항공사의 국제선은 1988년 16개국 26개 도시 41개 노선에서 독점체제 붕괴 후 10년 만인 1998년 27개국 74개 도시 114개 노선으로 증가하였다. 또 외국 항공사로는 15개국 30개 항공사가 국내에 취항하였다. 2010년에는 국적항공사는 37개국 121개 도시 184개 노선에 취항하였고, 외국 항공사는 32개국 89개 도시 182개 노선에 취항하였다. 중복을 제외하고 국내에서 이용할 수 있는 국제 항공편은 43개국 140개 도시 297개 노선이었다. 코로나19 팬데믹 직전인 2019년 말 기준 9개 국적항

---

272) 건설교통부, 『1999년도 교통안전연차보고서』 349쪽; 건설교통부, 『2003년도 교통안전연차보고서』 598쪽

보론 2 | 한국의 항공산업과 공항의 역사

공사가 취항한 국제선은 45개 국가 141개 도시를 대상으로 244개 노선을 기록했다. 87개 외국 항공사는 39개 국가 126개 도시를 대상으로 232개 노선을 운항하였다. 이에 따라 중복을 제외하고 국내에서 이용할 수 있는 국제 항공편은 국내외 96개 항공사가 취항하는 53개 국가 177개 도시 378개 노선에 달했다.

연간 항공 여객 수는 1987년 1,000만 명을 돌파한 뒤 20년 만인 2007년에 5,000만 명을 넘어섰다. 다시 2016년에 1억 명을 돌파하여 불과 9년 만에 2배 규모로 증가했고, 코로나19 팬데믹 직전인 2019년에는 1억 2,337만 명에 다다랐다.[273]

시기별 국내선 및 국제선 비중을 보면, 1973~1988년에는 국제선 여객이 더 많았고, 1989년~2001년에는 국내선이 더 많았다. 2001년부터는 국제선이 월등히 많아져 2019년에는 국내선 여객의 3배에 육박했다. 1970년대는 국제선, 1980년대는 국내선, 2000년대는 국제선의 여객 증가가 두드러졌다. 2010년 이후 2019년까지 국제선 성장세는 중국과 동남아 여객수요에 힘입은 저비용항공사LCC가 주도했다. 이 기간에 연간 전체 국제선 여객 수는 2.3배 증가하였는데 LCC는 28.6배, 외국 항공사는 2.2배, 대형 항공사는 1.3배 증가했다. 국제선에서 저비용항공사의 점유율도 2010년 2.3%에서 2019년 29.5%로 27.2%p 증가했다.

한편 2019년 기준 항공화물 운송실적은 총 427.5만 톤국제선 401.6만 톤, 국내선 25.9만 톤을 기록했다. 국제선 운송 화물의 65.4%는 국적항공사가대한항공 37.4%, 아시아나 21.2%, LCC 6.8%, 34.6%는 외국 항공사가 담당하였다.

---

273) 코로나19 팬데믹의 영향으로 항공 여객 수는 2020년 3,940만 명, 2021년 3,563만 명 규모로 축소되었다.

1988년 복수 민항시대 개막 이후 항공산업의 발전은 항공 자유화 등 정부의 발전 기반 마련, 저유가와 여행수요 증가 등 우호적인 영업환경, LCC 운항 확대와 대형 항공사들의 전략적 사업 운영 등이 모두 조화를 이룬 결과였다. 하지만 2022년 기준 대형 항공사FSC 2개, 저비용항공사LCC 9개가 운영되고 있는 국내 항공시장은 다른 국가에 비해 항공사 수가 지나치게 많다는 지적이 꾸준히 제기돼왔다. 그렇다 보니 가격 경쟁으로 이어져 제 살 깎아 먹기식의 운영을 지속해 왔다.

2005년 이후 17년 동안 40개 가까운 LCC 항공사가 설립되었다가 사라졌고 2022년 현재 9개 사가 운영 중이다. 국제민간항공기구ICAO에 따르면 한국은 미국과 더불어 세계에서 LCC가 가장 많은 나라이다. 한국과 미국 각 9개의 뒤를 이어 일본이 8개, 중국과 태국이 6개, 독일이 5개 순이었다. 미국은 인구수가 3억 명이 넘고 남한 면적 대비 100배나 커 항공기가 대중적인 교통수단으로 발달한 나라다. 영토와 인구 면에서 상대적으로 작은 한국이 미국과 LCC 숫자는 같아 LCC 하늘길이 사실상 포화 상태인 것이다.[274]

이런 이유로 코로나19 팬데믹이 시작되기 이전부터 국내 항공사 중 일부는 경영난을 겪고 있었으며 코로나19 사태로 2년 가까이 운항이 중단되면서 결정타를 맞았다. 이에 따라 2020년 말부터 대한항공과 아시아나 간 합병 절차가 시작되어 2023년까지 마무리될 예정이며, 자회사인 3개 LCC진에어, 에어서울, 에어부산도 통합될 예정이다. 다만 이 경우 통합 항공사의

---

274) 『이코노믹리뷰』 2021.11.12., "미국만큼 많은 저비용항공사…LCC업계 재편 시기 올까".

국제선 기준 점유율이 독과점 수준인 73%에 달할 것으로 예상돼 국내 항공산업의 경쟁력을 약화시키고 운임 인상을 불러와 소비자 편익을 저해할 수 있다는 우려가 제기되고 있다.[275]

275) 박상혁, 윤문길, 「우리나라 대형항공사 통합 이후 항공산업 생태계 변화 전망과 정책 과제」 2022.10.

2. 한국의 공항, 어제와 오늘

인천·김포·김해 등 15개 공항 운영 중

2022년 현재 우리나라에서는 총 15개의 공항이 운영되고 있다. 인천·김포·김해·양양·제주공항 등 8곳은 외국으로 오가는 비행기를 이용할 수 있는 국제공항이고, 나머지 7개는 국내선만 이용할 수 있는 국내공항이다. 15개 공항 중 김해·대구·광주·청주공항 등 8곳은 민간과 군軍이 공동으로 사용하고 있다[표 26] 참조.[276]

인천공항은 1992년부터 영종도, 용유도, 삼목도, 신불도 등 인천 앞바다의 섬 일대를 간척하여 2001년 한국 최대의 국제공항으로 개항하였다. 김포국제공항의 국제선 기능을 이어받았으며 대부분의 국제선이 인천공항을 통해 운항되고 있다. 코로나19 팬데믹 직전인 2019년 기준 국제여객 연간 7,058만 명, 환승객 839만 명을 기록하며 국제여객 세계 5위를 기록하였다. 또한 2021년에는 개항 이후 최초로 항공화물 실적 연간 300만 톤 및 누적 화물 5,000만 톤을 달성하여 국제 항공화물 세계 2위의 공항으로 올라섰다.

김포공항은 1939년 일제 육군 항공대의 비행 훈련장으로 건설되었다. 해방 후 미군의 비행장으로 이용되다가 1954년부터 우리나라 항공기도 활주로 일부를 사용하였다. 1958년에 국제공항으로 지정되어[277]

---

276) 한국의 공항은 다음 자료를 참조하여 정리함. 한국공항공사, 『한국공항 25년사』 2005; 국토교통부, 『공항 : 대한민국 인프라 개발』 2013; 대한민국국항회, 『대한민국 항공사 1913-1969』 2015.
277) 그 이전까지는 1916년에 만든 여의도 비행장이 임시 국제공항으로 이용되었다. 1971년까지 공군기지로 사용되던 여의도 비행장은 경기도 성남시에 조성된 공군기지(현 서울공항)로 기능을 이관하면서 폐쇄되었다. 이후 아

국제선만 운항하다가 1963년부터 국내선 서울 여객도 취급하기 시작했다. 1961년 미군이 사용하던 김포공항 관할권과 공항 관제탑을 최종적으로 이양받았다. 2001년 인천국제공항 개항에 따라 국내선만 취항하다가 2007년부터 중국, 일본, 대만 등 동아시아 왕복 단거리shuttle 국제선도 운항하고 있다.

김해공항이 현재의 위치부산시 강서구 공항진입로 108에 문을 연 것은 1976년이다. 정확하게는 이때 부산시 수영구에 있던 부산국제공항이 옮겨온 것이다. 일제가 1940년 육군비행장으로 수영 비행장을 개장하였고, 해방 후에는 민간 여객기가 취항하다가 1958년 부산 비행장으로 명칭을 바꾸었다. 1963년에 국제공항으로 승격된 뒤 1976년 김해에 있던 공군비행장으로 이전하면서 명칭도 김해국제공항으로 다시 바뀐 것이다.[278]

제주공항은 1942년 일제의 육군비행장으로 개장한 이래 1946년 미군이 민간인 수송을 위해 민간 항공기 취항을 시작하였고, 1949년 대한국민항공사에서 서울-제주 간 부정기 운항을 개시하였다. 1968년에 국제공항으로 승격되었다. 대구공항은 1962년 공군비행장을 사용하여 개항하였고 1994년 일본 후쿠오카와 연결되는 국제선이 취항하면서 국제공항이 되었다. 2004년 경부고속철도KTX 개통 이후 국내선은 제주노선만 운항 중이다.

스팔트로 포장된 광장으로 사용되다가 1999년 여의도 공원으로 조성되었다.

278) 수영구의 비행장은 국제공항이 김해로 옮겨간 뒤 얼마간 군용 비행장으로 사용되다 나대지로 방치되다가 1996년 부산시의 신도시 개발정책에 따라 현재의 센텀시티로 변모하였다.

청주공항은 1994년 공군비행장을 사용하여 국제공항으로 개항하였으며 2011년부터 14개 지방공항 중 처음으로 화물기 운항을 시작하였다. 무안공항은 2007년 호남권의 유일한 국제공항으로 개항하였다. 이에 따라 목포공항의 국내선 기능과 광주공항의 국제선 노선이 무안공항으로 이전되었다. 양양공항은 영동권의 국제공항으로 2002년 강릉공항과 속초공항의 기능이 통합되어 개항하였다.[279] 이외에 지방 국내공항으로 광주·여수·군산·울산·포항·사천·원주 공항이 운영되고 있다.

미국 유럽 등 중·장거리 국제노선은 인천공항에만

15개 공항 중 11곳은 비행기 이·착륙에 따른 소음 문제나 야간 시간대 항공편 수가 적어 굳이 공항을 운영할 필요가 없는 등의 이유로 야간 시간대 운항을 제한하는 커퓨타임Curfew Time의 적용을 받는다. 나머지 인천·청주·무안·제주공항은 커퓨타임이 적용되지 않기 때문에 원칙적으로 24시간 운항이 가능하다. 그러나 무안·제주공항은 야간 시간대에 공항을 운영하지 않아서 인천공항과 청주공항만 24시간 이·착륙이 가능하다. 청주공항은 24시간 운영될 뿐 아니라 서울에서 가까운 충청권에 있어 기상악화 등으로 비행기가 인천·김포공항에 착륙하지 못할 때 이·착륙할 수 있는 대체공항으로 지정되어 있다.

공항의 활주로 현황을 보면 모든 공항이 폭 45m 이상의 활주로를 확보하고 있고 인천·김포·김해·청주공항은 폭 60m 활주로를 두고 있

---

279) 무안공항과 양양공항의 개항으로 목포공항, 강릉공항, 속초공항은 폐쇄되었고 광주공항은 국내선만 취항하게 되었다.

다.[280] 반면 7개 국내공항은 물론이고 8개 국제공항 중에서도 4곳^{대구·청주·양}양·무안공항의 활주로가 길이 3㎞ 미만이다. 일반적으로 큰 비행기일수록 더 긴 활주로와 넓은 계류장이 필요하고 중·장거리 국제선에 투입되는 E급 및 F급 항공기는 길이 3,200m 폭 45m^{F급은 60m} 이상이 필요하다. 따라서 설치된 활주로 기준으로는 인천·김포·김해·제주공항에서만 E급 이상 항공기 이·착륙이 가능하고 A380과 같은 F급 항공기는 인천공항에서만 가능하다. 인천공항에는 길이 4,000m 1개, 3,750m 3개 등 폭 60m 활주로 4개가 있다.[281] 그러나 중·장거리 국제노선은 24시간 운항이 가능해야 하기 때문에, 사실상 상대적으로 가까운 동남아를 제외한 유럽과 미국 등을 오가는 국제선은 인천공항에 집중될 수밖에 없는 상황이다.

코로나19 팬데믹 직전인 2019년 기준 항공 여객 수는 국내선 6억 4,673만 명, 국제선 9억 900만 명 등 총 1억 5,557만 명이었다. 공항별 비중을 보면 인천공항 45.7%, 제주공항 20.1%, 김포공항 16.4%, 김해공항 10.9% 순이었다. 특히 국제선 여객의 77.6%가 인천공항을 이용했고, 김해공항 10.6%, 김포공항 4.7%, 제주공항 2.9% 순으로 인천공항에 집중되었다. 국내선은 제주공항 44.3%, 김포공항 32.7%, 김해공항 11.3%, 청주공항 3.9% 순이었다.

---

280) 국제민간항공기구(ICAO)는 날개폭과 주륜(바퀴) 외곽의 폭을 기준으로 A급부터 F급까지 항공기의 등급을 구분하고 있다. 국내선 운항에 사용되는 B737 시리즈나 A320 시리즈는 C급, 중거리 노선에 주로 투입되는 A300이나 B767급 중형항공기는 D급, 대형 여객기의 대명사로 국제선 운항에 가장 많이 사용되는 B747 시리즈는 E급, 하늘 위의 호텔로 불리는 초대형항공기 A380은 F급이다.

281) 인천공항 활주로 건설에 참여한 관계자에 따르면 길이 4,000m 활주로는 기본 이륙 거리가 3,270m인 대형항공기 B747-400을 기준으로 당시 개발 가능성이 대두됐던 초음속 항공기, 온난화로 미래에 기온이 상승할 것 등을 고려해 건설됐다. 나머지 3개 활주로 길이는 3,750m인데, 최근 항공기 개발 추세가 A380과 같은 초대형 항공기보다는 중대형항공기 위주로 바뀌었고, 2018년 연 500회 이상 운항된 항공기를 따져본 결과 이륙 소요 거리가 가장 긴 항공기(B777-200)도 지구 온난화까지 고려한 최대 이륙 거리가 3,750m 이내인 점을 감안한 것이라고 한다("동아사이언스』 2021.11.13., "[프리미엄 리포트] 3,750m 질주의 과학, 활주로".

국제 항공화물 99% 인천공항에서 처리

2021년 기준 국제 항공화물 수송 실적은 총 332만 9,775톤이었다. 이 가운데 99.99%가 인천공항에서 이루어진 가운데 김해공항0.07%, 제주공항0.005%이 뒤를 이어 인천을 제외한 나머지 7개 국제공항의 실적은 사실상 의미가 없거나 아예 전무하였다. 앞서 말했듯이 신속하고 안전하게 적기에 운송되어야 하는 국제화물은 대부분 항공편을 이용한다. 실제로 2020년 기준으로 우리나라에서 첨단 고부가가치 제품을 비롯해 물리적 환경조건에 민감하거나 파손 우려가 큰 반도체98.6%, 의약품87.3%, 컴퓨터88.5%, 무선통신기기83.8% 등은 전체 수출의 80% 이상을 항공화물로 운송하고 있다.[282] 2021년 기준 항공화물 수출 금액 2,182억 달러 중 전기전자80.5%, 기계8.0%, 화학공업6.8% 관련 제품이 95.3%를 차지하고 있다. 3개 분야 품목의 수입을 포함한 수출입 금액도 전체의 90.9%에 달한다.

이에 따라 기업 활동과 직접 연관된 수출입 항공화물 실적도 인천공항 의존도가 절대적이기는 마찬가지 양상이다. 2021년 기준 항공 수출입 금액은 4,162억 달러였다. 이 가운데 인천공항을 통한 수출입 금액은 99.67%에 달했고, 청주공항 0.29%, 김해공항 0.03%, 김포공항 0.01% 순이었다. 인천공항 개항 10년째이던 2010년 당시 항공 수출입 2,148억 달러 가운데 인천공항이 98.7%, 김해공항이 0.9%, 김포공항이 0.4%였던 점을 감안하면 최근 10년 동안 수출입 항공화물의 인천공항 의존성은 더 심화되었다.[283]

---

282) 2020년 금액 기준. 자료 출처는 강성은 "2020년 항공 및 해상 수출물류 동향과 시사점" 「TRADE BRIEF」 한국무역협회, 2021, 5쪽.

283) 항공화물 수출입 금액 통계 출처는 관세청 수출입무역통계(https://unipass.customs.go.kr/ets/) 참조.

보론 2 │ 한국의 항공산업과 공항의 역사

수도권 집중 부추기는 인천공항 1극 체제

수출 항공화물을 처리할 수 있는 공항이 가까이 있다는 이점은 인천이라는 도시의 산업재편으로 이어졌다. 인천공항에 가까운 곳에 조성된 인천 경제자유구역에는 3,000여 개 이상의 사업체가 입주해있다. 특히 바이오와 IT산업을 비롯한 고부가 가치 산업, 유통과 물류, 관광 마이스 산업이 집중되어 있다.

예를 들면 바이오의약품의 개발 및 생산에 특화된 세계 최고 수준의 기업인 삼성바이오로직스는 2011년부터 인천 송도 국제도시 내에 본사와 대규모 바이오 생산 단지를 운영하고 있다. 외국에서 원료를 들여와 가공 후 수출하는 고부가가치 기업으로 원료의 수입과 제품의 수출 모두 항공편을 이용할 수밖에 없으며, 만약 국제공항으로부터 먼 거리에 자리 잡을 경우 원료와 제품의 안전한 이송을 보장할 수 없고 물류비도 증가하기 때문에 인천국제공항 인근에 자리 잡은 것이다.[284]

정부에서 국내외 수출기업의 투자 유치를 위해 조세감면, 관세 특례, 임대료 감면 등 각종 특례와 지원을 통해 운영하고 있는 자유무역지역의 운영 실태에서도 비슷한 양상이 나타난다. 자유무역지역은 크게 입지 여건에 따라 공항형, 항만형, 산업단지형 등으로 나뉜다. 산업단지형으로는 마산, 익산, 군산, 대불 등 7개 지역, 항만형으로는 부산항, 포항항, 평택·당진항, 광양항 등 5개 지역이 지정되어 있다. 공항형은 인천국제공항이 유일하다. 그러나 2021년 자유무역지역 수출액 비중을 보면 전체 수출액 109.4억 달러 중 공항형이 80.9%88.5억 달러를 차지하였고, 산단형

284) [부산MBC 특집 다큐멘터리] 복합물류 경제성장의 '빅게이트'…하늘길과 바닷길을 제패하라, (2022.4.29.) 참조.

18.1%^{19.8억 달러}, 항만형 1.0%^{1.13억 달러} 순이었다.[285] 첨단 고부가가치 수출 기업에게는 그만큼 국제항공 화물의 수출입이 편리한 인천공항의 존재가 절대적으로 중요한 것이다.

이처럼 사실상 수출입 화물은 모두 인천공항을 통해서 처리되기 때문에 말 그대로 돈이 되는 산업이 인천과 인근 수도권으로 집중됨으로써 고질적인 수도권 집중과 비수도권 지역의 소멸 위기를 부추기는 부작용이 심각한 상황이다. 단적으로 2019년 기준으로 영남권 등 김해공항 영향권에서 발생하는 수출입 항공 화물량 중 95.8%가 인천공항을 통해 처리되고 김해공항을 거친 화물은 4.2%에 불과했다.[286] 인근 공항에서 화물을 처리할 수 없기 때문에 화물 이송 시간이 더 걸리는 것은 물론, 유류비나 인건비 등 물류비를 더 부담하고 인천공항을 이용할 수밖에 없는 것이다.

공항은 국제 운송을 담당하는 교통시설로서 인적 교류뿐만 아니라 기업이나 산업의 입지에 영향을 주는 국제화 시대의 중요 기반 시설이기 때문에 첨단 고부가가치 제품 생산 기업일수록 비수도권 지역을 점점 기피하게 되어 지방소멸 위기를 더욱 가속화 하는 중요한 요인 중 하나가 되고 있는 것이다.

국제적으로도 드문 제1 공항 극단적 편중

인천공항 대비 김해공항의 분담 비율은[287] 화물 0.4%, 여객 13.0%로 나타나고 있는데, 이처럼 제1 공항인 허브 공항 대비 제2 도시 공항의 분

---

285) 산업통상자원부 보도자료, "2021년도 자유무역지역(FTZ) 수출 동향(잠정)", 2022.1.24.
286) 이은진, "2020 부산권 국제항공화물수요 조사분석", 부산연구원, 2020.
287) 분담비 = 제2 도시 공항의 여객 및 화물 × 100 ÷ 허브 공항의 여객 및 화물

담 비율이 우리나라처럼 극단적으로 편중되어있는 경우는 국제적으로 매우 드문 사례로 꼽힌다. 독일화물 16.2%, 여객 58.0%, 영국화물 6.7%, 여객 30.7%, 일본 165.3%, 여객 54.6%, 이탈리아화물 352.5%, 여객 9.0%, 스페인화물 29.1%, 여객 86.1% 등 주요 외국의 경우 제2 도시 공항이 일정 정도 이상의 분담 비율을 기록하고 있거나 오히려 허브 공항보다 훨씬 많은 화물 수송을 담당하는 등으로 공항별 역할과 기능이 나뉘어 있다.[288]

인천공항만을 위주로 화물이나 여객을 수송하는 운송체계를 계속 고수하는 것은 세계화 추세에도 맞지 않고, 인천공항의 긴급 상황 발생으로 인한 운영 중단이나 폐쇄 시에 대책이 전혀 없으며, 우리나라의 고질적인 문제인 수도권 집중의 폐해가 가중되는 만큼 적절한 개선책이 마련되어야 하는 실정이다.

288) 이은진·허윤수, 「영남권 항공화물 수송여건 분석 및 수송체계 구축방안」 부산연구원, 2019, 55쪽.

[표 26] 국내 공항 활주로, 처리 능력, 운항 현황(2019~2021)

구분		활주로(m)	운항횟수(년)	여객(만명) 계	여객(만명)	화물(만톤) 계	화물(만톤)	운항실적(회/2019년) 계	운항실적(회/2019년)	여객(천명/2019년) 계	여객(천명/2019년)	화물(톤/2021년) 계	화물(톤/2021년)
인천	국내선	4,000×60 / 3,750×60	500,000	7,700	100	478	–	404,104	5,289	71,170	592	3,329,292	–
	국제선	3,750×60 / 3,750×60			7,600		478		398,815		70,578		3,329,292
김포	국내선	3,600×45	250,000	4,020	3,527	121.5	60.7	140,422	120,121	25,448	21,176	142,439	142,436
	국제선	3,200×60			493		60.8		20,301		4,272		2
김해★	국내선	3,200×60 / 2,743×46	152,000 (민항 118,000)	1,899	1,269	35.2	19.4	111,276	47,115	16,931	7,340	36,010	35,784
	국제선				630		15.8		64,161		9,591		226
제주	국내선	3,180×45	189,000	3,175	2,740	33.5	31.8	175,366	157,830	31,316	28,648	188,926	188,756
	국제선	1,900×45			435		1.7		17,536		2,668		170
대구★	국내선	2,755×45	141,000	375	257	1.7		31,236	13,201	4,669	2,093	10,583	10,499
	국제선	2,743×45			118				18,035		2,576		85
청주★	국내선	2,744×60	141,000	441	289	3.8	3.3	18,648	14,713	3,009	2,513	13,627	13,627
	국제선	2,744×45			152		0.5		3,935		496		0
양양	국내선	2,500×45	37,000	317	207	–		435	174	54	22	1,004	1004
	국제선				110				261		32		0
무안	국내선	2,800×45	141,000	510	416	3.3		6,585	1,390	895	208	35	35
	국제선				94				5,195		687		0
광주★		2,835×45 / 2,835×45	141,000	294		5.6		13,297		1,017		8,679	
여수		2,100×45	56,000	270		–		5,002		313		3,062	
군산★		2,745×45 / 2,454×23	141,000	52		–		1,955		152		1,430	
울산		2,000×45	56,000	241		–		6,612		388		2,410	
포항★		2,133×46	141,000	357		–		1,162		45		697	
사천★		2,744×46 / 2,744×46	141,000	92		–		1,937		111		0	
원주★		2,743×45	118,000	28		–		904		55		713	

★는 민·군 공동사용 공항 : 김해, 대구, 광주, 청주, 사천, 원주(공군), 포항(해군), 군산(미군)

※ 코로나19 팬데믹의 영향으로 2020, 2021년 여객 수가 예년에 비해 급감하여 2019 운항실적과 여객 통계를 살펴봄.

자료 : 국토교통부 통계누리

보론 3.

비행기와 공항의
역사

1. 하늘을 날고픈 인간의 꿈

길. 어딘가로 오가기 위해 길게 이어진 땅을 가리키는 말이다. 길은 언제 시작되었을까. 인류가 두 발로 서서 걷기 시작하면서부터일 것이다. 길을 뜻하는 한자 '路로'는 각각을 뜻하는 '各각'과 발을 뜻하는 '足족'이 결합되어 '저마다 각각各 발로足 걸어 다니는 곳'이라는 의미를 담고 있다.[289] 길의 기원이 인류의 직립보행과 주행의 시작까지 거슬러 올라간다는 것을 암시한다.

길과 인간의 역사

인류는 두 발로 서서 걷고 뛰기 시작하면서 길을 만들며 길 위의 삶을 살아왔다. 인간의 하루 또는 일생은 집을 나와 수많은 길을 걷다가 집

---

289) e-hanja.kr - 디지털 한자사전.

으로 돌아가는 여정이다. 처음에는 원시 인류가 정주하던 동굴이나 움집 주변에 동물이 먼저 만든 길을 활용하여 만들어졌을 것이다. 큰 짐승이 길목을 지키지만 어쨌든 먹이를 구하자면 나다녀야 하기에 숲속의 짐승들이 저마다 지나다니는 일정한 길이 있듯이, 사냥이나 채집을 위해 주거지를 떠났다가 돌아오는 생활이 반복되면서 일정한 경로가 생겨나 변화되어왔다.[290)

인간이 길을 만들어 공간적으로 떨어져 있는 지리적 장벽을 뛰어넘는 행위, 즉 길을 통해 사람이 오고 가거나 물건을 실어 나르는 것을 교통交通이라 한다. 교통은 사회의 유지와 발전을 위해 없어서는 안 되는 필수 불가결한 존재여서 공공성이 강하다. 교통의 운영과 발달은 경제에 필수적이다. 도로·철도·항만·공항과 같은 교통 인프라는 경제운용의 기반으로서 큰 비용이 드는 교통인프라의 정비는 중요한 경제활동이다. 현대사회의 교통체계는 각각 장단점이 있는 자동차도로, 열차철도, 선박, 비행기의 조합으로 구축되며, 이들 4종 수송기계의 제조는 대규모 산업으로 경제에서 차지하는 비중이 매우 크다. 여객 및 화물의 운송업은 그 자체가 경제의 중요한 일부분이기도 하다.

농경의 시작과 함께 등장한 최초의 교통은 처음에는 걷는 것 그 자체였고, 등에 짐을 지고 옮기는 것과 같이 인간의 힘을 원동력으로 하였다. 목축이 발달함에 따라 점차 말, 소, 개, 낙타와 같은 동물의 힘축력을 이용할 수 있게 되었다.

대략 5~6천 년 전 무렵 바퀴의 발명이라는 고대사회 교통 발전의 획

---

290) 강내희, 『길의 역사 - 직립 존재의 발자취』 2016, 문학과학사, 11~32쪽; 김재성, 『미로, 길의 인문학』 2016, 글항아리, 203쪽.

기적 전기를 거쳐 바퀴와 축력이 결합되었고[마차], 이에 맞게 조성된 평평한 길이 근대 이전까지 육상교통의 중심이 되었다. 18세기 말 이후 바퀴가 증기기관이나 내연기관과 같은 새로운 동력을 얻게 됨에 따라 철도[와 뒤를 이은 고속철도], 포장도로[와 뒤를 이은 고속도로]라는 새로운 형태의 길과 그 위를 달리는 자동차와 열차라는 교통수단이 육상교통을 대표하게 되었다.[291]

땅 위의 길, 물길, 하늘길

모든 땅 위에는 길이 있다. 인간은 길 위에서 교통 행위를 통해 이동하고 바깥세상과 소통해 왔다. 그러나 길은 땅 위에만 만들어진 게 아니었다. 강이나 호수, 바다와 같이 땅과 땅을 연결하는 물을 건너기 위한 수상교통도 일찍부터 시작되었다. 처음에는 한 손으로 마른 통나무를 잡고 다른 한 손으로 물을 저어 좁은 강이나 호수를 건너다가 점차 나무를 엮은 뗏목, 나무에 동물 가죽을 입힌 가죽 배, 파피루스 갈대를 엮은 파피루스 배, 통나무를 파낸 통나무배 등 각 지역에서 얻기 쉬운 재료를 이용해 만들기 시작했다.

물에 뜨는 것이 주된 목적이었던 배는 약 5천 년 전부터 노와 돛을 장착하기 시작했다. 13세기 무렵부터는 노를 없애고 바람의 힘만으로 움직이는 범선이 등장해 먼바다를 항해하는 대항해 시대가 열려 수상교통을 통해 비로소 오대양 육대주가 연결되었다. 18~19세기에는 증기기관이 개발되고 배의 주재료도 나무에서 철제로 교체되면서 철제 증기선이 퇴조한 범선을 대체했다. 20세기에는 두 차례의 세계대전을 거치면서 고

---

291) 리처드 불리엣 지음, 소슬기 옮김, 『바퀴, 세계를 굴리다 : 바퀴의 탄생, 몰락, 그리고 부활』 MID, 2016, 12쪽; 강내희, 2016, 158~159쪽.

^高 마력의 터빈 증기기관과 디젤기관이 장착되었고, 21세기 들어서는 전자제어 엔진을 장착한 초대형 선박의 시대로 발전하였다.[292]

이처럼 인류가 일찍부터 땅과 물에 길을 만들어 사용해 온 데 비하면 하늘에 길을 만든 것은 비교적 최근의 일이다. 물론 그리스 신화에 나오는 이카로스의 날개 이야기에서 보듯이 인간은 아주 오래전부터 새처럼 하늘을 자유롭게 날고 싶다는 꿈을 키워왔다. 신화 속에서 아테네의 천재 건축가이자 발명가 다이달로스는 깃털을 모아 밀랍으로 붙여서 날개를 만든 뒤 아들 이카로스와 함께 공중을 날아 감옥에서 탈출하는 데 성공한다. 그러나 이카로스는 태양 가까이 가지 말라는 아버지의 경고를 무시하고 하늘 높이 날아오르다 뜨거운 태양열에 밀랍이 녹는 바람에 그만 추락하여 죽고 만다.[293]

한편 중국인은 기원전 2000년에 벌써 연을 타고 하늘로 올라가 적지를 염탐했다고 한다.[294] 이카로스의 날개나 연과 같은 방법으로 새처럼 하늘을 날아다니는 것은 불가능한 일이지만, 하늘길을 향한 인간의 욕망이 아주 오래전부터 시작되었다는 것을 말해준다.

인간, 하늘을 날다

오늘날과 같은 비행기의 시대를 연 것은 1903년 미국의 라이트 형제가 가솔린 엔진을 사용하여 최초의 유인 동력 비행에 성공하면서부터였다. 이것은 이전까지 축적된 인류의 비행에 대한 연구와 실험, 도전의

---

292) 국가인적자원개발컨소시엄, "당신이 몰랐던 배의 역사" https://www.youtube.com/watch?v=5aHH2BspeJ
293) 토마스 불핀치 저, 최혁순 역, 『그리스 로마 신화』 범우사, 2000, 221~224쪽.
294) 리카르도 니콜리 지음, 유자화 옮김, 『비행기의 역사』 예담, 2007, 10쪽.

보론 3 | 비행기와 공항의 역사

성과를 발판으로 가능했다.[295] 16세기 초 이탈리아의 예술가이자 과학자인 레오나르도 다빈치는 새가 하늘을 나는 원리를 연구하였고, 150개가 넘는 부품으로 구성된 비행 기계 설계도를 만들었다. 1783년 프랑스 파리에서는 몽골피에 형제가 열기구를 개발하여 인류 최초의 무동력 유인 비행에 성공하였다.

1852년 프랑스의 앙리 지파르는 열기구에 증기엔진과 프로펠러를 장착한 비행선을 개발했고, 1900년대 들어 독일의 페르디난트 체펠린은 비행선을 항공 교통 산업으로 발전시켰다. 글라이더를 제작하고 중력을 이겨낼 수 있는 양력[296]발생 이론을 제기한 영국의 조지 케일리, 중력을 이용한 글라이더를 설계하고 2천 번의 비행시험과 최초의 유인 글라이더 비행에 성공한 독일인 릴리엔탈 형제, 이들의 비행 동력에 대한 문제의식은 1860년 프랑스인 에티네 레노일의 내연기관 발명으로 이어졌고, 1876년 독일인 오토의 가솔린 엔진 발명으로 열매를 맺었다.

열기구나 비행선, 글라이더는 공기보다 가벼운 물질을 이용해 떠오르거나 바람의 흐름을 탄 것으로 새처럼 나는 비행과는 거리가 있었다. 1903년 라이트 형제는 불과 59초 동안 260미터를 날았지만, 공기보다 무거운 물체가 자체적인 추진력을 이용하여 수평으로 하늘을 나는 비행이

---

295) 이하 비행기 발명과 발전에 대한 정리는 다음을 참조함. 리처드 도킨스 저, 이한음 옮김, 『마법의 비행』 을유문화사, 2022; 리카르도 니콜리 지음, 유자화 옮김, 『비행기의 역사』 예담, 2007; 필립 화이트먼 책임 편집, 이민아, 정병선 옮김, 『비행기 백과사전』 사이언스북스, 2017; 대한민국항공회, 『대한민국 항공사 1913-1969』 2015; 한국공항공사, 『한국공항 25년사』 2005; 唯野 邦男, 『航空機と空港の役割 − 航空機の發展とともに進歩する空港』 東京 : 成山堂書店, 2020, 1~30쪽; 한국항공협회, 『항공통계 : 세계편』 2021; 一般財団法人, 『民間航空機に関する市場予測 − 2022~2041』 2022.3; "막 내린 대형항공기 시대… 대응력 차이나는 양대 국적사, 경쟁 심화될 LCC", 『Invest Chosun』 2019.2.27.; 한국항공협회, "세계항공역사"(https://www.airportal.go.kr/life/history/his/LfHanKo.jsp); "하늘이야기"(국토교통부 어린이·청소년 마당, http://www.molit.go.kr/kids/intro.do)

296) 양력(揚力, lift)은 지구 중력에 의해 아래로 떨어지려는 힘을 이겨내기 위해 위로 뜨게 하는 힘을 말한다.

라는 점에서 새처럼 자유롭게 하늘을 날고픈 인간의 꿈이 최초로 이루어
진 것이었다.

2. 비행기의 진화와 발전

라이트 형제의 비행 성공 이후 20세기 비행 기술 발전의 기폭제가된 것은 아이러니하게도 인류사의 최대 비극이라 할 수 있는 두 차례의 세계대전이었다. 그리고 전쟁에서 사용하고 남은 군용기를 활용할 방안을 찾기 위한 노력이 상업화로 이어졌다. 본격적인 실용화 초기부터 최근에이르기까지 비행기의 최대 수요처는 국방 분야였으며 그 제작 기술은 세계대전을 치르면서 비약적으로 발전한 것이다.

1차대전과 비행기의 진화

제1차 세계대전1914~1918은 항공기가 처음 데뷔하여 전쟁 무기로서의 가능성을 보여준 최초의 전쟁이었다. 전쟁 초기에 주로 정찰용으로 사용되던 비행기는 기관총이 장착되면서 전투기로 변모하였고, 날개를 두쌍 또는 세 쌍 부착함으로써 양력을 향상시킨 복엽기와 삼엽기 등 다양한형상의 비행기들이 등장하였다. 엔진 성능도 크게 개선되어 점점 속도가빨라졌고 목재와 천으로 제작되던 기체도 금속제로 대체되었으며, 제작기술도 빠르게 발전했다.

모든 비행기가 전쟁 전보다 훨씬 안전하고 견고해졌으며 조종도 쉬워졌다. 제1차 세계대전 당시 프랑스, 영국, 독일 등에서 17만 5천여 대가생산되어 전쟁 중 사라진 것을 빼고도 6만여 대가 살아남았다. 전후에는발전된 기술의 비행기 기체와 엔진, 비행장, 조종사가 넘쳐나면서 비행기를 수송 수단으로 이용하는 방안을 모색했다. 상업 운송이 시작된 것이다.

독일, 프랑스, 영국, 미국 등에서 군용기를 개조한 비행기를 사용해 우편물이나 여객 수송을 시작하였다. 1919년 세계 최초로 베를린-바이마르, 파리-런던 간 정기 국내선과 국제선이 개설되었다. 미국에서는 1918년 시작된 부정기적인 우편 비행이 1920년대에 점차 정기적인 우편 운송으로 발전했고 1925년에는 로스앤젤레스와 샌디에이고를 연결하는 여객 노선이 개설되었다. 1920년대에 유럽과 미국에서는 30여 개의 민간 항공운송업체가 설립되어 영업을 시작했고, 비행기 제조업체도 잇따라 설립되어 민간 항공기 생산체제가 갖추어졌다.

항공수요가 점차 증가함에 따라 본격적인 민간 수송기를 개발하여 정기 항공노선에 취항했으며 각국 정부도 항공운송 산업 육성 정책을 적극 추진하였다. 이때까지 운항한 민간 항공기의 좌석 수는 대략 4~15석 규모였다. 승객을 21명까지 태울 수 있어 운임만으로 운항 비용을 충당할 수 있는 '대형' 여객기^{더글러스 DC-3}가 개발된 것은 1936년이었고, 이후 최대 30석 규모까지 확대되었다. 1930년대 후반부터 1940년대에 접어들면서 주요 도시 간 정기노선과 근거리 국제노선뿐만 아니라, 구미 제국 간, 본국과 식민지 간 그리고 중동, 아시아, 호주 간에 장거리 국제항로가 개설되었다. 이때까지 여객기를 이용하는 사람은 고액의 운임을 지불할 수 있는 극소수 부유층에 한정되었다.

2차대전과 비행기의 발전

제2차 세계대전^{1939~1945}을 치르면서 전투기는 모두 32만여 대가 제작되었는데 1차대전 때와는 비교되지 않을 만큼의 성능을 가진 비행기들이 등장하였다. 라이트 형제의 첫 비행 이래 비행기의 엔진은 피스톤의 왕복-회전 운동으로 프로펠러를 돌리는 피스톤 엔진이었다. 2차대전 중에는 이전 비행기보다 동력, 속도, 항속 거리, 중량이 두 배나 더 커지고 빨라진 프로펠러 비행기가 등장했고 헬리콥터도 발명되었다.

이 시기를 대표하는 여객기로는 1943년 미국 록히드사가 개발하여 1945년 워싱턴-파리 노선에 처음 취항한 L-049가 있다. 고공비행에서도 기내 기압을 지상에 가깝게 유지할 수 있는 여압 장치와 이전보다 강력해진 4개의 프로펠러 엔진을 갖춘 순항 속도 500㎞/h, 항속 거리 6,400㎞, 좌석 수 81석의 당시로서는 획기적인 최신예 대형 여객기였다. 1937년 비행선 힌덴부르크호의 폭발과 L-049의 개발로 장거리 국제노선의 주역은 비행선에서 비행기로 교체되었다.[297] L-049는 더글라스사의 DC-6, 보잉사의 B377과 함께 제트 여객기 등장 직전까지 왕복엔진을 장착한 레시프로recipro 프로펠러 여객기의 마지막 전성기를 장식하였다.

1947년에는 비행기의 음속 돌파라는 새로운 기록이 세워졌다. 라이트 형제가 19㎞/h로 비행을 한 지 겨우 44년 만에 음속의 벽을 돌파한 것이다. 그리고 60년이 지나서는 인간이 우주로 날아갔다.[298] 급기야 전쟁 후반기에 제트jet엔진이 발명되어 전투기와 폭격기에 장착되었고 한국전쟁1950~1953에서 본격적으로 사용되었다.[299] 공기를 빨아들여 압축한 뒤 고온, 고압가스를 분출시켜 생기는 반작용으로 추진력을 얻는 제트엔진은 피스톤 엔진보다 훨씬 더 작고 간단하지만 강력한 파워를 낼 수 있는 동력원이었다. 제트엔진 개발로 비행기는 더 빨리, 더 높이, 더 멀리, 더 안전하

297) 독일 체펠린사에서 제작한 길이 245m의 대형 비행선 힌덴부르크호가 1937년 5월 독일 프랑크푸르트를 출발 미국 뉴저지에 도착하던 중 폭발하여 탑승자 97명 가운데 35명이 사망한 대참사가 일어났다. 이 사건을 계기로 장거리 노선의 주역이었던 비행선 탑승을 꺼리게 되어 장거리 고속 대형 비행기에 대한 수요가 크게 늘어났다.

298) 리카르도 니콜리 지음, 유자화 옮김, 『비행기의 역사』 예담, 2007, 6쪽.

299) 리카르도 니콜리 지음, 유자화 옮김, 『비행기의 역사』 예담, 2007, 138~145쪽.

게, 더 효율적으로 날 수 있게 되었다.

제트 여객기의 출현

1950년대에는 민간 항공기에 제트 엔진이 부착되기 시작하여 새로운 고속 항공 수송 시대가 개막되었다. 제트기의 출현으로 속도는 기존의 두 배 수준인 980km/h로 빨라진 반면 비행기 크기는 더 커졌다. 프로펠러기에서 제트기로 전환되어 수송력이 증가함으로써 단위 운항 원가가 낮아지고 이에 따라 더 저렴하게 비행기를 이용할 수 있는 대중적 교통수단으로 발돋움하게 되었다. 대표적으로 1958년에 처음 취항하며 본격적인 제트 여객기 시대를 연 B707기는 순항 속도 980km/h, 항속 거리 7,000~10,000km, 좌석 수 140~190석에 달하였다.

초창기에는 제트엔진 중 터보젯turbojet을 장착하였는데 이후 소음이 크고 경제성이 떨어지는 한계가 있었다. 이에 1960년대에는 터보젯에 비해 소음이 작고 연비도 좋은 터보팬turbofan 엔진을 장착한 제트기가 중·단거리 노선에 본격 취항하기 시작하였다. 1970년대 들어서는 더욱 개량된 터보팬 엔진을 여러 대 장착한 점보제트기jumbo jet가 본격 취항하여 400명 이상이 탈 수 있을 정도로 기체의 대형화가 가능하게 되었다. 대표적으로 1970년에 처음 취항한 미국 보잉사의 B747기는 좌석 수가 최소 280석에서 최대 520석이고 기내 통로가 2개인 와이드 바디기였다. 이후 더글러스사의 DC 10, 록히드사의 L1011, 에어버스사의 A300 등 대형기가 차례로 취항하였다. 기체의 대형화는 좌석당 운항 비용을 대폭 낮췄고 저렴한 운임으로 항공 여행이 가능하게 되면서 항공운송의 대량 수송 시대로 접어들었다.

제1, 2차 석유 위기1973, 1978년와 잇따른 항공기 납치 및 폭파·격추 사건을 거치면서 맞이한 1980~90년대에는 운항 비용을 낮추고 소음을 줄이면서도 기내 쾌적성과 비행의 안정성을 향상시킨 비행기들이 출현하였다. 저소음·고출력·저연비를 위한 기술 개량과 함께 항법과 조종장치에 디지털 기술을 적용하고, 군에서만 사용하던 GPS를 사용하여 연료의 효율성과 비행의 안전성을 높이면서도 승무원 2명으로도 조종이 가능한 제트 여객기가 본격 취항하였다.³⁰⁰⁾ 1982년부터 취항한 B767, 1994~95년에 각각 처음 취항한 A330과 B777은 이 시기 신기술이 적용된 대표적인 비행기들이다.

'하늘 위의 호텔'과 LCC의 등장

전 세계 여객기 제조 시장을 양분하고 있는 보잉과 에어버스는 21세기를 맞이하면서 포인트 투 포인트Point to Point와 허브 앤드 스포크Hub and Spoke라는 서로 다른 항공 트렌드를 예측하면서 각각에 맞춘 신형 여객기를 개발하였다. 허브 앤드 스포크는 대형 비행기로 많은 승객을 한 번에 허브 공항으로 수송한 뒤 서브 공항으로 환승하는 시스템이다. 이를 위해 에어버스는 A380²⁰⁰⁵년 첫 비행, 2007년 첫 취항, 순항 속도 1,040㎞/h, 항속 거리 15,000㎞, 좌석 수 550~850석을 개발하였다. A380은 길이 72m, 날개 길이 80m, 높이 24m로 현존하는 가장 큰 항공기이며 이코노미 좌석만 꽉 채우면 868명이 탈 수 있는 초대형 2층 비행기이다. 기내에 라운지 샤워실과 면세점까지 갖춰져

---

300) 아날로그 계기들로 구성된 초기 제트기를 조종하는 데는 4명(기장, 부기장, 기관사, 항법사)이 필요했고, 1960년대에 관성항법장치가 장착된 B-727이 등장하면서 항법사는 필요 없게 되었다. 그리고 1980년대 조종석이 디지털화되면서 기관사가 사라지고 2명(기장, 부기장)이 조종할 수 있게 되었다([항공상식] 여객기 세대별 특징과 대표 기종, https://www.youtube.com/watch?v=_8vJDA7db5k)

있어 '하늘 위의 호텔'이라는 별명이 붙었다.[301]

　　반면 포인트 투 포인트는 환승 없이 공항과 공항을 직접 연결하는 시스템으로 보잉사는 이를 위해 B787_{2009년 첫 비행, 2011년 취항, 순항 속도 1,040㎞/h,} _{항속 거리 15,000㎞, 좌석 수 약 210~290석을} 개발했다. B787은 기존의 알루미늄이 아닌 탄소섬유로 제작한 동체, 소음을 효과적으로 줄인 엔진, 뛰어난 조종시스템, 경량화된 날개, 버튼으로 밝기를 조절하는 창문 등을 특징으로 한다.

　　저비용항공사_{Low Cost Carrier : LCC}와 저가 항공노선의 활성화도 21세기 항공산업의 특징 중 하나이다. 미국에서 시작된 LCC는 1990년대 초부터 유럽으로, 1990년대 후반부터 2000년대 초까지 아시아·호주·중남미 등으로 확산되어 현재는 세계 전역에서 운영되고 있다. 상대적으로 저렴한 항공료를 무기로 새로운 항공운수 수요를 발굴하여 세계 항공시장을 크게 확대하는 역할을 담당하였다.

미래의 비행기

　　1903년 라이트 형제의 첫 비행 이후 120년이 지났다. 그동안 비행기는 더 큰 몸집으로 더 빨리 더 높이 더 멀리 날 수 있도록 획기적인 기술 발전을 이루었으며, 디지털 기술이 적용되어 더욱 안전하고 쾌적한 비행이 가능하게 되었다. 하늘을 날 수 있게 된 덕분에 우리는 보통사람도 이용할 수 있을 만한 비용으로 단 몇 시간 만에 지구 곳곳에 닿을 수 있게 되

---

301)　A380보다 더 큰 항공기는 우크라이나가 보유하고 있던 안토노프-225 므리야(An-225 Mriya, 몸체 길이 84m 날개 길이 88m 높이 18m)였으나 2022년 2월 러시아군의 공습으로 파괴되었다. 이 비행기는 구소련 시절이던 1980년대에 우주 비행선을 운송할 목적으로 만들어진 화물 수송기로 1988년 첫 비행을 끝내고 3년 뒤 소련이 붕괴하는 바람에 비행이 중지되었고 추가 생산도 하지 않았기 때문에 전 세계에서 오직 1대만 존재했다. 2000년대 들어서는 우크라이나 안토노프 항공사의 화물기로 사용되어왔는데 공습으로 파괴되었다(『연합뉴스』 2022.2.28., "[우크라 침공] 딱 한 대 제작된 세계 최대 수송기 공습에 파괴").

었다. 상품과 물건도 더 쉽고 **빠르게** 운송해 세계 경제 성장도 부추겼다. 지금 이 순간에도 전 세계 하늘에 거미줄 같은 노선망을 구축하여 여객기 2만 6,365대, 화물기 2,340대^{2021년 기준}가 밤낮을 가리지 않고 여객과 화물을 실어 나르고 있다. 비행기 승객수는 1960년 1억 명에서 코로나19 사태 직전인 2019년 45억 명을 돌파했다.

앞으로 비행기와 항공산업에 가장 큰 영향을 미치는 것은 지구 온난화 즉 환경 문제이다. 현재 제트 여객기에 사용되는 항공 연료는 화석 연료 중 하나인 석유로 만들어졌기 때문에 지구 온난화 물질의 배출, 매장량의 한계라는 문제를 안고 있다.[302] 따라서 액체 수소 또는 전기와 같은 대체 항공 연료와 엔진의 개발이 얼마나 성과를 내느냐에 항공산업의 미래가 걸려있다고 할 수 있다. 수소나 전기를 연료로 하는 비행기가 등장한다면 제트엔진의 고질적인 소음 문제도 해결될 수 있기 때문에 도심 내에서도 24시간 운항이 가능하게 될 것이다. 이 밖에도 콩코드를 계승하는 초음속 여객기의 개발 여부, 자유롭고 안전한 이·착륙 기술의 보급 여부 등도 미래 비행기의 모습을 좌우하는 요소로 꼽힌다.

---

302) 유럽환경청(EEA)에 따르면 승객 1명이 1㎞ 이동하는 동안 비행기가 배출하는 이산화탄소는 285g으로 버스(68g)의 4배, 열차(14g)의 20배에 달한다. 높이 나는 제트엔진 비행기에서 나오는 배기가스가 지구의 온도를 높이는 것도 문제다. 이 때문에 국제민간항공기구(ICAO)는 이미 2021년부터 온실가스 배출량을 2019년 수준으로 동결하고 이를 초과하는 항공사는 탄소 배출권을 구매하도록 하는 제도(CORSIA)를 시범 운영하고 있다. 이 제도는 2027년부터는 의무화될 예정이다. 2021년 국제항공운송협회(IATA)는 2050년까지 항공사들의 탄소 배출량을 제로(0)로 만들기로 합의했다. 한편 프랑스와 오스트리아는 이산화탄소 배출량을 줄이기 위해 2021년 기차로 2시간 30분~3시간 이내 단거리 국내선 항공기 운항을 금지하는 법안을 통과시켰다.

3. 공항의 탄생과 변화

비행기의 역사는 곧 공항의 역사이기도 했다. 비행기가 뜨고 내릴 수 있는 일정 정도의 시설을 처음으로 갖춘 곳은 군용 비행장이었다. 1909년 라이트 형제가 미국 공군 장교들의 비행훈련을 위해 건설한 메릴랜드주의 '칼리지파크 공항'이 세계 최초로 꼽힌다. 지어진 지 100년이 넘었지만 지금도 경비행기가 뜨고 내리는 곳으로 활용되며 민간 비행훈련이 이루어지고 있다고 한다.[303]

최초의 공항 '풀밭 활주로'

초기의 공항은 비행기가 뜨고 내리는 활주로, 비행기를 세워두는 주기장 외에 별다른 시설이 없었기 때문에 사방에 장애물이 없는 평탄하고 넓은 풀밭이면 충분했다. 기체가 가벼웠고 엔진도 강력하지 않았기 때문에 풀밭 활주로에 바퀴가 박힐 가능성도 낮았다. 풀밭 활주로 이외의 시설도 규모가 크지 않았고 이·착륙에 필요한 기본적인 시설이 대부분일 정도로 단순하였다.

예를 들면 1911년 개항한 샌프란시스코 공항은 전원식 활주로와 주차장, 목조로 된 사무실과 식당만을 갖추고 있었고, 목재로 된 말뚝이 비행장의 경계선을 표시하고 있었다. 여객청사 역시 점심 식사용 식당과 비

---

303) "비행기와 공항이 간직한 역사, 그 최초의 순간들!"(한국공항공사 블로그, https://m.blog.naver.com/prkac/220954988398). 이하 공항의 등장과 발달에 참고한 자료는 다음과 같다. 唯野 邦男, 『航空機と空港の役割 – 航空機の發展とともに進步する空港』, 東京: 成山堂書店, 2020, 1~30쪽, 219~231쪽; 한국공항공사, 『한국공항 25년사』, 2005; 한국항공협회, 『세계 100대 공항 현황』, 2018; 한국항공협회, "공항의 발달"(https://www.airportal.go.kr/life/history/his/LfHanKo003.html); "하늘이야기"(국토교통부 어린이·청소년 마당, http://www.molit.go.kr/kids/intro.do).

행장 사무실이 함께 사용되는 목조로 된 건물이었으며, 공항 직원은 15명에 불과했다.

 네덜란드 암스테르담 스키폴공항은 1916년 군용 공항으로 출발하여 1920년 민간공항으로 전환되었다. 1차대전 종전 후 KLM항공사가 스키폴과 함부르크 간 정기 운항을 개설했지만 목조로 된 식당과 호텔 등의 건물과 격납고가 있었을 뿐 전원식 목가적 공항 풍경은 크게 변하지 않았다. 영국 웨스트서식스주 크롤리에 있는 개트윅 공항은 1920년대 후반에 처음으로 비행장으로 개발되어 1933년에 상업 비행이 승인되었지만 여객청사로 사용하기 위한 2층 목조건물과 기초적인 부대시설이 전부였다.

 1920~30년대 민간 상업 항공이 발전하였고, 보다 경제적으로 더 멀리까지 더 빠르게 그리고 더 쾌적하게 운항하기 위해 좌석 수가 많고 항속거리가 길고 순항 속도가 빠르며 재질이 금속으로 된 비행기가 일반화되어갔다. 그 결과 비행기의 중량이 크게 늘어 이·착륙을 위해서는 활주로가 이전에 비해 훨씬 길어야 했고, 비행기의 무게를 견딜 수 있도록 포장된 활주로가 필요하였다. 반면 공항의 발전 속도는 더뎠기 때문에 국제노선과 같은 장거리 항공은 동체가 직접 물 위에 접촉해서 이착수할 수 있는 비행선과 해상에 수상 활주로를 갖춘 비행장을 주로 이용하였다.
 풀밭 비행장에 큰 변화가 찾아온 것은 제2차 세계대전과 레시프로recipro 프로펠러 여객기의 등장부터였다.[304] 제2차 세계대전 참전국들은 국내외 각지에 포장된 활주로와 주기장, 그리고 둘 사이를 연결하는 유도로taxiway를 갖춘 수많은 비행장을 건설했다. 전쟁이 끝나자 이들 중 상당

---

304) 이하 제2차대전 직후 공항의 정비는 唯野 邦男,『航空機と空港の役割－航空機の發展とともに進步する空港』
　　　東京 : 成山堂書店, 2020, 12~14쪽을 요약함.

수가 민간공항으로 전용되어 세계 각지에 민간 항공기가 사용할 수 있는 공항이 대거 등장하게 되었다.

민간공항으로 전환되는 과정에서 이·착륙과 운항의 안정성, 쾌적성, 여객·수화물 취급 편의성, 편리한 지상 교통 등을 위한 활주로의 포장 및 개보수와 연장, 계류장apron과 빌딩이 일체가 된 여객 터미널의 신설, 구내 도로와 주차장 그리고 도심지로 오갈 수 있는 도로의 정비 등이 이루어졌다. 또 야간이나 기상 조건이 악화되더라도 비행기가 안전하게 착륙하도록 유도하고 충돌하지 않도록 도와주는 계기착륙장치ILS, 항공등화 시설, 항공관제레이더 등이 주요 공항에 점차 설치되기 시작했다.

대표적으로 1946년에 런던 국제공항1966년 히드로공항으로 명칭 변경과 파리·오를리 국제공항이 군사공항에서 민간공항으로 전환되어 문을 열었고, 1948년 뉴욕 국제공항1963년 존 F. 케네디 국제공항으로 명칭 변경이 5년의 공사 끝에 개항하였다.

제트기의 등장과 공항의 변화

공항이 다시 한번 급격하게 변화된 것은 제트기의 등장으로 상징되는 비행기의 발전과 그에 따른 항공운송의 획기적 발전 때문이었다. 제2차대전 전후 개발되어 1950년대 말부터 전 세계로 파급된 제트 여객기는 기존의 프로펠러기들보다 훨씬 높은 곳에서 비행할 수 있었고 좌석 수와 연료 탑재량이 증가하는 등 기체가 초대형화되었다. 이에 따라 프로펠러기에 비해 더 긴 활주로가 필요했고 지상 지원 체제를 비롯한 운항 시스템의 거의 모든 것을 새롭게 갖춰야 했다.

또한 순항 속도가 빨라져 항공수송 시간이 크게 단축되었을 뿐 아니라 안정성도 높아져 전 세계적으로 항공운송이 국가 간 운송 수단의 총아로 각광받게 되면서 항공운송 수요도 급격하게 늘어나게 된다. 이에 따라 1960년대로 접어들면서 항공운송 시장이 장거리·대량·신속한 수송을 추구함에 따라 공항시설도 크게 변모하기 시작한다.

제트기의 이륙을 위해서는 3㎞ 길이의 활주로가 필요하였을 뿐 아니라 공항에 드나드는 비행기 수가 계속 증가했기 때문에 이를 감당하기 위해 활주로를 연장하고 추가해야 했다. 초대형 비행기가 머무를 수 있는 공간이 필요했기 때문에 계류장도 확장하고 증설해야 했다. 늘어나는 여행자들이 탑승 또는 환승 대기시간에 지루하지 않도록 각종 편의 시설이 확충되었고, 화물을 취급하는 터미널 시설도 확장되었다. 안전한 정시 운행에 필요한 항공무선, 항공등화 시설도 정비되었다. 기존 공항의 확장이 어려운 도시에서는 신공항이 건설되었다.

1955년 문을 연 미국 시카고 오헤어 국제공항은 그 전형적인 사례로 꼽힌다. 제2차대전 중에는 군용 수송기 제조 공장용 비행장으로, 한국전쟁 중에는 미 공군의 전투기 기지로 사용돼오다가 증가하는 미래 항공수요에 부응하기 위해 공항 부지를 대규모로 확장하고 당시로서는 혁신적인 마스터플랜을 수립하여 추진하였다. 특히 1,700m 길이의 기존 4개 활주로에 더하여 1956년 2,400m 활주로를 개통하고 이를 다시 3,500m로 확장하였다. 반면 이전까지 시카고 민간항공수요가 집중돼왔던 인근의 미드웨이 공항의 경우 용지가 좁아 2㎞ 미만의 활주로를 더 확장할 수 없었다. 1950년대 말 1960년대 초가 되면 민간항공은 급격히 제트기 중심으로 전환되었고, 3㎞ 이상의 긴 활주로가 필요한 제트 여객기를 운용하는 항공사들의 수요는 빠르게 오헤어 공항으로 이동하였다.

그뿐 아니라 '스필릿 핑거 터미널Split Finger Terminals'이라 불리는 공항 설계, 효율적인 급유가 가능한 지하 연료 공급 시스템, 승객들이 밖으로 나가지 않고 비행기에 타고 내릴 수 있는 세계 최초의 탑승교jet bridge, 대규모 격납고와 주차장, 도심과 공항을 연결하는 도로와 철도 등 당시로서는 혁신적인 공항운영 시설과 시스템을 도입하였다. 이후 오헤어 공항은 제트기 시대 공항의 국제적인 모델이 되었으며 1963년부터 1998년까지 세계에서 가장 붐비는 공항이라는 명성을 유지하였고, 현재까지도 세계에서 손꼽히는 공항으로 운영되고 있다.

대량 수송과 거대 공항의 등장

1960~70년대 항공기의 대형화와 항공운송의 대량 수송 시대를 맞아 항공수요가 급격히 확대되자 각국은 이에 대응하기 위해 공항시설을 정비해나갔다. 늘어나는 대형 제트 여객기의 이·착륙이 가능하도록 활주로의 길이·폭·강도를 정비하거나 신설하였고, 활주로 처리 능력을 높이기 위해 유도로誘導路를 정비하였다. 여객 터미널 빌딩과 비행기를 세워두는 주기장을 한 건물에 통합하고 탑승교를 운영하여 여객의 이동 거리를 단축하는 새로운 터미널 컨셉이 자리 잡았다. 기존 공항의 확장이나 정비 외에 신공항 건설도 다양하게 추진되었는데 네덜란드 암스테르담 스키폴국제공항1967, 프랑스 파리 샤를드골 국제공항1974, 미국 댈러스포트워스국제공항1974 등이 그 예이다.

1980~90년대에도 세계 각국에서 대형 제트 여객기의 취항과 항공기 이·착륙 횟수의 급증에 부응하기 위한 공항 정비가 이루어졌다. 한편

보론 3 │ 비행기와 공항의 역사

이 시기에 초기 제트기보다 소음을 현저하게 낮출 수 있는 항공기가 출현함에 따라 주변 시가지에 대한 소음 영향이 감소하여 공항의 이·착륙 용량을 확대할 수 있게 되었다. 반면 잇따른 비행기 납치 폭파 등으로 보안 대책이 강화되어 여객 터미널 내에 보안 검색대를 설치하고 탑승객과 기내 반입 수하물을 검사하는 시스템이 일반화되었다.

21세기 초에는 세계적인 항공수요 증대, 아시아 각국의 경제성장, 중동 각국의 허브 공항화 전략 등을 배경으로 이들 국가에 거대 공항 건설이 적극 추진되었다. 대표적으로 2001년 개항한 우리나라의 인천공항을 들 수 있다. 폭 60m의 길이 4,000m 1개, 길이 3,750m 2개2021년 1개 추가 등 총 3개의 활주로에 현대적인 여객 터미널 2동을 갖춘 대규모 국제공항으로 2019년 국제여객 수 기준 세계 5위 공항을 기록했다.

중국에서는 1999년 상하이 푸동국제공항이 개항하였다. 폭 60m의 길이 4,000m 1개, 길이 3,800m 2개, 3,400m 1개 등 활주로 4개와 여객 터미널 2동을 갖췄다. 베이징 서우두국제공항은 2008년 베이징 올림픽에 맞춰 활주로 2개와 당시로서는 세계 최대 규모의 제3 여객 터미널을 추가로 증설하였고 2010년부터 세계에서 두 번째로 붐비는 공항의 위상을 유지하고 있다.

지구 온난화와 미래의 공항

2007년 취항하기 시작한 초대형항공공기 A380은 공항시설에 다양한 영향을 미쳤다. 기존 비행기에 비해 동체와 날개 길이가 길고 2층 구조였기 때문에 활주로 폭을 60m까지 확대하는 것을 비롯해 유도로의 확대, 넓은 계류장의 확보, 2층 높이용 탑승교의 증설 등 시설 개보수가 진행되었다. 또 주요 공항에서는 호화로운 시설을 갖춘 A380을 이용하는 부유층들을 겨냥한 고급 라운지를 만들기 시작했다.

저비용항공사LCC의 활성화도 공항 운영에 다양한 영향을 끼쳤다. 저렴한 LCC 전용 터미널이 신설되거나 사용되지 않았던 낡은 터미널이 재이용되었으며, 근거리 공항과의 경쟁에서 밀려 쇠퇴하던 공항이 LCC 취항으로 활기를 띠는 경우도 생겨났다. 예를 들면 영국의 루턴 공항은 런던 교외 약 50km에 위치하여 다른 공항에 비해 멀었고 활주로는 2,162m 1개로 1980년대까지만 해도 활기가 없는 공항이었다. 그러다가 90년대 후반 LCC인 이지젯 취항을 계기로 다른 LCC들도 취항을 시작해 1999년 말에 LCC용 여객 터미널이 문을 열었으며, 2010년대 중반에는 14개 항공사가 130개 도시에 취항하게 되었다.

한편 2001년 발생한 9.11 테러 이후 공항의 보안 대책이 다시 크게 강화되었다. 여객 터미널 빌딩 내에서 클린 에어리어보안검사를 마친 구역와 더티 에어리어보안검사 전 구역를 보다 명확히 구분하고 정밀한 여객 탑승객·수하물 검사 장치나 폭발물·휘발유물 등 검사 장비의 도입 또는 탑승 전 검사의 추가 도입 등이 이루어졌다.

미래의 공항은 무엇보다도 지구 온난화에 대응하는 시스템을 갖추게 될 것이다. 수소나 전기와 같은 새로운 대체 연료로 운행하는 비행기가 출현할 경우 공항에는 수소나 전기 연료 공급시설을 갖추도록 요구받게 될 것이다. 수소나 전기 연료 비행기는 저소음 비행기를 의미하기 때문에 공항의 이·착륙 용량이 확대되고 도심 내에서도 24시간 운용이 가능해질 것이다. 자유롭고 안전한 이·착륙 기술의 진전 정도에 따라 그에 걸맞은 설비와 장치를 갖추도록 요구받게 될 것이며, 효율적인 공항 운영을 위해 다양한 분야에서 자동화가 촉진될 것이다.